中国近代人物日记丛书

张廷银 刘应梅 整理

# 王伯祥日记

## 第九册

中华书局

# 第九册目录

# 1946年(民国三十五年)

## 1月1日(乙亥　廿八日)星期二

晴。今明两日休假。今日起全国车辆行驶改为靠右行进,上海市并于今晨六时鸣放汽笛示信,即时改定。十时铭堂来,长谈家常,因共午饮。丏尊派人来请,谓有客在彼,约我往谈,铭堂遂辞去,余亦赴还。至则守宪有事与公司商谈(为益中企业公司写字间拟出顶与开明书店事),属约洗、村等一恳言之耳。下午三时,翼之来,交到申请表,闲谈一切,入夜与对酌。饭后辞返铭青所,余复以允臧在丏所,又过谈至九时乃归。看《张居正大传》。

## 1月2日(丙子　廿九日)星期三

晴。竟日未出。看《张居正大传》。午后潜儿携诸孙来。四时予同来,谈移时去。台湾事暂得解决,由同光代理云。晚文权来,因共小饮。夜饭后漱石先去,仍住铭青所。有顷,权、潜等亦去。夜仍看《张居正大传》。

## 1月3日(丁丑　朔)星期四

晴。午前阴。依时入馆。送出呈社会局文,请为总管理处迁回上海之移转登记。午过饭雪村,与洗人、达君商公司部门主管者之人选,予同亦至。谈至三时半复入馆,为台湾甄选教员事与予

同、绍虞参加覆核,翼之已决定去台,怀之亦有九分把握,因即通知
翼之遄返苏州,约同怀之前来,以便候船即行。祖文约谈,因邀伊
于六时后来寓小饮。余散馆出,已五时一刻,到家候至六时三刻乃
见来,谈至九时始别去。

## 1月4日（戊寅　初二日）星期五

　　晴寒。依时入馆。办理杂事,寄出京店沪京一号函。赴饭时
讲《论语·子张篇》。予同未来,或昨天又太奋兴,致睡眠复生障
碍乎?翼之已返,大约日内即来也。散馆后在雪村家商英文月刊
移沪编印事,丐尊、仲华、洗人、均正、调孚、沛霖俱到,谈至九时始
散,余与丐、均同乘电车归。令金才购香糖一斤,价一百二十元。
忆昔童时去乡从未价买,例由年终酱园赠送,今出此价,犹云尚廉,
足征世故之日亟矣。

## 1月5日（己卯　初三日）星期六

　　晴寒,坚冰。依时入馆。处理杂事。怀之事亦已妥,通知书亦
到矣,二之偕往,幸事也。赴饭时讲毕《论语·子张篇》。午后迪
华来洽地图稿,以楼上连日为赴台人员所占用,无由展视,约后日
再商而去。接晴岚信,谓其儿晴帆已于十二月十四日旅殁永嘉一
医院中（得其侄信）,为之愕然不止,继以凄怆,十载为国奔波迄无
宁日,乃甫见房降转以客死,伤哉!岚信仍申售书之请,余持与洗、
村商,谓可估价收归开明图书馆。正拟作书复告晴岚,而晴岚之女
佩璋来谒,痛陈其母之误家,致其父客死,其弟将流浪难归云云,益
增悲愤,好言慰之而已。晚归小饮。饮后诸儿围坐杂谈,余亦有所
咨问焉。冀野来馆,昨甫自渝到。

## 1 月 6 日（庚辰　小寒　初四日）星期

晴寒，威较减于前昨。竟日未出。祖文书约下午五时往艮仲所小酌，陪盛叙功，辞之。濬儿挈预、硕两孙来，傍晚始去。闻老太往徐家，因端妹出阁，须帮忙也。余家及濬儿各出贺仪二千元。午晚均小饮。前日所购大鱼头已烹食之矣，甚腴美。看《张居正大传》，参以《太岳集》。

## 1 月 7 日（辛巳　初五日）星期一

晴还暖，晨大雾，路润，酿雪。依时入馆。整理章则。赴饭时讲毕《论语·尧曰篇》。于是"四书"全部完了，拟即从此结束矣。寄京杭两处号信。夜六时宴请冀野于杏花楼，邀西谛作陪，本约步青，以已返渝，请建功来，凡到洗人、雪村作东外，余为允臧、予同、丐尊、达君、调孚、绍虞及余共十二人。八时席散，余与谛、同、孚偕建功过来薰阁长谈，建功下榻于此，备受济川招待，此坊主洵有心人也。九时三刻始出，分途各归。到家知怀、翼二之已到铭青所，明晨将来晤言，赴台湾事已有把握矣，为之大慰。

## 1 月 8 日（壬午　初六日）星期二

晴。凌晨怀之、翼之来，即以保证书交之，属妥办，约于下午三时来馆候洽。依时入馆。彬然晨至，盖昨由汉抵京，夜车赶来者也。午间同过饮雪村家，洗人、达君与俱，予同亦来，谈至三时偕返馆。寄雪山更新册号，告彬到。怀、翼来洽。散馆后绍虞约往洪长兴吃涮羊锅，西谛、予同与焉。七时半散，偕予同、西谛步至亚尔培路而别。比归，满屋人声，组青、葆真、文权、濬华、怀之、翼之及锦

祥之女慧英俱在,热闹之至,余因与纵谈至九时许,翼之、组青、文
权等皆去,怀之则下榻焉。

## 1月9日(癸未　初七日)星期三

　　晴。晨出偕滋儿过四时春吃汤包。依时入馆。寄雪山更新四
十一号,联棠、炳生、达轩各号信。午大同铸版厂请开明诸执事,洗
人、雪村、达君、索非、调孚、韵铢及余赴之,席设南京路新雅,酒肴
俱精,甚适。午后办出通函诸件。五时与洗人、雪村、予同、允臧、
调孚、绍虞共赴西谛之约,以电车人挤,余与予同步往庙弄。至则
洗人等亦甫到,柏丞、冀野、建功俱先在矣。有顷就坐,九时始散,
乘柏丞汽车归。食前曾晤森玉,匆匆即别。

## 1月10日(甲申　初八日)星期四

　　晴寒。依时入馆。十一时许与予同步往北四川路祥经里洗人
所,会雪村、彬然、索非、调孚、绍虞午饭。饭后谈公司各部会人选。
三时许阅市,见日人所遗衣物之在小摊者山积沙聚,不图平日逞凶
恃霸之横气扫地无馀,徒供凭吊而已。余涉历一周,一无所需也。
夜六时与洗人、雪村、索非、调孚、予同、允臧赴耕莘之约,至则彬然
亦先在矣。畅谈剧饮,近十时始散归。

## 1月11日(乙酉　初九日)星期五

　　晴寒。晨与怀之同出,在四时春吃面。又偕行至派克路而别。
余乃入馆。编发通讯录一号。过文彬,说明暂不赴馆之由。午偕
洗人、达君小饮永兴昌。坚吾、文彬、逸人、嘉芳贻我腌蹄一只、绍
酒一坛。四时半与洗人赴守宪约,晚饮其家,到雪村、丏尊、索非、

调孚、均正等,允臧未至,九时散归。

## 1 月 12 日(丙戌　初十日)星期六

晴。依时入馆。蛰存来馆,午间因与绍虞、予同偕过雪村饮。同、复来雪村所,请为储能中学全体学生撰书一联挽昆明惨案牺牲者于再教授,即返馆书"杀身成仁公何怨,恶直残良时可知"十四字畀之。晚归,应怀之之招吃年夜饭,到权、澝、预、冬、翼、铭青及笙伯之友朱、刘、马三君,合家人坐两席,十时始散,惟怀、翼留。

## 1 月 13 日(丁亥　十一日)星期

晴暖。晨餐后怀、翼去。看朱东润《中国文学批评史大纲》。十一时出,步至康定路康宁村四号达君家,盖约于今午陪钱允臧也。调孚继至,丏尊、予同、韵锜、索非、彬然、雪村、绍虞、允臧陆续来,惟洗人未至。一时始开饮,三时方毕。余与绍虞、调孚、韵锜闲步百乐门、静安两商场。此两场开设已久,余从未一至,觉气象殊不恶,胜邑庙矣。四时许共过合众图书馆访起潜,绍虞有约先行,余与调孚、韵锜登涉小憩焉。五时许出馆,调孚归去,余与韵锜偕返,怀之已在,因共小饮,夜饭后锜去。

## 1 月 14 日(戊子　十二日)星期一

晴暖犹昨。依时入馆。处理杂事。台湾长官公署教育处送到甄试教员阅卷费万元。午饭时偕予同过永兴昌,为文权购酒一坛、铭青五坛。下午与洗人谈各委员会召集事。傍晚与洗人、予同、彬然、调孚、达君、绍虞公钱允臧、颂久、雪村、同光、索非于老同华楼,八时散,偕颂久、予同行至老北门,分乘电车以归。允臧飞机票已得到,明晨行矣。

## 1 月 15 日（己丑　十三日）星期二

晴。依时入馆。办事处移至三楼。访志良,托为文权放款。午与洗人过饮永兴昌。下午治理移动物件,顺寻存稿。西谛电话约雪村及余往谈,五时后乘三轮车赴之,因就彼小饮,健吾亦来。谛劝村辞去公会整理委员会事。九时始散,村乘电车先行,余与健吾步以归。

## 1 月 16 日（庚寅　十四日）星期三

晴寒。依时入馆。为整理写字台及文件橱等忙碌半日。午前洗人动身赴京出席教部会议。为雪村具呈社会局辞去公会整理委员。午过森义兴吃卤子面。晚归小饮。童氏表侄女来,为其子结婚后送喜盘也,乡俗淳厚,于今罕见之矣,仍留宿焉。

## 1 月 17 日（辛卯　十五日）星期四

晴寒地冱。依时入馆。处理杂事。午过永兴昌小饮。下午仍理文件。晚归小饮,乡亲已去。与怀之闲谈。夜听言慧珠播唱。

## 1 月 18 日（壬辰　十六日）星期五

晴,晨冱,午后西南风,还暖。依时入馆。处理杂事。午与同光小饮永兴昌,予同寻至,谈至二时乃返馆。晚归小饮。接晓先一月十五日航书,知一时不即东返。接葆真十四日来信,知安归家门。同、复以学校事渐成野马,珏人颇厌苦之。青年心理本不易了解也。

## 1 月 19 日（癸巳　十七日）星期六

晴,近午阴合旋雨。依时入馆。分填慰藉金通知及收据备发放。午应王君武、陆步洲之招,过饮大利酒楼。主客为雪村、索非,馀客为巧生、季康、达君、调孚、宝忠及余,三时始返馆。接熊、鹤一月十五日航信,分寄开明及家中。夜与丐尊、雪村、调孚、达君、韵锵又应祯祥之招,过饮其家,凡四席,余等六人及光裕、朗西、景岐合坐一席,其馀则商务、正中等同业诸人也。至九时始散,乘汽车以归。

## 1 月 20 日（甲午　大寒　十八日）星期

晴寒,午后仍暖。竟日未出。午前徐仲义来。午后致觉来,长谈至四时乃去。毛燮荣晨来谒谈移时,留渠午饭不果。傍晚怀之来,入夜权、潛来,共酌长谈,九时许权、潛去,怀之留宿。

## 1 月 21 日（乙未　十九日）星期一

晴寒。依时入馆。洗人前晚自南京返,今日晤之。事甚烦乱,积件待决者未易即理也。下午发战时留沪同人慰藉金八十八万元（余等六万）。雪村、索非本定明晨飞机赴台,午间拟与共饭一谈,而洗人、达君、耕莘等有企业别图,纠川商二人在杏花楼约与谈,余乃与予同别过永兴昌吃面焉。午后四时,得确息,雪村等票位又轧出,明日不果行矣。公家交通尚如此,他可思乎？晚归小饮。夜听书为娱。

## 1 月 22 日（丙申　二十日）星期二

晴寒,午前后颇暖。依时入馆。编发通讯录第二号。寄出湘

粤信。午仲康、廷枚为村、索钱行,邀洗人、达君及余作陪,因往广
西路聚丰园吃酒,下午二时许始返馆。达君见告,仲华方自渝回,
谓雪山已得圣陶等电报,已过宜昌矣,为之大慰。此间本亦有电报
来,必为电局所阁,致悬念甚久,可恨也!五时散出,径往三和楼会
文权,少俟,珏人、潏华、怀之偕至,因共小酌,啖锅贴而后归。

## 1月23日(丁酉　廿一日)星期三

昙,入夜雨,气燠失常。依时入馆。处理杂事。下午出席稿件
处理委员会。日来事务渐繁而人手不敷,颇有不暇给之势矣,故殊
望渝方人至也。午与予同、洗人饮永兴昌。晚归小饮。

## 1月24日(戊戌　廿二日)星期四

晴,润燠如仲春。晨世璟见过,谈至八时一刻去。余即入馆,
已逾半时矣。赶理积件,又多为事扯,而外来之件又沓至,甚窘,竟
无法办了之。散馆时挟以归,就灯下办出三四件,尚未全了也。午
与洗人、达君、予同、郑缤共过永兴昌饮。晚仍就家小饮。叔旸偕
王文彬过谈,新从新嘉坡来,饱经忧患,幸而获见,相见黯然,盖屈
指十年暌离矣。询悉愈之等俱安。接清儿十六日宜昌航信、圣陶
同日同地航信并奉节、巫山、巴东各电,知将用轮拖,则此刻必已在
汉矣。所恨电报滞慢已极,或有报出亦搁途中耳。

## 1月25日(己亥　廿三日)星期五

初晴旋昙,入夜又雨。依时入馆。处分杂事,又寄出号信多
件。午与同光、雪村、洗人、达君、予同、索非偕往永兴昌。自笑天
天永兴昌之语又得复见云。下午二时书业同业公会在湖社开成立

大会,洗人、达君出席,选举结果则未之知。晚归小饮。知润、滋两儿在国民电台被请播歌曲,有顷始归来共饭。夜看东润《中国文学批评史大纲》。

## 1 月 26 日(庚子　廿四日)星期六

阴,午后雨。依时入馆。办出号信多件。接雪山廿四日信,知业熊已将就交通部材料厂事,月内即道途赴九龙,静鹤及升埻、升垲亦将偕行,盖济群为之设法竟得成功也,即作书寄熊、鹤力赞之,并告近状。午与同光、予同饭于二马路之福兴居天津馆。接士敫十五日宜昌归四号信、汉儿十九日宜昌信,知前后滞宜六日即将由轮拖赴汉,然则此刻已在汉上矣。晚归小饮。夜听书。

## 1 月 27 日(辛丑　廿五日)星期

阴霾,午前曾放晴,夜又雨。晨九时许为章见过,长谈及午始去,留饭未果,祖文约编书稿事不成,将退还之。怀之、翼之兄弟来饭,饭后长谈,抵暮偕赴权、潴所吃年夜饭,漱、滋随行,珏人则先已挈湜儿、锴孙到彼矣。席半,翼之、滋儿又赴铭青家宴,而润儿踵至,组青则未到,欢饮至八时始散,九时乃归。怀之仍住余家。

## 1 月 28 日(壬寅　廿六日)星期一

阴,午后雨,入夜更甚。依时入馆。寄出粤、筑、杭、赣、闽五处号信。午以阻雨在馆吃饭(由一家春叫来),与洗人、予同、郑缤偕。雪村、索非机位已收到,定明晨六时赴中航公司集合,七时在龙华机场起飞。散馆后余与洗人、同光、达君因过饮雪村所长谈,达轩已返沪亦到,稚圭及仲盐之子寿荪亦在。八时许与洗、达等四人合乘汽车归。先送洗人到永丰坊,继送同光至静安寺路,再送达轩及余到霞飞坊,然后由达君命夫驶其家。祖文送来之契约支票等以为章不能接受,已于今日上午专函送还中国建设出版社高君收转矣,了一心事,亦一快也。

## 1 月 29 日（癸卯　廿七日）星期二

阴湿,入夜又雨。依时入馆。寄出渝、筑两处信,接业熊、静鹤信,知已移住开明,即将于明日（一月卅日）首途赴黔桂,径指粤东九龙矣。此次调事顺利,全系济群之力,余深感之。接元章一月廿五日航信,知前后去信俱到也。永安分店经理周行来访,约明日午饭长谈。午与洗人、达君、予同共饭于二马路福兴居。雪村、索非成行。晚归小饮。夜听书。继文送香烟、年糕来。

## 1 月 30 日（甲辰　廿八日）星期三

阴,午后晴。依时入馆。处理杂事。周天飞来谈。洗人邀余及予同、达君、调孚、子如、达轩共觞之于聚丰园。（广帮菜馆二十一家正起工潮,怠工罢业。）二时返馆,写信复诚之,即属天飞带交,盖天飞奔牛人将送眷过常也。晚归小饮。夜听书。子敏送香烟及北狼毫小楷笔两枚。寄汉口廿七电,知圣等到。

## 1 月 31 日（乙巳　廿九日）星期四

晴,午后阴,傍晚微雨。依时入馆。晤士敏,知非自闽过杭返此。处理杂事。编发通讯录第三号。午与达君、郑缤、同光饭协记。午后二时与龙文、均正过中国营业公司签房租,约期仍三个月,租金又加一千,为三千五百元矣（增五分之二）。夜乘人力车

遄返祀先,邀权、濬一家、怀、翼二之、漱石、铭青辈共吃年夜饭,所
冀在外诸人共此良宵而一行滞汉(一月廿七到汉,今接敔廿七
信),仍留此缺典,不免怅怅耳。十一时始睡。

## 2 月 1 日(丙午大除)星期五

晴和。依时入馆。发出号信十五处,随发通讯录三号及会字
通告一、二两号。午间偕洗人、达君、予同、郑缤共饭于山东路之老
正兴馆。午后商定明正初四日开馆起由公司借给同人午膳,已向
包饭作包妥。与士敏长谈,对东南区结束事宜有所商略。晚归,与
家人共进年夜饭,怀之与焉。

## 2 月 2 日①(丁未　朔　元旦)星期六

日朗风和。晨进团圆,受儿辈拜贺。九时达轩来。十一时子
如伉俪来,具饭共饮。下午三时均正伉俪来。诸儿俱往濬所午饭。
夜小饮。早睡。

## 2 月 3 日(戊申　初二日)星期

晴朗,有冰。晨九时,偕润儿同往悖信路濮文彬所拜年。少
坐,仍步归。知达君、郑缤、品珍、趾华、声济曾来拜年,未之晤,歉
甚。近午子敏、坚吾来,因具馔共饮,午后二时许乃去。履善来,淑
贞来,俱少坐即行。五时应西谛之招,往饮其家,晤予同、调孚,长

---

①底本为:"丙戌日记第一卷"。原注:"贞元交会之录,颇存奢望,窃谓抗战获胜,
大敌已摧,全民交奋,富强可致。乃党人蟠踞政津,劫持垄断,民岩莫伸,内战日亟,夷民
于刍狗,实有甚于曩昔。中心苦痛,殆难为怀,前之空欢喜者,不啻痛定思痛之报酬耳。
因自今岁之始,即以干支颜我日记,老老实实,默数山中历日而已。巽斋惧叟识。"

谈至九时许始归。

## 2月4日（己酉　立春　初三日）星期一

晴，还润，东南风。晨九时往雪村家拜年。十时许往洗人所拜年，遇振甫，留坐长谈，十一时振甫行，余留彼午饭，顺道访董达良，午后三时辞欲行，而珏人及雪村夫人、密先、达轩、子如伉俪、祖璋、士敏、品珍一行联翩至，因复留夜饭而后归。乘一路电车至西摩路，转廿四路无线电车到霞飞路，费时亦甚久云。是日权、潜一家及雪村夫人、士敏、士文、晋侯、祖璋俱来拜年，润、滋、湜三儿往弟妇所拜年。

## 2月5日（庚戌　初四日）星期二

阴，下午雨。依时入馆。料理杂事。过坚吾拜年。午间公司开饭。（今日为始，包饭三桌。）午后二时即收市，循往例也。祖文约夜饮味美，坚吾邀吃路头酒，以天雨均辞之。三时返家，晤怀、翼，知文杰、铭青俱来拜年。夜与怀、翼小饮。

## 2月6日（辛亥　初五日）星期三

晴寒而澄鲜，翘首窗外，春光已掩不住矣。依时入馆。接汉处信，告圣翁一行登舟东下，计日本周可达。写寄号信二处（渝、豫各一）。为洗人作书复钟岳云，又以其外孙入学事分致诚之与世璟。宽正来谈。无止来谈。晚归小饮。文权、潜儿在，夜饭后去。笙伯事有变动，明日将改就宏大发行所矣。

## 2月7日（壬子　初六日）星期四

晴寒。依时入馆。抵馆门即遇清、汉两儿、士敏、墨林、至诚及元镇、元鉴,谓昨到南京,乘夜车先来,芷芬于苏州下车,明日再来。刻下已由雪村所早点出,建昌则留彼矣。圣陶一行仍沿江而下,明后日可到十六铺大达码头云。别已数年,一旦晤言,转觉无从说起,先遣清等归霞飞坊,与墨林、至诚谈。同光来。抵午与洗人、予同、祖璋共邀墨林母子过老同华楼小酌。饭后返馆,墨林等又行诣江家。余理杂事讫,四时即归,与儿辈畅谈,潘儿亦在,夜饮至九时始罢,潘亦归去。士敦、清儿及建昌在达轩家吃夜饭,饭后来辞,偕返章家。

## 2月8日（癸丑　初七日）星期五

晴,峭寒。依时入馆。处理杂事。午后王亚平、王亚南自镇江来,谓风茂轮今日一二时分当可抵埠,因饬人往大达码头接候,入晚未接到。四时归,候晋侯,未几即至,翼之、铭青则入夜始来,文权、潘儿俱在,相与共饮,啖至八时晋侯去,而芷芬偕达先至,盖芷自苏到馆,余始归,因过达夜饭然后同来也。欢谈良久,近十时权、潘、达始联翩去,芷芬留馆余家。润、滋仍睡二楼楼板。

## 2月9日（甲寅　初八日）星期六

晴寒。依时入馆。世泽到,谓风茂已至大达,但尚未并岸,伊与满子先跨船登,故来报云。因饬人往接,至十一时一行人到,而圣陶及其太夫人已赴江家矣。十二时,公司请仲康、星耀于聚丰园,顺辟一室,设两席,即款待渝来诸人,锡光、世泽两家及亚平、亚南、敦、清等俱与,芷芬则与洗人、达君、调孚及余参加仲康之筵。午后霞飞坊有人来言,圣陶将至馆,余等候之。四时尚未见到,余遂归晤之。夜与芷芬、达先共饮,饮后圣陶伉俪下楼来谈,均正伉俪亦至,长谈至十时始各就寝,达先亦归去。

## 2月10日(乙卯　初九日)星期

晴寒。晨大椿来。十一时往洗人所,行至同孚路乘三轮车前往。抵其门已十二时矣,圣陶等先已在彼,调孚、达君亦至,因共午饮,饭后出,余与圣陶、调孚、至善、至诚闲步虹江路阅市,由宝山路、河南路入馆憩息,谈至五时一刻,圣陶先归,余与调孚行至山西路,乘二路电车西行,在成都路下车,人挤失防,竟被挖窃万馀元,自笑鸠拙,然亦深悔多此一乘矣。五时半到潜所,诸人皆未至。俟至六时许,清儿奉雪村夫人先至,既而达先至,笙伯至,芷芬、汉儿至,滋儿、润儿至,然后合坐饮啖,欢谈至九时许乃各归。清儿挈建昌留余家宿。

## 2月11日(丙辰　初十日)星期一

阴寒,夜雨。依时入馆。编发通讯录第四号,写号信。文彬来谈,知昨日因事未克见过。午后与洗人、芷芬谈,决派芷芬往北平筹复分店。晚归小饮,与文权、潜儿、芷芬共之。夜与清儿长谈,就知内地诸状。

## 2月12日(丁巳　十一日)星期二

阴寒。依时入馆。缮发各分店号信及编送通讯录。午与同光、予同、达君饮永兴昌。散馆后应《浙江日报》许志行之招,与圣陶、绍虞、彬然、调孚、均正、祖璋、予同赴饭于八仙桥青年会九楼,遇夷初、西谛、仲足、蛰存、景深诸稔友。八时散出,与西谛、调孚、予同、圣陶、均正步月以归。芷芬、达先住余家,因与长谈公司事,十一时半始寝。

## 2 月 13 日（戊午　十二日）星期三

晴寒。依时入馆。处理杂事。寄联棠信,为吴朗西划款与韩龙川。午后麟瑞介苏君来谈赴台任教事,为属予同接见之。散馆后与圣陶联步归,过新邑庙啖小笼馒头及鸡血汤,六时到家。夜治馔请叶老太太及圣陶等一家,达先、芷芬作陪,欢谈甚快,饭后杂言剧话,至十一时始各就睡。

## 2 月 14 日（己未　十三日）星期四

晴,午后颇热。依时入馆。写寄号信多件。向公司借支五万元,眼前薪给又难资应付矣。(物价出年以来狂跳,金一百六十万,米一万八千五,肉九百八十,他许是。)蒋主席日前到沪,今午在跑马厅召集各公团聆训号,系民众欢迎大会,趁热闹者群趋之,一面点缀升平,一面民生大事却日趋恶化,余实为之内愧耳。今日铭青生日,翼之坚约过饮其家,电话屡促,不得不行。因于散馆后过牯岭路,晤怀之、翼之、晋侯及铭青之两姊丈继高、渐霖。七时开饮,十时许始散(付押岁钱等计九千元)。乘三轮车以归,已十一时,几醉矣。时润、滋、冬以参加文艺晚会,尚未归也。芷、汉赴振甫夜宴,亦十时始归。清儿、建昌归章家。

## 2 月 15 日（庚申　十四日）星期五

阴,微润。依时入馆。为明日起杂书加价事通知门市、函购、批发三课,并分函各分店知照。心君见过,为书函介于力佩谈报名入学事。炳生自杭来,散馆后洗人约余及达君、祖璋、芷芬饮之于

永兴昌。七时散,余与芷芬、祖璋复过章家,晤敏、敫谈,啜茗后仍
与芬偕乘归寓。润、滋等又在外看美国新闻处电影未归也,有顷,
始返。

## 2月16日(辛酉　十五日)星期六

晴寒,风峭如刺。晨与圣陶、芷芬出,径往章家,会洗人、达君、
彬然、予同、讷先、达先等,商谈组织草案及人选分配,未得要领。
午正入馆饭,饭后处理杂事。散馆归,均正邀饮其家,盖渠与索非
两家合请渝地东归各人,延余作陪,席设索居。到圣陶伉俪、满子、
三午、洗人、祖璋、锡光、彬然、达君、朗西、瑞卿、韵镕、芷芬、讷先、
达先、清华、汉华等,分坐两席,谈笑畅饮至九时始散,分途各归。

## 2月17日(壬戌　十六日)星期

晴。竟日未出。晨与芷芬谈,属邀达先来,共商业务。午刻芷
归饭,复出购车票。二时达先来长谈,于桂渝流转时同人琐事言之
至详。数载隔阂,今始获通,亦一快耳。薄暮,予同、同光偕过,谈
移时去。夜与芷芬、达先、笙伯共饮,饮后谈各事,达先留宿焉。圣
南来,与其夫女偕,即留江家,明日首途赴杭,仍返上饶差次云。填
出户口调查表,盖市政府重整保甲也。此事徒滋纷扰,殊鲜实效。
敌伪以此钤束国人,至今切齿,乃效而尤之,或且加厉,直视收复区
居民等诸敌俘耳,可胜叹哉!

## 2月18日(癸亥　十七日)星期一

晴。晨九时芷芬偕汉儿挈锴、镇、鉴三孙返苏省母,润儿送之
车站。依时入馆。处分杂事。午与同光、圣陶、洗人、予同饮永兴

昌。决定廿一日召集特别业务会议,即日印发通知并快函芷芬知照。夜赴文权所陪宴,以请圣陶、红蕉两家吃饭,邀余与珏人同往也。饮后长谈,十时乃散,墨林、绍铭、珏人乘三轮行,余与圣陶、红蕉、至善、至诚步月而归。

## 2 月 19 日(甲子 雨水 十八日)星期二

晴。依时入馆。以润儿文就正于圣陶(润昨夜竟宵作文记上海助学运动事)。四楼起建,一层土木纵横,颇见纷纷,难集事也。圣陶一家今日迁居祥经里。散馆后与洗人、达君、调孚共赴世界书局功德林之宴,石曾、韵清、季湘招待,入席皆同业,八时散,仍步归。清儿挈建昌来住。

## 2 月 20 日(乙丑 十九日)星期三

晴。依时入馆。处理杂事。整治文件预备业务会议提案。午前往志良所取息。午后坚吾来邀,谓叶维崧新迁住宅,约往夜宴。散馆时属达先归告并属辑理会议各卷,余则过坚吾,与子敏同赴维崧宴。十时始乘车返,与达先谈,十一时许就卧。甫贴枕而芷芬挈元镇自苏至,盖召集会议通知今日下午五时始到,八时即就道也。

## 2 月 21 日(丙寅 二十日)星期四

晴。晨八时笙伯辞行,赴天津就业美亚绸厂,红蕉介之也。余亦与芷芬、达先步入馆,九时许特别业务会议即开始矣。会议由洗人主席,出席者为圣陶、予同、彬然、均正、调孚、锡光、韵锵、士敏、士敫、芷芬、瑞卿、子如等,议至十二时休会,关于人事各案告一段落。饭后编发第五号通讯录并编发号信,与达先两人费大半天始办了,犹未及投邮也。散馆归,约讷先、达先同行。夜与芷、调、达小饮,顺谈一切。九时讷、达归去。

## 2 月 22 日（丁卯　廿一日）星期五

晴,午前后颇暖。晨八时与芷芬同出,过天香斋吃面,入馆已九时十五分矣,即续开会,十二时许休会。午后整理议案,作成纪录并理杂事。散馆后与祖璋、彬然、芷芬同过士敏、士敫饮,九时乃归。湜儿住章家已三日,今日仍未随返。

## 2 月 23 日（戊辰　廿二日）星期六

晨晴旋阴,午后起风,遂雨。八时许即入馆,九时续开第三次特别业务会议,通过修正薪给制度,尚有组织系统及章则厘订两大案未及议,须延至星一再开。下午整理议案及处分杂事。天雨水作辍工罅隙处渗漏难免,办事地方致染污不少。云章款托邱根生者由济南轮带沪,当早到,迄未见来,徐雪棠迭有电话查询。今日午后有陈庆甲来访,谓邱即随其夫人东归者,款储渠所,接头后当可送来,并约晚间六时送到云。散馆归,与芷芬小饮,候迟陈君终不至。与清儿谈,知数载以还,内地诸人动态不少,风纪已难维持,以较其他各家则尚远胜也。

## 2 月 24 日（己巳　廿三日）星期

阴雨,近午止,下午晴。十时许润儿送清儿及建孙归章家。芷芬赴洗人所出席分店组织小组研究委员会。看朱著《中国文学批评史大纲》。午潘儿来省。下午四时雪棠与邱根生来,当将陈庆甲带到之款交余,适闻老太亦至,乃共商定处置,悉数付雪棠保存,如有急需再与余会决动用云，即将以此意复告云章也。傍晚雪棠、根生去。濬儿去。夜小饮，芷芬在外饭而后归。知研究结果尚佳。

## 2 月 25 日（庚午　廿四日）星期一

晴。晨与芷芬偕行入馆。续开第四次特别业务会议，通过修正组织大纲及厘订章则、确立营业纲三大案，十二时宣告闭会。下午写号信、理杂事。为洗人送其侄孙瑞生入大华教育用品社为学生。途遇学生游行示威，盖官方指使用为政争工具者，昧者不察，从而和之，有识者目睹其肆，惟有付之浩叹矣。散馆后应予同、绍虞、调孚之请，与外来同仁及景耀、佛西、西谛、沃甫共饮于金城七楼会食堂，八时始散，余与西谛、均正、芷芬同行至福煦路、迈尔西爱路分途各归。到家时汉儿已挈锴、鉴两孙来并携一仆妇孙姓，而文权、濬儿亦在，正与诸儿嬉谈也。

## 2 月 26 日（辛未　廿五日）星期二

阴，时有细雨，午前曾飘雪，夜益深，雨加急，终宵有声。依时入馆。整理此次特别业务会议全部纪录。下午列席董事会。各部门人选已拟有头绪，惟调整不平衡，薪给一点则尚未触及。中国征信所派人来采访，约明日下午三时检齐资料告之。四时半西谛电话约余，谓老舍与曹禺应美国国务院之招出国讲学，即日便首途出发，连日各文艺团体设宴欢迎。老舍以未见，及余为询，深致十年相思之殷，今日必欲偕来访余，拟顺约圣陶在永兴昌一叙，公式酒筵则谢绝也。余于散馆后即偕圣陶往永兴昌，六时许西谛偕老舍来，握言甚欢，倾谈至八时许始别。余以阻雨乘三轮车返家。夜二时发风疹。

## 2月27日（壬申　廿六日）星期三

阴雨连绵。昨夜风疹发，心跳烦躁，几不可睡，服若素四片，始渐贴。今晨仍早起，头重脚软，畏风形寒，未便再出冒风，因属芷芬到公司与士敭接洽，顺为请假。午刻芷芬归，与共饭。饭后精神稍复，随架抽阅北江文。二时三刻汉儿及镇、鉴两孙搬往北四川路永丰坊底祥经里（润、滋送去），与开明同人聚居。（清儿一家已先迁入。）潘儿来，为锴孙谋入学事未果，即追踪赴祥经里，与清、汉谈，夜饭后润、滋归。据云，潘与同路，行至卡德路始下车归去云。夜小饮，听书。

## 2月28日（癸酉　二十七日）星期四

阴雨延绵，洼处有积潦。依时力疾入馆。整理董会纪录。写定各部分人选。调整不平衡薪给。料理昨日积件。午后圣陶赴主文艺欣赏会席。是夕周报社等邀宴，翼、云亦先邀，因与圣陶共辞周报，而应翼、云约。散馆时余与墨林同乘赴之，有顷，圣陶自会来，又有顷，都良、仲足（及夫人）来，最后仲华至，七时半始设席。圣陶夫妇、公绂夫妇、仲足夫妇、翼云夫妇、翼云之妹及都良、仲华与余凡十二人畅谈至九时始散，余乘仲足车返。翼云述湖帆旨，约下星期三聚饮其家，在座皆草桥同学云。

## 3月1日（甲戌　廿八日）星期五

阴雨。依时入馆。写出号信多件。为群来，以就南京分店经理事与洗人长谈，适前正中书局宋今人来访，因约仲康、圣陶、芷芬及余共邀为群过饮于老同华楼。坐中聆今人所述湘桂战时倭贼淫虐状,惨绝人寰,令人发指,世有作妇人之仁对倭俘示惜者,诚别具肺腑矣。午后返馆,办出为群聘任书及公函咨照达轩,令将经办事件交代,仍暂留京店协助。散馆时与汉儿同归。夜饭后理物而去,盖明日芷芬须返苏一行也。汉儿行后与珏人开机听李伯康弹唱《杨乃武》,九时半就寝。

## 3月2日(乙亥 廿九日)星期六

阴雨。依时入馆,冒风沐雨五日矣,雨衣久濡而渗,衣裳都湿,甚感苦闷。寄出号信多件。编发通讯录第六号。传示经丙通启一号,发布职员名录并制定最近薪给表。晚归小饮。夜仍听书。

## 3月3日(丙子 三十日)星期

阴霾积日,晨雨。竟日未出,看东润《中国文学批评史大纲》。珏人率漱、滋、湜及锴孙乘车往清、汉所,夜饭后始归。午前怀之来,带一吴姓女佣至,年仅十八岁,貌尚秀,留用之。滋儿归饭,饭后润儿迎往清、汉所,垂暮先归。适翼之来,因共饮,饮后长谈,至九时许珏等归。怀、翼始偕去,约去台之前将与晋侯一叙也。珏人在虬江路摊上购得日妇所御外衣两件,一夹一棉,拆成单片,颇足为小孩制衣之用。接笙伯一日来信,知廿八日安抵天津。

## 3月4日(丁丑 朔)星期一

阴晴时作,夜雨。依时入馆。办出通讯录、业务会议纪录、职员名录及各聘函,积日文件为之一扫,殊快也,微达先、通如、郑缤协作不及此,足见人手之要紧矣。散馆时与缤共乘三轮车,行至迈尔西爱路而下径归。怀之在,拟明日如天晴将偕润、滋返苏,导往先茔展视也。文权、潸儿偕来,因与小饮。夜饭后持余携归之券与怀之同往兰心看话剧《古城烽火》,余坐至九时半就卧。

## 3月5日(戊寅　初二日)星期二

　　阴间晴,夜半仍雨,檐注有声。依时入馆。处分杂事。具呈苏浙皖敌伪产业处理局请予价购白报纸三千令,俾赶印教本供销。函知七联北平供委会卢经理到平任本公司代表。士敏明日返闽当将旧东南区各处文件交渠带去。晚与予同、汉儿同行归。予同至马当路别去。余等到家后怀之、漱石、芷芬俱在,因共饮焉。夜饭后漱石先去,临行约余与珏人及潸、权、清、敫、汉、芷、漱等后日往饮铭青家,盖铭青之儿已周岁矣,乘此置酒高会耳。汉、芷继行,怀之仍留。珏人感冒未起,漱儿亦发热不适,家中气氛殊欠良佳也。余亦以昨日无意中蹉闪右踝,今日勉往馆地,归后酸及股膝,加之痰哮甚剧,着枕即感气急,明日恐难到馆矣。

## 3月6日(己卯　惊蛰　初三日)星期三

　　阴雨,风吼有声。晨起即感形寒,作书属滋儿走呈圣陶代请假,并以钥匙顺交士敏,拟稍事休息。午饭后清儿来省,近三时始返馆。四时芷芬来省,五时去。夜仍小饮。接梦九昨日镇江信,知已就任省府人事处第一科长,其弟飞卿果陷狱五月矣。

## 3月7日(庚辰　初四日)星期四

　　晴寒,阴处皆冰。依时入馆。仍勉步以赴之,踝酸如故,强行而后达,心神不免恍惚也。寄复梦九镇江,告诸友近状并慰飞卿之厄。办出通告两件。午芷芬约余及振甫、士敏、清、汉两儿饮永兴

昌。午后三时出席编审委员会。祖文、叙功见过。散馆后与芷、
敩、汉共过章家,会珏人、权、濬、清及建昌,同赴铭青之约,凡四席,
楼上下各布二席,余与权、芷、敩、翼及继高等同坐,铭青、渐霖坐别
席,拇战尽兴始罢。十时许乘车各归。

## 3 月 8 日(辛巳　初五日)星期五

阴,午后雨,初间雪花,旋纯雨,入夜益甚。依时入馆。开第一
次经理室工作会议,决定延聘马夷初、何柏丞、夏衍、吕诚之、吕叔
湘、郑西谛、金仲华七人为本公司编审委员会委员,当即办妥聘函,
备缓日宴请时面致之。午后杂志社在一家春茶会,约同文谈话。
散馆时雨甚,车辆被雇一空,直待至六时适有便人汽车过门,因与
缤共附以行,纳费三千元,驱车至迈尔西爱路,余先下,缤乃独乘而
去。夜小饮。芷芬明日即当赴南京候机飞北平,今晚与汉来辞行,
挈元锴同去。(赴达君夜宴后同归永丰坊。)大约须过日再来也。

## 3 月 9 日(壬午　初六日)星期六

阴雨,间有雪花,春寒甚于冬冷矣。依时入馆。处分杂事。办
出杂书加价通告。(自三月十一日起报纸本一律以五百倍出售,土
纸本八折定价仍照战前也。)午后出席人事委员会,决定旧员复工
三人、召试新登记人员七人,将分配于主计部、发行所方面,其编校
部及图书馆人员保留至下届会议再提出讨论。散馆后明社召开全
体大会,因备饭聚餐。余与洗人、圣陶、彬然、锡光、达君仍小饮,六
时就发行所布会场出席,凡四十七人,由圣陶主席,相继致辞,余亦
应景略陈所感,决定修改社章、改选干事监事,并组织消费合作社。
历时三小时有馀兴收场,九时半乃散会,与均正、郑缤共乘电车各

归。抵家雨又大至。

## 3月10日(癸未　初七日)星期

　　阴寒,背地有冰。竟日未出。午后致觉见过。漱儿日来有病,似为怀孕,然头痛有微热,颇不放心。三时,漱石来,陪同前往八仙桥蔡幼笙女科处诊治。据云非妊,乃胃病,须慎防,处方两剂,且试服之。夜小饮,漱石饭后去。仍开机收听弹词。此机自元旦以来即损坏,声低而杂,勉强使用,殊难为怀。今日午后组青偕其友偶过,俱最近研习无线电者,因为修理,即时复亮,故乘兴听之。

## 3月11日(甲申　初八日)星期一

　　阴,午后雨,时大时小,彻夜不休,而寒威未杀,手脚皆感冷痛也。依时入馆。写寄雪村、芷芬,并作介绍书两通(一与俞平伯,一与王稚圃),付芷俾抵平后有所熟稔耳。明日孙忌,并为植树节,照章放假,布告周知。今日本当编发通讯录,以材料时间均不及,只得稍延,先将杂书加价通告发出。各部馆社所会之印章已制就,即颁行,旧用各章缴销,其各分店所用印章以寄递不便,即将新制北平分店诸印记钤样遍发,俾模式就地刻制,报达印鉴备查。午刻士敿邀饮其家,以绍兴乡人携有活蛋,(半孵鸭卵俗称喜蛋,绍兴语音喜嫌近死,故以活蛋厌之。)特请尝新也。饮次,滋儿来,亦得分享一枚。散馆甚雨,唤汽车不得,仍雇三轮车行,与缤同乘。到家,怀之在,因共饭,余仍小饮。漱儿服药后呕吐仍未止,颇加咳嗽,殊为担心,拟令辞去教职,在家静摄,但伊性好胜,未必肯听耳。谢来自香港到沪。

## 3月12日（乙酉 初九日）**星期二**

阴霾竟日，偶露阳光，一霎便匿，惟幸而未雨。休假在家，看东润《中国文学批评史大纲》。午吃面，佐以小酌，以今日为余五十七岁初度也。饮后过丏尊谈，二时许始返。澹儿挈顯、预、硕三孙，清儿挈建孙，汉儿挈锴、镇、鉴三孙并女佣俱至，傍晚文权、达先来，遂共珏人及湜儿乘车往八仙桥三和楼吃夜饭。余与润、滋两儿步以往，余与珏人、澹、清、汉、润、滋、湜、权、达、顯同坐，预、硕、锴、镇、鉴由女佣倍同另坐，建则抱持往来，逗趣而已。凡用六万三千元，澹、清、汉三分任之。八时毕饮，余雇祥生汽车两乘，分送各归。自与珏、润、滋、湜乘电车西迈，到家已将九时矣。今日骨肉团聚，至为快适，惟漱儿卧病在家，芷芬、笙伯越在宁津，未能齐臻，终感缺典耳。

## 3月13日（丙戌 初十日）**星期三**

晴寒。依时入馆。处分杂事。饭后出席第二次经理室工作会议。寄出雪山、为群两信，于处理账务、货务各情及京店今后进行诸事俱有指示，大都即根据工作会议所决定。汉、漱俱往杜克明医师处诊病，汉决系怀孕，漱亦大抵如此，然须检验便泌始可决定耳。油印失灵，应发通讯录及通启各项俱为搁浅，殊不便。晚归小饮。汉陪漱在家，夜饭后乃归去。知元锴读书又成问题，或须送来交由滋儿为之补习矣。

## 3月14日（丁亥 十一日）**星期四**

风雨竟日。依时入馆。油印胶棍重买到，勉强印出。沈家海自湘赣来,午间邀谢来及洗、圣、彬、达与余同饮永兴昌。芷芬之兄天行昨自渝飞沪,今午来访,汉儿偕之踵来永兴昌,遂共餐,约夜饮余家。午后出席编审会议。晚乘车归,汉儿、振甫、述彭俱已在。有顷,天行至,因共小饮,至八时许乃别去,汉儿留焉。

## 3 月 15 日（戊子 十二日）星期五

阴,傍晚雨,入夜增剧。依时入馆。处分杂事,接芷芬京信,知天晴后飞机当有办法也。洗人有台湾来友赠与西瓜一枚,置已多日,今日午后缤发起剖食,由圣陶执刀分飨,在坐敩、善、诚、清、汉均得与焉。二月中旬得啖西瓜,在昔日视之,大为奇谈矣。散馆后与缤同行,乘廿二路公共汽车归。夜与怀之、漱石等小饮,知怀、翼三日后当可赴台矣。是夕怀之夫妇留余家,珏人、滋儿与之打牌,十时许乃罢。

## 3 月 16 日（己丑 十三日）星期六

阴雨,午后稍止,夜半檐瀑又注,雷电交作,达旦不辍。依时入馆。办出公函及号信多件。心君假款五千元去。午后润儿来,校中级会欲购纸,因导往文彬所,为买得报纸四分之一令、卡纸十张,计万一千元。圣陶出示佩弦近诗。（题云"胜利已复半载,对此茫茫百端交集,次公权去夏见答韵"。）颇足窥其心境,因录之,备他日抵掌也。

> 凯歌旋踵仍据乱,极目升平杳无畔。几番雨横复风狂,破碎山河天四暗。同室操戈血漂杵,奔走惊呼交喘汗。流离琐尾历九秋,灾星到头还贯串。异乡久客如蚁旋,敝服饥肠何日赡。灾星宁独照吾徒,西亚东欧人人见。大熊赫赫据天津,高

掌远瞩开生面。教训生聚三十春,长宵万里噀光焰。疾雷破空时一吼,文字无灵嗟笔砚。珠光宝气独不甘,西方之人美而艳。宝气珠光射斗牛,东海西海皆歆羡。熊乎熊乎尔诚能,张脉偾兴争烂绚。谁家天下今城中,钩心斗角从君看。看天左右作人难,亚东大国吾为冠。白山黑水吾之有,维翰维藩吾所愿。如何久假漫言归,旧京孤露思萦万。旧京坊巷眼中明,剜肉补疮装应办。稷坛黄菊灿如金,太液柔波清可泛。只愁日夕困心兵,孤负西山招手唤。更愁冻馁随妻子,瘦骨伶仃沦弃扇。

散馆后应铭青之招,陪怀、翼饮,盖行期即在明日,真祖道矣,九时始归。润、滋等出外参加学生晚会,至十一时半乃返。时大雨淋头,余为担心久之,比见其归,始寝。

## 3月17日(庚寅 十四日)星期

阴,湿气甚浓。晨翼之来言,海宙轮确改后日驶台,须明日上船矣。谈至十一时以即赴功德林公祭傅太母便与珏人及翼之出。翼之仍返铭青所,余夫妇乘人力车径往功德林。到林时,仅郑缤、郭沈澄、王亚南、余品珍在,余尚未至。良久始见陆续来。十二时洗人乃到,又迟久之,亚平、沛霖终不到,遂开始公祭,推洗人主祭,瑞卿司仪,历半小时礼毕,各就坐聚餐,凡四席。余与予同、洗人、圣陶、调孚、均正、绍虞、达君共座。二时半散,余与珏人、锴孙、均正夫妇偕雪村夫人、墨林及士敫过章家啜茗长谈,至四时始偕珏人、锴孙归。行至八仙桥电车站,人挤不得上,乃唤人力车以返。甫到家,适鸿逵来访,盖渠亦接云章信(余前日接到),属就商于余取美钞一百元兑合法币三分之(一奉其母,一与其兄,一与其妻),

即为分派云。经商决,目前无此需要,姑且先提美钞五十元,兑换法币寄其妻,馀三百元即交存于余再定后文。谈至五时始去,明日当将此意复告其章也。涵侄见过,知柱流仍无消息。夜小饮。中宵雷动。

## 3 月 18 日(辛卯　十五日)星期一

阴,晨雷雨,夜又雨。依时入馆。处分杂事。世泽报到服务,以本室秘书办稽核。十一时余偕予同诣光华大学访诚之,同到章家就宴,以今日公司请编审委员吃饭也。柏丞到而未与宴,夷初未到,其余诚之、仲华、西谛、夏衍均到,主人方面到洗人、圣陶、予同、彬然、调孚、达先及余,凡十二人,二时始返馆。廉逊来,久芸来。出席本室工作会议。晚归小饮。

## 3 月 19 日(壬辰　十六日)星期二

阴霾竟日,偶见细雨,似有晴兆矣。依时入馆。处理杂事。午后与洗人、达君、圣陶商定分店制度之维持及北平人选不遽变更,两事备分函琛、珊解释之。清儿假。汉接芷芬信,日内或可搭机赴平云。晚归,漱石及雪村夫人、密先俱在,因共小饮,夜饭后去,漱石留。

## 3 月 20 日(癸巳　十七日)星期三

晴,仍寒。依时入馆。寄出号信多件。(号信分属郑缤、汉儿复写,以资训练。)午与洗人、圣陶、达君、郑缤过永兴昌小饮。饭后与洗、圣、达再谈北平事。有会计人员三人应召口试。晚归小饮。接雪村十六日航信,坚持稚圃事,甚至以去就争,颇见为难,明日当切与洗、圣等再一商决之。寄芷芬、云章。

## 3 月 21 日(甲午 春分 十八日)星期四

晴,午后渐阴,夜半又雨。依时入馆。出村函,与洗、达、圣商谈,决依村旨办理,即电复雪村,告照办,无如线路有阻,两次均退回,遂即航函详复。一面派胡瑞卿遄赴南京,持函与芷芬接洽。(北平分店聘王稚圃任之,芷芬以襄理留平督辅云云。)如赶得及甚好,否则芷芬先已抵平,或且弄僵耳。事不接头之害有如此,诚堪浩叹也。午后参加甄查新招职员。出席编审委员会。编发通讯录第八号。晚归小饮。家畜白猫产二子。

## 3 月 22 日(乙未 十九日)星期五

阴雨竟日。依时入馆,濡衣沾裳。收发各处号信多件。汉接芷信,知尚滞京,则瑞卿当能赶及之矣。晚乘电车归。入夜小饮。

## 3 月 23 日(丙申 二十日)星期六

晨濛雨,阴霾竟日。依时入馆。处分杂事。午刻汉儿请润、滋及敫往大西洋菜社吃西餐,因滋儿出生以来在此中国第一号都市之上海十七年,从未尝到或见到西餐,每以为言,迄未能餍其望,汉儿返家后即预约请伊见识此味,今乃实现之耳。寒家相即此可推见矣。散馆后应洗人之招,与敫、彬、璋步往永丰坊。先在敫寓小坐,继历傅、范、金、唐、叶各家及汉寓,然后就座合饮。列坐者有子敏、坚吾、文彬、圣陶、彬然、祖璋、锡光、必陶、知伊、达先等,宾主凡十二人。八时半散,再过敫寓,与润儿(先在敫所夜饭)携归,约文彬同乘一路电车至西摩路分手,余与润儿再转廿四路无轨电车以归，到家已九时许矣。

**3月24日**(丁酉　廿一日)**星期**

晴。晨丏尊饬人来邀，早饭过后赴之，知昨夜今晨俱下血，但气分尚平，心亦不跳，目亦不黑，大氐新服陈芥菜露驱此宿垢耳。午祀先，濬儿率顯、预、硕三孙、清儿、达先、汉儿、芷芬两伉俪俱来。芷芬以北平事未协，特由京赶来与洗人有所商谈，故今日亦赶到饮福。饭后达先、清儿去，文权来。薄暮芷芬、汉儿去。夜力佩来，余因与之共饮，文权与座。饭后濬、权全家去，余与力佩长谈至九时许始辞去。

**3月25日**(戊戌　廿二日)**星期一**

阴雨。依时到馆，往返甚惫。芷芬决暂留上海，俟纸型书籍装出时再往矣。午芷芬之从侄默庵来馆，因与共饮于永兴昌，芷、汉、振甫皆与焉。下午寄聘书与稚圃，告芷行止并属先为租定屋宇。夜在家小饮。圣陶夫妇看丏疾，顺来江家省老母过余，未坐即行。

**3月26日**(己亥　廿三日)**星期二**

阴雨连绵，殊闷损也。依时入馆。寄发号信五处。饭后濬儿来馆，交到款一笔，请加存志良处，因即走访，志良为之办妥。散馆步归，路滑势拧，倍见费力，行到吕班路已觉举步为难，勉强到家，惫莫能兴矣。年来衰象日增，此其一端乎？夜藉小饮为休息，膳后听播音，九时许就卧。函西谛，请为晴帆遗书估价。

## 3 月 27 日（庚子　廿四日）星期三

雷雨四五度,终日在烟雾中,湿甚。依时入馆。冒雨行,晚归乘人力车,稍节步劳。接雪村廿四日航信,知去信尚未收得也。怀、翼已到,留用村所,一任秘书,一任文书科员,俱供膳宿,大为引慰。午应《正言报》徐亚倩之约,与圣陶、予同、绍虞、均正、调孚、彬然、祖璋过饮杏花楼,晤乃乾及亚倩馆友卞、钱两君,下午二时许始返馆。写复雪村,附洗人书去,于稚圃及芷芬事详陈经过,想前信当亦到,此信至时必可涣释矣。夜小饮。饭后听书,九时即睡。

## 3 月 28 日（辛丑　廿五日）星期四

阴雨,午后晴,久不见日光,今乃得之,恍如获宝矣。依时入馆,与漱儿同行。到馆,晤达轩、瑞卿,知为群托携辞职书,京店干不下去矣。乃召开经理室会议,决定准为群辞,改聘为编辑。京店主持事即由达轩真除为经理。又汉店经理顾惠民亦请辞,准调任经理室秘书,遗缺派胡瑞卿前往接充。芷芬仍候货去平再定行止。下午出席编审委员会,办出各地号信。散馆后与洗人、圣陶过永兴昌小饮,有顷,芷芬偕孙起孟来,盖预约前来参加明社者。与共畅谈,六时半乃返馆,出席明社全会,通过合作社章程。九时许始散,十时与均正、郑缤共乘汽车以归。到家则浒关曹氏表侄女及其子中文、童氏表侄女及次女与幼子以忠在,今日自乡来沪省余也。因与之长谈,询问近状皆甚好,十一时许始各就寝。接虚舟信,因即复之,兼致梦九。

## 3月29日(壬寅　廿六日)星期五

晴,午前后有翳。晨调孚来,彬然、祖璋来。午圣陶夫妇来,同饭于江家,盖红蕉生日也。饭后与圣陶长谈,至四时始去。五时西谛来,交到邱籍估价,因留小饮,谈至七时许去。润、滋以放假竟日在永丰坊玩,薄暮乃归。湜则伴乡亲玩大世界,亦晚始返。

## 3月30日(癸卯　廿七日)星期六

晴。破晓乡亲辞去,漱石适亦欲返苏,与之同行到车站。据闻甚挤,未知得否顺利上车也。依时入馆。办出南京分店经理改聘事并发寄号信多件。饭后过文彬、坚吾谈。散馆后与祖文、芷芬过饮永兴昌,八时散,芷芬送余归,然后辞去。

## 3月31日(甲辰　廿八日)星期

晴。漱、润、滋三儿偕江冬及邻右往游龙华,共去八人,合承脚踏车五辆,直至傍晚始返。八时许本坊甲长来告,今日九时本保在回力球场开会,各户长须派一人携印章前往接洽,大概为领取国民身份证事,务望前往云云。适儿辈俱已外出,只得届时约红蕉同赴之。至则盖章入内即不可出,人数虽不全,而小孩、妇女居多,亦赫然满屋也。盖召集所谓保民大会选举区民代表,恐保中各户不去参加,特以取证相诳耳。无可如何,惟有坐待,至十时许始开会,欲在场各人照所揭,不知谁何之候选人十一名,任择一人投票,且为无记名投票,其为包办玩弄形迹显然。及散票,余即约红蕉退席,各挟所持白票而出,守门者犹不肯放,强行始出。比归家,已十一时矣,默坐久之,以为平生大辱莫过于此,不谓今日官办民选之恶劣,其可恶竟超日寇挟持之保甲而上之,至于如此也。午后本为明社消息草一文,适绍虞来长谈,留之晚酌,八时始去,遂尔搁笔。

## 4 月 1 日(乙巳　廿九日)星期一

晨起,大雨旋止,终霾。依时入馆。在未入馆前草竟短文,即题曰《我对明社的认识》,携交锡光完卷,初不措意矣。办出号信多件。编成通讯录,未及发。本日有试用职员三人来。散馆后与圣陶、洗人、达先、芷芬、瑞卿应达君约,同到赫德路其如君所小饮吃面,盖今日为其生日也。九时始散出,余步至爱文义路、西摩路,乘廿四路无轨电车归。

## 4 月 2 日(丙午　朔)星期二

晴。依时入馆。处分杂事。午与洗人、觉农、圣陶过饮永兴昌,有余之介者见访,未晤,留言约于六日晚七时往八仙桥青年会参加教师周会座谈会。散馆后祖文来,约圣陶、予同、绍虞及余往爱棠路王艮仲宅小饮,以待车来接,直至七时许始行,八时始入座,十时许始散,仍车送归家。坚吾约夜饮,与叔旸会,以先应艮仲、祖文之约,谢之。

## 4 月 3 日(丁未　初二日)星期三

晴,午前忽雨,午后又晴。依时入馆。处理各事。士敫以腹疾未到。下午热,棉衣难御矣。光岐、光焘先后来馆,俱自建阳复校来沪者。四时半余先归,以身感衣多,不克步行,特提前出馆,俾乘电车也。晚小饮。接雪村、怀之台北来书。寄复雪村附致怀、翼。其章之妻亦有信来,为寄款数目不明,特函询问。

## 4月4日(戊申 初三日)星期四

晴暖,不能御棉。依时入馆。士猷到馆,庶事得一天就理。午后出席编审会议。光焘两度来谈。洗复稚圃汇二百万元去平。接雪村来信,催速决设立台湾分店。芷芬、汉华归省珏人。晚归前无止来谈,有顷始散归。夜与芷芬小饮,八时半乃归去。

## 4月5日(己酉 清明 初四日)星期五

昙,午前雨,午后转凉,与昨相较,顿异一季,近年下江天气诚大变矣。依时入馆。寄书勘初问近状,兼谢其郎见过。午过村所饮,盖士猷是日祀先,邀圣陶夫妇、洗人、达轩及余夫妇与润、湜同席饮福耳。晚归小饮。文权、潏儿来告,美军在沪之红十字会将于五月一日结束云。

## 4月6日(庚戌 初五日)星期六

晴有风,陡寒。依时入馆。清晨偕珏人、漱儿往天香斋吃面。士猷来馆,行至靶子路忽患头眩,芷芬送之归寓。迩来猷体颇劣,非大加调养不为功也。处分杂事。以明日业务会议整案事属诸芷芬。下午三时与予同共乘电车赴夷初之约,出席科学社星火编辑茶话会,圣陶、彬然亦至,晤西谛、文祺、立斋、仲足诸人,任叔永亦在,廿年未见矣。五时许散出,余约西谛、予同归,相与小饮长谈,至八时半乃别去。

## 4月7日(辛亥 初六日)星期

晴,寒意犹浓。珏人、锴孙及女佣菊泉晨往永丰坊省视清、汉

家,由润儿伴送之。午饭后出席第一次业务会议,自二时至六时始
毕。散会后偕圣陶、芷芬、士敫同到永丰坊汉所小饮。十时始乘汽
车,与珏人、锴孙等同归。接四月四日雪村来书,知允臧在彼,与索
非有所勾结,台事前途殊堪殷忧也。

## 4 月 8 日(壬子 初七日)星期一

晴,仍冷。依时入馆。先过敫、清,同行,盖建昌避痧子,昨住
雪村老家也。晨芝九见过,约晚饮世璟所。午前复来馆,晤圣陶,
顺托余代购书籍,备县立图书馆之用。处理杂事。散馆后应芝九、
世璟约,步往喇格纳小学,晤立斋,七时聚饮,九时始散,余与立斋
步以归,抵里口,立斋再行。

## 4 月 9 日(癸丑 初八日)星期二

晴,午后阴。依时入馆。上午出席第五次经理室工作会议,决
定南昌设店,召沈陶孙来洽诸事。午后出席明社合作社会议。晚
归小饮。夜早睡,以日来精神感倦乏故。

## 4 月 10 日(甲寅 初九日)星期三

晨雨旋阴,午后曾一显晴。体乏惮出,因饬漱儿到清儿所属代
请假。写一短文推荐朱东润《中国文学批评史大纲》,应沛霖之
请。午后写信备复寄雪村。傍晚均正来看,带到陈建功携示八日
雪村书,复余四日所寄书,知台陈不利群口之由实为台民无识故。
夜小饮。饮后添书一纸加复雪村。

## 4 月 11 日(乙卯 初十日)星期四

阴雨,午后晴。依时入馆。先敫、清同行。编发通讯录第十

号。又发号信多处。炳生、雨岩来沪。午间洗人、圣陶、芷芬、瑞卿
及余约饮二君于同华楼,价奇昂,单论炒蛏子一味已开价七千元,
再加二成小账,他可知矣。日来物价之涨诚堪骇人,取与去年今日
较法币与储券值几相等,乃强以二百对一压吾民。如当局尚有扪
心自问之一刹那间,不知亦滋汗愧否?午后出席第六次编审会议。
祖文约晚间见访。光燾来,厚斋及陈漱石亦至,因共约洗人、予同
往饮永兴昌,并为铭青购酒五坛送其家。今日为漱儿生日,权潗、
敩清、芷汉三伉俪俱归家吃面,建孙亦挈以来,并邀雪村夫人及密
先同饮。芷芬归时即属代为招呼祖文及余自永兴昌返,知祖文果
来,未肯饮即去,亦未留言见告也。九时许权等归去,留清、汉及建
昌宿焉。

## 4 月 12 日(丙辰 十一日)星期五

晴。依时入馆。处理杂事。迪华以《中国分省地图集》来交
稿,当即将馌酬十五万元付之,并寓书雪村询是否仍在台湾印。丏
尊病笃,据克明言恐变在旦夕也。散馆后与清儿同乘归。夜小饮。
九时后就寝。

## 4 月 13 日(丁巳 十二日)星期六

晴,午后热,起风扬尘撼户,傍晚阴,夜半雨。依时入馆。处理
杂事。四时润儿来馆,与士敫同诣杜克明检查身体。散馆后过饮
敩家,啖鳖,甚腴美,八时步归。

## 4 月 14 日(戊午 十三日)星期

晨雨两度,终霾,风烈而寒。今日明社本有龙华郊游之举,约

自永丰坊及霞飞坊两处出发,同人分头集合,乃天不作美,扫此大兴,不得不宣告延期,而通如夫妇、康宁、子如夫妇已徒劳往返矣。午后雪村夫人、达先、密先、子佳来,文权、潜儿、顕孙亦至,珏人与之打牌,夜饭后乃分头归去,清儿、建孙仍留。接四月十二日雪村台湾来书,告东方出版社事实误于允臧,默察前途,必无善果也。

## 4 月 15 日(己未　十四日)星期一

晴,仍感寒。依时入馆。办理杂事。作书复雪村,附致翼之(翼适有书来)并附洗人复书。午与芷芬、达先约天英过饮永兴昌。有顷,洗人、圣陶、达君偕陆梦僧、赵晓恩踵至,遂合席。午后二时乃返馆,甫坐定,武若来访,盖周前自渝飞京转苏小住,昨日来沪,特行过访也。谈次,觉其眉宇英爽,言词朴厚,深为家英庆得婿。近向此间中央信托局报到,一时或将暂留上海耳。(本发表为长春中央信托局局长。)散馆后与达先、清儿共归小饮,今日为余与珏人结缡卅五年纪念,特制团圆为餐,糯米为廓,鲜肉笋末作馅,甚佳也。是夕,达先亦下榻焉。

## 4 月 16 日(庚申　十五日)星期二

昙,晚晴。晨与达先、清儿出,过天香斋进点,然后入馆。召集章则小组会,通过特别会议(业务特别会议),所交订之各项章则除货务、账务之部施行至年底再修改,其他诸项则公布为永久性照行云。晴帆遗书让人事,昨日其弟又来催问,拟即与洗人决定办法。西谛来约,为《联合晚刊》编《史地周刊》并为暨南大学拉任教授,盛意极可感,当允考虑。晚与清步归。夜小饮,适漱石自苏来,淑英来看清,因共饭焉。上年下期奖金十万元取到,即还达君。

## 4月17日（辛酉　十六日）星期三

晴，午后飓作，撼户震牖。依时与清入馆。处理杂事，寄出号信多处。看吴晗《从僧钵到皇权》，写朱明开国，极出色。四时半先归，约罨必陶、王知伊来晚饮。六时许敫、清偕罨、王来，遂共饮，饮后长谈，士敫先去，至八时三刻罨、王亦去。送礼两笔。（元章结婚五千，君立父开吊千七百。）

## 4月18日（壬戌　十七日）星期四

晴燥。依时入馆。办理杂事。午与珏人、漱、润、滋三儿及芷芬、汉儿、锴、镇两孙同在雪村家饮酒吃面，盖今日为士敫生日，而清儿挈建孙归去也。午后出席编审委员会。购糖十斤五千元，为合作社觅买分拆者，市上售价当不止此耳。闻人言今日米价又突自二万七千元（一石）跃升至三万五千元，生活动荡如此，社会崩溃之日至矣。晚归小饮。夜饭后予同、西谛、仲足见过，谈移时乃辞去。

## 4月19日（癸亥　十八日）星期五

晴，傍晚阴，入夜遂雨。依时入馆。先过敫、清，看建昌。上午开经理室工作会议，决定分店薪给标准及为图书馆收受晴帆遗书诸事。午后办理杂事，并看张荫麟《中国史纲》。晚归小饮。夜饭后看黄摩西《中国文学史》。

## 4月20日（甲子　十九日）星期六

晴，时有云翳，然气燥而爽，想当有数日晴也。依时入馆。办理杂事。看张《史纲》。午与光焘、厚斋、圣陶、予同过饮永兴昌。下午规设图书馆布置事,与芷芬共商之。晚归小饮。夜以心气不快,早睡。

## 4 月 21 日(乙丑　谷雨　二十日)星期

晴和,微有风。清晨起,潘儿便来,其后子如夫妇、隆章、达君父子、调孚夫妇、通如夫妇先后至,盖今日明社康乐组主办之龙华郊游团因上星期雨延至今补行,一部分同人约在余家集合也。九时许敔、清等至,遂分乘两卡车,大小凡六十九人。先驶漕河泾黄家花园,以主人称觞谢外客,废然而止,转向曹氏墓园,亦饱飨闭门羹,径折赴龙华,憩于寺前四如春,游众四散,至十二时共饭,凡七席,余与隆章、康宁、声济、敏逊、乾阳、趾华、柏泉、青选等九人合坐,仍不废饮。珏人、漱、滋、湜三儿与敔、清等一家及潘儿合坐。芷芬一家又别为一席。至一时许始散,余又偕珏人等赴飞机场外立观,见机三架先后降落,湜等大乐。有顷,仍回茶馆小憩。二时乃集合同人仍分乘原车各归永丰坊及霞飞坊,到家未及三时也。潘儿少坐便归去,湜儿则随清儿往住章家矣。往返尚顺而途中受警察噜苏三次(一次需索五千元,一次交涉放行,一次照片即行),则不无遗憾耳。绣君来,知道始移禁后起居待遇转有规律,言外大有可味,但愿早得审判,俾受法律之制裁,则其家属亦所甘心也。晚小饮。接雪村四月十九日航书,知台事亦正棘手也,惟分店进行颇有把握耳。

## 4 月 22 日(丙寅　廿一日)星期一

晴暖如初夏矣。御袷犹嫌重,稍动即出汗。晨出,先过敔、清。

有顷,芷芬、汉儿及镇、鉴两孙亦至,略坐,便与敫、清、芷、汉同步入馆。办理杂事。午过敫饮,并吃面,生日也。珏人、漱、滋、湜及潜、权、硕、芷、汉等俱与,甚感热闹。饭后就章氏西邻三山会馆廊庭合摄一景。午后二时返馆,仍处分杂事。洗人上午未到,盖料理送舜华之婿归萧山也。舜华于前年之冬飘然离店,远赴浙西,与汪姓结婚于于潜,近以汪患癌症,偕来沪渎就医(癌生阴茎,宛如两角),群医束手,殆濒于危,故仍送返原籍云。圣陶昨应中国建设出版社之招,出席讲演,在艮仲所夜饭后始归。据其观察,祖文主持之研讨讲座精神尚好。散馆出,仍过敫家,珏人等已归,余乃挈锴孙乘人力车归来。夜小饮。九时就寝。

## 4月23日(丁卯　廿二日)星期二

晴暖,夜半雷电交作,三时后大雨达曙,雷阵如此之长亦罕见也。依时入馆。编发通讯录十一号并办理杂事。午后晴岚来与洽晴帆遗书,以二十万元让与开明图书馆,当具收据与之,属偕同佩瑛签字,于明日下午来取款。翼之台款未划,意欲向开明通融竟碰一头,当局诚持正,其奈所施不一律,显有彼此何。丐尊病革,夜九时逝世。一代文名于焉结束,呜呼! 晚小饮,十时就寝。

## 4月24日(戊辰　廿三日)星期三

凌晨雷雨,终霾。八时出就馆,多处阻水,绕道乃达。到馆后即与洗人、圣陶、予同、彬然、均正等会商丐翁后事,当即拟发报丧广告及明日停业志哀启事。守宪亦来,决定一切。今日午后即移灵上海殡仪馆矣。开明房屋已修竣,余坐又自四楼迁回三楼,编校部及杂志社则迁至四楼,故终日又为此栗六。饭后召集丐翁治丧委员会。散馆后与士敩步往濬儿所，珏人、雪村夫人、密先、芷芬、清、汉及漱、润、滋俱在，盖濬今日生辰，邀约同往吃面也，八时许始各归。接四月廿二日雪村航信，知分店已有眉目，附致士敩一笺，当为转去。

## 4 月 25 日（己巳　廿四日）星期四

昙，傍晚微雨，夜深又雨。清晨洗、圣、芷等车过，赴吊丏尊于上海殡仪馆，余与珏人附车同往。是日公司为丏尊之丧停业志哀，全体同人九时前俱到，十时后吊客络绎。午后三时半殡仪开始，余为定仪节如次：一，家属举哀；二，哀止；三，家属及来宾绕灵瞻视；四，恭扶遗体入殓；五，家属祭拜；六，来宾全体肃立致敬；七，恭送灵柩发引。四时礼毕，灵辆即驶往鲁班路康衢路法藏寺化身窑安葬，两星期后请高僧举火，盖依遗命也。在殡仪馆晤柏丞、莲僧、西谛、存我、克明诸稔友，酬谈殊感疲倦，及灵车离馆、诸事料理后，始与予同、芷芬步归。行抵亚尔培路，予同登车去，余及芷径返，入暮与之小饮，夜饭后辞去，汉儿留。

## 4 月 26 日（庚午　廿五日）星期五

晴，晨昙。入馆前先过敩、清，同行，汉儿踵至。办理杂事。搬定坐位。瑞卿、芷芬日内将乘轮分赴津、汉。今午，余与洗人、达君、圣陶、予同、彬然、调孚、子如、达先公钱之于聚丰园，顺以丏尊善后诸事互商焉。下午二时返馆，出席编审委员会。晴岚来，当将晴帆遗书售款廿万元取去。晚归小饮。润、滋两儿往看《升官图》话剧于光华戏院，十一时半始归。

## 4 月 27 日（辛未　廿六日）星期六

昙,夜雨。晨与珏人挈润、滋两儿乘电车到八仙桥,同登天香斋之楼进点,旋由滋儿送珏人登车归家,余与润儿过章家少坐。润入校,余及敫、清入馆。上午出席人事委员会,决定招漱儿来馆任校对,又进用工役三人。守宪来,龙文来,俱为丏尊后事有所商榷。下午家海来,知即登轮赴台,但海关内班职员怠工,如未结关则不能启碇也。芷芬本定明日上船,恐亦为此耽延耳。散馆后与予同、均正、芷、敫、清至江西路中新厂样子间看新型火油炉,预备购用,改去煤球木柴,盖近日物价燃料竟最受威胁,不得别为打算也(米价每石已达四万)。说定后日送货,余乃与均正乘电车西行,到家已六时,即小饮。夜早睡。

## 4 月 28 日（壬申　廿七日）星期

晨细雨旋止,午后曾献晴,薄暮又见细雨。八时与珏人偕乘廿二路公共汽车至外滩,转乘十一路电车往北四川路、虹江路,即赴芷、汉家,顺至圣陶家访候满子,以圣添孙将弥月,珏、濬、清、汉、漱俱有馈赠表意,故伊等先后踵至也。(漱以卧病未到。)余参加公司董事会即在范宅举行,到洗人、圣陶、士敫、彬然、觉农,其外列席者有予同、达君、调孚,决议夏先生善后诸事,会外对同人薪给亦有所讨论,五月起或可再增若干也。会毕即饭洗人所。珏等在圣陶所饭。饭后与珏等逛旧货摊,买得花盆三件,由汉儿唤三轮车送余与珏人归。夜小饮。

## 4 月 29 日（癸酉　廿八日）星期一

阴,时有微雨。依时入馆。寄复雪村,详告丏丧善后诸事及公司动态。午前开经室会议,对台湾分店及北平分店均有所决定指示。(雪村廿三、廿六连来两信,告台店着手已与现代社订约,稚圕廿六日来信拟租王府井八面槽卅一号屋,会中因决定分复台店选货限台币一百万,平店则准即照租。)余信即附台信发出。瑞卿即日赴汉接替惠民,芷芬亦定于今晚九时上船往津,因此办理此项文件甚忙,当将各件分交之。西谛来馆,约为以中撰书评。散馆时与之同行,予同亦与焉。行至马霍路,予同别去,行至同孚路,西谛亦转向北行,余乃独步归家。入夜小饮,芷芬来辞行,因留共饮,谈至八时命滋儿送芷登舟。余以多饮,竟入睡,原拟为以中撰文,遂废不行。

## 4 月 30 日(甲戌 廿九日)星期二

晨阴雨,午后晴,而础润如膏,气闷热,夜半大雨。八时出,与润、滋偕行,至西藏路分道,伊等入校,余过敫、清,同行入馆。汉儿告知芷芬今晨九时乘太古公司南昌轮出发矣。为丐翁治丧委员会发召集请柬,定五月三日在开明四楼集议。五月起调整津贴基数办法亦公布。发布告复字三、四两号,一为五月一日劳动节放假,一为五月二日起将办公时间提早半小时。以中文无暇涉笔,拟明日假居为之。散馆时以衣多不胜步履,唤黄包车归,用八百元。夜小饮。

## 5 月 1 日(乙亥 朔)星期三

阴雨延绵,檐瀑时流,气闷而燠,向晚又转凉。今日休假,正拟草文应以中,甫开头而敫、清奉雪村夫人挈密先及建昌等至。有顷,汉儿挈镇、鉴等亦至,盖今日为敫、清结缡五周岁纪念,约同姊妹共返我家盘桓为乐也。午间啖饺子代餐。下午文权、潜儿亦至。纵谈至六时团坐小饮，至为欢娱，而操笔之事于焉阁置矣。九时前汉挈两儿及孙妈去，继而权、潜去，雪村夫人、敫、清、密寿及陆妈、吴妈最后行，湜儿亦随往章家。纷扰终日，十时后余等亦亟谋安睡矣。漱儿已得开明之招，明日将往馆试任英文校对。

## 5 月 2 日（丙子　初二日）星期四

晴，傍晚微雨即止。晨与漱儿偕过敫、清，同行入馆。漱即派在编校部试用（期间两个月，月给津贴四万元，满期后再核定薪给。），办人事移动手续。编发通讯录十二号。沈永清、封明照自上饶来沪报到，明照即将转台，永清留经理室任用。散馆后与洗人、圣陶应坚吾之招过饮其家，与唐彦宾、曹仲安、秦伯未、归舜丞及文彬等同席，肴馔丰美。八时许始散，由文彬唤汽车共乘送归。接浒关信周氏表侄婿童筱岑作古，托为放照。云章之妻偕闻老太来，将原寄美钞三百元取去，惟雪棠不先来一电话知照，似脱节也。

## 5 月 3 日（丁丑　初三日）星期五

阴霾竟日，夜深又雨。晨与漱儿步入馆。办理杂事。寄出台、平、渝诸信。午后列席丐丧委员会。图书馆事已有建立眉目，昨日予同约孙心磐来谈设计诸大端，业与商洽今日下午四时三刻即由图服务社送到登记簿、分类卡、书片袋等。（计二十馀万元，多战前存货，尚未悉照时价。）所感困难者，目下开明诸部职员中竟无可拨派担任馆事耳。散馆时过敫家，挈湜儿同归。夜小饮。以中来馆索稿，余允于星期日草竟与之。

## 5 月 4 日(戊寅　初四日)星期六

宵雨通明,晨霖又作,闷甚,八时后止,终霾。依时与漱儿入馆,滋儿偕行。十时前圣陶以次均往辣斐戏院参加文艺节文协文艺欣赏会,敫、润、滋俱与焉。汉儿病假,漱儿于散馆后往候之,即伴宿其家。颉刚自徐州来,昨晚到沪,住北四川路文通书局,今日十时来访,倾谈别绪,不觉移日,虽鬓发俱白,而丰采转见红腴,十年相阔,亦足大慰矣。当电话告良才,亦来会。谈至十二时,良才以所事甚忙,约明晚饭其家,即引去。余与洗人、绍虞共邀颉刚往饮永兴昌,圣陶、调孚会毕踵至,因合坐纵谈近二时始散。仍返馆,颉刚出外访友,余等就坐办事。何天行见访,以西湖博物馆文物委员来征同意并属代拉予同,散馆时颉刚来,与圣陶、绍虞等参加文联聚餐,余则归饮于家。

## 5 月 5 日(己卯　初五日)星期

阴晴间作。晨雪棠来,谈云章处决由伊去信告明其家眷,已将存钞取去。西谛来,坚属为《文汇》编《史地周刊》,友朋好意,殊难见违,已允考虑。午间颉刚、诚安兄弟来具饭,相飨纵谈至下午三时,诚安亟欲出席会议,遂不及待洗人、圣陶之到来,即与颉刚出,径诣予同所晤吴文祺、许杰、许志行,有顷,洗人、圣陶踵至,又坐谈至五时半乃偕颉刚、洗人、圣陶、予同赴良才之约,晤家晋、以中。七时始聚饮,九时始散,送颉等登电车后,余与以中步归,至霞飞路始别。

## 5 月 6 日(庚辰　立夏　初六日)星期一

晴,时昙,南风甚急。晨起草毕读《张居正大传》。九时始入

馆。台湾汇款已到，而发放处大为留难，竟无由取得，于是怀、翼之
款仍落空。台事之糟如此，宜乎人言藉藉矣。报载上海将推行警
管区制，是明将特务机构楔入民间耳，此举直超周厉监谤而上之，
竟与元代十家三鞑子媲美矣。此等当局不为幽厉之续，其将何以
推行民主乎？吾知明达之士必将群起攻之也。午与洗人、达君往
法藏寺拜丐灵，盖今日二七，其家属在彼设斋也。饭后访致觉，顺
请藏经六本归。二为丐译《南传本生经》，四为致觉所校之《阿弥
陀经》等二十馀种。谈次知宾若之子济昌已返沪云。三时半径返，
未入馆。散馆后敫、清、汉、漱、建昌来，因共饮，以度立夏节。夜饭
后敫、清、建昌去，汉留。

## 5 月 7 日（辛巳　初七日）星期二

　　阴雨间晴，大类霉天。晨与汉、漱两儿乘电车到馆。为时尚只
八时馀。有顷，滋儿来，以昨所购火油炉已弄坏，特邀士敫同往原
店掉换。近日火油之价较柴炭廉，故油炉销场顿增，而商人耽利偷
工减料之风又扇矣。脆弱易坏，不仅油炉一端耳。办理杂事，寄出
号信多处。志良之弟来调保证品。午后接世璟电话，约星六四时
请圣陶前往其校讲演并约余及洗人同往晚酌。四时许先归，行至
老北门仍乘电车返。数年来往返俱乘车此为创举矣。晚小饮。夜
看丐译《本生经》。

## 5 月 8 日（壬午　初八日）星期三

　　晨雨旋止，终霾。依时入馆。台款由办事处通知派员去取，盖
屡次刁难，昨日开明即将原件退回不受，包可宏恐干台诘，故出此
计乎？孑如走往，立时取还，何前倨后恭如是耶？可恨亦复可怜。

我对若辈诚哭笑不得矣。写信与雪村,告台款周折,属告怀、翼已取到,并托代购平凡社《百科大事典》。是晚六时明社举行第三次大会,请守宪讲演,五时即就馆夜膳。正将开会,颉刚适来,因拉讲甘青考察情形。继由守宪讲本人修养,然后报告社务,并为夏丐翁默念志哀。散时已八时半,即与漱儿乘电车归。世璟来馆,移时乃去。芝九之女来谒,取去芝九稿费四万八千。

## 5 月 9 日（癸未　初九日）星期四

晨阴雨旋止,终霾。依时入馆。办理杂事。方光焘、李季谷、谢似颜父子、林本侨、孙源先后来馆,长谈至午,洗人、圣陶、达君及余觞之于聚丰园,下午二时许始返馆。接台信,号信、私信俱有。晚归复得五月六日雪村手书,于分店及东方各事有所陈议,并附致士敫一笺属转与之。夜仍小饮,茅台酒一小杯而已。早睡。

## 5 月 10 日（甲申　初十日）星期五

阴晴间作。晨过敫、清,同入馆。出席经室工作会议及人事委员会。寄发号信。芷芬已安抵北平（五日到,已来一电报、三航信）,知平店正着手装修,复业有望矣。散馆后与洗人逛新新、先施、永安三公司,至六时赴文通书局张士敫之约,晤颉刚、雄飞,以候客故,直至七时半始入席。复兴园以肴馔丰腴著,试之果然,而特色亦鲜,最感无聊者同坐除至稔外俱为党混子（如叶溯中、陶百川）、市侩（如李伯嘉、李韵清等）,几致无可与语,则亦省话不少也。芝峰、亦幻两法师以丐尊火葬赶到,今日俱来馆洽谈,方外之友,热情亦可感也。九时半返,抵家坐至十时许乃睡。

## 5 月 11 日（乙酉　十一日）星期六

晴，午后时雨时止，夜半后大雨达旦。依时入馆。编发通讯录十三号。办理杂事。寄出中央、北平、浙江三图书馆赠书各二十六种（浙馆两份）。散馆后应世璟之邀，与洗人、予同偕往喇格纳小学。在风雨中步行，甚感冷意，比到校，圣陶讲演尚未毕，余等列坐听之，六时许始了。顺导参观一周，七时即在饭厅共饮畅谈，至九时乃散，仍步归。到家已九时三刻矣。

## 5 月 12 日（丙戌　十二日）星期

阴雨延绵，凄其终日。凌晨雨喧中起，准备赴法藏寺化身窑参加丏翁化身典礼。均正来约，谓可共乘陈杏生汽车去。因于七时三刻偕润、滋两儿往均正所，与均正夫妇共载，即由杏生司机径驶鲁班路、东康衢路化身窑。夏氏家属已到，窦存我亦已在。有顷，达君、士敩、洗人、彬然、祖璋、振甫、圣陶父子、子岩等俱到，最后芝峰、亦幻、致觉、海量亦至。正九时，即由僧众念经，会葬者以次上香致敬，芝峰致法语，举火，历时一小时始毕。火花尚须数时。据云明晨始可检收骨灰也。十时许亦幻邀予同、圣陶、洗人、调孚及余往法藏寺谈，因于风雨中徒步从制造局路到斜桥，乘十八路无轨电车，至太平桥下车，乃折往寺中长谈。芝峰、亦幻绝无蔬笋气，妙绪环生，往往见道，印象实较胜震华也。午刻即就藏经楼中设斋相款，致觉、海量等俱与。饭后复谈至二时乃折至致觉处，为图书馆请得《本生经》二册、《祖灯大统》八册。三时许始辞出，洗、圣、调各乘车去，余与予同仍步以归。斋中遇一殊味，芝峰告语此为法藏寺所独有。乃胡萝卜、嫩扁尖及南瓜瓤等，加酥法制，不但形态绝类蟹粉,以调味用姜醋舌本所感亦极似啖蟹也,此亦今日一可记之胜缘矣。珏人为潚儿奉去听书,傍晚始归。(今日为母亲节,难得潚儿想到也。)夜小饮,啖饺子为餐。

## 5 月 13 日（丁亥　十三日）**星期一**

昙,转阴。清晨出至汽车站,适有廿二路公共汽车至,并不挤,因登之,七时三刻即入馆。办理杂事。寄书芝九、雪村,分别言事。午后为编《史地周刊》事致书颉刚、以中催稿。散馆后与漱儿同乘电车归。夜小饮。连日感受风寒,左肩背项又觉酸僵,早睡,然不甚安帖也。

## 5 月 14 日（戊子　十四日）**星期二**

晨昙,旋晴。依时入馆。明日起推行夏令时间,办事钟点又改,仍为九时至五时,实则更提早半小时,乃为八时至四时耳。如此踵谬沿讹,随人脚跟,政府竟视为要公,尽情推行,可笑可鄙。授时云何哉! 午后出席明社干事会及消费合作社干事会。呈市府填报抗敌损失,原由渝办,雪山因循未果,仍复退沪,今乃出此,其实撞木钟等碰头耳。清儿挈建孙前日返永丰坊,今日约漱儿往小住。散馆后颉刚见过,知尚未迁往麦琪路,因面索稿子,坐谈移时始去。六时与冼人、达君、调孚、韵镛、锡光、子如、康宁赴晋益制本所王松云之约,过饮杏花楼,盖晋益承办开明装钉工作,久欲请客,今日特为开明专设也。丰盛腴美,近奢侈矣。八时散,即由东新桥乘电车归。漱石自苏来住余家,知幽若下月亦将来沪也。

## 5 月 15 日（己丑　十五日）**星期三**

晴,仍须御棉。依时入馆。恰恰八时,长途步行,未致误时,亦足自慰矣。心磐来，相与规画图书馆庋架事，惟助手难觅，终感进行困顿耳。翼之之女德锜明日二十生辰，余与瀞、清、汉合送蛋糕、寿面等点缀之。以中见过，承送到稿子一篇，散馆时因与同行，至跑马厅西而别，即偕潄儿步归。今日初改办公时间提早一时，又值天晴，还来便觉红日在天，似尚有大半天可资优游也。入夜小饮，饮后小坐便睡。在馆接雪村台信，知旧书已甚难寻矣，怀、翼俸给官汇率又抑减，官场之办事非理可喻如此。

## 5月16日（庚寅 十六日）星期四

晴，下午起风，入夜月晕。依时入馆。办理杂事。颉刚来谈，即将返苏，留十日始再来，承以《辛未访古日记序》见界，可登《史地周刊》。予同稿亦交到，第一期绰有馀裕矣。丏翁纪念金办法已拟议就绪，将印发募启。接南昌来油印传单，署名东南区各店处全体同人，反对无故解职，此中当有人发动利用当地进用员工假借全体名义耳，如处理欠善，或将掀起轩然大波也。散馆归，顺过章家，会珏人，盖珏人今晚约瀞、清、汉同赴德锜寿筵，在彼取齐，余则独行返饮，谢不往耳。滋儿今日自校归，在八仙桥挤电车，被扒手窃去脚踏软照会及法币万二千元，此款系级会公款，明日必须赔偿之，余只得好言慰之，勉措代还而已。夜九时珏人及潄儿归。

## 5月17日（辛卯 十七日）星期五

阴，时见细雨。晨与滋儿出，过天香斋进点，同入馆取款，属令还完赔项。办理杂事。写《史地周刊》发刊词，即以以中之《历史的地理与地理的历史》、予同之《考古与史学》及颉刚之《辛未访古日记自序》编为第一期，作函送西谛，待转出。为南昌揭帖集议对策,咸主冲淡。散馆归,组青在,正约汉儿谈在苏买屋事。有顷,夜饭,余仍小饮。饭后潚儿、文权亦至,组青即以合买小屋劝潚、汉,此等事如何能合作,当然无结果。九时前汉挈锴孙先归去,潚、权继去,组青后去。漱石来住。聿修自闽归,来馆访余长谈。

## 5 月 18 日(壬辰 十八日)星期六

晴。依时入馆。办理杂事。寄出号信多处。宽正、大沂来访,谈移时,知大沂久在华西大学,近方返沪,仍与宽正同事云。六时归。入夜小饮。

## 5 月 19 日(癸巳 十九日)星期

晴。晨八时许即入馆,室门尚未辟,呼役扫除然后入坐。有顷,圣陶至,又有顷,士敫至,又有顷,洗人至,继而彬然至,予同至,最后达君至。十时乃举行董事会,于各分店近状、上年度结算、内外股份之处置等切实讨论,各有拟议。十二时与洗等偕过永兴昌饮且饭焉。一时三刻返馆。二时举行业务会议,各部分工作报告外,颇讨论事务加强问题,于庶务现状一致表示不满也。五时散,与洗人、士敫偕行至北四川路永丰坊,遍访诸家,即留敫所夜饭,珏人、漱石、润、滋两儿俱在,八时许雇汽车同归。

## 5 月 20 日(甲午 二十日)星期一

阴,时见细雨,下午雨加大,入夜雨益甚。依时入馆。整理董会纪录。接雪村十六信,知《大百科事典》已为买到。(台币千元,合法币三万元耳。)接翼之十四信,知前约台币汇率(卅对一)已赖去(只可廿五对一),且指划无期,甚难安心。写复雪村、翼之,附号信去。速雪村归,并属怀、翼于村。散馆归,已雨,与漱儿行至东新桥乘电车以返。夜小饮。看马蠲叟《复性书院讲录》,假自圣陶蜀中携归者。

## 5月21日(乙未　廿一日)星期二

阴雨。晨与滋儿同行入馆。编发通讯录十四号。公布各项章则。接云章上月廿五日信,知服务合同已届满期(六月十日),即可候编归国,余即复书志庆,顺告前存之款已由其家取去矣。润儿来馆,散馆时因与漱、润同行归。夜小饮。看马氏《复性书院讲录》。

## 5月22日(丙申　小满　廿二日)星期三

晴。依时入馆。雪村与士敫书转告《大百科事典》款系翼之代付,属就近划还其家。为梅处胡智炎、饶处顾均一事,经理室集议,一面电粤接收梅处,一面电赣送胡返申,并知照梅处候粤办。别函均正即令来沪,面商一切云。午后往访葛志良洽事,小坐即返馆。散馆时漱儿为汉儿邀去,即住其家,余独行归。夜小饮。看小猫嬉戏,至可爱。

## 5月23日(丁酉　廿三日)星期四

晴。依时入馆。办理杂事。寄书雪村,并属转达怀、翼书款当送铭青转苏。下午出席编审委员会。写信、退稿及送样书者三起。散馆径归,漱仍往汉所伴宿。夜小饮。浞儿感冒伤食两日,不能照常嬉戏,且不思食,下午即卧,惟寒热尚无,稍挨或可即痊耳。

## 5 月 24 日（戊戌　廿四日）星期五

阴雨晚晴。依时入馆。处理杂事。庶务不得力，且又扰之，甚窘，非重新建立事务机构无望于改善矣。祖文电话询丐翁纪念金募集办法，余约渠六月二日开追悼会时会商之。散馆归。汉、漱两儿适由振甫许探病返。（振甫近患面疗，三日未来馆，故探之。）知险势已平，稍养当可复原耳。小饮，夜饭讫，潜儿、文权来谈，至八时与汉、漱同去，盖漱仍往伴汉儿也。

## 5 月 25 日（己亥　廿五日）星期六

晴。依时入馆。办理杂事。饭后开经室会议，事务人位略有变动，决将复发与庶务分工，别指定本室秘书一人专管事务，其他二十周年纪念及丐翁追悼会仪节布置等项亦均有论及，余且被推为二十周年纪念筹备委员云。散馆后与洗人、圣陶过饮南京路之王宝和。数年未往而情调依旧，各饮一斤并购知味观之荷叶粉蒸肉尝之，比散，日犹在墙，分路各归，到家尚未至七时也。

## 5 月 26 日（庚子　廿六日）星期

晴暖，御袷嫌热矣。清晨佩霞来。汉、漱偕镇、鉴二孙及孙妈来。将午，潜儿来。饭后潜请余往沧州听书，以正属润儿理书，未应，潜即去。夜饭后汉儿挈镇、鉴及孙妈去，漱儿未伴往。小花猫走失，遍呼未能得，睡至半夜，在后门外极叫，开出看之，果即所失者，抱以归，不啻合浦还珠矣。睡前听鹤鸣商店播唱《杨乃武》。连日机坏，纠缠不清，今始清晰，珏人为之大慰。

## 5月27日(辛丑　廿七日)星期一

晴暖。依时入馆。办杂事。看吴成钧《中国山水画史稿》。为红蕉转帖约夷初、西谛明日饮新都饭店,盖公定美亚征文甲乙也。午后君立来馆,申明日约,谈至二时去。西谛电告《史地周刊》将于明日发刊,以后决定每星二出版,询季琳曾来接洽否。散馆归小饮。夜听书。

## 5月28日(壬寅　廿八日)星期二

晴暖。依时入馆。唤木匠为图书馆修架。《文汇〔报〕·史地周刊》第一期今日出版,以后每逢星二出,每星期日必交稿一次,因函约立斋、以中撰文并函季琳索刊物俾约人。午后雁冰来,三日前自香港到此,暂住施高塔路大陆新村,谈至六时,因与予同、绍虞、圣陶共应红蕉之招,拉雁冰同往新都饭店晤君立、莲僧。有顷,夷初、西谛先后至,红蕉亦至。七时就坐,朴安、乃乾至,席将终,独鹤乃到,而夷初且行矣。九时散,与红蕉共乘以归。午与洗人、圣陶、予同、巴金共饮永兴昌。守宪来馆谈,即以丏翁墓地托伊履勘之。

## 5月29日(癸卯　廿九日)星期三

阴,午后时见细雨,入晚加甚,黄昏又止,气转凉。依时入馆。处分杂事。看毕《山水画史稿》。午后召开事务会议,士敦、纯嘉、趾华、炳炎俱到。先将星期值日制恢复,收发及门禁亦同时加密,或于事务方面稍见起色乎?事务人员今日分别调整,品珍调办轧销,炳炎试办庶务,趾华专司收发,改调纯嘉为经室秘书,专管事务,所有收发庶务应办各事统由纯嘉管理指挥。散馆出,与漱儿共乘廿二路公共汽车归。夜小饮,听书。文权、潘儿见省,八时去。

## 5 月 30 日(甲辰 三十日)星期四

阴雨晚晴。依时入馆。处理杂事。午后出席编审会议。诚之见过,拟于暑假中续编通史,因就会提出,决定月致二十万,易稿四万字(不足不计,超出照数结算),仍属余函复之。散馆后与洗人、达君、予同过饮永兴昌,晤廷枚等。有顷,彬然偕以群至。又有顷,圣陶偕官乡至。七时许毕饮,共返馆,出席明社第四次常会,以群讲苏北观感,官乡讲东北局势分析。十时许始散,与漱儿乘电车归。

## 5 月 31 日(乙巳 朔)星期五

阴,午后放晴。依时入馆。处理杂事。拟定明日丏翁追悼会仪节及派定执事。济华来谈,知在中央化工厂任事,询悉勴初病体尚好,济昌仍暂住致觉所也。散馆归,与漱儿偕行。红蕉夫人馈鲗鱼半尾,向晚烹煮,饬滋儿呼文权、潘儿共享之,且由永兴昌买酒两瓶小酌焉。夜饭后八时许权、潘去。

## 6 月 1 日(丙午 初二日)星期六

昙。依时入馆。书复诚之,十一时许偕达君躬造光华大学面倾一切,约自六月起月致笔修廿万元,希得断代通史续稿四万言。(不足之数不再请补,超出之数则论字计值。)直至全部史稿完成为止。此后物价如有变动,照同人例调整云。十二时辞出,与达君过饮永兴昌。一时许即返馆。杜克明医师今日应开明之招来馆,为同人注射防疫针,余亦奋臂受针,滋、湜两儿、潘儿及顯、预、硕三

孙、锴孙均援同人家属例同到开明请注射焉。午后书丏翁追悼会
横招及仪节单等,并布告同人明日参加追悼事。散馆与漱儿同归,
顺过大新街一小店吃馒头。薄暮小饮。馆中编发通讯录十五号。

## 6月2日（丁未　初三日）星期

阴雨,下午晴。晨八时步至槟榔路玉佛寺,只金才、振华及通
如在,因饬先为布置。有顷,守宪至,调孚至,达君至。又有顷,圣
陶、至善至,龙文至,子如、世泽又至,布设毕,已午矣。寺中为丏翁
设供上祭,余等亦就饭。午后二时半开追悼会,到近三百人,由马
夷初主席,致悼辞者为姜丹书、许广平、沈雁冰、徐蔚南、叶圣陶及
丏翁之学生在杭州出家者（法名大原）凡六人,报告生平则由守宪
任之,四时许始毕。余本欲早归休,以遇廉逊,乃以雨衣属润儿携
归,别约洗人、仲华及廉逊乘电车至大马路新一公司下,步至永兴
昌小饮闲谈。六时许散,与仲华偕行至八仙桥青年会,然后坐人力
车归,小坐便睡。

## 6月3日（戊申　初四日）星期一

晴。以疲乏惮步,未入馆。午前汉儿挈送锴孙来,旋仍往馆。
淑贞来,坐移时去。午后看东润《中国文学批评史大纲》。傍晚小
饮。夜看阿英《弹词评考》。

## 6月4日（己酉　端阳节　初五日）星期二

晴暖。依时入馆。处理杂件。纯嘉已接事,品珍交代则尚未
办妥也。子敏、坚吾送白兰地酒两瓶、大英牌香烟一大匣,受之至
愧,却又不可,只得饬金才携以归。午间以端节馆中购绍烧二瓶享

同人,余且命士敕买雄黄末调服之,亦眼前应景细事之可记者。饭后守宪来馆,洗人即邀同圣陶、达君及余共往漕河泾中国公墓为丐尊看坟场,并不惬意,乃折至万年公墓复看,亦无当意且索价更昂。(阔六尺长十二尺为一穴,需法币四十万元,中国公墓则每穴只索八万元,而长宽为十二与八尺也。)废然而返。来去虽乘汽车,以路长颠顿,颇感乏,且在墓场时适值阵雨淋头几濡,故车过亚尔培路即下车径归,不复入馆,到家亦已五时许矣。湜儿住汉家二日,今日归,即附余赴乡车至里口先返。夜与家人小饮,饮后试汉儿所献滇北青石砚,虽新制,雕琢未精而甚发墨,谓出自金沙江,万里转带(托彬然子又新携来)来此,亦弥足见珍矣。

## 6 月 5 日 (庚戌　初六日) 星期三

　　晴暖。依时入馆。士敏、陶孙、智炎昨日到沪,智炎即归其家,陶孙住中洲旅馆,今晤陶孙及士敏,知智炎病尚不十分严重,而均一则措置失常,颇乖于理云。午饭时以端节故,补添两菜,仍唤酒饮之。午后颉刚夫妇来,知三数天即行矣。接良才电话,约明晚饮其家,盖颉刚等将往,属余陪谈也。余以已约翦伯赞往谈,辞之。以中来交稿一篇,易一篇去,谈移时,甚畅。散馆后与洗人、予同、圣陶、士敏、陶孙、均正、达君、世泽、彬然过聚丰园。六时半,予同、圣陶以赴朱经农约去觉园,余等遂饮,饮后谈东南区收束诸事,九时始散。比与均正步归,已将近十时矣。

## 6 月 6 日 (辛亥　初七日) 星期四

　　晴暖。依时入馆。办理杂事。写寄雪村。下午四时与圣陶、彬然往窦乐安路访翦伯赞谈,其人丰度殊类晴帆,当出《史料与史学》一册相贻,移时辞出,共赴永丰坊。先看清儿、建孙,均尚好,惟微热未退耳。入晚饮于洗人、圣陶所,八时始散,独行过四川路桥乘十七路无轨电车至大世界,再乘三轮车以归。毛燮荣之祖母开吊,即送奠敬五千元去。

## 6月7日 (壬子 初八日) 星期五

晴暖。晨与珏人步至亚尔培路新设之味美春吃面。八时入馆。办理杂事。清儿微恙,在假已多日,建昌亦夜啼扰人,殊为伊工作前途耽忧。午后本须开经理室工作会议,以曙先、叔含等至,未果。散馆后漱儿同乘电车归。夜小饮。早睡。

## 6月8日 (癸丑 初九日) 星期六

晴暖。依时入馆。晨与珏人挈湜儿就膳美味春,遇陈杏生,代余付账,甚窘。上午出席经理室工作会议,决聘沈陶孙为南昌分店经理,金士竑为福州分店经理。吕叔湘来馆与谈久之,共饭焉。今日杜克明医师来馆注射第二次防疫针,以故潜等亦到。余竟以畏痛避不行,殊堪自笑也。散馆后湜儿随汉儿去,余则与漱儿同乘电车归。傍晚小饮。夜听书而权、潜至,谈移时去,余亦就卧矣。

## 6月9日 (甲寅 初十日) 星期

晴暖(气温九十二度以上)。傍晚起阵,未果,夜微雨即止。晨世璟至,托为其校纪念刊估价。九时许西谛至,长谈至十一时始去。午前郑亦秀饬送友啤一打来,即分半赠红蕉。下午三时许圣陶来,五时共赴莲僧大昌南之约。移时,予同始到,四人合饮,抵暮乃已。余与予同送圣陶登十七路电车,然后同步而西,至吕班路始别,独自赋归矣。接雪村五月廿四日台湾书,昨接翼之同日来书,知台局或有变动,索非表见极恶劣云。

## 6 月 10 日(乙卯 十一日)星期一

阴雨。晨起为铭青书扇。八时许出,乘廿二路公共汽车到馆。办理杂务。写寄雪村、翼之复最近所接信,顺告迩况。暴热为阵雨所冲,午后乃大凉,比散馆,幸有雨衣罩之,否则将感寒矣,仍与漱儿乘电车归。入夜小饮。

## 6 月 11 日(丙辰 入霉 十二日)星期二

晨微雨旋晴。晨为文彬之友国祯书扇。依时入馆。办理杂事。编发通讯录十五号。午后出席明社及消费合作社两干事会。鞠侯、颂久先后来。芝九之女来以三万元属为吴县立图书馆购书。力子来询问店事甚详。散馆前,叔湘来。散馆后仍与漱儿乘电车,乃时稍晏挤不得上。遂步归。夜小饮。灯下为达君书扇。

## 6 月 12 日(丁巳 十三日)星期三

昙。依时入馆。为洗人撰联挽北大同学会追悼张莘夫(在本溪被戕)、苏甲荣(以地图事为倭宪兵所折辱,胜利后竟郁死)云。

何以慰双忠,愿教版籍磐。安金瓯无缺,那堪成独往。忍听河山幅,裂玉烛失调。

惟失字当用平声竟无以易也。接台店信。午间与洗人、圣陶、达君饮茅长顺,于人事解决有所商讨。文彬柬来,约明午饮悦宾楼。坚吾昨来托为令涛题画。散馆后与士敫、漱儿、士文同归,清儿挈建孙先已到家,因共晚饭。夜饭后士敏亦至,谈良久,敏、敫、文去,清儿等将留家小住也。

## 6月13日（戊午　十四日）星期四

阴雨。依时入馆。办理杂事。为坚吾题画赠修章。午前过文彬、坚吾谈。正午与圣陶、洗人、达君共赴悦宾楼文彬之约,主客为蔡同庆渝中七联秘书也。二时半返馆出席编审会议。散馆后雨中步归。清、汉两家均在圆桌不能容,夜饭后分乘两汽车归去,仍留锴孙侍。枕中不寐,思昨撰之联"玉烛失调"之失字当改难字则谐矣,明日书此自应更正也。

## 6月14日（己未　十五日）星期五

阴雨,傍晚重雾,夜半大雨。依时入馆。办杂事,书挽联。士敫迟到,告知汉儿将产,已于昨夜二时送入市立第四医院,清儿留院陪伴云。将午,饬漱儿归侍珏人前往照料。散馆时,接电话谓已安产一男矣。是夜珏人即留院未归。晚五时半公司宴请著作人,洗人、圣陶、予同、调孚、均正、彬然、绍虞(未到)及余主持其事,假江西路金城银行七楼金联食堂设席,凡两席,到客为柳亚子、无垢父女、郭沫若、沈雁冰、田寿昌三伉俪、陈望道、翦伯赞、吕叔湘、王鞠侯、章靳以、李芾甘,历两小时始罢,酒后与伯赞痛谈。九时半乃散,余与均正步至老北门乘电车归。漱儿则既归告余汉儿产子经过甚平安,余欣然为命名元铸。

## 6月15日（庚申　十六日）星期六

阴雨,晚晴,气甚闷。依时入馆,与滋儿偕行。清晨立斋见过,承送到《日寇在东北搜刮物资的步骤》一文。到馆后办杂事。接上饶顾均一信，竟擅作主张，就地印书，此君糊涂至于如此，实不可容。洗人拟严电切责，余主稍稍和缓口气，必俟其来沪乃可解决之。庶务自品珍瓖坏于前，承其后者殊难为功，店役尤纵恣，已界纯嘉以黜陟工役之权，或可稍挽颓风乎？午后四时以中来，送到近作一篇，因电邀鞠侯来馆，于散馆后与予同、以中偕过永兴昌饮，适仲华、仲足先在，遂并桌共谈，八时许始散，余与予同步至东新桥乘电车以归。《史地周刊》第四期稿已送出，第一期稿费及编辑费亦送到，且分头转送矣。是夜珏人仍留伴汉儿。

## 6 月 16 日 (辛酉　十七日) 星期

晴有风，颇凉于前昨。晨十时前乘廿二路公共汽车赴坚吾所，坐至十一时子敏来，同乘汽车赴祥经里，访洗人、圣陶。圣陶往霍必兰路永安公墓为丏尊相地未归，因先与洗、坚、敏应维崧之约过大德里十九号午饮。有顷，圣陶踵至，遂入席，饮至一时三刻许肴甫过半，余偕洗、圣起，辞出，亟遄到馆，已大众云集，待开业务会议矣。会毕，已五时，即与均正同乘电车归。珏人已由漱儿替归，漱石亦在，知汉母子甚健，而漱石明日即将往厂工作也。夜小饮。早睡。

## 6 月 17 日 (壬戌　十八日) 星期一

晴，较昨暖。晨七时许出，乘廿二路公共汽车行，入馆未及八时也。办理杂事。午与洗人、圣陶应坚吾之招过饮其家，盖叔旸即将返新加坡一行，今特设酒钱之也。到叔旸、许可、文彬夫妇并坚吾、令涛，凡八人。谈笑至三时始返馆。散馆归，仍附一路电车行。

漱儿仍往医院伴汉儿。晚小饮。夜饭后为笙伯书扇,赠红蕉。

## 6 月 18 日(癸亥　十九日)星期二

　　晴。依时入馆,仍步行。办理杂事。召开董事会(明日下午二时举行)。办出人事文件两件。午与漱儿过雪村家饭。下午史叔同来访,托代售《新台湾画报》。刘家祥来访,借新出地图去。雁冰、觉农先后来。散馆后步归,感累矣。夜小饮,少坐即寝。

## 6 月 19 日(甲子　二十日)星期三

　　晴,傍晚阵雨,入夜三度阵作。依时入馆。草拟酬恤章程。许季芾、程绶百来馆,皆将赴台湾分佐政教者。下午三时开董事会,余参与之。决议将酬恤章程草案另组小组审查,签提意见,于下届会议讨论决定。索非襄理名义解除,米薪即送至六月为止,应付解职金亦俟下届会议决定。通过以章士敏任台湾分店经理、沈陶孙任南昌分店经理。芷芬本定昨日飞返上海,未果,今接来信,知明日或可抵达矣。散馆归小饮。入夜浴后即睡。

## 6 月 20 日(乙丑　廿一日)星期四

　　阴霾,晚晴。依时入馆。办理杂事。陶孙今晚乘江顺轮赴九江。午后冀野来,纵谈现政局,谓刻下一切媚美,最好行政院长即聘美专家任之较为直捷。座客有更其辞者曰能专聘一主席来作宰恐更佳耳。呜呼! 诚慨乎言之矣。散馆归小饮。夜饭后文权、潜儿及预、硕两孙来,九时许始去。润、滋两儿以大考在即,今夜俱留校温课。漱儿与锴孙已归,汉儿亦出院就家静摄矣。

## 6 月 21 日(丙寅　廿二日)**星期五**

晴。依时入馆。编发通讯录十六号。芷芬昨日下午三时自平南飞,八时许即抵沪到家矣。今晨在馆相遇,知平店已开幕,渠外痔亦经电疗告痊云。曾过津晤笙伯,伊景况亦尚好耳。下午写信寄雪村、翼之(雪村无信,翼之则前日有信来)。比散馆到家,接十七日雪村书,备言索非近状,几有不可向迩之势矣,为之浩叹。夜小饮。

## 6 月 22 日(丁卯　夏至　廿三日)**星期六**

昙闷,晨有细雨。依时入馆。编出《史地周刊》第五期,作函送季琳。刚主来长谈,知自顺德、彰德、郑州、开封、徐州一带历游,昨甫抵沪,住来薰阁,将为仲沄购书云。午刻辞去,余为电约以中于下午来晤。寄出台、渝要函,速村、山归,并附索非解职公函。晚归小饮,令滋儿买大昌南异香酒充之,价较四马路一带略廉。

## 6 月 23 日(戊辰　廿四日)**星期**

晴昙兼作,傍晚起阵,未果,微雨洒尘而已。晨润、滋两儿入校参加反内战游行。漱儿挈湜儿、锴孙往祥经里看汉儿。午后燮荣来访,谈厂家遭遇,现局前途危险状。三时许润、滋归,有顷,燮荣去。晚小饮。夜饭后文权、潘儿来,八时许漱、湜、锴归。有顷,权、潘去。

## 6 月 24 日(己巳　廿五日)**星期一**

晴,飔作。依时入馆。阅报悉夷初等入京请愿,在镇江遭围辱,在下关竟被殴重伤,其人皆冒充苏北难民而实系政府特务队。如此行径尚得忝颜谓之政府乎!吾恐日暮途穷,虽倒行而逆施,终无挽于颓亡矣。梦岩见过,知晓先所托事尚妥帖也。散馆后接开明社常会,邀请雁冰讲演盛世才在新疆残暴状,即以杜重远幽死事贯穿之,娓娓言来,达三小时半,直至八时始散,润儿亦来听,因偕同漱、润归夜饭。

## 6 月 25 日(庚午　廿六日)星期二

　　晴。依时入馆。办杂事。以中、西谛电话谓今晚无暇请刚主,约改于本星六举行。经理室工作会议决定书价加售倍数等。下午刚主来,先以《丛书考》稿子一部见示。晚归小饮。浒关薛氏表侄女来省。

## 6 月 26 日(辛未　廿七日)星期三

　　晴闷,晨微阴。依时入馆。办理杂事。士敢自滇转黔桂粤来沪,昨日到,今来馆相晤,知在西南联大已毕业矣。接台信,知雪村将归,怀、翼俱已转入师范学院任文书科长及干事云。晚归小饮。

## 6 月 27 日(壬申　廿八日)星期四

　　晴热,终宵浴汗。依时入馆。处分杂事。下午出席编审会议。复翼之、晓先、稚圃。士敏眷属由士宋送归,甫自福州乘轮到,于是雪村儿女团圆矣,只待本人之归,当复大乐耳。绥百来。晚归小饮。珏人感冒。漱石来。

## 6 月 28 日(癸酉　廿九日)星期五

　　晴,北风大作,傍晚有雨旋止。依时入馆。处分杂事。接平伯信,备道相念之忧。继下关事件之后上海反动派今日又策动所谓苏北难民游行,先布风声,将捣毁若干书店及报馆,幸预为戒备,尚未肇事,真不知秉政者何以倒行逆施至于此极也。曙先来,散馆后余约曙先、洗人、予同及圣陶伉俪同过大马路王宝和小饮,七时许罢出各归。到家正八时,文权、潇儿俱在,又谈至九时半乃辞去。

## 6 月 29 日①（甲戌　朔）星期六

晴。依时入馆。编出《史地周刊》第六期,函送季琳。午后知夷初等已见到蒋、马、周三面,今日即将飞返此间。据闻代表一行以不愿增加纠纷,已对此次下关暴行案放弃诉讼云。以中四时来,刚主五时来,因与予同偕之过永兴昌小饮。六时许西谛乃到,五人共谈至八时始散出,同行至三马路、广西路,刚主、以中别去,余与西谛、予同过来青阁小坐,以五千元购得新版《中国画家人名大辞典》一册,挟以行。又同行至静安寺路、成都路口,西谛乘车先归,余复与予同偕行至霞飞路而别,独步抵家,已九时半矣。仲华今晚约饮其家,以先约刚主,谢之。停战延期仅馀一日,尚未闻有具体商定。今日夜报如《新民》、《联合》等均有马歇尔特使提出之折衷方案八项,果能就此收场,未始非福,第恐黩武者得寸进尺,则来日大难终不能幸免耳。

## 6 月 30 日（乙亥　初二日）星期

晴。竟日未出。令润儿往省清、汉诸家,饭而后返。报载和战消息依然沉闷,及下午三时见《联合晚报》始知政府有命令交宣传

①底本为:"丙戌日记第二卷"。

部,大约不致决裂云。傍晚小饮。饮后与滋儿闲步纳凉,且待《联合晚报》之号外。暮色仓皇中得之于报童,惟载中宣部专布之政府文告,谓一切均待政治解决,如共军进攻,则政府当抵抗驱除云云。措辞含胡,滑稽可笑。吾早料无有诚意也。文权、潜儿来省,硕孙亦来,九时去。

## 7月1日(丙子 初三日)星期一

　　昙,午后闷热,傍晚雷阵雨作,大雨滂沱。晨五时即起,为《文汇报·史地周刊》赶撰一文,盖昨夜十一时季琳书来,谓尚缺千馀字也,余即撰集日前与翦伯赞晤谈之语以应之。十时毕,赶入馆,即令振华送去。午后编发通讯录。为续聘及加聘编审委员事办出聘函九件。又为同人致夷初慰问书。散馆时适阵雨,洗人发起为撇兰之局以遣雨闷,于是圣陶、达君、墨林、士敩、彬然、予同、亦秀均加入。唤酒买肴,并定制生煎馒头八十枚,共饮啖之。七时始毕,又值雨,因唤汽车,与达君、予同、亦秀、士敩同乘以返,士敩则赴生活书店会谈也。抵家,清儿、建孙在,盖今日来家盘桓,夜饭初毕,正待归去也。又立谈久之,乃饬润儿送之上车。漱石休工,今日来住。

## 7月2日(丁丑 初四日)星期二

　　阴霾,傍晚阵雨,入夜转甚,终宵檐瀑如注。依时入馆。与漱、润两儿及锴孙同乘电车行,以锴齿痛,属其父挈往牙医所治疗也。均一、溢华到。午间洗人、予同、均正、士敏、士敩、达君、芷芬及余邀之同饭于聚丰园,谈东南区收束事。书与伯赞、以中索稿。与季琳加索《史地周刊》五份。颉刚送到稿件二千字。散馆归小饮,知永兴昌店主张瑞生饬人送汽水一打来。夜浴身,坐雨,积热顿忘,九时许就寝。

## 7月3日(戊寅 初五日)星期三

大雨竟日,积潦浸踝,深处逾膝。晨与漱出,里外俱水。闻人言电车已无,只有廿二路公共汽车尚可勉行。余等冒雨至停车处,人挤殆不容,因沿人行道至金神父路,东望北瞻南顾,皆一片汪洋,无由飞渡,而人力车竟唤之不得,不得不废然而返,听雨至午,心灼难忍。饭后雨稍止,即令润儿往宝大祥发电话与士敩,说明不能到馆之故,及复命,知士敩亦以小病未入馆,仅为调孚所接云。六月底止,原住处霞飞坊屋已满期,经租账房送续约来,谓再加五千或一万。但目下未能说定,可先签约送去云云。余询诸均正,谓际此屋荒,设或脱期,可能变卦,渠已签出。大概近来一切无从合理,只得从俗矣。因亦签出,令润儿送经租账房丁姓,俾图苟安。下午偃卧听雨,看马蠲叟《复性书院讲录》、《诗教绪论》、《礼教绪论》。晚小饮,饮后听开篇。九时寝。

## 7月4日(己卯 初六日)星期四

晨豪雨,午中止,午后又雨,晚乃晴。昨日未出,又知士敩亦以疾未到。台船到后耕莘所带来之书籍等物又如何处置,均在念中,因匆匆早餐已,冒雨涉水,绕由辣斐德路、南阳桥、皮少耐路、民国路、老北门、河南路入馆,竟体淋漓而汗蒸难忍,洵苦矣。入馆后理积件,士敩仍未到,郑缤亦阻水未得来,琐事丛于一身矣。午后耕莘来,以中来。台来书已属永清理齐,俱不缺,独余所购《大百科事典》缺三册,询之耕莘,亦感诧异,岂途中箱散漏失之乎?散馆出,与均正共乘一路电车,讵知行至吕班路即折南行,余等乃下,循霞飞路西行涉水两道始得归。上海之市政可知矣。尚何言哉! 夜小饮,买鳝糊面下之。

## 7月5日(庚辰　初七日)星期五

晴。依时入馆。接伯赞信附来《中国史纲》第二卷序一篇。寄复雪村、翼之,顺询缺书之由。志良令其弟来调换保证品。升工取到,扣宿欠及米款,刚好(今日米价已达八万)。以此推断,来日大难方兴未艾也。刚主来,送到《丛书考》全稿,犹有丛书目录多种未脱稿,当续待完成也。散馆后乘电车归。薄暮小饮。

## 7月6日(辛巳　初八日)星期六

阴,午后微雨,继加甚,连绵达暮,入夜复盛,檐瀑如注。晨早出到馆,仅八时也。编出《史地周刊》第七期。处理杂事。下午以中见过,承以沈文倬《说高禖》一文付《史地周刊》。邱汉生来访,此人现在复旦大学教中国通史,亦同调也。散馆时接文汇电话,尚少稿子二千字,因以颉刚《宝树园杂记》五则送去。以甚雨唤三轮车与漱儿同乘以归。入夜小饮。

## 7月7日(壬午　初九日)星期

阴雨竟日,入夜乃停。今日为滋儿生日,合家吃面。本待清儿等归来共餐,阻雨未果。傍晚濬儿挈预孙来,因共饮啖。知权母于今晨挈颉孙等自江都到沪矣,暂住文杰所。饮饭毕,谈久之,珏人等送濬等归去,至里口而别。余竟日未出,看东润《中国文学批评史大纲》,自四十九章至六十四章。

## 7 月 8 日(癸未　初十日)星期一

昙,午后晴。依时入馆。又补沈文倬《说高禖》一篇五千馀字,付《史地周刊》,盖昨晚《文汇》馆又有书来,以取消临时广告故,复短三千馀字也。有署名孙建者投一稿至,题为《时势造英雄和英雄造时势》,颇能抉奸雄之隐而归本于大众,将为润色刊登之。为撤销上饶办事处及退稿等事写出信七八封。散馆后与漱儿同乘电车归。薄暮小饮。饮后与珏人闲步附近诸路,比归,则文权、濬儿全家俱在,盖昌颉甫自乡出,特挈来省余家也,盘桓至八时许乃归去。

## 7 月 9 日(甲申　十一日)星期二

阴雨竟日,间以湿风,至不适。依时入馆。处理杂事。各杂志登记事亦填表补出矣。下午与洗、达、芷等闲谈。散馆后与漱儿乘电车归。少坐即小饮。夜听雨,看朱东润《文学批评史大纲》。

## 7 月 10 日(乙酉　十二日)星期三

昙闷,午后晴。晨起,为博众书扇,录杜工部《饮中八仙歌》应之。依时入馆。处分杂事。签订七联向银行质押借款契约。下午心磐来。散馆后与漱儿乘电车归。入暮小饮。《史地周刊》第七期未据送到,函文汇报编辑部催取,未识明日送到未也。夜苦热,久久始睡去。芷芬来晚饭,墨林等亦至,八时许芷、墨、善、满及三午乘汽车归去。雪村夫人、士敢、士文亦行,珏人、漱儿送之登廿二路公共汽车,然后归。

## 7月11日(丙戌　十三日)星期四

晴热,有风。依时入馆。编发通讯录第十九号。《文汇报》应送之《史地周刊》仍未到,致催稿等工作俱不能进行,甚恚。刚主来谈,《丛书考》稿仍送还,且俟分卷就绪再送来,多出稿子应再酌送纸笔抄写费。下午发号信五封。索非夫人自台归,闻诸均正,谓失欢而返,盖索与寓中女佣有染云。此君小得志即失态,前途必自毁灭也,为之一叹。散馆后仍与漱儿乘电车归。傍晚小饮。感疲早睡。

## 7月12日(丁亥　十四日)星期五

昙,飓作,午后有雨,旋止。依时入馆。书与《文汇》高季琳约谈,俾面商一切。办杂事。午后看稿。散馆时仍与漱儿乘电车归。入暮小饮。饮后漱石来。

## 7月13日(戊子　十五日)星期六

晴热。依时入馆。办杂事。编出《史地》第八期,季琳迄无信至,颇恚。以此以往,恐难为力矣。漱儿以就医未到馆,与滋儿并饭汉儿所。散馆后乘电车归。入暮小饮。夜饭后清儿、建孙及漱儿归来,知滋儿则留伴达先矣。

## 7月14日(己丑　十六日)星期

晴热。竟日未出。达先、滋儿十时归来,镇孙从。看毕朱东润《中国文学批评史大纲》。午暮俱与达先、清儿小饮。潜儿午前来,薄暮去。达先、清儿、镇孙、建孙俱夜饭后去。

## 7 月 15 日（庚寅　初伏　十七日）星期一

晴热。依时入馆。昌群来。青崖来。电招以中、西谛到馆。当午与圣陶、予同及昌群、青崖共饮于永兴昌。季琳来洽《史地》编事，已与谈妥集稿送报及结算诸端。书与伯赞、颉刚，寄《周刊》。散馆后即晚餐，餐后开第四次业务常会，直至十时始毕，与子如、均正同乘电车归。

## 7 月 16 日（辛卯　十八日）星期二

晴热。依时入馆。书与洗人、圣陶、予同、达君、彬然，自荐润儿试在开明图书馆服务。出席本公司廿周年纪念筹备委员会。《史地》第八期出，分寄颉刚、伯赞、以中。函催芝九，为滋儿入学事探示究竟。办出洽稿、退稿诸件。铸孙已满月，今日汉儿率同移窠来家，鉴孙从。散馆后，余偕芷芬、达先、清、漱两儿归，合坐欢饮。夜饭后长谈，九时许芷、达、清均去，汉、鉴、铸留。

## 7 月 17 日（壬辰　十九日）星期三

晴热。依时入馆。办理杂事。书与陈尚藩论《史地》八期插稿事，约以后勿尔。午后经理室会议连开人事委员会。漱儿决自七月起正式进用，底薪定五十元；润儿即派图书馆试用期间两个月，在试用期间月支津贴五万元，升学之途既穷，暂得解决职业问题，亦慰情胜无矣。散馆后在馆中治酒请绥百、从文并请巴金、光燾作陪，洗人、圣陶、予同、达君及余与之。夜八时乃散归。接芝九书，知苏中不招插班，是滋儿返苏入学之念已绝，姑别图之。接嘉源书，知又重返娄门外张大昌桐油号服务矣。汉儿及鉴、铸两孙由滋儿于晚饭后送归。夜半大雨。

## 7月18日(癸巳　二十日)星期四

　　晴有风,日入后息热。依时入馆。复芝九、嘉源。午后出席明社、合作社、编审会议,三会经时二小时馀,背风则汗蒸,当风则头痛。三时后续开廿周纪念筹备会,竟偏左剧痛不可耐矣,只得请假退席返己坐小休。昆明特工横行戕杀李公朴、闻一多,各地则钤束舆论,上海《文汇报》今起竟勒停一星期,苏北、中原又一片战火。昏虐至于此极,恐崩溃之日不远矣!今晨纯嘉自南翔来,途次猎得一雄雉,即以见贻,余属华坤烹之,及散馆,邀同洗人、予同、达君、圣陶、达先同飨之。呼酒六斤,买生煎馒头一百个,从容饮啖,抵暮始散。芷芬今送行李上海天轮,明日启碇赴台。

## 7月19日(甲午　廿一日)星期五

　　晴热。依时入馆。处分杂事。芷芬、汉儿及镇孙来馆,知方自轮埠来,铺位已就绪,特再上岸俟午重登海天也。龙文就聘为福州分店经理,与士敏、士宋、溢华亦将于今晚登舟山轮前往福州。(船票已取得,明晨六时开。)午后得讯,舟山已为政府征调,即运兵赴南通打内战,于是行期又一时难定矣。时局如此,一切民间事业尚何言哉。散馆后与漱儿乘电车归。入夜小饮。接翼之信,知有款汇来,托转家,但尚未到。

## 7月20日(乙未　出霉　廿二日)星期六

　　晴热,下午三时雷阵,入暮稍凉。依时入馆。仍办理杂事。刚主来谈,即以补送抄写纸墨费二十万元面致之,《丛书考》事于以结束。午后为洗人拟募集资金赡助经子渊遗族启。散馆后与漱儿乘电车归。晚小饮。滋儿下星期决投考沪新高中二年级,今已报名。

# 7 月 21 日（丙申　廿三日）星期

晴热。未出。午刻组青来晒衣。绍虞见过,决就同济大学国文系主任,并知已延揽姜亮夫、蒋大沂同任教授云。饭后睡二小时。薄暮小饮。饮后在里口纳凉。漱石来住。

# 7 月 22 日（丁酉　廿四日）星期一

晴热。晨与润儿入馆,即指示整理图书并调他部人员暂时帮同上架。季琳约午后三时来,接为《文汇》副刊事共同商谈,届时季琳与唐弢来,同车先过西谛,偕赴愚园路严宝礼家,晤宝礼、铸成、宦乡、以群、骥良。谈至五时许散出,与西谛乘骥良车行至东庙弄下,过憩西谛所,即留饮焉。谈次,知柏丞病危,深惜之。饮后家璧来访西谛,与谈久之,即辞归。到家已十一时矣。询润儿工作状,尚能胜任。滋儿今日往考沪新,须廿五日揭晓。

# 7 月 23 日（戊戌　大暑　廿五日）星期二

晴热,南风甚劲。晨与漱、润两儿偕乘入馆。办理杂事。光焘来饭,谈甚畅。此公从容宴谈,殊多妙绪,不涉一己利害,固无所轩轾也。刘炯来还地图。散馆后仍与漱、润同乘归。入暮小饮。晚饭后珏人偕漱儿往潜儿所,晤聂亲家母,约后日来我家。（翼之子德铸来沪投考。）

## 7 月 24 日（己亥　廿六日）星期三

晴热。晨与漱、润同乘电车入馆。写信与颉刚、起潜,请为《史地》撰稿。午前电话与以中,询吴晗是否晤及,拟约谈。下午三时得电复,谓吴君适来,即拟于今日五时前偕同来访。子敦来长谈。五时以中偕吴晗至,未几,西谛亦至,因就馆呼酒肴,与子敦、吴晗、以中、西谛、圣陶、予同、彬然、洗人共酌之,纵谈极欢,九时乃散。漱、润过清、汉夜饭,余归时犹未返也,十时许始归。

## 7 月 25 日（庚子　中伏　廿七日）星期四

昙,午前有雨,午后晴,夜深又有雨。晨与漱、润同乘电车入馆。办理杂事。台湾班机已复接雪村信。柏丞于昨夜九时病逝,知行于今日十一时作古,一为肺疾,一为脑溢血。知行今名行知,系笃行教育家,兼为民主斗士,此时正为政敌所属目,遽尔化去,在伊个人或可免祸,在大局实一大损失也。柏丞长暨大十馀年,辛勤复校,甫有端绪,而遽调英大,实等左迁,身体既亏,对此又不无刺戟,遂尔不起,伤哉。下午四时光焘、淦卿来馆。散馆后仍与漱、润乘电车归。聂氏亲家母及权、潇、预、颉等来我家,治饭款之,因共饮,入夜辞去。漱石来住。

## 7 月 26 日（辛丑　廿八日）星期五

晨微雨旋止,遂阴,午后昙,晚晴。依时与两儿同入馆。办理杂事。以公司名义购花圈两枚分送中国、上海两殡仪馆,致吊柏丞及行知。下午三时偕圣陶、调孚乘电车至福开森路,步至中国殡仪馆致奠于柏丞,晤莲僧、增美、光焘、文祺、聿修、心磬、东华、朴安、乃乾、蔚南、纪堂诸君。四时半仍与圣陶、调孚先行,未及送硷也。圣陶、调孚由三路公共汽车行,余则缓步循白赛仲路以归。途次寻念,不禁黯然。入夜小饮。接七月廿四日芷芬航信,知《大百科事典》原装未缺,确为途中所失,只得另行物色矣。接颉刚信,续寄到《宝树园杂记》五则。元章托人带到棕竹手杖一柄。

## 7 月 27 日(壬寅 廿九日)星期六

昙热。晨与漱、润同乘电车入馆。午与洗人、予同、敏逊赴悦宾楼,宴请罗秉璋、朱庭显、王叔旸、王文彬、唐坚吾、濮文彬、谢子敏。叔旸适有事去杭,未克来,余俱到,午后三时始返馆。编出《史地》第九期,送尚藩,顺询吴晗稿。五时半参加明社集会。社中备有面包、绍酒、熟肴等,分组聚啖,且啖且谈,绝无形式,殊别致。八时许乃散,仍与漱、润同乘电车归。均正与焉。志良前日来谈,今日又由其弟电话相洽,谓款项须分期还,盖稍稍搁浅矣。

## 7 月 28 日(癸卯 朔)星期

昙。清晨敫、清、建及汉、铸来,盘桓竟日。夜饭后敫、清、建归去,汉、铸留。润、滋上午、下午俱出参加歌咏,入暮乃归。余竟日未出,拂理案架,晚与敫小饮长谈。夜早睡,颇感热。

## 7 月 29 日(甲辰 初二日)星期一

晴昙兼作,午后有雨意未果。晨与漱、润出,漱乘电车,余与润则步行入馆。办理杂事。书与季琳,论《史地》稿费及吴稿事。《文汇》转来杨向奎与沈文倬书,即书寄以中,属转致之。刚主电约星三小叙。午后以中来,出稿实《史地》,甚感之。散馆后,与漱、润乘电车归,汉尚未去,因与共饮。夜饭毕,命润送汉、铸归去。

## 7月30日(乙巳　初三日)星期二

昙晴兼至,闷热。晨以漱感冒,独步入馆。有顷,润始偕敫、清来。办理杂事。刚主来,亲约明日下午七时饮知味观,面致请柬。书寄颉刚,附《史地》第九期去。元章所赠手杖途次受擦被损,遂属坚吾厂中工友为整治之,今日送来,容光焕发,极可爱,徒倚与共,真有婆娑之乐矣。散馆后与润儿乘电车归。夜仍小饮。饮后入浴,九时寝。

## 7月31日(丙午　初四日)星期三

晴热,午前有北风,午后竟绝。晨入馆,仍步行。有顷,漱儿至,谓润儿腹泻,且有微热,须请病假矣。办理杂事。看许同莘《张文襄公年谱》(商务版)。叔旸来告,五日即动身赴新嘉坡云。志良来,送到百廿万(廿八送六十万,今又来六十万),谓遭遇倒歇,勉措此数,馀款五十二万五千元须八月底还。免息归偿,交好在先,何忍逼之,只得自认晦气,静待下文。因即电招文权来,即将托存之本利百一十万取去,了一手续,漱款且待后文再说。午后接起潜书,附到《宋残牒考》一文,至感。四时以中来会,拟同赴刚主知味观之约,以柬上写七时,故于散馆后先与圣陶、予同、以中薄饮高粱,啖馒首,以延时至六时乃联袂往晤之。有顷,西谛至。又有顷,世尧至。最后森玉至,相与饮啖大谈。八时乃散,与西谛、予同联步至成都路而别,复与予同折南行,抵霞飞路分头各归。润儿发热甚高,中夜起如厕而下不畅,明日未必遂能销假也。

## 8 月 1 日 (丁未 初五日) 星期四

晴热。晨与漱乘电车入馆,知雪村昨晚七时已自台安飞抵沪。有顷来馆,畅谈别绪,力劝润儿入台省师范学院云。午刻洗人、予同、圣陶、达君及余与雪村小饮于永兴昌,午后二时返馆。出席编审会议。编发通讯录廿一号。散馆后与漱儿乘电车归。是日祀先,由滋儿恭代行礼,润儿强起拜,遂克痊主礼云。夜合家小饮。漱石来住,即以怀之托雪村所代款及台湾银行汇到款并交之。

## 8 月 2 日 (戊申 初六日) 星期五

晨阴旋昙,午后晴热甚。依时入馆,仍步行。漱、润则乘电车先行。办理杂事。为雪村写台信五通。寄怀、翼,告近况。午后以中来,以陈尔寿稿费交之。散馆后与雪村同行过其家,会达轩共小饮,饮后进面,盖今日雪村夫人生日也。夜饭后与达轩步归。

## 8 月 3 日 (己酉 初七日) 星期六

晴热甚,午后飓作,有雷阵,傍晚止。晨与漱、润同乘电车入馆。办理杂事。编出《史地》第十期。坚吾来,约明晚与圣陶、达君等过饮其家。散馆后同人共赴三山会馆天后殿,为洗人夫人六十祝嘏,珏人亦到,凡三席。以人多不容,余与雪村、洗人、圣陶、达君、隆章、达轩、士敢别坐一席,分肴相享,饮兴均豪,居然销去绍酒三十五斤。八时始散,余与珏人、夏、朱两师母、郑缤、均正、达轩共乘汽车归。馀客亦分头各返矣。雨后入夜稍凉,然仍通宵浴汗也。

## 8月4日（庚戌 初八日）星期

晴热。珏人、漱儿清晨往看濬家，顺出早点，十时返。余畏热，痴坐，午后偃卧二小时。三时许燮荣来谈，移时乃去。五时许出应坚吾之招。良久雪村至，有顷，达君至，又有顷，子敏、维崧、彦宾至。洗人、圣陶以事辞，叔旸、文彬亦别有它会，均未来。余等七人合饮，九时始散，余即附彦宾车以归。终宵浴汗，�甚。接芝九三日来函，止苏校直接购教科书，盖省教育厅已颁有统配供应办法也。

## 8月5日（辛亥 初九日）星期一

晴热犹昨，殆又胜之，仍终宵浴汗。晨润儿车行入馆，顺过储能，余则与漱儿同乘电车到馆。办理庶事。复芝九，告供应别有办法。接颉刚书，续寄《宝树园杂记》。寄翦伯赞，附去纪念刊稿费十万元。午后热甚，挥汗不已，因约在坐同人撇兰为戏，集款万元，购西瓜四枚，共剖啖之。散馆后与漱行至老北门，电车甚挤，漱儿上，余未之及，立待次班车乃附登以归。晚小饮。夜卧之前立斋过访，谈良久，承告即将引离《正言报》，并嘱收《文汇》稿费移赙丏尊。

## 8月6日（壬子 初十日）星期二

晴热甚，午后阵雨，片晌即过，傍晚炎日仍照。晨与漱、润乘电车入馆。挤而热，到馆，竟体汗湿矣。时尚未及八时也。西谛电话询美亚前需古代织样今仍要否，属代问红蕉。办理庶事。看《张文襄年谱》。散馆归，仍与漱、润偕乘。夜小饮。惠民自汉湘归。昨日抵沪,今晨来馆,代带到湖南毛笔十馀枝。

## 8 月 7 日(癸丑　十一日)星期三

　　晴热,傍晚起阵未果。晨独行入馆,以畏电车之逼也。散馆归则与润儿、亦秀坐廿二路倒车先往外滩,折回然后得坐。在馆办杂事。书寄颉刚、起潜、以中。西谛午来,余与雪村、予同共饮之于永兴昌,二时许乃返馆。薄暮小饮。夜饭后潜儿来告,顯孙患伤寒,拟送医院诊治,余谓近方注射预防针,恐非确象,且俟一两日再送,八时许辞归。

## 8 月 8 日(甲寅　十二日　立秋)星期四

　　晴热,下午二时许起阵,炎威顿杀。晨与漱、润过天香斋吃面,然后入馆,未及七时也。办理杂事。午本拟为惠民洗尘,届时竟寻不到而罢。午后集同人分啖西瓜。出席编审会及廿周纪念筹备会。散馆前博文来馆访予同,因与长谈。五时得滋儿电话,谓昌顯已减热见痊,甚慰。六时洗人、雪村、圣陶、予同、彬然、达君、士敄及余集谈公司事,佐之以醵饮,直至夜九时始散归。胡嘉芳来谒,未晤。

## 8 月 9 日(乙卯　十三日)星期五

　　晴热。晨独行入馆。办理杂事。午宴惠民于悦宾楼,洗人、雪村、圣陶、予同、子如、士敄、彬然、达君、调孚与余俱往,午后二时半始返馆。嘉芳来请,每周须来候教云,已许之。西谛约予同及余往饮,余以清儿家佣妇辞之,须挈同建孙来住,有琐事待亲理,遂辞未往。散馆后,即与漱、润乘电车归。入暮小饮。夜饭毕,士敄、清华、建昌来,即住焉。

王伯祥日记

## 8月10日(丙辰　十四日)星期六

晴热,午前曾起阵,微雨,午后西北风甚劲,弥扇炎气。晨起,为轶尘书扇。依时入馆,仍步行。办理杂事。编出《史地周刊》第十一期。予同以小病未到,属光岐电话见告,饭后书以答慰之。亮夫来,已应同济大学之聘矣。家晋下午来,属为《大公报》写文,顺告以中家昨夜被窃,损失不赀云,为之扼腕不已。散馆后与漱儿同乘电车归。入晚小饮。夜文权、潏儿来省,据告顕孙已全愈,谈至九时许乃归去。

## 8月11日(丁巳　十五日)星期

晴热,夜绝风,浴汗无已,而朗月高照,实作所谓火烧七月半也。晨洗人、雪村来,圣陶、墨林来,盖今日中元节,夏家祝飨,顺邀洗、圣等午饭也。谈至午刻,俱过夏家饮,士敩亦往,在坐晤守宪、惠民。饭后坐谈,调孚踵至,因与共返。少憩,至三时相将赴学艺社,应纪堂之招,出席柏丞追悼筹备会。晤予同、子敦、东华、莲僧、百闵、仲明、剑华、文彰、西谛、宪文及纪堂等。五时许始散,与西谛同行归。夜与敩、清、汉、权、潏等小饮,合家啖面,以清、汉生日俱在七月,而今日适为铸孙双满月,故汉、铸晨来,共作此会。权、潏及预孙晚来参加也。饮饭毕,汉、铸先归,权、潏、预移时乃去。敩、清仍留。济华来访,余适往学艺社,未之晤,甚歉。芷芬之表弟屠经来访汉,即留晚饭,合饮焉。

## 8月12日(戊午　十六日)星期一

晴热,傍晚起阵,不果,夜尤闷。晨与清、敩同出。漱又以病家休,润则乘自由车先行。到馆办理杂事。召集酒会于后日下午五时在开明四楼举行,乘日寇求成之会,一泄闷气也。贵阳文通书局华问渠来,因与洗人、雪村共饮之于永兴昌。午后为章来,长谈移时乃去。晚归小饮。

## 8 月 13 日(己未　十七日)星期二

晴热,有南风,入夜稍凉。依时步入馆。办理杂事。今日为"八一三"抗战纪念,满市悬旗,表面虽甚热闹,而失望之馀,实际无精打采耳。秉轴者日惟诛伐异己是务,民生状况依然水深火热,安所得而鼓起热望乎? 为西谛让古锦事留言与红蕉,询之迄无复,大约不谐矣。散馆归小饮,以清儿生日啖面。接柱流信,知墨议甚冤,现在司法之失平,诚根于政局之动荡,独立尊严云云哄孩子而已。

## 8 月 14 日(庚申　十八日　末伏)星期三

晴昙兼作,有风。依时入馆。电询君立,至午后始得复,谓美亚可以百万元购入此锦,属转西谛。办理杂事。写出多信。下午出席编审会议。散馆后借胜利周年之目举行酒会,到西谛、问渠父子、仲华、洗人、雪村、予同、圣陶、达君两伉俪、必陶、祖璋、士敫、亦秀、汉儿及圣陶之戚施女士与余,凡十八人,列坐两席。晨伯到而未坐,以别有约,须陪友前往也。子敦、世璟、以中、莲僧则未到。夜八时散,余与予同、亦秀、士敫同乘汽车分别送归。抵家,嘉芳在,随便谈谈,约日后提出应问诸点,面加讨论,并劝努力作日记弗辍云。

## 8 月 15 日（辛酉　十九日）星期四

晨雨，午后晴，夜乃凉。依时入馆。办理杂事。昨日酒会人摊万二千元。美亚让受古锦事已得红蕉电话，谓已属君立照办矣。散馆归，与士敫小饮。夜早睡。

## 8 月 16 日（壬戌　二十日）星期五

晴热，早晚凉。依时入馆，先过天香斋吃面。办理杂事，出席人事委员会。商务旧同事徐鸣昌（朝阳）来访。散馆后与清儿步归。入晚与士敫小饮。润儿感冒在馆，即感不适，归后竟发热，建昌亦以出牙发热，颇见哜嘈，滋儿淹蹇一周，昨方退热。暑令人多轮转染疾，可怕也。

## 8 月 17 日（癸亥　廿一日）星期六

晴热。依时入馆。办理杂事。拟追悼何柏丞启。编出《史地周刊》第十二期。书与子敦、纪堂，托予同于明日会时面交之，余不拟前往也。散值，复就馆小饮。饮后出席业务会议第五次常会。八时散，与士敫同乘电车归。润热略退，建孙哜嘈亦稍宁。

## 8 月 18 日（甲子　廿二日）星期

晴热。竟日未出。看《中国史学史》。商务所印《唐诗别裁》中缝不注作者姓名，翻检至不便，因于饭后逐页查填之，藉以遣暑而忘虑，甚自得也。夜小饮。

## 8 月 19 日（乙丑　廿三日）星期一

晴热。依时入馆。办理杂事。午后列席董事会，决议褒恤丐翁、特酬索非、致谢耕莘及暂不召开股东会诸要案,四时许始散。散馆后,与士敳、惠民、韵锵、士敢赴祥经里饮汉儿所,屠经、又新俱在,墨林抱孙来,亦与焉。八时许始罢,偕屠经、士敳乘一路电车,至爱文义路、西摩路,即与士敳先下,转廿四路电车以归。

## 8 月 20 日(丙寅　廿四日)星期二

晴热,北风劲,早晚凉。依时入馆。办理杂事。整理董会纪录。芝生来馆,以手头冗忙,竟失接晤。坚吾来,托撰启文征求太极拳同志。散馆后与士敳过访其家,适应观来,因与雪村纵谈,入晚同饮,士敳、士敢、鸣猷与焉。今日方开余孝贞坛陈酿,甚醇美,不觉多饮。饭罢,应观先去,余复与雪村、士敳谈公司设施甚久。九时半始与士敳同归。行至八仙桥,乘电车以西。十时到家,嘉芳正坐待,因与约定每星期四七时来就讲,少坐辞去。组青明日生日,今夜住来,明旦将治面遍享家人云。

## 8 月 21 日(丁卯　廿五日)星期三

晴热又转增,夜深始凉。依时入馆。办理杂事。书与颉刚、以中、纪彬、叶华、沈立人,为《史地周刊》也。下午编发通讯录廿三号。以中、心磐先后见过,散馆时始同出。乘电车归。会文权、濬儿、士敳、清儿、汉儿俱在,因合饮,共为组青寿。润、滋、湜及锴孙均与焉。珏人与漱儿则后坐。欢谈至八时始散,组青、汉儿、权、濬先后辞去。及余就寝以眠,已十时许矣。

## 8 月 22 日(戊辰　廿六日)星期四

晴热。依时入馆。办理杂事。定廿八日召集酒会,为雪村寿。

（雪村有余孝贞陈酿，藉以享客。）下午出席编审会议及本公司廿周年纪念筹备会议。散馆后与清、润偕步归。晚小饮。夜饭后嘉芳来，为讲《韩非子·五蠹》三四段，九时乃去，约定星二再来听教。

## 8月23日（己巳　廿七日）星期五

晴热，入夜绝风，竟宵浴汗，比伏中为难过矣。依时入馆。办理杂事。彬然来商，以杂志社资料室与图书馆合办书报阅览室征取同意。决定自下星期起实施，应令润儿与知伊会同一办之。散馆后与清、漱、润、敫同乘电车归。薄暮小饮。夜展转床席，热闷，不得睡，苦甚。以需缴滋、湜学费向公司暂借四十万元。

## 8月24日（庚午　廿八日　处暑）星期六

昙，有西北风，午后放晴，仍热。依时入馆。办理杂事。编出《史地》第十三期。下午四时，以中、西谛、文叔、子敦先后来馆，五时许同赴三山会馆参加酒会。到洗人、雪村、圣陶夫妇、达君夫妇、予同、必陶、祖璋、文彬、坚吾、子敏、仲康、季康、红蕉、莲僧、巧生、雄飞、士敏、问渠及其子、云先、汉卿、西谛、以中、子敦、文叔、汉华、文权、亦秀、宝忠、纯嘉、守宪并余三十四人，凡列三席。欢叙至八时始散，余与亦秀、秋云、士敫、清华同乘汽车归。抵霞飞坊口仍由亦秀独乘去。

## 8月25日（辛未　廿九日）星期

晴，时有云翳，午后颇有起阵象，迄未果。晨夕看金毓黻《中国史学史》。饭后小睡，睡起手钞漫堂本《文渊阁书目》。薄暮小饮，饮罢与润儿散步于里左,片晌即返。夜早睡。清儿、建昌今晨归去,由士斀先归布置,然后由滋儿伴同送去,滋儿夜饭后乃返。

## 8 月 26 日(壬申　三十日)星期一

晴热,午后有雷阵即过,仍感闷热。依时入馆。办理杂事。布告明日孔诞放假。为雪村写台信四通,士敏、士敢及姜博泉明日即乘民生公司民众轮遄赴基隆转台北矣。士文明日与宋君鸿猷订婚,雪村请余执柯,已得请柬。假座三山会馆午宴,将与珏人偕赴之。散馆值雨,与润儿赶上电车、公共汽车都不及,只索走归。入晚小饮。夜饭后晓先夫人率二子自宁先来,即留住余家。

## 8 月 27 日(癸酉　朔)星期二

晴热。晨九时步往雪村所,贺密先订婚,为填写证书。十二时诸客云集,由圣陶证明,余及予同为介绍人。——盖印讫,即在三山会馆列四席,珏人、濬、权、清、敿、汉、锴、漱、润及丁师母均与,其他皆章氏戚友。欢饮至下午二时许始罢,三时许珏人、漱、锴附亦秀车先归。余与润儿行至八仙桥,余上电车,润骑自由车,同时到家。夜小饮。饮后朗西、柳静见过,甫去,而权、濬至,谈至八时许辞去。

## 8 月 28 日(甲戌　初二日)星期三

昙,午后晴热较昨稍杀。依时入馆。发启召集夏公治丧会,定八月卅一日在开明集议结束会务、商定夏公藏地等案。看稿。办杂事。散馆后与润儿乘电车归。入暮小饮。夜饭后看《中国史学史》。

## 8月29日（乙亥　初三日）星期四

晴热，又超九十四度，竟夜浴汗，难受之至。依时入馆。办理
杂事。接晓先今日十一时九江电，知即附新上海轮离浔来沪矣。
下午出席编审会议。散馆后与漱儿乘电车归。入暮小饮。孟谋夫
人来看晓先夫人，因共晚饭。夜七时许嘉芳来请业，续讲《五蠹》
三段，九时许去。

## 8月30日（丙子　初四日）星期五

晴热，午后起阵，不果，入夜绝风，奇热，浴汗达旦，更甚于昨
夕，岂痞魁弄兵，盛暑鏖战，竟上干天和乃尔耶？依时入馆。洗人
未到。办理杂事。饭后蒸暑煎迫，无法伏案，与同人及儿辈画梯为
戏，买冰分飨。散馆后润儿随清、汉北行，今晚即住永丰坊，余独与
漱儿乘一路电车归。君谋夫人及其子二人俱在，因共饭。夜涵侄
来，匆匆即去。

## 8月31日（丁丑　初五日）星期六

晴热，午前午后均起阵未果，入夜乃得大雷雨，前后达两小时。
两月以来此为透雨矣。依时入馆。办理杂事。写出退稿信多件。
编出《史地》十四期，并复伯赞。午后出席丏尊治丧委员会，决定
丏尊归葬白马湖。另推马夷初、许潜夫、范洗人、朱达君、叶圣陶、
章守宪、楼适夷、周予同及余为丏尊纪念金委员会，治丧委员会宣
告结束，一切移交纪念金会接管。散馆后即晚饭。六时开明社座
谈会，请雪村讲台湾情形。八时许散，电光已四射，恐值雨，即唤祥
生汽车，与予同、亦秀、漱、润共乘以归。途次雨作，霹雳交加，骇

甚。先送予同到门次,送余父子三人到霞飞坊口,然后送亦秀径归。余等阻过街楼下不得入,润儿冒雨归取雨具,着之而归。至家,佩霞、蕙芬适来省视珏人、漱儿,阻雨留谈,移时雨止,乃唤车去。夜半雨又大作。志良之款来了清,惟尚搭四十万九千元十日期票一纸,须届时安全兑到始可真了耳。(晓先夫人等今日去周浦。)

## 9月1日(戊寅 初六日)星期

昙晴兼至,热浪依然,竟夜仍浴汗。晨起钞漫堂本《文渊阁书目》。旋看金毓黻《中国史学史》。午后漱石偕德锖来,谓德铸欲赴台湾,请示可否。余以需得翼之函招乃可,有顷,锖去,漱石留。傍晚小饮,潜儿挈预、硕两孙来。淑侄来。将睡,晓先偕友人潘姓者来,盖昨夜雨中抵吴淞,今日将行李寄置华文,顷始来看我也,因与长谈,下榻焉。

## 9月2日(己卯 初七日)星期一

晴,奇热。(伏中午后三时始达华氏九十三度,今日上午十一时已九十三,午后直升至九十六度也。)不图豪雨之后转热如是也,夜不能贴席,浴汗竟夕,直至黎明始稍合眼。依时入馆。办理杂事。午刻馆中请索非(前日由台湾来料理家事)、晓先并邀巴金作陪,洗人、彬然、予同、圣陶、调孚、达先、均正及余偕往(在悦宾楼)。午后三时始返馆。夜与晓先闲谈,仍住余家。

## 9月3日(庚辰 初八日)星期二

晴热,竟同前昨,厌苦极矣。晨出,先过雪村,然后入馆。晓先则别有事,故他往未来馆。办理杂事。午后炎蒸竟不能属思,只索嚼冰自遣。散馆后与润儿乘电车归。芷芬在,盖今日上午十一时偶有飞机住出,一时许即在台起飞,三时半即安降龙华机场,故先在家候余也。因与小饮,夜饭后乃归去。奇热难当,正拟就睡,而晓先至,又起谈良久乃各休。

## 9 月 4 日（辛巳　初九日）星期三

昙,午后晴,有风,炎蒸稍减。清晨晓先之甥孟生来,因即唤车同去,将往虹口取行李,径赴南码头,待渡周浦也。刚送出未久,土秋来,盖得讯昨夜乘夜快车由京来沪者,询知其父母已去,因亦赶往南码头并淘同行矣。依时入馆。先过雪村,同行。办理杂事。书与纪堂,送去柏公追悼会拟定秩序。四时得西谛电话,约予同及余往谈兼小饮。散馆后赴之,与予同乘二路倒车(先往外滩后转静安寺,勉可上车,是欲西而先东也,故流俗谓之倒车。),始克行。六时抵谛所,少坐便饮,谈至十时始辞归。西谛送至福煦路而别。

## 9 月 5 日（壬午　初十日）星期四

晴热,早晚凉,有秋意矣。依时入馆。办理杂事。午后出席编审会议。散馆后与雪村偕赴洗人约,参加其侄大成订婚筵。晤国卿、望达、伯勋、一鸥、兆燠诸人,圣陶亦与焉。汉儿今晚在家吃夜饭,饭后滋儿送到永丰坊,乘便接余,十时许始与雪村、兆燠、滋儿共乘汽车以归。

## 9 月 6 日（癸未　十一日）星期五

晴热,早晚凉。依时入馆。办理杂事。上午出席人事会议及经理室工作会议。下午处分洽稿诸事。纪玄冰借周、吕两《通史》去。散馆后独步归。入暮小饮。

## 9 月 7 日 (甲申　十二日) 星期六

晴热,早晚凉。晨抄漫堂本《文渊阁书目》。八时前与润儿出,先在天香斋吃面,后过雪村谈,至九时半乃偕村入馆。办出文函多件。编出《史地》十五期。下午三时伯赞过谈,于年表、书目、地图等工具之作颇有论及。四时许以中、刚主先后来,因与以中联名致书宝礼、铸成,请迅结图书、《史地》稿费,以便转发,利拉稿。盖七月份应结之数迄今尚未见付也。散馆后刚主、以中、予同、雪村及余同往言茂源小饮,七时许始走归。已微醺矣。(摊费八千元。)

## 9 月 8 日 (乙酉　十三日　白露) 星期

晴热。晨看金毓黻《中国史学史》。十一时应雪村约,往饭其家。至则达君已在,甫坐而予同至,有顷洗人、圣陶至,最后彬然乃来。饭后欲谈而洗、彬、达、村忽有兴游王和,设桌入局,未果行。三时前,予同引去,余与圣陶闲坐而已。垂暮始撤局重又小饮,乃入题,知晓先夫人今晨往永丰坊访洗人,在敩所进早点并在圣陶所午饭云,大约即须返苏一看其先茔耳。关于晓先重入开明事,颇多周章,余雅不欲与闻之。夜八时走归,步月而行,殊快适也。

## 9 月 9 日 (丙戌　十四日) 星期一

晴,酷热。今年天道诚变矣,岂神州奥区为黩武者所控,上干天和,致有旷古未有之灾异,备将来史官之所书耶?一笑。依时入馆。办理杂事。知晓先夫妇昨晚住敫家,今早乘车去苏地。午后炎蒸,废事早睡,窘甚。散馆后与均正及漱、润同乘电车归。入暮小饮。

## 9 月 10 日(丁亥　十五日)星期二

　　晴,奇热,午前起阵,霹雾交加而无雨,午后益炎蒸,入夜无风,通宵浴汗,不能贴枕,我生仅遇也。月初出,朦胧,深夜始见清辉。想看月者皆大扫兴耳。依时入馆。办理杂事。午饭馆中,益菜置酒,为中秋也。午后三时以中来谈。三时半与予同、芷芬、润儿共赴八仙桥青年会九楼贺弘宁、王洁结婚,珏人、濬、清、汉、漱等俱会。茶点毕,余与润儿、均正、子如先行,缓步而归。芷芬先以诸孩顿余家,至是,与汉、漱护珏乘车后返。入夜合饮,惜天奇暑,大失中秋之意,不免减兴。夜饭毕,月犹未上,芷等挈镇、鉴、铸三孙归去。

## 9 月 11 日(戊子　十六日)星期三

　　晴热如故。依时入馆。办理杂事,昏昏不能耐。午后四时半即归。漱、润后归,携到《文汇报》严、徐复书,谓正竭力筹措,请婉谢诸作者求谅。夜小饮。晓先夫妇自苏来,即下榻余家。携来鲜黄实,即剥烹尝焉,清美第一,久不知此味矣。

## 9 月 12 日(己丑　十七日)星期四

　　晴热如故。晨与晓先同出,过雪村谈。入馆办事。葛票退回,因与交涉,允即掉换交割。抵暮未来,仅一电话,谓今日不及办妥云。散馆后与润儿同归。漱以检验身体故,今宿清儿所。嘉芳未来请业,大约以天热故识趣自停耳。下午二时出席编审会。

## 9 月 13 日(庚寅　十八日)星期五

晴热,入夜雷雨,未几即止,仍热。依时入馆。办理杂事。编出通讯录廿五期。葛票仍未来理。以中来,即以严、徐信示之。雪山昨到沪,今午雪村、予同、达君、圣陶、芷芬、达先及余共饮之于聚丰园,晓先夫妇与焉。散馆后与漱、润共乘电车归。未归之前,济群、灿庭兄弟来谒,盖济群奉调赴台湾公路局,明晨即乘飞机前往,特抽暇来省耳。匆匆未畅即别。入夜小饮。夜饭后晓先往住君谋所。

## 9 月 14 日(辛卯　十九日)星期六

晴,仍热,午后起阵。五时大雨,入夜时雨时止。依时入馆。办理杂事。编出《史地周刊》第十六期。调甫来访,据谈,去年十二月即北上为永利、天利等厂谋复兴,刻已集事,今自津来沪云。精神弥王,此公大堪钦佩也。葛票仍未理,且电话亦不见来,太欠理矣。以中三时来谈,取托购诸书去。四时许晓先夫妇自余家来馆,屏当渡浦,开明对之殊冷漠,似太过分。六时许,雨中与洗人、雪村、雪山、予同、圣陶同乘汽车,应仲华约小饮其家。其家在狄思威路、长春路,园庭轩敞,乃租自一地产公司之从日人手中收回者。坐中晤觉农、无垢、端苓,饮啖至八时始罢。又谈至九时许辞出。洗、圣、觉住较近,各引去,仲华送余及村、山、同、垢至北四川路一车行,唤汽车送余等归。

## 9 月 15 日(壬辰　二十日)星期

阴晴间作,午后细雨即止。晨起看金氏《史学史》。清儿归省。午间西谛来,与之共饮,长谈至午后三时乃去。缄三来访,十年不见矣。据述在内地历涉经过,险不能自拔也。夜饭后与珏人出,散步于里之四周,归来听书,九时后就寝。

## 9 月 16 日 (癸巳 廿一日) 星期一

晨大雨,午后北风骤雨,甚壮,昼为之晦,旋止,晚晴。依时入馆,雨中先过雪村一谈,偕行入,已淋漓沾裳矣。为《中学生》邮局登记觅铺保事过文彬,文彬以事赴宁,晤逸人,办妥之。志良仍未来,三次电话均谓已出,是诚可恶已。四时接家中信,谓火油炉两架同时被窃,一时无以举炊,即属士敫偕润儿为购两具送归。私念日中可以携出如许,所失必不止此也。散馆归,询之知午后骤雨时贼由后窗扒入,一刹那顷挟此两炉开门逸去也。晓先自周浦来,因与共晚饭,谓当夜即须赴南京。八时与士敫同出,送至北站。余小坐即寝。

## 9 月 17 日 (甲午 廿二日) 星期二

晴,午前后风雨。依时入馆。办理杂事。本侨后日有台湾之行,今午雪村、雪山、洗人、予同及余约渠在言茂源小饮,饮后憩雪村所长谈,比返馆,已二时半矣。润儿拟图书馆工作报告。散馆后与漱、润同车归。入暮小饮。夜七时嘉芳来请业,为讲《韩非·五蠹》三段。志良款来了,伸脚集会,留帖而去(余适在言茂源未晤),拟明日去函谢不与。

## 9 月 18 日 (乙未 廿三日) 星期三

晴,大凉,较前日相差近二十度。晨与润、滋出,啖面于天香斋,滋为母购面持归,而余与润同行入馆。办理杂事。写出信件多通,分致颉刚、伯赞、以中、志良、立人等。散馆后仍与润走归。入暮小饮。就寝后晓先自宁来,仍下榻余家。

## 9 月 19 日(丙申　廿四日)星期四

阴,午前后雨,晚晴。晨与晓先出,在大新街一面馆吃点心,然后入馆。办理杂事。颉刚来访,长谈至十一时去。子敦来访,午饮于永兴昌,洗人、达君、晓先及余同往,适仲康、廷枚、宝忠、润生先在,遂合席共叙焉。午后二时许始返馆。出席编审会议及经理室会议,通过以编辑名义聘任晓先并其他人事问题。散会已六时许,独步归家,垂垂暮矣。入夜就灯小饮。看金静庵《史学史》。

## 9 月 20 日(丁酉　廿五日)星期五

阴霾,傍晚微雨。晨独行入馆。先过贝谛鏖路,初尝羊肉面。到馆办理杂事。发讫《史地周刊》七月份稿费,盖昨始据《文汇报》馆送来耳。沈立人之姊来索稿费,当以八月份者尚未算到复之。午后吴济华来谈,知已接母来沪矣,惟勖初以种种关系一时尚留滞里中也。以中来,即将应支稿费取去并属转沈文倬。散馆后晓先偕余步归。明日渠正式入馆任编辑矣。(聘书今日办出。)入暮小饮。夜与晓先谈,颇致箴勉,未审接受否耳。

## 9 月 21 日(戊戌　廿六日)星期六

阴霾时雨,入夜加甚,黄昏后止,平明又雨。晨与晓先联步入馆。办理杂事。编出《史地》第十七期。散馆后留馆,晚饭小饮。六时出席第六次业务常会,撤销一案,并议三案,通过三案,九时始散。雨已止,因与雪山、均正、予同联步至老北门,同上电车以归。晓先今日返周浦,星一出申即住馆中。(馆中本不住人,洗人特许之。)

## 9月22日(己亥　廿七日)星期

阴霾竟日,时有濛雨。镇坐读金氏《史学史》。亦秀、嘉芳俱约来访,皆未果。午晚小饮。傍晚与润、滋散步于里南诸路,过淡井庙,阅老树,徜徉归家,启收音机听书,至九时就寝。

## 9月23日(庚子　廿八日)星期一

晴。依时入馆。编发通讯录廿六号。为整理《文汇报》转来《史地》投稿,检退数件,分别作书婉达之。夜报载今日上午法院宣判道始徒刑七年,褫夺公权如之,财产依例没收。虽法律手续尚未裁定,而初判大略难移矣。道始负其隽才,蜚声律界,只以误入歧途,终致覆败,惜哉! 散馆归小饮。

## 9月24日(辛丑　廿九日　秋分)星期二

晴爽。依时入馆。办理杂事。下午出席经理室会议,决定将本室事务分为四组,各设主任管办之,即以秘书兼。又出席人事委员会,润儿已得正式进用,十月一日起月支底薪五十元,与漱儿埒。散馆后与润偕行归。入晚小饮。夜饭后嘉芳来,为续讲《五蠹》四段,继之长谈,知纱号业亦正息息与外汇有关也。

## 9月25日(壬寅　朔)星期三

晴间阴,夜深雨。晨独行入馆。办理杂事。分致颉刚、伯赞、

汉生、云彬、纪彬诸人。《史地》不用之稿分别退清,有两稿移送以
中,俾《图书周刊》斟酌用之。散馆后与洗人、予同、圣陶、西谛、达
君、均正、祖璋、彬然、芷芬往言茂源吃蟹。今年上市迟而稀,其价
自昂,大仅如碟,枚直四千元。及终局,人须摊万五千元,擘蟹之
乐,亦正匪易矣。七时许散,与予同、均正联步而返。

## 9 月 26 日(癸卯　初二日)星期四

阴雨,傍晚飓作,潮高逼渠,大都没水,入夜雨尤甚,檐瀑终宵
有声。晨冒雨步入馆,地泞身扭,抵馆后汗流浃背,闷热难当。办
理杂事。召集第一次图书委员会并出席编审会议。散馆后与均
正、亦秀及漱、润两儿共乘汽车以归。晚小饮。(本年上期奖金廿
万元送到,即以十万元还达君,稍松一气。)

## 9 月 27 日(甲辰　初三日)星期五

风雨交作,苦不得出,午后献晴,既又阴合。未入馆。为骑风、好
修、季祥各书便面一叶。饭后为开明廿周年纪念制献辞一通,辞曰:

> 辛未之冬,室雁倭烽。荡然无归,越居沪东。开明见招,
> 勉以同功。窃不自揆,亦尔奋庸。荏苒岁月,十五年中。拾遗
> 补阙,靡役弗从。同仁过爱,始迄交融。专业见委,不敢怠封。
> 籀典缉史,甘老蠹丛。陈编时出,亦颇自雄。抗战间作,四海
> 辍舂。九有鼎沸,摇簴倾钟。长夜不思,道远任重。行者居
> 者,分途折冲。八载以还,终见州同。心均迹异,幸守厥宗。
> 新知旧雨,遂合云纵。廿周纪念,盛会适逢。抚今追昔,能无
> 愧攻。所愿一德,共矢靖恭。安不忘危,乐当备凶。相成相
> 颂,明快从容。庶几永保,开明之风。

自谓颇合分际,明日当录送明社发表之。四时偕珏人出观积水于亚尔培路、迈尔西爱路两处,深处犹没人膝,浅亦盖踝,不知市政当局对此何以自解也。顺道过野味香进点。步归不久,即小饮。夜开机听书。九时许寝。

## 9 月 28 日 (乙巳　初四日) 星期六

晴爽。晨与润儿出,途中积水未退,乃绕道环龙路、金神父路、辣斐德路,抵老西门,沿民国路,由老北门经河南路入馆。步行十馀里,历时一小时,途次遇予同,遂邀之同行。处此堂堂大都会,乃徒苦尔许,正堪自叹矣。到馆后办理积件,而以中、允言先后见访,又须出席廿周纪念筹备会,劳扰至午始告一段落。适觉农来馆,洗人、圣陶、予同及余又陪往永兴昌小饮。饭已复偕过大新公司二楼及宁波同乡会参观木刻展览及张聿光画展,晤聿光及达邦。比返馆,已三时许矣,仍赶办积件及编出《史地》第十八期。六时始毕,竟未及一览报纸也。散班后就馆晚饭,饭后出席明社大会修改章程,逐条推敲,费时三小时,直至九时方散,即与均正及润儿乘电车归,抵家已十时半矣。漱儿晨起腹痛,殆已足月,因属休假,并令滋儿告知漱石,俾准备送入医院。待午后汉儿归省,珏人返馆后白余,谓漱姑妇已同入虹口市立产科医院矣。及夜间明社散出,又属敫、清往过医院看之。归家待息至十一时西邻任家接敫电话来转告,谓漱儿已于九时许安产一男,为之惊定转喜。又有顷,漱石来,盖院中例不能伴宿,特来专告一切也。

## 9 月 29 日 (丙午　初五日) 星期

晴爽。晨珏人偕漱石往永丰坊,约清等同省漱儿于医院,即在清所饭。润儿饭时前往接之,夜饭后始接伴同归。允言本约来饭,迟迟未至,想已登舟前赴南通矣。午后睡片晌。看金静庵《史学史》。傍晚滋儿自校补课归。命为易张壁画,盖入霉后久未换挂矣。午晚俱小饮。

## 9 月 30 日 (丁未　初六日) 星期一

晴,较昨为暖,殆所谓木犀蒸矣。晨入馆,办杂事。午后出席经理室会议及人事委员会。布告经室事务分四组,指定士敦主办第一组(办理股务、文牍、人事、综核诸事);惠民主办第二组(办理分店、文书、账务及交通诸事,并推芷芬督导之);士信(新聘为秘书,负改革会计之任)主办第三组(办理统计、核账核货诸事,并推雪山督导之)。明日起夏令时间改正,重定办公时间,延后半小时。西谛电话约谈,属余与予同于五时后在永兴昌候晤之。届时,三人会饮,谈至七时始罢。又同过来薰阁汉学书店、来青阁忠厚书庄一巡,在忠厚购得旧墨十二锭,价万二千元,复同行至西藏路,西谛别去,余与予同同行至霞飞路马当路口而别,比到家,已九时馀矣。

## 10 月 1 日 (戊申　初七日) 星期二

晴,又感热。晨与润儿出,先过雪村,同入馆,盖村归省老母,昨晚始自杭返沪,十日未见矣。此次与仲盐夫人偕出,近患水症,随来就诊也。仲盐身后不图颠连至于如此,不胜嘘唏。到馆办理杂事。编发通讯录廿七号。维贤见过,廿馀年不见矣。今任中央银行厦门分行经理,频年展转于河南,本年一月始抵厦云。午后经宇见过,亦十年不见矣。询其龄,六十四,精神尚好,可慰也。散馆前西谛至,谓仲足约在此相晤,因遣润儿先归。余与谛待之,有顷,刚主、以中偕至,《丛书考》稿分卷携来(止余尾卷未了)。极感之。并知刚主眷属已来沪,住福煦路威海卫路口公寓中。又有顷,仲足、森禹来,因同出,刚主、以中别去,余等四人偕往十六铺德兴馆小饮,肴馔尚腴,酒则代售老全源者,亦尚可意。八时散,雇汽车分头送归。共费八万元,俱仲足出。到家已九时许矣。嘉芳来请业,累其空坐一小时,未及见而去,甚歉。

## 10 月 2 日(己酉　初八日)星期三

晴,闷热郁蒸,夜半大雷电,遂雨。晨与润儿步入馆,时尚早,而竟体浴汗,挥扇不止。近年天气反常,处处象征人事,岂无桑林之祷,必待烹弘羊乎?办理杂事。一岑来,午与雪村、圣陶、予同、晓先共饮之于言茂源。饮后过憩雪村所,二时三刻乃返馆。散馆后仍与润儿步归。入晚小饮。热甚,不可耐。

## 10 月 3 日(庚戌　初九日)星期四

阴霾时雨,气大转凉。晨独出,吃羊肉面,然后入馆,为时尚早,良久同人始陆续至也。办理杂事。书与钦源,催《史地》十八期,盖迄未见来耳。为郭、叶、周、傅、徐书联挽闻、李,明日九时在天蟾舞台开闻、李追悼会,各方俱参加,鱼龙杂衍,实一可笑之局,送联亦只点缀而已。散馆后与润儿偕归。漱儿产后甚健,院中催促出院,今日午后由漱石及汉儿接伴归家,母子均好,甚慰也。夜小饮。士秋来,晚饭后仍归君谋所。

## 10 月 4 日(辛亥　初十日)星期五

晴爽。晨出徜徉于途,不觉甚远,比到馆,尚未到八时半也。

办理杂事。上午出席经室会议及人事委员会。下午出席编审会议及图书委员会。日来事务紧张,阅报且不及矣。建功、聿修先后来。散馆后与芷芬、士敫、清、润两儿同步以归。潄儿母子甚健,至慰。入夜与芷、敫、清小饮。九时许伊等辞去,余亦就卧。

## 10 月 5 日(壬子 十一日)星期六

晴凉。依时入馆。办理杂事。午后心磐及以中来谈。散馆后与洗人、予同、达君、雪村、雪山同应觉农之招,乘汽车往其家,顺过雁冰,以赴宁未晤,晤其夫人,因同到吴家晚饮。有顷,春台至,又有顷,圣陶至,乃开酌畅谈,十时许始由吴家汽车送归。与雪村、予同、春台、达君同载,比到家,已将十一时矣。汉儿挈镇、鉴、铸三孙来省,即住宿焉。

## 10 月 6 日(癸丑 十二日)星期

阴雨。晨芝九见过,盖又应世璟之招来沪讲演,昨即住校中,今特来访问也,谈至十时乃去。午间小饮,芷芬至,因共饮。饭后芷、汉挈诸孙出游,余得就睡一时。润儿午后出,入夜始归。傍晚小饮。夜饭后芷、汉挈镇、鉴、铸归去。金氏《中国史》今日全部阅毕,纵有未满处,而在今日书林,竟无有出其右者矣。

## 10 月 7 日(甲寅 十三日)星期一

晴,午后阴合,傍晚雨颇大,旋止,夜仍见月。晨过羊肉馆吃面,然后入馆。办理杂事。晤伯梅。午后维贤见过。书与伯赞。散馆后就馆宴客,即属一家春承办,由洗、圣、村具柬邀之。凡到颉刚、春台、现之、稚圃(今日自平来)、西谛、一岑、建功、巴金、经宇九人,子恺则到而即行,别有功德林之约也,馆同人却占多数矣(洗、村、山、圣、均、孚、予、晓、彬及余凡十人也)。未至者为雁冰、谷城、明善、觉敷、应观,分两席。六时始,八时毕,散坐纵谈,经宇、建功、颉刚、西谛留字,春台留画,各挥其毫,甚乐也。近十时乃各归,余到家已十一时矣。

## 10 月 8 日(乙卯　十四日)星期二

晴凉。晨与润儿步入馆,先过顺兴馆吃面。办理杂事。为廿周年纪念会事颇忙,芷芬、至善且往无锡筹办游览事宜矣。觉敷来,九年不见,神态依然,可慰也。珏人出省仲盐夫人于雪村所,顺道来馆,汉儿伴往五芳斋吃饭,雇车送之归。散馆后步归,清儿来省漱儿,夜饭后乃去。嘉芳来请业,为续讲《五蠹》四段。

## 10 月 9 日(丙辰　十五日　寒露)星期三

晴爽。晨出吃羊肉面,然后入馆。办理杂事。午间芷芬买蟹请稚圃于永兴昌,而稚圃未至,余与洗人、雪村、圣陶、达君、晓先、士敩赴之,啖蟹两枚,俱团脐,已较前所尝结实多矣。午后为纪念公司廿周年并游览无锡事办布告及诸琐务,五时半始散出。与均正步归。入夜将饮而颉刚至,因共小酌,长谈九时乃去,知渠将宴客,特就商于余,转约诸人也。

## 10 月 10 日(丁巳　十六日)星期四

晴爽。晨九时半偕珏人及润、滋、湜三儿,锴孙同往江西路金城银行七楼金联食堂参加开明廿周年纪念会。十时开始,由洗人致辞,雪村报告店史并延夷初、矛盾、季华、觉农演说,圣陶致答,十一时半摄影,十二时半聚餐。凡列十三席,载言载笑,颇极愉乐,同时为摸彩之戏,花样百出,益增兴趣,饮馀复作馀兴。余为歌板桥道情《老书生》一首,此调亦二十年不弹矣,今日偶歌,亦复成趣也。三时四十分散会,珏人及诸儿归,锴孙随汉儿去。余以守宪嫁女,与洗、圣、予、达、村、山径往万寿山贺之,乃侍者谓须六时始来,遂折至村家小憩,届时再往晤之,未饭即行,到家小饮。九时许就寝。

## 10 月 11 日（戊午 十七日）星期五

晴爽无风,夜月尤姣。清晨六时许即与珏人、润、滋、湜三儿乘车往北站会集同人,相将入开明,定备专车,挂凯旋号,于七时十分西开,十时许即抵无锡。下车后径赴河上预定之船,由小汽轮拖带,绕锡之南出宝界长桥,先到蠡园及渔庄,然后再渡鼋头渚即所谓横云公园也,良久乃达太湖别墅,以地窄故,只得分批进餐,至二时半始毕。归途仅至小箕山一游,万顷堂及梅园俱不及前往矣。船于傍晚舣北门外聚丰园码头,即入合饮,凡九席,七时四十分齐集车站,仍乘定备车挂凯旋号东归,十时五十分到北站,即乘祥生汽车径返,到家已将十二时矣。

## 10 月 12 日（己未 十八日）星期六

晴爽。依时入馆。办理杂事。两日积件一时待理,竟刻无暇晷矣。报载政府军攻入张家口。"国大"仍不顾各方,按期召集。是时势又大转恶化,一方且大吹兵役法即时征兵,可见长期内战必不能免,因而引起第三次世界大战,大有桴鼓之兆。嗟嗟,我民何不幸而戴此魔头乎！午应洗人永兴昌吃蟹约,盖陪稚圃也。到予同、雪村、达君、芷芬,凡七人,共啖十五蟹,下午三时半始返馆。书联挽柏丞,并将代收联幛轴之类并饬金才送去。编出《史地》第二十期。法院检长函查中联鲍庆林事,盖有人发动攻讦谋不利于商中等五家耳,宜有以堵之。散馆后与润儿同乘电车归。文权、潜儿、硕孙在,因共小饮。权有他约先去,潜、硕母子则夜饭后乃去。

## 10 月 13 日（庚申　十九日）星期

晴爽。上午十时许清儿偕武若、家英夫妇及建孙并武若之子女三人来,因具饭享之,午后三时武若等去,清儿、建孙则夜饭后去。下午二时步往中华学艺社参加追悼柏丞大会,被推读哀辞。四时归,与洗人、雪村偕。到家后,士敏、芷芬、墨林、晓先、良才夫妇先后至,六时偕珏人及洗等同赴颉刚女公子弥月宴(在合众图书馆起潜处)。晤森玉、以中、起潜、季龙、建功、绍虞夫妇及殷氏、绥和、绥平等,凡三席。八时许乃散,与珏人乘三轮车以归。

## 10 月 14 日（辛酉　二十日）星期一

阴霾,晨有微雨。依时入馆。办理杂事,积件一空,甚快。午与洗人、达君、芷芬约稚圃、甫琴、心庵饭聚昌馆,调孚与焉。散馆后又应雪村蟹局,原班前往,惟心庵未到耳。夜长谈,十时始归。

## 10 月 15 日（壬戌　廿一日）星期二

晴爽。依时入馆。办理杂事。午与清儿往潜所吃蟹,珏人已先在。饭后,余独返馆,属珏等径归。出席人事委员会。散馆时颉刚来,知明日即将归苏矣,旋与润儿步返,即小饮。夜八时,嘉芳来请业,仍续讲《五蠹》,九时半去。

## 10 月 16 日（癸亥　廿二日）星期三

晴爽。晨与润、滋出啖羊肉面于聚兴馆,旋与润入馆,遣滋返。办理杂事。午前出席经理室会议。午后写信寄伯赞、弗西、公时,俱为《史地》事。四时许偕雪村、予同、圣陶、洗人、达君、芷芬、士敦往大新二楼参观子恺漫画展览会,晤子恺。留连有顷,复同过福州路大鸿运,应文彬之约,凡三席,皆开明同人及眷属,故珏人及清、汉皆与焉。畅叙至九时乃散,余及珏人、予同、均正共乘以归。

## 10 月 17 日（甲子　廿三日）星期四

晴爽。依时入馆。办理杂事。为同人书廿周年纪念碑。下午出席编审会议。散馆归。嘉源在,盖自苏来沪探省余家者,因与共饮下榻焉。润儿晚出授课,爰属过组青告之。

## 10 月 18 日（乙丑　廿四日）星期五

晴爽。晨与润儿同出进点,然后入馆。办理杂事。出席经室工作会议。散馆后与敦、清、润同乘电车归,晤嘉源,共饮,组青竟不至,潜儿适来,与之夜饭后敦、清先去,潜继去。

## 10 月 19 日（丙寅　廿五日）星期六

晴温,夜半大雨。依时入馆。嘉源辞归苏,与之同出,至华龙路而别。办理杂事。午后书与伯赞。编出《史地》第廿一期。散馆前乃乾来,散馆时乃乾去,而建功来为订国语新课本印行,约建功代表教育部国语推行委员会签署之,事讫,已六时矣,匆匆与芷芬、达先乘电车归,欲以昨开坛酒享之。至则,组青、锦祥昆弟在,因合饮焉,惜嘉源已行,终未与组青晤耳。夜饭后芷、达、组先后去,锦祥住余家。

## 10 月 20 日（丁卯　廿六日）星期

晴。晨为圣陶查过江之鲫典所出,遍翻不得,至堪自诧也。口头熟语,切问即感茫然,他可知已,愧愧! 十时济之见过,为言东北及北平近状,十一时许去。余与珏人应文权、潗儿之请,十一时半偕乘三轮车前往,与武若、家英夫妇及清、汉等共饮,饭后三时与珏人、湜儿先归。四时芷芬及其侄孙女漱玉来,五时许清、汉、预、镇、鉴来,六时组青来,文权、潗儿最后至,因团坐共饮,八时始毕。九时许,组青等皆去,锦祥仍留,十时许乃寝。

## 10 月 21 日（戊辰　廿七日）星期一

晴爽。依时入馆。办理杂事。锦祥辞归苏。复法院文已有定稿,待各家会商后即可办出。四时济之、西谛先后来馆,谈至五时许乃同出,西谛先别去,余与济之步返,已六时许矣。夜小饮,连日喧闹,今始稍静也。

## 10 月 22 日（己巳　廿八日）星期二

晴爽。依时入馆。办理杂事。编发通讯录第廿九号。午后子敦来,季龙来。散馆后与洗人同应子敦之约,往永兴昌吃蟹,中华之郭农山、蔡同庆与焉。余啖尖圆脐各一,八时毕,由中华汽车送归。

## 10 月 23 日（庚午　廿九日）星期三

晴爽。依时入馆。办理杂事。书与颉刚、弗西、伯赞。以中、

文叔、建功、志良先后来谈。下午出席人事委员会。散馆后与润儿
步归。夜小饮。《文汇〈报〉·史地〈周刊〉》稿费八月份已送来,惟
清单未到,不克照发耳。

## 10 月 24 日(辛未　三十日　霜降)星期四

　　晴暖。依时入馆。办理杂事。《文汇》八月稿费清单到,即分
别发付。书与颉刚,告代购书已寄出。下午出席编审会及图书会。
发柬召集酒会,定星期下午五时在开明四楼举行。散馆前西谛至,
因与予同及谛同行西迈,到家已黑,即小饮。夜饭后候嘉芳不至,
九时许乃寝。

## 10 月 25 日(壬申　朔)星期五

　　晴暖。依时入馆。办理杂事。联棠自粤来,今日报到。午前
与汉儿返饭,以今日下元祀先,特归祭拜也。饭后仍偕汉入馆。散
馆后与润儿乘电车归。入夜小饮。

## 10 月 26 日(癸酉　初二日)星期六

　　晴暖,入夜微风作即止。依时入馆。办理杂事。编出《史地》第
廿二期。散馆后留馆夜饭,六时出席业务会议常会,甫琴、联棠俱列
席。七时许散,与均正同车归。适雨,自里口到家布履为之渗透矣。
急呼汤濯足然后小坐,九时后睡。午后春帆来访,茅盾夫妇来访。春
帆长市财局已四逾月,茅盾夫妇则即将应聘出国,赴苏联游历考察也。

## 10 月 27 日(甲戌　初三日)星期

　　晴凉,风中须御夏裕矣。上午达先挈建孙来,卓午、清儿偕于、

葛二友来。午后圣陶来,嘉芳来。与嘉芳言,将选定一书讲习之。四时嘉芳先去,余与圣陶联袂继之,同乘电车入馆,盖五时后有酒会也。到酒会者云先、汉卿、觉农、巧生、雪村、洗人、联棠、甫琴、达君、慧娟、亦秀、仙槎、达先、文权、芷芬、予同、西谛、圣陶及余,凡十九人。九时许始散,到家已将十时矣。

## 10月28日（乙亥　初四日）星期一

晴凉。依时入馆。办理杂事。午后剑华来,十年不见,询知流转内地,办沪江图书公司尚有成绩,刻下在赣州及汀州各有店面营业云。散馆后在馆晚饭。饭后出席明社常会,请仲华演讲国际局势,旋由联棠、甫琴各抒所见。七时三刻散,润儿以今日生日,请清、汉等吃面,因住永丰坊,余乃与均正、亦秀同乘廿二路公共汽车归。到家未及八时也。少坐后,手钞刘禺生《洪宪纪事诗》,藉存一代枭雄史实云,十时寝。

## 10月29日（丙子　初五日）星期二

晴凉,入夜薄寒矣。依时入馆。办理杂事。午间洗人、达君、芷芬、达先约联棠、甫琴谈于雪村家,为分店各项措置事宜,余谢未往。午后钦源来访,谈久之去。翼云亲来邀约今晚小酌于仲足所。散馆后因与予同及润儿步归,小憩后再与予同赴之。比及雷米路,仲足、翼云已伫候里口矣,偕之返,则西谛、济之俱在。少顷,设酒共酌,酒后谈至十时始散归。

## 10月30日（丁丑　初六日）星期三

晴凉犹昨,而天宇更澄。依时入馆。办理杂事。为颉刚校所著《辛未访古日记》。接颉刚书,知日内即为其先公及殷氏夫人茔葬,并为其嗣子结婚,询开明有无版税可取,当即以电话告之良才。散馆后与润儿乘十五路无轨电车(新开之路线),循福州路、西藏路、跑马厅路、威海卫路,直抵西摩路下车向南,由亚尔培路步归。入夜小饮。晚饭后手钞《洪宪纪事诗》,八时歇,九时睡。

## 10 月 31 日(戊寅　初七日)星期四

晴还暖。晨与润儿同出,行至西摩路、威海卫路,乘新辟之十五路无轨电车入馆。办理杂事。复颉刚,说明版税非重版,无由计,如有缓急,可商移云。下午出席编审、图书、人事三委员会,于新招练习生之分配及各部量移诸事宜颇费斟酌,五时犹未毕,至六时始由公司汽车送达君、予同及余归。午前偕洗人、芷芬、纯嘉、韵锵乘公司新备汽车往虹口东有恒路相屋,盖近日租定高翰卿宅馀屋五楼五底为本公司寄栈,今特履勘一切,以便布置耳。夜小饮,饮后仍钞《洪宪纪事诗》。接陈钦源书,告《史地》改于星六出版与《妇女》并版,缩篇幅二分之一,立催发稿。余觉《文汇》殊欠诚意,事前略不商量,遽尔出此,似非所宜,拟谢遣之。

## 11 月 1 日(己卯　初八日)星期五

晴转凉,晨有雾。依时入馆。办理杂事。书与钦源,并属致意铸成《史地》遽尔更张且骤缩一半,殊难措手,即将剩稿移付之。声明十月止正好结束,十一月起决不负编辑之责矣。未识影响何如耳。书与伯赞、弗西。午后出席人事委员会。新招练习生今日报到,到十之七,暂派各部处练习服务。下午召开训导会,余为述本公司历史大概。散馆后润儿随多数同人往徐家汇联华影片公司看摄电影,余则与予同、漱儿坐待本公司汽车从永丰坊返车送归。至五时半,不见至,迹近戏弄,甚不快,因与予同、漱儿走老北门,候电车,孰料人挤难堪,胜于平时,是欲图汽车之利而转受此挤乎?到家已六时三刻,小饮自遣。九时半润儿归。夜手钞《洪宪纪事诗》,十时就卧。

## 11月2日(庚辰　初九日)星期六

晴暖。晨达君车来迎余,因偕漱、润两儿登之,过候予同,则已行矣,乃驱而入馆。办理杂事。分配调动各员。编发通讯录第三十号。午与洗人、予同、圣陶、雪村陪陈建功夫妇在永兴昌饮酒食蟹。散馆后与漱、润同乘十五路无轨电车归。夜小饮。晚饭后钞《洪宪纪事诗》。

## 11月3日(辛巳　初十日)星期

晴。晨起钞《洪宪纪事诗》毕。十时与珏人、漱、湜、锴、锡乘祥生汽车往清、汉家,余午应雪山之招,晚应彬然之约,皆持螯饮酒,盖彬子又新与山女士贤订婚,故雪村、洗人、达君、圣陶、亦秀俱集也。其间,余尝挈湜徜徉于宝山路、北四川路一带,又在道旁一点心店啖油炸馒头云。夜饭后珏人、滋、湜等先归,余与雪村夫妇、达君、亦秀同乘归。到家已九时矣。

## 11月4日(壬午　十一日)星期一

晴和。晨达君车来,余偕漱、润、滋登之同驱过予同,予同到复旦上课,未及共乘,乃驰入馆。办理杂事。重写纪念碑铭。校毕颉刚《辛未访古日记》。散馆后候车至五时一刻,与予同、达君、亦秀、漱、润共乘以归。夜小饮。滋儿日前在校中忽吐血一口,归来复然,亟诣克明所求诊,据云无大碍,配胶剂投之。余终不放心,前日又令赴铁道医院照 X 光,今日往取照片,无甚异状。午后复往克明所复诊,亦谓无他,但嘱勿过度剧劳耳。

## 11 月 5 日(癸未　十二日)星期二

晴暖。晨与均正、漱、润俱乘达君来车到馆。办理杂事。午前刚主、厚宜来。午后季琳来,为《文汇》致歉兼挽续编,余力辞之,从此放手矣,岂不大快!书与晨伯、立人,分别划付八月份稿费,别有书属稚圃,以中转达之。建孙昨夜突患肺炎,急延克明诊治,幸转安,然而敫、清已累极矣。散馆后五时半就馆小饮。夜饭后开董事会,并列席人计之凡十二人,商决召开股东会诸事。比散已八时半,公司之车先送永丰坊诸人归,然后送余及予同、达君、履善,静耐以次归。抵家未九时也。

## 11 月 6 日(甲申　十三日)星期三

晴寒,薄暮微雨,即止。晨车来,与达君、子如、均正、调孚、漱、润同乘入馆。办理杂事。午后开经理室工作会议,四时始罢。以中、刚主来谈。散馆值雨,漱、润先归,余与达君、亦秀、调孚、均正、予同、子如共乘公司车以返,刚主附焉。夜小饮。

## 11 月 7 日(乙酉　十四日)星期四

晴寒,夜半雨。晨与达君、子如、调孚、均正、士信及漱、润同乘入馆。办理杂事。下午出席编审、图书两会议。伯赞、以中先后见访。伯赞谈历史科学事将俟颉刚来后约会一谈之。以中送《图书季刊》稿第一批来,兼告西谛方患轻伤寒卧床云,殊念之也。散馆后应坚吾之招,与雪村、洗人、圣陶、达君、晓先、芷芬持螯饮酒。世益亦来与,子敏则未来。各啖尖圆脐蟹各一枚,饮酒亦不少。八时散,薄醺矣。返馆候车,仍与达君、雪村同乘送余归。

## 11月8日　立冬(丙戌　十五日)星期五

晴暖。晨仍候车入馆。办理杂事。洗人以营业税事今日偕同业赴宁。森玉来访,询董彦堂稿,少谈即去,知西谛卧病,适接西谛五夜书,告此事,殊愁念。午后拟偕予同、调孚、雪村等驱车往访之,而车坏待修,竟未果。散馆后亦乘电车始返。芷芬之母今日来夜饭,饭已,文权、潗儿适至,因共谈,九时权、潗先去,又有顷,芷芬、汉儿奉其母始去。

## 11月9日(丁亥　十六日)星期六

晴暖。晨仍候车入馆。办理杂事。午后与雪村、圣陶、调孚、予同乘车往访西谛之疾,现在热度不高,精神尚好,情势犹不致十分严重也,为之大慰。二时辞归馆。小组决定召开临时股东会,将于十三日董事会中正式通过之。洗人未返。成安去台。散馆后与墨林等乘车返。夜小饮,饮后与滋儿出,散步于近旁街市,阅半小时始归。

## 11月10日(戊子　十七日)星期

昨夜微雨,晨起犹湿,遂竟日霾。为应武若之请,往永丰坊午饭。九时许珏人偕漱儿乘三轮车行,余乃独步迈行,由西藏路桥迤逦向东北走北站靶子路始达,凡行一小时四十分,颇见累矣,当憩于清儿所,珏人等先到已久,以待文权之来,直坐至十二时许始踵武若、家英之门,晤灿庭。是日所请,全为余系,凡到文权、潜儿、士敫、清儿、芷芬、汉儿及余夫妇与漱儿,团团一席,家英且屏不得与焉。二时罢,茗谈至三时半辞归。即偕珏人、漱儿行至靶子路,二路公共汽车抵老北门,拟转乘电车行,乃拥挤特甚,余不耐,仍步归,珏等立待良久,虽获上车,仅先余片刻到家也。入家小饮,饮后早睡。

## 11 月 11 日(己丑 十八日)星期一

晴和。晨仍候车入馆。办理杂事,并编发通讯录卅一号,布告明天孔诞放假。时局紧张,变幻百出,一面下令停战于今午生效,一面坚持明日召开片面"国大",反覆无信,徒滋疑惧。万方有罪,实不能恕此一人也。纯嘉猎得雉兔之属七,承以雄雉一贻余下酒,可感也。接洗人书,知已去汴视察,十五日可返沪云。检署文延阁已一月,尚未复出,殊欠妥,症结所在乃为中华内讧所致。据闻重庆东归之人欲藉此陵逼叔同,不使出头,且敲索其股款云。似此鬼蜮横行,尚复成何事体。黑暗至此,虽伏法之奸逆,亦自愧弗如矣,深为之愤愤。散馆后仍候车归。入夜小饮。九时许寝,殊以明日"国大"究否开会为念,盖千钧一发分裂之端实系于此也。

## 11 月 12 日(庚寅 十九日)星期二

晴凉。清晨挈滋、湜两儿及错孙往复兴公园(即前顾家宅花园)观市府主办之菊展,巡历一小时馀始出。时虽早,游人已甚多矣,所见惟黄园之淡黄荷瓣及别一家之绿菊尚珍异,馀虽千红万紫,徒堆锦屏耳。至剥制之熊猫,则更无可观。九时廿分归。阅报知"国大"延期三日,改于十五日举行,但根本态度未变,仍无解决之方也。十一时潏儿率顯、预、硕三孙来,午饭后挈往复兴公园看熊猫,仍由滋儿陪去,二时归。据云潏等已乘车归去矣。午后组青来。薄暮晓先夫妇率其二子方中来。入夜小饮。夜饭后晓等先去,组青去。嘉芳夜来请业,开始为讲《战国策》。十时就寝。

## 11 月 13 日（辛卯　二十日）星期三

阴,有风,骤冷。晨候车入馆。办理杂事。午后出席经理室会议,于门市调节等项有所商决。散馆后仍候车归。夜小饮。晚饭后手钞《文渊阁书目》。士敫、清儿来省,夜九时许始去。

## 11 月 14 日（壬辰　廿一日）星期四

晴冷,须御棉袍矣。晨起,手钞《文渊阁书目》。候车入馆。办理杂事。午后出席编审、图书两委员会。散馆后应守宪之招,与圣陶、予同、均正、调孚、雪村、雪山、达君同往鸿运来酒馆晚饮,龙文亦与焉。席间畅谈一切,至为欢洽。八时许始罢,仍由公司车送归。先送永丰坊然后回车西迈,到家尚未及九时也。

## 11 月 15 日（癸巳　廿二日）星期五

晴冷较昨甚。晨候车入馆。办理杂事。法院文今始发出,仍由各家单独复,中华尚有问题,未审同样办出否耳。洗人夜车自京来,上午十时到馆。据谈,开封、徐州间情形甚悉,雨岩在彼至为努力云。携来汴芹及羊肉,余分得一分归。通知各董监定明日上午九时开会。柬请正中刘守宜、沈祖穆、儿童张一渠、俞文华明日下午六时来开明宴会。寄业熊、静鹤,为新生之外孙命名升埪。寄翼之,告近状并及笙伯近事。散馆后仍候车返。夜小饮,以昨夜不免多饮,竟致胃呆,少饭即止。灯下手钞《文渊阁书目》两页。九时就寝。包办式之国民大会终于今日开成,内战之局益亟,民生憔悴,将更转深渊而不能自拔矣。

## 11 月 16 日 (甲午　廿三日) 星期六

晴冷,冬意浓矣。晨候车入馆。上午九时召开董事会,以觉农未至,候之终未见到,遂于下午一时举行。决定于十二月八日下午二时召开临时股东会,准备公告并通知股东筹备一切。办理杂事。润、滋所用脚踏车有损,即属纯嘉代为修理。散馆前觉农来,以董会决议与洽,少坐即去。夜六时公司宴请正中、儿童两家,余与洗人、雪村、雪山、龙文、芷芬、甫琴与焉,八时半始散,车送永丰坊诸人归后,余乃与龙文偕乘以归。

## 11 月 17 日 (乙未　廿四日) 星期

晴冷。晨七时忽警报作,未审何故,岂好战者悔祸无心,必欲致我民于死地而后快,竟重修此器以待应用乎? 十时廿分圣陶、墨林、洗人、雪村车来,因同往安乐殡仪馆吊亦秀之父,少坐,仍乘原车入馆,待良久,晓先、彬然、予同、济之、茅盾夫妇始来,至十二时半调孚乃至,遂入席。盖茅夫妇有苏联之行,因约知契公饯之也,惜西谛卧病未及参加,为缺憾耳。二时许散,先车送茅等北返。至三时车回,乃与雪村、予同、济之、调孚同乘以访西谛,势已退多日,刻惟静卧疗养耳。谈久之,蔚堂来,有顷,同辞出,分途各归。雪村在静安寺上二路电车归,余与予同则步至海格路乘四路电车归。嘉芳今日本约来上课,以应酬未及候之,电话告渠约于下星二晚来。入暮小饮。夜报迄无述及清晨警报者,内战局势则更见紧张矣,所谓第三方面云云。我恐终难维持政协决议也。(青年党已提"国大"名单,且报到民主社会党亦集义提名参加"国大",盖第三方面之拆伙已成事实,所馀惟无拳无勇之小党小派聊示弩末耳。)钞《文渊阁书目》。

## 11 月 18 日(丙申　廿五日)星期一

晴冷,西北风仍紧。晨候车入馆。办理杂事。午间洗人请世界书局渝经理朱梦楼,余及雪村、芷芬与焉。十二时偕赴永兴昌各啖蟹一枚,饮酒斤馀,二时许返馆。雪村、达君、士赦、芷芬开小组会议,专对召开股会手续有所拟议。教育部为国定教本有变更办法,特于明日召集七家会议,开明即派晓先前往参加。晓先本领真大,不图复业十分艰难中竟又一跃而奋飞矣。当时扼之者至此不爽,然自悔多事乎? 以中来谈,知《文汇〈报〉·图书周刊》亦辞去编辑矣。余不自意,今午亦书与徐铸成向索九、十两月《史地》稿费,似相约为之者,甚难为情也。散馆后候车归。入夜小饮。晚饭后仍抄《文渊阁书目》。九时半就寝。刚主来馆。

## 11 月 19 日(丁酉　廿六日)星期二

晴,较昨略暖。晨候车入馆。办理杂事。午后出席经理室会议及人事委员会,散馆始罢。五时一刻候车西驰,五时半乃归。入夜小饮。晚饭后润出授课,滋往辣斐戏院看《天国春秋》。嘉芳来,为讲《国策》一段,并杂谈语文诸问题,九时半辞去。润十时归,滋十一时三刻归。

## 11 月 20 日（戊戌　廿七日）星期三

昙,转东南风,午后晴。晨候车入馆。办理杂事。下午三时开第九届第十四次董事会,决定修改章程草案,备提股东临时会并拟定派息办法。散馆后与士敫、芷芬、汉华等乘车至永丰坊,以敫、清请芷母,特邀前往饮酒也。六时半开始,酒半芷母中恶,痰厥,合家惊惶,幸吐后即清,勉得终局。八时许彬然等返,知公司车不来,即径归。士敫送上十一路电车,陪至五马路外滩,又送上廿二路公共汽车始别去,余随车抵家,未及九时也。子植来馆。

## 11 月 21 日（己亥　廿八日）星期四

晴暖,东南风。晨候车入馆。办理杂事。曙先、鞠侯、炼之来,午间因与雪村、予同共饮之于言茂源,啖蟹食面。午后二时返馆,出席编审、图书两会议,为提放购书基金事与雪村颇有争持,殊不快。散馆后,洗人约留,与圣陶、村、山兄弟、子如、达君、士敫候朱承勖律师谈,盖股会既决开,有若干问题须待洽商耳。七时始来,乃共饭且小饮焉。夜九时始散,仍乘车送洗人等先返,然后顺送余归。灯下看齐佩瑢《训诂学概论》。

## 11 月 22 日（庚子　廿九日）星期五

晨大雾,终霾,午前后偶一显昼而已。早候车入馆。办理杂事。编发通讯录卅二号。写公信多件。下午济川来。以中来。散馆仍候车归。夜小饮。灯下续看《训诂学概论》。以日用不周,向公司暂记三十万元,吞砖幢塔,奈之何哉。右肘节酸楚,自秋分前后发作,日渐加剧,日来天气忽变,益见难堪,刻下提笔且感强酸矣。人老珠黄,早有先征,亦惟有付之默叹已耳。

## 11 月 23 日(辛丑　三十日　小雪)星期六

晴,南风,微润,殆将下雨乎?晨候车入馆。办理杂事。午后电招志良,以公司有恒路栈房保火险事介之,俾与纯嘉偕往履勘,洽定额数。四时许刚主来谈。散馆后以须出席业务会议,留馆晚餐,亦尝小饮。六时业务会议揭幕,讨论多无大结果,八时始散,余与均正、士信以候车故,仍至九时乃归。饮茶小憩,看《训诂学概论》,十时就寝。

## 11 月 24 日①(壬寅　朔)星期

黎明雨,地膏气润。九时许雨止,终霾。晨往成都南路聚兴馆吃羊汤,计脑、眼、肚各一碟、汤两盏,付钞一千七百五十元,较其他点心尚称便宜也,近日之物价可知矣。归后钞《文渊阁书目》。午前十时许敷、清、汉率镇、鉴、建铸诸孙来,午后芷芬来。嘉芳来,为讲《东周策》三则。本约往访西谛,以家有客,未克诣谈,令滋儿往谒,面申歉意。入夜与芷、敷、清、汉等共饮,士秋偕其表弟来,因留饭焉。饭甫毕,文权、濬儿至,谈良久,芷等车返永丰坊,秋亦去,权、濬则最后始行。终日扰扰,颇见疲倦,右肘风湿更增剧也,为扶建孙几致倾踬。

## 11 月 25 日(癸卯　初二日)星期一

大雾,继阴,午后放晴,仍暖。晨候车入馆。办理杂事。午后

---

①底本为:"丙戌日记第三卷"。

召开经理室工作会议,于同人交通问题有所拟议,或包车接送,或贴车资,尚待明日提出经理室会议决定。散馆前武若来谈,知不日赴青岛,转济南,就中央信托局事,但现任扬子公司之职亦坚不肯放,殊感为难耳。五时半候得公车,乘以归。路中甚挤,延至六时始到家。漱、润两儿今日四时半后参加门市添班,须六时始退。余抵家后温酒缓酌以待之,七时始归,遂共进夜饭。饭后钞《文渊阁书目》。上午宾四来,取《史记地名考》清样去。据云,明日即飞滇就五华学院文史研究所主任事。接颉刚书,知已到复旦上课,因即函知伯赞请酌定日期约会详谈。

## 11 月 26 日(甲辰 初三日)星期二

昨夜雨达旦未止,竟日阴霾,时飘微雨。晨候车入馆。办理杂事。洗人、芷芬为杭店赁屋事今晨乘西湖号车赴杭,余为摄行一切。下午出席经理室会议,议定版税支付办法及解决同人交通问题。散馆后仍候车归。到家即小饮。第一组为股东会筹备会事务赶开夜班。漱、润仍参加门市加班,六时半始归。右肘酸楚增剧,兼以气压低,尤感胸闷吃力,岂老之将至渐渐毚及乎?灯下强力手抄《文渊阁书目》。十时就寝。初犹感楚,子夜始入睡。

## 11 月 27 日(乙巳 初四日)星期三

晴,午后阴,薄暮雨。晨候车入馆。办理杂事。看傅庚生《中国文学欣赏举隅》。订定第一期同人进班办法,公布之。颉刚来,为假百万,贷之。伯赞本约星五与宴谈,渠以集中授课故,夜间亦上堂,竟无法应约也。甫琴来辞,明晨飞汉转湘矣,为出证书与存执,备途中麻烦也。散馆后公车送永丰坊后折回抛锚,附役走报,遂与达君、均正、予同、调孚、士信共唤出差车乘以归。到家才五时半，即上灯小饮。漱儿以眼痛，二时许即先归，润儿以门市添班，直至七时一刻始归。夜仍看书，续看《文学欣赏举隅》。

## 11 月 28 日（丙午　初五日）星期四

阴霾，傍晚雨。晨候车入馆。办理杂事。甫琴早已购票，定今晨飞汉转湘，乃惠民伴至机场时，以名单未列（其实舞弊拔号），竟废然而返。目今百事俱非，恨不冥顽，终感触处生气耳。洗人、芷芬自杭乘早车归沪，以馆中无特事，未到馆。午后出席编审会议。均一之妻自江山来，属职员柳明耀伴之，今日到馆报到。散馆后与均正及余等同车返。入夜小饮。晚饭后看《文学欣赏举隅》，毕之。

## 11 月 29 日（丁未　初六日）星期五

阴寒，午后晴。晨增衣，御棉裤及驼绒袍，尚不见暖。候车入馆。办理杂事。日来为赶办股东会及筹备亚南婚礼事殊紧张，余又右臂感风，咳呛气急，真硬撑外出，其实早应休息矣。饭后为祖璋续娶事书帖订婚。其新妇金氏，丏翁之内侄女也，由圣陶、彬然作伐，已定阳历元旦结婚云。仲足来。散馆后仍候车归。达君今日感冒未到，洗人、芷芬则来馆视事矣。夜小饮。珏人感冒引动节气，今日卧床未起。雪村亦未来馆，想小有不舒耳。

## 11 月 30 日（戊申　初七日）星期六

晴寒，初见冰。晨以车坏步入馆。办理退稿诸杂事。午后为亚南婚礼事布置明社礼堂。颉刚来取款，并以购金松岑之《史记会注考证》（日人泷川撰集）款五十万并交之，约明日往银行公会午饭。良才电话询赴颉刚之约否，盖余往则彼亦往也。圣陶、彬然午应朱寿筵，狂饮烟台张裕白兰地。伤时忧国，未免枨触，遂致大醉，三时许送归公司，由彬然扶掖上楼，设榻经理室就卧，直至八时许始能起坐，犹扶醉不成语。卅余年来，余未见其醉至如此也，可见忧愤之中人烈矣。六时明社开会为亚南与周迪贵证婚，社员外宾客亦盛，珏人为漱儿所怂恿，午后亦乘兴到馆，共与期会，八时始散。送亚南等及圣陶等两次登车后，余与珏人、漱儿、予同、均正夫妇共乘祥生汽车归，行至五马路云南路口，格不得行，但见人群北拥，喊声大起，其中竟有以拳击车窗、喝止行驶者，余等见形势汹涌，当即下车折返馆中暂休，心头不免惴惴，又兼雨下，地微滑，良久始达。予同冒险独去，余等五人留馆，使人打听，始知警局滥禁摊贩拘系数百人，有冻饿以死者，今日各家属往局请释，并有被迫失业之摊贩亦往请愿解禁，警局竟开枪示威，遂尔掀动风波以致如此，而值岗之警却早逃匿矣。民贼高踞虐焰肆张，奈之何不即急烂之境乎？证以圣陶之醉，益感心弦之共鸣。已坐移时，雨益甚，不得已，唤三轮车两辆试行之，至浙江路仍见阻，惟步行可过，乃下车徒行，冒雨跟跄西归。至龙门路、爱多亚路一带行人绝鲜，而警察上刃布岗防卫甚严，有支架手提机关枪者疑形势加重或且断绝行路也。急步行，滑湿难顾矣，至新邑庙前始得一人力车，珏、漱乘以先行，余与均正夫妇竟雨淋到家，入门已十一时矣，静坐涉思，转不欲眠，十二时半乃就寝。

## 12 月 1 日（己酉　初八日）**星期**

阴雨，午后晴，旋阴。晨起，阅报知昨日风潮仍未平息，市政当局转有蛮横表示,且以将宣布特别戒严相恐制,是诚前清末造之不若辛亥革命,悔为多事矣,又何论与伪庭挈长论短哉! 十时三刻得达君电话,谓车夫阿二昨夜迄未返,不知搁置何所云云,因即唤三轮车行,径抵雪村所,盖今午有共赴银行公会颉刚之约也。坐甫定而调孚踽至,谓适乘公司汽车由达君处出,到余家相接,未遇,特赶来此者,乃知达电方发,阿二即归,遂驱以来供用耳。雪村、调孚及余即同乘往永丰坊接洗人、绍虞并省视圣陶,顺看亚南新房,十二时许回。车到香港路,赴颉刚约,晤起潜、诚安、良才、绥和诸人,共进西餐,亲友到者凡三十馀人。有吴秋白者,余初迁沪时曾偕颉刚与余同住于永兴路,先后达一年。自颉刚北去即未谋面,今日偶值,屈指二十馀载矣。询知仍在海关任秘书处事,且家居与余甚近,战中亦未离开,诚所谓咫尺天涯者非乎? 相与痛谈久之。二时半散出,仍车回永丰坊,顺接润、滋、漱、锴等同归。润昨夜挈锴随新人往漱,滋则今日前往探视者也。往返途中店铺全部打烊,如为罢市有所表示,对市府措置乖方严提抗议,固大佳,恐多为怕人捣毁自惜羽毛耳。可为一叹! 到家三时,嘉芳竟未来,想亦为局势严重所示,恐车辆不便所致也。夜仍小饮。文权、濬华来谒,八时半辞归。

## 12 月 2 日 (庚戌　初九日) 星期一

晴寒。晨候车入馆。沿途店铺仍未开,惟警察武装弹压络绎不绝,想各家都必开门也。小民生计,谁复顾之哉? 阅报果见当局布告,谓一昨风潮与小贩无关,显有他人煽动,将格杀弗贷云云。试问今日何日,今世何世,尚复成何话乎! 倒行逆施至此,吾见其途穷日暮耳。到馆办理杂事。下午出席人事委员会,决定练习生进用及进修事项。接潘儿电话,谓买得大鱼头及大卷菜,请于晚间往饮酒。因于散馆后乘人力车往,则滋儿亦在。有顷,文权归,遂共小饮,谈至八时半,与滋儿缓步以归。

## 12 月 3 日（辛亥　初十日）星期二

晴寒。晨候车入馆。办理杂事。午后开经室会议,仍讨论版税结算及支付办理,依然无结果,而时已延至五时矣,只得暂止,俟明日上午再谈,尚有关于丙种分店及特约通则等问题须续商也。以时稍晏,途中车辆已挤,候车自永丰坊折回再乘之。比到家,已六时三刻矣,即坐小饮。七时许嘉芳来请业,为续讲《东周策》四则,九时去。报载马歇尔及司徒雷登又有新调解方案将提出,不知葫芦中究卖何药耳。

## 12 月 4 日（壬子　十一日）星期三

晴冷。晨候车入馆。办理杂事。下午续开经室会议,了昨案。泉澄之妇陈懋恒来访,以《国防月刊》相示,欲委开明代售。开明早不售外版,回绝甚便,稍坐即去。惠民与田野结婚,今日同人公宴于开明,凡四席,又一席供新人者,熟人陪之。余与达君、雪村、予同、士信、芷芬、圣陶、士敫、清华同席。六时就坐,八时乃散,候车送永丰坊两次后始得登,到家已八时半矣。明日起公司已有普接同人办法,向北者有两江包车一次已毕,向西及西南、东南者仍由本车分两次接送,第一次须七时即准备候乘耳。九时许就寝。

## 12 月 5 日（癸丑　十二日）星期四

晨大雾旋晴,气转温,夜月好,风中又冷矣。晨候车入馆,时较早,赶得及者不免减折矣,明日或且更少乎?到馆办理杂事。下午出席编审会议。秋白见过,谈移时去。雁冰夫妇今日放洋去海参崴赴苏联游历,洗人、圣陶、彬然、调孚等走送江干,圣陶且送之登轮,余与雪村、予同未往,盖不欲趁此热闹耳。散馆后仍乘公司车归,以永丰坊有两江包车专送,本车乃得直放,故五时许即到家矣。入夜小饮。晚饭后与滋儿出散步,由环龙路、拉都路、霞飞路踏月而返,甚舒适也。车归过大世界附近店肆,正竞为打烊,谓讹言当局又逮摊贩,恐打激起打局耳。确否,未可知,而相惊伯有委非佳朕,当轴者殆自速其亡乎?润儿下午假出看话剧,夜又参加兰心歌唱团,夜饭且无暇,深夜乃归。

## 12月6日(甲寅 十三日)星期五

晴寒。晨七时许车来,即与士信、漱、润两儿驱往巨福路接亦秀,时早,未能来,即驰过至西爱咸斯路、亚尔培路候子如,仍未得,乃折回辣斐德路,均正始登。由是以东,迭候光暄、树城、王洁,俱未得,直至老西门,仅接漱玉而振甫亦未至,即驰往四马路,比到馆,只七时四十分也,遂续开接二班。入馆后办理杂事。午饭始用暖炉(用电炉代铜暖锅),较日来冷羹冷饭已改进矣。刚主午后来谈,于印稿事有所商谈,承介金静庵《东北史》在开明印行,未知果否。达轩来沪,知力子将亲来主持股东会。散馆后与晓先父女、士信、达君、亦秀、王洁、子如、调孚及漱、润、予同、光暄共乘公司西迈。晓先父女过余家晚饭,余独饮半小时后晓等往国泰看电影。漱、润、滋同往兰心戏院参加歌唱,九时后乃归。晓先父女亦再来憩,片时始去。

## 12 月 7 日(乙卯　十四日)星期六

阴霾,午后三时许雨濛濛不休。晨候车入馆,亦秀、子如、光暄仍未得上。到馆后办理杂事。研因、冰心来沪,午刻宴之于金陵东路鸿运楼,洗人、雪村、予同、圣陶、墨林、晓先、均正、调孚、达轩及余皆往。十年未晤,痛谈流转南洋斐律宾诸迹,为之神竦。下午二时三刻乃散。余等仍返馆,濛雨初下,微闻炮声起于北方,始犹隐约,渐见紧密,有时窗牖为之震动,饬人往视,街坊车马犹行,秩序未紊,则又大奇,不免惊疑,岂兵变耶? 其后声益紧,疑益甚,乃电话询问报馆,谓系江湾飞机场侧军械库爆炸所致,决无他事也,为之少慰。六时许同人皆散归,余与洗人、圣陶、予同、雪村、雪山、芷芬、士敭、彬然、达君则以约宴守宪、五良、觉农而暂留,于时炮声益震,北方已见红光矣。有顷,守宪至,觉农甫自台湾归,电话告谢未果来,最后五良至。七时始开宴,且饮且谈,九时始罢。公司车先送洗等北归,再送余及雪村、予同、守宪、达君归。到家后炮弹声仍未息,自是历落先后终宵不绝。当局积储既富,野心益炽,曾未思弄兵玩火终有此一日,其殆示之先乎!

## 12 月 8 日(丙辰　十五日　大雪)星期

晴,尚温。晨九时出,步入馆,准备股东会诸事。比到馆,调孚已在,告余放车接,余已出,未果,徒负盛意,至歉。十时后指派帮忙,股东诸职员陆续来,守宪、觉农、西谛俱于午前到,西谛有酬应别去,守、觉皆留店午饭,洗、圣、予等皆早到矣。下午二时诸股东渐集,五良、力子等亦至。三时开始集会,推力子主席,修改章程及分派盈、余二案俱顺利通过,临时动议增资一万万元亦通过,三时三刻即散会。四时半偕予同、西谛、达君送洗人、圣陶、墨林、至善归永丰坊,然后南驰西折,分头各归。比到家,已五时馀矣。珏人、漱、润俱到会,会后先归。嘉芳未来。夜小饮。九时就寝。中夜一时起拟看月全蚀,乃月在屋顶,非出牖弗克见,惮于冒寒,竟未果,愧甚。

## 12 月 9 日（丁巳　十六日）星期一

晴寒,终日有冰。晨七时半来,即乘以西驰接亦秀,折至教诚小学时漱、润始上,自是东驱,仅接得一裘生树城耳。到馆时只七时四十分也。办理杂事。股会甫过,琐务蝟集,恐半年内未能竣功矣。午刻与达君、士敦、芷芬、韵锵、子如、纯嘉、世泽、雪村同至聚昌馆,为士竑饯行,盖午后即登舟,明日东发台湾矣。遇宝忠、季康等正宴达轩于此,敏逊亦在,因照杯数四,午后二时许始返馆。出席人事委员会,四时始毕,仍无多大结果,人事支配之难,洵可知矣。散馆后与圣陶同乘归,因共小饮,夜饭后圣往西爱咸斯路上课。润儿在馆听课,九时始归夜饭,余已将睡矣。

## 12 月 10 日（戊午　十七日）星期二

晴寒。晨七时十分车来,即乘以行,接亦秀、予同、树城,同驱入馆。办理杂事。下午出席经理室会议,于预定杂志特约发行及丙种分店办法与调整薪给等事项均有协议。看潘光旦译蔼理斯《性心理学》及东方出版社所出《中国历史论集》。散馆后乘车西行者达十七人,有趁热闹者,殊见拥塞,同人难与,于此可见。前托耕莘所购绍酒五坛,今由店司送到,当晚即开尊试之,味尚醇而色太深,或颠簸所致乎? 夜饭后偕滋儿同出散步,嘉芳来,未之晤也。

买热栗子归,与家人共啖之。女佣阿菊辞去,谓即归常州马迹山故
乡矣。来我家十阅月,一旦去此,不免依依也(归嫁,未必再出),
珏人尤有感耳。润儿出授课,十一时乃返,家畜小白猫走失,竟夕
未归。

## 12 月 11 日(己未　十八日)星期三

阴雨。清晨闻猫叫,润、滋出寻,因于邻右获小白归。七时十
五分公司车来,即乘以接亦秀、漱玉,馀人未得见,驰入馆,仅七时
三刻也。办理股会各事并洽稿诸函。台店事特夥,且转接他机关
事交办者尤不少,余意须专人应付,否则恐务广而荒,彼此交疲也。
午芷芬约敏逊、达轩、士敩及余同过聚昌馆小饮。本拟吃涮羊锅,
以天雨道远改就此。为徐州同行沪京均有交易,须划分营业事,由
芷芬与达轩、敏逊讲妥,大约无问题矣。二时许返馆,仍办杂事。
散馆前西谛来,因与同归,共乘者有予同、亦秀、均正、士信、漱华、
王洁、芳娟、达轩、光暄、子如等,亦甚挤,然较昨已略松矣。欢笑而
行,殊忘仄陋。到家止五时一刻,即小饮。九时就卧,夜半红蕉幼
女忽患急症,痛呼吐血水,即叩对门陈俊琦医生速来,诊知为中毒,
针救几无法回生,最后决定送医院,扰攘至四时许始车送而去,余
竟为之不寐。

## 12 月 12 日(庚申　十九日)星期四

晴,黄昏细雨。晨候车入馆。办理杂事。下午出席编审会议。
红蕉幼女已略痊,不速治者殆矣,脱无钱以挽之必溘先朝露耳。钱
可买命,信哉! 其如钱非大众所有何! 编发通讯录第三十四号。
散馆后仍乘公车返,与润儿偕,漱儿则以昨夜欠睡,故饭后即请假

先归矣。夜小饮。七时半嘉芳来,与之闲谈,未讲书,拟别选故事性之读物若干篇授之,专讲《国策》非所宜任也,八时三刻去。九时就睡。

## 12月13日(辛酉 二十日)星期五

阴霾重雾,午后细雨,遂致连绵。晨七时许公车即至,余与均正、士信、润儿偕登之,亦秀已先在,仍驱驰于西南一带备接冠大、树城等,均以时早脱出,仅接得漱玉而已,到馆仅七时半也。漱儿病假。办理杂事。编发通讯录卅四号。午后仲华来谈。三时集谈股会馀波,于分配事有所确定。又商定明年薪给计算办法改变事,于中下级职员大有裨益,高级者仅持现状耳。允则允矣,其如不能各弥所难何!散馆后仍乘公车归,雨中疾驰,为时尚早,然里口到家已冒雨濡衣矣。五时半小饮,饮后倚榻听书,九时后就寝。

## 12月14日(壬戌 廿一日)星期六

阴雨,午后曾停,薄暮加密,且风吼有声,真酿雪天气也。晨七时一刻车来,乘以往接亦秀、冠大、予同、漱玉,到馆尚止七时四十分。办理杂事。下午二时半与达君、予同、雪村驱车过西谛,约同前往胶州路刘家看书。以日前由达君之介送来书目,故今往一看耳。钞本书目两册,就坐翻阅一过。书多,无法决定,因约抄集史部书及考订笔记之类再候商量。四时始辞出,以天雨不复返馆,属车夫径送归。刘家即南浔嘉业堂,竟弗克守,则藏书亦真多事矣,岂但一痴而已哉。亦秀馈余家硖石羊肩一具,送菜者又代购得大青鱼一尾,故晚归。先啖羊爪,继以鱼杂豆腐下酒。近岁以还,无此丰腴矣。环顾无告者众,是诚过分享受,自问实切愧疚耳。夜听书,九时许乃睡。

## 12 月 15 日（癸亥　廿二日）星期

　　阴霾,午后晴。晨整书帙,午乃小饮。午后二时偕润儿出散步,行至吕班路,上廿四路电车到老西门,再由方滨路步往邑庙,巡历一周,市况大盛于前矣。小世界亦修葺一新,分作世界商场及明园剧场与茶室。湖心亭北池中树有故绅李平书铜像,盖今年八月黄任之等酿建者也。旋在得意楼啜茗。坐头既陈旧,叶子又恶劣,徒耽其老式趣味而已。移时出,就大殿前食摊上吃面筋百叶,四时许步由四川路至金陵路乘一路电车归。坐定无多时,嘉芳来,为讲夏之蓉《沈云英传》,垂黑始去。入夜小饮。饭后文权、瀋华来,为女佣事殊有龃龉。瀋性已纵,只知有己而不知有人,宜其母之呵之矣。

## 12 月 16 日（甲子　廿三日）星期一

　　阴霾,薄暮濛雨。晨候车出,漱未偕而润、滋从,至菜市路滋下车,转送入校。办理杂事。午后出席明社干事会。散馆归,与圣陶、达君、士信、清、汉等同乘,邀圣陶过余小饮然后再往上课,清、汉亦盘桓至九时始辞去。

## 12 月 17 日（乙丑　廿四日）星期二

　　阴霾,午后晴。晨昏均候车出入。到馆后办理杂事。看郭沫若《青铜时代》。午后出席经理室会议,于第五组建立及其他人事调度事仍多悬宕,未有结果。祖璋本定于卅六年元旦续弦,拟假明社成礼而明社定议却在卅五年除夕举行同乐会,欲璋提前一日就之,而璋坚谓已与坤宅说妥,未便改变,意欲社中迁就改后一日,几致僵持,适龙文来,因将原委告之,请向夏师母说明,仍令璋就社,毋俾社就璋也,不识后果何如耳。入暮小饮。夜饭后润儿出授课,余听书,至九时就寝。

## 12 月 18 日(丙寅　廿五日)星期三

晴寒。晨昏候车出入。到馆办杂事。午后为祖璋结婚事仍有讨论,大约尚须候夏氏示下也。索非来谈,其妇忽赋仳离,精神自见恍惚,友朋转难说话也,以意度之,台湾仍当前去耳。楚材来。以中来接洽《图书季刊》续稿事,又与联名致书铸成、柯灵,索《文汇》稿费,但顽钝犹昔,未识小有效验否? 夜在家小饮。今日由邻姬介一女佣来,亦南浔人,姑留试之。看郭沫若《青铜时代》已及半,此君见事犀利,勇于批判,时有精义而不免武断,然能冲决俗囿,揭发伪学,亦时代宠儿矣。

## 12 月 19 日(丁卯　廿六日)星期四

晴,午后雨。晨昏俱候车入馆返家秩如也。办理杂事。今日本有编审会议,以均正病假,且尚有多人未到,姑罢之。达先、清华未来,以在家治疖,故散馆后达先始来,为练习生须上课耳。午与洗人、予同、芷芬过永兴昌小饮,为冬至酒会定购坛酒,一时三刻乃返馆。午前尝过坚吾,商酒会肴馔事,决定由其家厨承办,用五件大品锅,馀四热炒、四冷盆而已。午后即分函通知各会员,俾如期来集。文汇报馆九、十两月编辑稿酬已送到,即复请开示详单以便分发。夜小饮,饮后与滋儿出散步近处,顺购热栗子归飨家人。云章已自印度归,今日午后与贝君来看余。六七年未见,转无多语,约后日来我家长谈云。

## 12 月 20 日（戊辰　廿七日）星期五

晴，午后阴。晨昏候车出入。在馆办杂事。为推广杂志办法重复会议，吾觉出尔反尔，深为同人匿笑矣。接翼之十二月十八日信，告近状，专揭怀之在彼不如意诸务，实亦自寻烦恼、不近人情所致耳。爱莫能助，徒呼奈何。夜就家小饮，饮后听书，九时就寝。女佣阿菊今日复出，南浔人来保，则暂留俟觅得人家后再去，吾恐凋年急景，未必遂有着落耳。

## 12 月 21 日（己巳　廿八日）星期六

侵晨风雨，继之以雪，九时后忽晴忽阴，云开则朗日悬空，阴合则晦冥欲黑，度正酝酿大雪也。早起候车，七时三刻犹不见至，漱、润即乘公共汽车入馆，余坐须俟时，颇不欲出，只索未行。看齐佩瑢《训诂学概论》。午间笙伯家祀先，汉、漱均归饭。饭后汉挈锴孙归度冬至，仍先过馆，因令携书与士畝属数事并招之与清儿偕来共饮。下午二时许尝出散步，半小时即返。接宾四昆明五华学院书，知已安抵并悉《史记地名考》亦经增补完成矣。夜祀先，文权、濬儿、达先、清儿及颢、预、硕诸孙均集。祀后合坐饮福，至九时权等皆辞归，滋儿送清归，即住永丰坊。

## 12 月 22 日（庚午　廿九日　冬至）星期

晴寒。晨九时达君车来，即与同出过予同家逈之，已行，遂径驱入馆，再接洗人、圣陶、彬然、芷芬、达先等来开经室临时会，于明年人事调整有所商决，颇行黾陜，未知果得遂行否。十一时许即有

预约之酒会,同好来候,至一时始就坐。多人未到,仅来三十人,分
列三席,余与洗人、子敦、西谛、问渠、觉农、曙先、莲僧、予同、达君
共坐,近三时廉逊至,因再整杯盘重酌之,于是醉者众矣。至四时
许始散,余车送文权、潩儿、子敦、西谛、亦秀归,均正、予同及汉儿
相伴至巨福路。汉过亦秀家,余与均正、予同又折返霞飞路始相将
下。到家已五时,坐甫定,嘉芳至,扶醉为讲《阎典史传》。六时许
嘉芳去,汉儿亦归,乃共夜饭,未敢再饮。饭后汉儿归,饬润儿送
之,即令宿永丰坊,明晨径入馆,余亦就睡。

## 12 月 23 日(辛未　朔)星期一

阴寒,晚晴。晨候车出,仍接亦秀同入馆,滋儿入校附车至菜
市路下。到馆办理杂事,尤于酒会尾事了理多时。写信与铸成、柯
灵,请开九、十月稿费清单,以便分发。散馆后潄、润等先归,余以
须出席业务会议留馆。晚饭仍小饮,洗人以宿醒早归。即由予同
代主席,六时半开会,七时三刻毕。仍坐公司归。八时许即到家,
小坐憩息,十时乃睡。

## 12 月 24 日(壬申　初二日)星期二

阴,晨大雾。早晚候车出入。在馆办理杂事。午后出席经理
室会议,于明年续聘编审委员事有所决定。接诚之信,辞送编费,
拟《南北朝史》结束后再议云。夜小饮。晚饭后潩儿来省,九时后
乃去。

## 12 月 25 日(癸酉　初三日)星期三

阴霾,午后阴。晨夜候车出入。在馆办理杂事。今日为雪村

自倭宪兵队脱险三周年纪念,余与洗人、圣陶、予同、达君、芷芬在馆设酒饮之,并邀达先陪焉。本拟往爱多亚路厚德福吃涮羊锅,以雨未克行,遂改此举,二时始毕。三时与纯嘉、洗人、达君、达先、芷芬往东有恒路栈房视察,均一已住入管理,老司务亦有八人在彼,已渐上轨道矣。四时驰返馆。本日原为蔡锷云南起义纪念,十年前蒋中正在西安被扣亦于是日脱归南京,国民党渲染其事,定为民族复兴节,意谓后来抗战全仗此人,故年年令行放假,即以复兴为名。去岁幸胜之后,尚揭此名义普行放假,今年则不然,银行既照常办事,学校之揭示放假者亦奉市教育局通知,不准放假。余初讶其谦,继而知有一般民主学生将乘此假日大宣传云南起义、推翻袁世凯帝制事,深触当道之忌,遂不惜蠲复兴之美名,竟欲抹煞松坡之勋绩耳!天下人非尽尽聋瞽,奈何浅视至于如此乎!无聊可笑,诚不足齿矣。夜小饮。饮后听书小憩,九时后乃寝。

## 12 月 26 日 (甲戌　初四日) 星期四

雨。晨昏俱候车出入,归途在金神父路口与一三轮车偶碰,幸将停,势弱,未肇大祸。在馆办理杂事。聘任顾均一为供应部副主任,沈景楷暂代西安分店经理。下午出席编审会议。夜小饮。饭后听书。所谓"国大",昨已完成其所谓制宪工作,宣告闭幕。由吴敬恒主持,将所谓宪法捧交蒋中正,一场大戏于焉结束,今后则实施诬民矣。昨夜八时许大雾,由渝来沪班机三架俱失事,一架堕毁江湾北之张华浜,一堕毁于徐家汇,又一则斜堕于浦东,犹未搜获,机师全灭,乘客死伤六十九人,可谓空前浩劫。一言蔽之,设备欠周,仍归根于政治之不良耳。言念及此,不暇为死者悲,实当切齿于民贼也已。

## 12 月 27 日（乙亥　初五日）星期五

晴寒。晨昏俱候车出入。在馆办理杂事。股务最复沓，达先连开夜工，尚未获有结果也。《文汇报》、《史地》、《图书》稿费分配事已办妥，属于《史地》者已早分发，其属于《图书》者亦电招以中来面洽点交之。作者之在北平、杭州、合肥者，复分别汇划之，心头顿为一松。觉农来谈。校诚之《两晋南北朝史》一批毕。看沫若《青铜时代》。夜就家小饮。润儿夜出看电影，八时始归。

## 12 月 28 日（丙子　初六日）星期六

晴，浓霜薄冰。晨暮俱候车出入。在馆办理杂事。刚主电话见告，金静庵《东北史》纸型已送到，请明日饬取定议之。国共内战一出一入，苏北国占，阜宁、冀中则共将下保，似此拖拉，小民真吃苦难穿也。征兵只益相残，明乎此，谁复愿任，而独夫一意孤行，必欲残民以逞，吾见其必自趋末路耳。夜就家小饮。饮后听书自遣，而征兵广播殊败我兴，只索闭机默坐也。

## 12 月 29 日（丁丑　初七日）星期

晴寒，滴水成冻。今日年例大扫除，俗谓掸檐尘。余早起即出，先过聚兴馆吃羊脑、羊肝各一盆，既又步从成都路、威海卫路至同孚路，在四如春吃肉面一碗、汤包五件。复由威海卫路、西摩路、亚尔培路以归。抵家已九时，乃帮同整治，近午始克就绪。士秋来，漱儿伴之，往过潜儿。饭后，潜儿亦去，据闻清、汉俱在，或将联袂同游邑庙也。报载国共仍事内战，绝无悔祸之心，而执政党尤罪浮衅积不可恕，每一披阅，忿疾不免，徒叹老去，体力不济，未能躬

1946 年 12 月

行改革耳。午后三时许王裁缝送珏人新制斗篷至,试着尚称身,料工合计共需三十万元,已付廿万,下找十万,约明日来馆面取。四时半漱、滋归,据告午间达先、清儿及芷芬、汉儿俱在潏所,啖馄饨。饭后芷、汉别访其戚,达、清与潏、漱、滋则偕游城中邑庙,士秋与焉。顷各归,士秋亦径返中山医院矣。嘉芳迄未至。五时许润儿始返(晨九时即出,直至此时始归)。匆匆食已,又出,谓须赴文协晚会歌唱云。外务众多,殊非所宜,当戒饬之。夜小饮。饮后听播音,偶闻山陕帮子腔,亦殊醒耳也。红蕉自汉归,未与晤,以其径登楼,遂亦不之见耳。

## 12 月 30 日 (戊寅　初八日) 星期一

　　晴,午后阴。晨候车入馆。办理杂事。下午出席人事会议,办出信函多件。散馆后与洗人、达君、予同、雪村、绍虞、调孚应西谛之招往其家小饮,设筵甚丰而奇,俱为谛自己想出之品色,除羹汤数事及大品锅外,凡冷盆四十八色,最奇者为酱麻油拌青果,其实转伤刻画耳。甫坐而仲足、森禹至,相与欢谈,至九时半乃散,先送仲足及余归,然后送村等各归。余到家小坐,十时后乃就卧。

## 12 月 31 日 (己卯　初九日) 星期二

　　阴霾。晨候车入馆。办理杂事。补送杜克明医师公费卅万元。取到金静庵《东北史》上册纸版,刚主随于午后来洽,或可移归开明出版也。布告卅六年元旦至三日放新年假三天,今晚假座一家春举行同人聚餐同乐会。散馆后同人家属陆续来,五时半俱到一家春,珏人亦率同滋、湜两儿及锴孙来,六时许开宴,凡十四席,又一席送店享诸老司务,洗人代表公司,予同代表明社,先后致

辞,即举觞共酌,余与耕莘、必陶、祖璋、伯椿、雪村、洗人、圣陶、予
同等同席,饮后有小教联同人演出独幕剧《荐头店》,十时散,仍由
公司分雇两江公司大客车两辆,分两路送同人及眷属各归。

# 1947 年(民国三十六年)

## 1 月 1 日(庚辰 初十日)星期三

晴。晨与湜儿同出,在同孚路四如春进点,然后由威海卫路、亚尔培路步归。亦秀请客,敩、清、潄、润俱往,本约芷、汉与俱,待至十二时尚未见来,敩等四人只得先行,移时芷、汉挈镇孙至,因留镇在家,属芷等遄赴之。午后品珍见过,盖被辞发表,不免来发牢骚耳。少坐便去。清、汉两儿本约同往一家春贺祖璋续弦,待至四时三刻乃来,五时许约均正夫妇同出,分乘三轮车三辆而行,乃公司车半途来接,未遇,徒劳往返而已。五时半抵达一家春,宾客已云集矣。六时许行礼,由雪村证婚,七时开宴,凡十一席,余与洗人、雪村、圣陶、予同、文祺、调孚、芷芬等同席。九时散,仍与夏师母、达君、均正夫妇、调孚夫妇及珏人、潄儿同乘公司汽车送归。

## 1 月 2 日(辛巳 十一日)星期四

晴。晨与滋儿出,到贝谛鏖路聚兴馆吃羊汤,归后润儿偕湜儿同往光华大戏院参加《新少年报》一周纪念联欢会,潄儿挈锴孙赴永丰坊,滋儿复奉珏人访组青,余独留家看《训诂学概论》。十一时许刚主见过长谈,因留饭与之,对酌,饭已,复谈至二时一刻始辞去。十二时三刻润、湜归,二时半珏人、滋儿归。三时,余与润、滋出散步,由善钟路到百乐商场,巡历一周,然后循静安寺路、西摩路、亚尔培路以返,途遇西谛,立谈许久。夜仍小饮。

## 1月3日(壬午　十二日)星期五

晴,尚不甚寒。看《训诂学概论》。午后三时与滋、湜两儿同出散步,适绍虞来访,因折还与谈,四时半乃去。�儿来省,因与共饮,晚饭而后去,送来年货四色,当以开明增股通知书属交宗海、宗鲁云,因思此次股务,士敫费力最甚,一月以来所忙在此诚可谓贤劳矣。龙文夫人送丐翁骨坛照片来,盖临葬时在杭州所摄者也。人生最后,情何以堪,为之黯然。

## 1月4日(癸未　十三日)星期六

阴雨绵绵,气甚闷燠。晨候车入馆,照常办事。致书芝九,告升股各事,颉刚之股份亦为办妥矣。北平美军兽行已激起全国学生之愤怒,罢课游行遍及北平、南京、上海等地,而反动之辈仍不乏阴谋破坏此等义举者,是诚狗彘之不若矣。据闻觉明在北大操场竟被形似学生之鼠辈拳击云。散馆后与洗人、雪村、予同、达君、芷芬同应耕莘之约,先过达君小憩,至六时乃共乘以往。七时许饮,馔具甚精,十时始散,仍车送至里口而归。浒关曹氏表侄女来,即住焉。连日天气欠佳,右臂酸楚倍增,夜眠尤感剧痛且遍体牵掣,殊难堪,衰象其日臻乎?

## 1月5日(甲申　十四日)星期

阴。晨起颇头晕。勉坐而已。午竟废饮。看《训诂学概论》。下午扶杖出散步,本欲至徐家汇路野眺,乃行到西爱咸斯路即感乏力,蹶然而返。锡永今日百日,芷芬、士敫、清华、汉华、元鉴、建昌

俱来吃面。夜潄华家祀先,顺吃年夜饭,铭青亦至,文权、潄华、昌
预、昌硕俱来,凡坐两席。饮啖至八时始散,煎普洱茶分享之。九
时许先后辞去,十时乃寝。

## 1 月 6 日 (乙酉　十五日　小寒) 星期一

阴雨。早暮俱候车出入。在馆办理杂事。午后出席人事委员
会,今年又进用四人矣。人手日增而事不见松,岂调度之未减乎?
鞠侯来,交译稿一批,支款六十万元去。章曙春时来访余,托荐事,
其实无法介之也。晓先以胃病归浦东,今日未至,想尚未愈耳。后
日为二九,雪村认当值主筵,已为编发通知矣。西谛来谈,即去。
编发公司通讯录第卅六号。饭后为黄永年事过访文彬,晤遇羲。
散馆归后就坐小饮。夜饭后潄华来,八时许乃去。珏人连日忙碌,
体气不胜,竟发热早卧。

## 1 月 7 日 (丙戌　十六日) 星期二

阴雨,傍晚风急加寒。晨昏俱候车出入。在馆办理杂事。午
后出席经理室会议。散馆到家,汉儿随返,即约潄、润两儿往国泰
看电影,余少坐即小饮。晓先已到馆,惟胃痛尚未全愈耳。七时三
刻,汉、潄、润归,具饭食之,然后送汉归。九时许余乃寝。浒关乡
亲今日归去。珏人仍欠适。

## 1 月 8 日 (丁亥　十七日) 星期三

阴雨,继之以霰,旋下雪,午后转晴。晨候车入馆。办理杂事。
午后邱佩璋来,备言温州中学卒业后谋就业事,移时乃去。其人尚
爽朗,不愧晴帆之子也。散馆后参加二九消寒会,与洗人、达君、予

同、圣陶、西谛、芷芬、达先、炳生、文彬同过雪村家,文彬别有接洽,
属其子继文庖代。八时始散,先送洗、圣、芷、达返北四川路,再送
余及达君、予同、西谛归,余到家已九时四十分矣。

## 1月9日(戊子 十八日)星期四

　　晴,午后渐阴,夜还润,欲雨。晨候车入馆。办理杂事。午与
达君、达先、芷芬约炳生饮马上侯。散馆后又与西谛、予同、圣陶、
晓先、芷芬应祖文之约,复饮马上侯。十年前本与此店为缘,抗战
以来久不前往矣。侍者大不如前,恐仍做不开耳。八时许散,先由
祖文车送圣陶、芷芬归北四川路然后与予同、西谛、祖文同车西驰,
比到家,已九时半矣。公司人事颇有纠缠,而症结所在属内出之诸
小友遇事生风,从旁吹弹,殊足虑也。

## 1月10日(己丑 十九日)星期五

　　晨大雨,终阴,气暖且润,仍当酿大雪耳。晨暮俱候车出入。
在馆办理杂事。近日以年度递更又兼改革,单据之使用颇繁于条
教,吾知一般分店主持人及各级工作同人必有牛毛之叹也。以中
来谈,约后日星期之午在杏花楼宴饮。据云坐客为森玉、西谛、刚
主、良才、起潜等。雪村告余,昨夜光焘饮其家,颇发牢骚,谓今春
来沪,本拟入开明,似为人沮,始复回暨大云。察村言,似中其惑,
岂此人着意扇蛊,强欲造成对立分化之势乎?只有自笑存之已。
夜归小饮。连日在外,不免酬应,今乃还初,殊感松舒也。晚饭后
为傅庚生勘正《中国文学欣赏举隅》讹字,顺听弹词播音。九时后
就寝。

## 1 月 11 日（庚寅　二十日）星期六

阴,午后转晴,日光未显。晨候车入馆。办理杂事。珏人以手裹夹沙粽分饷亦秀、纯嘉、文彬、子敏、坚吾,即在车上带出。午怡生来,雪村、洗人约往聚昌馆小酌,邀余及达先、芷芬作陪,遇沈仲约,复订后日在彼续饮。午后二时返馆,仍办文书多件。达年、索非先后来馆。散馆后仍乘车归。附乘者特多,有祖璋父子、至善、王洁、张无垢诸人,凡达十五人,幸漱儿以目疾两日未往,否则塞破车厢矣。到家设酒小饮,忽念应送濮、唐、谢之家之粽犹阁馆中,未果送,因饬润儿于夜饭后乘自由车驰往补办之,办妥复命,时仅七时许。小立即偕滋儿同往辣斐戏院看健吾新编之话剧《女人与和平》。行不旋踵,亦秀至,未久,均正夫妇来,又有顷,公司车来,乃接伊等同往观话剧,坚约余同去,却未行,达君继至,遂与偕去,余即登楼矣。十时就卧。润、滋两儿十二时始自剧场归。

## 1 月 12 日（辛卯　廿一日）星期

阴。晨起看报,都无是处,国内和平攻势随马歇尔之返国而增强,然烽烟遍地,曾未少戢,征粮抽丁急于星火,暴狠之徒仍作残民求逞之计也。国际关系亦正微妙,开展钩心斗角务靳抑损他邦以肥强自雄,第三次世界大战殆不能免耳,诚令殷忧之士彷徨难安矣。十一时十五分,应以中之约,步往杏花楼,十二时十分始到,卓夫、刚主、良才、西谛已先在。有顷,绥和、起潜及以中之族弟来,知森玉有事不克到(起潜传语),遂开饮,酣饮畅谈至三时始散,雇人力车归。兴未遏,即唤滋儿同出散步,五时返,即小饮,以国民电台有会书(演义弹词联合表演,循年例也)。遂移樽上楼,且饮且听,八时始罢杯盘,仍听书,直至十一时乃睡。

## 1月13日(壬辰　廿二日)星期一

阴,未雨。晨候车入馆。办理杂事。午偕洗人、雪村、达君、芷芬往聚昌馆,宴仲约、牖青、宝忠、蔚文、索非,一时始见客齐,而复初仍未至。二时许始返馆,核发一月份薪津。散馆时润儿与亦秀等出看电影《居里夫人》,余与漱儿乘公司专车返,啖新裹肉粽一枚。入夜小饮,七时罢。小坐至九时寝。

## 1月14日(癸巳　廿三日)星期二

晴,不甚朗。晨暮俱候车出入。在馆办理杂事。上午过文彬、坚吾谈。午后颉刚来谈,当即以代管股份交之,旋辞去。出席经理室会议及人事委员会。散馆归,晓先夫妇同返,夜饭后谈至八时,晓先去,其夫人留宿余家。永兴昌主张瑞生派人送酱鸭一只来,即转赠晓先。

## 1月15日(甲午　廿四日)星期三

晴,午后转阴。晨候车入馆。办理杂事。午后列席董会,决议增资已足,定二月十六日召开临时股东会并定甲级职员亦各晋级、普加底薪二十元云。晓先夫人今晨同乘出,午后返浦东。鄀伯赞柬来,约于十九日(星期日)午在万寿山酒楼宴请颉刚及予同、圣陶、彬然等,以正值雪山、彬然请客,为改是日晚间举行,以迁就之。散馆后乘车归,就家小饮。夜九时寝。

## 1 月 16 日（乙未　廿五日）星期四

阴雨。（昨夜即大雨。）晨候车入馆。办理杂事。大孚出版社方学武来，约颉刚及余等必往并洽他事。看沫若《青铜时代》，殆全部毕矣。下午出席编审委员会。电话约仲足参加文彬消寒会，以已有他约见却。西谛提《中国历史〈参考〉图谱》印行计划，开明以力量难周，却之。明社消息最近期载有花边新闻多则，俱有挑拨捣乱作用，主名所在，不难指索，总之不离渝来新进之无聊少年分子耳，教猱升木自命领导者不得辞其咎矣。民主云何哉，真可发叹焉。散馆后仍候车归。夜小饮。

## 1 月 17 日（丙申　廿六日）星期五

阴雨午止，终霾。晨候车入馆。办理杂事。午与洗人、圣陶、彬然、雪村宴此公、章达于聚丰园，并邀仲华作陪。（此公姓陈，广西人，章达姓李，广东老军人，皆洗、彬之旧友。）二时半始返馆。散馆后应文彬消寒会之约，与达君、予同、孝先先送西路同人归，过邀西谛，驱车直赴惇信路大生厂，时文彬犹未返也。小坐，有顷，文彬始与洗人、圣陶、芷芬、雪村、邦桢同载来，盖一车不能容，故分乘两车耳。未几设席。继文亦至，凡十二人，八时许散，乘车归，休已九时矣。

## 1 月 18 日（丁酉　廿七日）星期六

晴，午后又阴。晨候车入馆。办理杂事。昨今两日每至午前十一时必头眩难任，食后稍好，殊不知何故，岂血压渐高所致乎？设过医访治，首要必除酒，果尔生趣绝矣，又何苟活之足贵耶！宁愿讳疾忌医耳。为旧历年头放假事已决定休息两日,遂发布告周知之。散馆后仍乘公司车归,清儿附焉,以达轩三儿周晬,来霞飞坊吃面耳。士敫、士文亦继至,八时乃归去。郭沫若《青铜时代》今日全部看毕。于周秦诸子思想之真际及当时社会状态之反映至有新解而不伤穿凿,殊可佩也。购陶菊隐《六君子传》看之,亦感趣味。以中来,旋去。夜在家小饮。

## 1 月 19 日（戊戌　廿八日）星期

阴,傍晚细雨。晨在家看郭沫若《十批判书》。十一时一刻应伯赞之邀,走赴西藏路、福州路转角万寿山酒楼,到者马夷初、田寿昌、顾颉刚、周谷城、邓初民、李季、潘梓年等,余则与胡绳、吴泽、李鼎新、楚图南、傅彬然、周予同、陈家康、蔡尚思、郑西谛、叶圣陶同席。与宴者皆一时史学名流,独惜郭沫若未至耳。谈次,觉家康英年隽辩,秀出侪辈,虽初见,殊倾倒也。二时许散,与颉刚、西谛、予同、圣陶、彬然步至雪村所,达君已在,西谛往来薰阁洽事,余等乃同乘赴北四川路,颉刚先于四川路桥北下车,径往大中书局,余等则共诣永丰坊,晤雪山、洗人焉。四时为开明宿舍管理委员会开会,纵有合议形式,终不免窒碍掣肘耳。症结所在,仍系人事,竟无善策以图圆足也。六时余与予同、达先闲步北四川路,移时乃返永丰坊,彬然、雪山请宴,顺谈又新、士贤婚礼。又有顷,始开饮,九时许散,与雪村、予同共乘以归,村先下,同继之,余最后,至到家亦已十时矣。

## 1 月 20 日（己亥　廿九日）星期一

阴。晨候车入馆。办理杂事。应复应洽诸务俱妥矣,为之一松。看陶菊隐《六君子传》,于袁世凯蓄意称帝事述之甚审,虽时至今日,又何以异此,宜乎居恒郁抑,方寸间难有少快之事也。是夕以年终合祀先代,午后与润儿早退归家布署,薄暮祝飨。散馆后晓先、亦秀、士敫、清儿、芷芬、汉儿、漱儿、锴孙(日前归去,今仍随来)均至,惟文权、澹儿、颢孙最后到,同吃年夜饭。连接三方案成一大长席,团坐饮福,甚欢。饮后儿辈即此长席大拍乒乓球,至九时乃罢,先后辞归,因饬润儿伴送亦秀至其家,送到即返报,十一时乃寝。

## 1 月 21 日(庚子 三十日 大寒)星期二

阴,向晚微雨,入夜加甚,达旦未止。晨候车入馆。办理杂事。长沙分店主计马孝俊书告甫琴夫妇时相勃谿,竟波及其身,请求调回或他调。人事难处如此,无怪政地矣,姑俟续报再理。下午同人假归者多,办事遂弛,余亦纵看《六君子传》。昨日子敏送美丽牌香烟两条,今日坚吾又送王仁和猪油年糕一匣、四川大曲瓶,纯嘉送天竹、腊梅、水仙,于散馆时命漱、润两儿携以归。余则应雪村、士敫之邀,至村所吃年夜饭。仲盐夫人膬胀已消去,可以起坐同饮矣,中西医均回绝,今乃就痊,真奇迹已。八时许归,值大雨,士敫为雇人力车送到家。

## 1 月 22 日①(辛丑 元旦)星期三

阴雨竟日,夜且不止,仅于午前微露阳光半晌而已。晨起进圆子,受儿辈贺岁如常例。九时许达轩来拜年,十时后与红蕉夫妇晤,互贺新年。十一时许士信夫妇来拜年并携子女来,适士敫、清

---

① 底本为:"丁亥日记第一卷"。

儿、建孙及芷芬、汉儿、镇、鉴两孙与家英及其子女来拜年,济济一堂,至无坐处。士信一家先引去,抵午达轩亦辞去,以待文权等来。久不设饭,至十二时三刻乃团坐先饮,且谈且候焉。殆将终席,武若来,权等竟不至。三时显孙来拜年,谓预、硕两孙皆骤病(预慢性盲肠炎,硕扁桃腺肿胀)。其父母忙于应付,未克来耳。有顷,即遣之归。命清、汉、漱、润、滋、湜往贺弟妇年。傍晚返,即偕敫、芷及诸孙同车归去。(错仍随往。)西谛来,坐谈移时去。入夜人静,乃端坐小饮,积日疲劳为之一舒。夜饭后珏人、漱石与漱、滋两儿且打马将为遣焉。

## 1 月 23 日(壬寅　初二日)星期四

阴雨竟日。晨看沫若《十批判书》。十一时圣康来拜年。十二时雪村、雪山、洗人、彬然、达君来贺年,少坐便同往丏尊夫人所贺年。返至余家,坚留午饭,不果,转拉余往村所午饮,即共乘以往,达轩偕焉。至则子如夫妇先在,有顷,始就食。二时乃罢,洗、达、彬、村等入局打牌,余隅坐待之。三时许永丰坊车来,履善、舜华、静耐、竹君、又新、士贤等十馀人来拜年,少选即转往余家拜年矣。逆料余家必相当热闹也。五时半局终,子如夫妇先行,过余家拜年。余与洗人、雪山、彬然随远君归其家称贺,已六时矣。少坐便出,仍驱车先送余返,然后送洗等返永丰坊。入夜小饮于家,润、湜侍,漱、滋则在潜家晚饭,七时始归去。

## 1 月 24 日(癸卯　初三日)星期五

晨晴旋阴,殊感寒冷。今日照常办事。七时许公司车即来,往接亦秀,以未起见却。又过予同里口,以昨来相关,谓今日如得购票,将上船返瑞安省亲,不必车接,故径驶而过,至老西门,接漱玉,亦未着,到馆仅余及士信、润华三人耳。漱华以弥同寒热,未克入馆也。到馆甚早,仅七时半,良久始有人来,然三之一以上不到矣。狃于早开,其实亦无谓之至,午饭每桌仅到三四人,洗人、雪村且出门酬应,半日未到也。圣陶、墨林约孝先夜饭其家,邀余同往,因于散馆后乘两江大车同赴永丰坊,先在芷芬所小坐,入晚即过圣陶饮。坐中兼招芷芬、又新共酌。八时许散,芷芬送余至孝先乘二路公共汽车南行,孝先至四马路先下,芷则送余之老北门,看余转乘二路电车乃别去。车初甚清,到东新桥、八仙桥、吕班路等处,逐渐增乘,至亚尔培路口几至挤不出,游人亦多矣哉。抵家已九时,少坐休息,十时乃寝。

## 1月25日(甲辰 初四日)星期六

阴,午后雪,入夜又雨,平明复雪。公司车坏待修,晨与润儿乘廿二路公共汽车入馆,途与亦秀遇,同行到公司。昨日坚吾来拜年,未接晤,今日十时往答拜之,文彬未出,未之晤也。办理杂事,并为又新、士贤结婚拟定仪节十八节。午过雪村饮,与雪山、芷芬、达轩偕。散馆时公司唤两江团体车送西路同人归,西谛适来馆,因附送焉。到家知子敏、文杰、文权、潜儿、涵侄、淑侄等均来拜年。并知昨日燮荣及慧芬、菊珍亦曾来拜年也,均未晤及,殊歉。夜看《六君子传》全部毕,神味盎然,愉甚。

## 1月26日(乙巳 初五日)星期

寒雪,向午晴,仍不免时阴。午前十一时乘三轮车到耕莘家拜家兼应午饮约,盖莘宴请沈雪君,邀雪村、达君、洗人及余作陪也,至则皆未到,余独先至。有顷,村来。又有顷,达君来,询以雪君,谓未约,因即属电话亦秀转促之,同时电话促洗人,据答家有客,不克来,四人遂共饮以待之。移时雪君来,笑谈至三时始罢。与雪村共乘三轮车径往悦宾楼,晤文彬、芷芬等,又新、士贤婚礼。礼堂布置已就绪,宾客亦渐来,珏人、润、湜两儿及锴孙、士敫、清儿、建孙等、武若、家英等咸来,五时许婚礼开始。圣陶证婚,起孟代表来宾致辞,陈义皆甚高,惜与当前情况不称,历一小时乃成,即分席就饮,余与洗人、达君、圣陶、调孚、耕莘、文权、雪村、五良、至善、守宪同席。八时席散,偕珏人等乘公司车以归。润儿先往永丰坊随人闹新房,以人挤室窄,不容回旋,十时即归,余已入睡矣。

## 1月27日(丙午　初六日)星期一

沍寒,高晴。晨出,与漱儿先后登廿二路公共汽车入馆。办理杂事。午后出席人事委员会。散馆后与亦秀、士信唤祥生汽车归。晓先夫人在,晓先及漱儿亦至,乃共夜饭,且小饮焉。七时许润儿始还,晓先亦去,晓夫人留,珏人为安排宿处也。

## 1月28日(丁未　初七日)星期二

晨寒沍,飞霰,旋放晴。公司车尚未修好,早与漱、润两儿同乘四路电车行。甫行一站,以煞车震荡,余左臂指大为受撼,指强直而酸,臂尤楚痛,颇懊恼。右臂风痛已逾四月,至是两臂皆苦矣。到馆遇霰,大感寒冷。办理杂事。近午放晴,心为一舒。散馆后与润儿共乘三轮车归,迎风受寒,竟逆噎咳呛,殊不适也。士敫、漱儿嗣至,因与同饮,两巡后敫过达轩家再饮,余亦饭矣。饭后感倦,少坐即寝。

## 1 月 29 日（戊申 初八日）星期三

晴。晨与漱儿乘电车入馆。办理杂事。午后出席经理室会议，通过渝、长、沈、杭四店经理之异动，明日或可发表矣。接文权电话，约夜饭其家。与士敫、芷芬、清、汉、漱、润等皆在列。散馆时公司车已修好，因属清等俱去，而余乘车即归。知珏人、滋儿亦已应邀去，惟漱石尚留，余因促同去赴饮，身与湜儿、锴孙、弥孙在家，入夜独酌。晚饭后看《十批判书》。九时许珏人率漱、润、滋三儿归。漱石偕焉。十时就寝。

## 1 月 30 日（己酉 初九日）星期四

晴寒。晨候车入馆。办理杂事。发表四店经理异动文书。午后出席编审会议。以中、家晋来谈。散馆后乘公司车及华文来迓之车共赴陆祯祥之宴，到洗人、雪村、雪山、达君、士敫、芷芬、均正、锡光、韵锵、纯嘉、一鸣、士信、舜华、子如、光裕等，宾主凡三席。九时许始散，余与均正、士信、雪村、达君车送洗人、雪山、芷芬、舜华返永丰坊，再送雪村至四马路，然后与均正、士信同归霞飞坊，最后乃达君独行返康宁村。十时就寝。今日淑侄生日，湜儿往吃面。珏人率滋儿往沧洲听书。

## 1 月 31 日（庚戌 初十日）星期五

晴寒。晨候车不至，与均正同乘廿二路公共汽车入馆，漱、润则驾自由车先行。到馆办杂事。午前刚主来。午后铸成、季琳来。散馆后仍乘公司车归，与漱儿偕，润则饭后即先归矣。珏人率湜儿与潘儿往沧洲听书，傍晚归，湜儿则留住潘儿所。夜小饮。润、滋出浴,九时乃返。

## 2月1日(辛亥 十一日)星期六

晴,浓霜。晨候车入馆。办理杂事。午后出席经理室会议,于分配股份事有所商决。散馆后又出席业务会议。六时半散,即在馆中夜饭,仍与洗人、达君、士敫、芷芬、均正共饮。七时三刻仍乘公司之车西行,抵家已八时许矣。今日新闻报载有李石曾结婚启事,文理荒谬,殊可发噱,或者年老意悖,捉刀者又非其选耳。否则,此文一布,三者俱败,岂此老不愿世界书局之声誉、革命元老之凤望及高阳文正之门楣邪? 不禁为之叹息。

## 2月2日(壬子 十二日)星期

晴。晨看《十批判书》。十一时达君车来迓余及均正、士信、士宜(小儿三人附)往祥经里共赴雪山、彬然之宴(滋儿侍行),过福州路,接雪村一门,于是同乘大小十八人,车厢几为突破矣。到祥经里后往看圣陶,适硕民自苏来,正偕其学生洪君在午饭,略谈即出,过绍虞一巡即行,仍至洗人所(山、彬两家假座于此)。十二时三刻始入席,余与洗人、圣陶、雪村、祖璋、均正、远君、秉珍及彬然妻兄孟君同坐共饮,二时许始饭,以肴馔过丰,留半待夜饮焉。三时再过硕民、圣陶,因与至善、三午、洪君及滋儿共乘以游虹口公园。十年未至,倍感荒落,且风寒凛冽,略巡即出,再驱车而南,停于新北门,步入城游邑庙之豫园,啜茗于得意楼,移时乃出,仍乘车返祥经里,已五时矣,而洗、村、达、彬牌局犹未了,直待至六时三刻始再饮,硕民则留住圣陶所,圣陶因未与此夜宴也。席散车归,到家已九时许矣。

## 2 月 3 日（癸丑 十三日）星期一

风雪漫天，遂大寒。晨候车入馆。办理杂事。以中上下午皆来馆，《图书季刊》已办讫矣。硕民来馆长谈，午间雪村邀饮，余与洗人、圣陶偕焉。二时许返馆，请硕民为题衍福楼额及书楹联一对，三时许硕即辞去。散馆后为公司练习生讲本国地理概要，历两小时，仅讲毕地形耳，约以后有暇再续讲。六时半同人约在雪村所为子如饯行，适昌群来访，因约共往，时风雪载途，乃乘公司汽车以行，七时许入席，子如、昌群、洗人、达君、雪村、雪山、祖璋、均正、调孚、彬然、圣陶、晓先及余，凡十三人同坐。（达先、亦秀、润儿、漱儿同车往，以不能容，别坐楼上，分肴享之。）剧谈大笑，九时始散，先车送北四川路诸人归。然后送西路诸人，余到家将十时矣。

## 2 月 4 日（甲寅 十四日 立春）星期二

晨曦朗照，积雪皑皑，数年未见矣。早食后驱车往接亦秀，沿途道树缀素，驰路铺银，甚凹观也。到馆办杂事。校吕诚之《两晋南北朝史》第十八章，毕之。午后雪融，背阴未尽。出席经理室会议。福崇自浙来，十年不见矣。谈久之去，明日即返宁任课。西谛来，同赴洗人所主五九消寒会，散馆后乘两江交通车与北道同人共往祥经里。六时入坐，仅洗人、雪村、达君、圣陶、西谛、文彬、芷芬及余八人，乃邀雪山、祖璋、伯勋、硕民（仍住圣所，翌日即行）同饮，既而昌群至，凡十三人，欢谈甚乐，不觉过饮，九时半散，几醉矣。与西谛、达君、文彬、雪村同乘公司车以归，至福州路、广西路，雪村先下，为三轮所撞跌，扶而返送之入里，幸未伤，继送余到里口，阿二扶送到家门，然后驰去。余到家即睡，幸未吐，然而苦于积醒,几惫矣。夜月色甚姣好。

## 2月5日(乙卯　十五日)星期三

　　晴寒,积雪仍未融尽,殆所谓雪等淘乎。晨候车入馆。办理杂事。校《两晋南北朝史》第十九章,毕一批,送振甫转促印所续送校样。看朱维之所编《中国文艺思潮史略》。谷城、以中来。昌群本约今晚来余寓小饮,傍晚书来,以有他约,不能不往,改期星五来,询余可否,余感其诚,复告专候不他往。(其实星五湖帆约余及圣陶往其家小饮兼看画,坐客只沫若、烟桥、宝礼云,余即属圣陶谢湖帆,专候昌群。)散馆车归,就家小饮,连日不家食矣,今得小休,至快也。

## 2月6日(丙辰　十六日)星期四

　　晴寒。晨候车入馆。办理杂事。午后出席编审会议,某公以素性伤厚,又开罪群公矣,舞文弄墨,以自豪宜其受反唇之稽耳。道始夫人电约过我,欲假《茹经堂集》,余为向振甫借得三编、四编,于散馆时携归以俟之。入夜小饮。饭后道始夫人至,谈悉道始近状尚好云,因即以唐集交之。芷芬太夫人今日归苏,锴孙晨随余出,随其父母躬送赴车站,散馆时仍随余归。汉儿亦偕焉,夜九时润儿送汉儿去永丰坊。九时馀就寝。

## 2月7日(丁巳　十七日)星期五

　　晨寒。晨候车入馆。办理杂事。校《两晋南北朝史》第十九章。为《爱的教育》著作权满期事引起轩然大波,于法于情各有其故,总之利害互权咸择己益耳。大言硬语,只欺蚩蚩之流,实不足以龂识者也作家乎,文化企业者平名则美矣,其如中人欲呕何。散馆后本与圣陶有共应湖帆看画之约,以须候昌群、莲僧(莲僧特邀来陪昌群者),故属圣陶独行,湖帆所代陈谢忱,而身径乘车归。六时许昌群先至,有顷,莲僧亦至,乃设酒共饮,饮后长谈至九时乃引去,余亦就卧。

## 2 月 8 日(戊午　十八日)星期六

晨重雾积霜,旋开晴,下午四时彤云忽布,自北方起,顷刻弥漫,黯淡之色四塞矣。晨候车入馆。办理杂事。校毕《两晋南北朝史》第十九章,存稿尽矣,因属振甫检齐清样,俾函送诚之参览便续撰焉。寄宾四、云彬、嘉源,分洽各事。日来金价突涨,币值暴跌,市面波动,崩溃随至矣。书价受此影响不得不涨,甫拟成新价通电各分店,使人未还,后价又至,乃追加更张重发油印,散馆时犹未毕事,惠民、永清遂留办焉。同人派股已大致略定,多至七千,少亦三百,惟新进未满一年及练习生无之。余忝居董事及陪位襄理,亦得万五千,并固有者计之,逾三万二千矣。为应付滋、湜两儿学费,向公司暂支五十万。散馆车归,天容惨淡,诚时局动荡之象征矣。夜小饮。饭后道始夫人来,拟借文集,谈移时去。孑如偕达君赴杭交替。

## 2 月 9 日(己未　十九日)星期

晴,南风恐将变矣。竟日未出。上午看《十批判书》。黄裁缝来,为余量制呢袍,此料系文权、潜儿、士敦、清儿、芷芬、汉儿、笙伯、漱儿及润儿所献寿余五秩晋八生日者,惟不敷三尺馀,即属老黄代添并代配里子作成之,云三日后可送到也。午小饮,进面。饭后珏人、漱石偕赴沧洲听书,余则引被午睡,不觉睡至四时始起。均正寄存余家之米今取去。雪山为润儿作伐,指沛霖之女无垢为言,余意须本人同意,因令润考虑自处之。润走与清商,谓不必拘形式,彼此交游,水到渠自成耳,余听之。夜小饮,珏等亦归。看夜报,知今晨九时劝工银行楼上又起打风,盖召开爱用国货会遭特工之袭击耳,沫若、初民突围出,夷初、寅初后至,遂未入,当场击伤廿馀人云。如此极做,徒示慌张,曾何补崩溃之毫末乎?虽然空穴来风,无聊之恐怖必将愈演愈烈矣。

## 2月10日(庚申　二十日)星期一

晴,午前微雨,午后雪,入夜大雨,达旦未休。晨候车入馆。办理杂事。允臧、同光自台北乘中兴轮来沪。午间洗人、雪村、圣陶、彬然、达君及余同觞允、同于村所,饮后返馆,已二时半。滋、湜学杂费已缴纳,共四十六万元。散馆后敫、清偕余等返,适组青兄弟在,因共饮。夜饭后组青属余看契,盖近拟购一住所于苏城百花巷也。九时许润偕敫、清往永丰坊,组青则留住焉。

## 2月11日(辛酉　廿一日)星期二

阴雨,晚晴。晨候车入馆。办理杂事。市面混乱,甚于卅四年伪币暴涨时其全面崩溃之肇端乎?下午出席人事委员会及经理室会议。散馆后乘公司车返,知珏人已先往文权所,乃径往会之。盖先接文权电话约往夜饭,故归途顺接也。至则已五时半,知珏人午前已先去。乘三轮车至圣母院路遇覆堕泥中,右股受微伤,幸尚无大损耳。今夜本请组青而组青偏不至,仅余夫妇往,六时就饮,七时半归。仍与珏人乘三轮,颇具戒心也。

## 2 月 12 日（壬戌　廿二日）星期三

阴，入夜雨。晨候车入馆。办理杂事。午后集议，修改章程，冷观各方，咸具鬼胎，弥复可笑，而属在同舟又不无胥溺之惧耳，奈何？散馆后在杏花楼宴柴国卿及允臧、文彬。余与洗人、雪村、达君、韵锵、达先、芷芬赴之，八时席散，乘车送洗人、雪村等归然后偕达君西迈，到家已将九时矣。

## 2 月 13 日（癸亥　廿三日）星期四

阴雨。晨候车入馆。办理杂事。午刻五良约允臧吃饭，车来相迓，兼邀洗人、雪村、达君共往青海路绿漪新村郑家小饮，肴馔甚精，二时四十分始返馆。三时出席董事会，拟改章程数条，备提十六日股东临时会。（董事增至十五人，总经理下设协理二人及襄理若干人。又于董事长外增推常务董事一人云。）散馆后与洗人、圣陶、文彬、雪村、亦秀、芷芬驱车共赴达君所，参加六九消寒会。先过庙弄接西谛，七时开饮，十时半始散，兴高，甚不觉，俱醉，车归，已十一时矣，然后送村、圣、洗、芷等返，余知洗、圣皆笃醉也。

## 2 月 14 日（甲子　廿四日）星期五

晴，风吼有声。晨候车入馆。权、潏、敫、清、笙、潄、润、芷、汉九人以余生日公献，呢袍一袭代大氅，今御之轻软松快，甚舒适也。到馆办杂事。编发通讯录四号。整理董事会纪录。看毕朱维之《中国文艺思潮史略》。圣陶昨日竟大醉，今日未来馆。下午西谛偕美国华盛顿大学麦博士来访，欲为该大学购中国书籍，谈有顷，辞去。散馆后仍乘车归。潏儿在，因共小饮。夜饭后文权来，清儿亦来,甚热闹,八时许权、澹去,清儿留宿焉。

## 2月15日(乙丑　廿五日)星期六

晴寒。晨候车入馆。办理杂事。下午出席编审会。预备明日股东会各项手续。散馆后归即小饮。夜看《十批判书》。

## 2月16日(丙寅　廿六日)星期

晴,冱寒。晨起看《十批判书》。十一时许乘三轮车入馆,视察股东会事务已相当办妥。十二时午膳。洗人、雪村等共饮。下午三时股东会始开,仍由力子主席,有股东席祥贞者好为妄论,经会众者之乃无事。通过修改章程,选举第十届董事监察人,投票结果,余当选董事,五时散会。雪山以其子士俊与宋宇结婚,即利用现成会场张婚筵,故逸者甚鲜,吃酒后八时散,余与珏人、润、滋等归。

## 2月17日(丁卯　廿七日)星期一

晴,冱寒。晨依时入馆,仍候车行。到馆后与孝先同过顺泰祥吃面。办理杂事。午后出席人事委员会及经理室会议。散馆后与润、漱归,芷芬、汉儿到家共饮,饮后长谈,九时芷、汉始去。连日金融大骚动,金价及外币陡涨,其他一般日用品尤激进,人心惶惶,不可终日。今日政府以自知崩溃难免,乃急布措施,无办法之办法,组织经济监察团利用特工鱼肉百姓,禁止黄金买卖,提高美钞至万二千元,贴补出口及增收进口附加税办法一律撤消。(完全顺从美国表示。)种种情形,无一不表示手忙脚乱之态,其真途穷日暮、倒行而逆施乎?

## 2 月 18 日(戊辰　廿八日)星期二

晴寒。晨候车入馆。与予同、亦秀、漱、润两儿过顺泰祥吃面。办理杂事。定明日召集第十届第一次董事会。与西谛通电话,知《历史图谱》尚未发行预约也。午后出席明社干事会。看《十批判书》。散馆归。小饮夜饭后仍看《十批判书》,至十时毕之。沫若此书以严密考古之方法,衡社会演进之历程,于先秦诸子之渊源派别各为甚深刻之分析与探究。扬孔抑墨而非承传统之旧说,斥名申吕而不为矫枉之曲论,并世新史学家,吾诚心折之矣。

## 2 月 19 日(己巳　廿九日　雨水)星期三

晴寒。晨候车入馆。办理杂事。五时开第十届第一次董事会,到董事范洗人、章雪村、章雪山、周予同、叶圣陶、朱达君、傅彬然、章育文、何五良、吴觉农、王馨迪及余十二人,监察人濮文彬、詹沛霖、朱季华,互推邵仲辉为董事长,章雪村为常务董事,选任范洗人为总经理,章雪山、叶圣陶为协理,余与朱达君、周予同、卢芷芬为襄理,并修订董事会章程,列举董会职权云。七时许始散会,即坐晚饮,分列两席,余与圣陶、雪村、芷芬、达先、馨迪、沛霖、洗人同坐,九时始罢。芷芬被邀列席,达先则赓聘为董会书记也。十时许归,先送永丰坊诸人去,然后与予同、达君西行,到家已十时三刻矣。近日物价高涨,殆难名状,馆中薪津亦依店定指数而上升,本日先支二月上半约数,余已得七十万,可见一般情形之腾涌矣。后难为继,谓之何哉。

## 2 月 20 日(庚午　三十日)星期四

晴寒。晨候车入馆,滋儿与同行。到馆后偕予同、亦秀、漱、润、滋同过顺泰祥吃面,返馆办杂事。午后出席编审委员会。校诚之《两晋南北朝史》第二十章,盖印所中续送来者尚未送齐,不知究存若干册。季易属其戚李蔚如来索还《疑年录汇编》正刻本及补遗、外编等稿本,今日检齐饬金才送还之。暂时告一段落,且待将来再谈续印矣。散馆后乘公司汽车与漱儿先归,润儿则以听课留饭。入夜小饮。九时半润始归。盖听课后又往夜校授课也。

## 2 月 21 日(辛未　朔)星期五

晴寒。晨候车入馆。办理杂事。看稿。编发通讯录第五号。散馆后与予同及洗人、达君、彬然、芷芬等同膺雪山之请,过饮雪村所,达先亦在座。九时始散,共返永丰坊。诸人北归后乃折送余等南归。子敏之女定二月廿六日与李文岐订婚,属余写鸳盟并为书请媒帖等,俱坚吾持来者。

## 2 月 22 日(壬申　初二日)星期六

晴寒。晨乘公司汽车入馆,仍顺接亦秀、予同、漱玉同往。办理杂事。看程树德《论语集释》,甚精核,融会汉宋,时以己意发明之,惜卷帙綦多,一时难卒业耳。散馆后乘两江包用专车与北道同人同止于永丰坊。今日消寒会由芷芬当值,昨日即接珏人往住,协同汉、华制肴。六时开饮,到洗人、雪村、达君、允臧、圣陶、文彬、西谛、雪君、予同及芷芬与余十一人,九时始罢,乘公司汽车偕珏人南归。

## 2 月 23 日(癸酉　初三日)星期

晴朗,寒威已杀。竟日未出,得暂休。数月未有此境矣,甚感适舒。上午看报。下午看《宋词三百首笺》,且听书为娱。午晚俱小饮。漱、润、滋晨往永丰坊省清、汉,夜饭后犹未归。潘儿来省,余作便条复道始,属交绣君转递,盖日前有笺托数事已为办妥也。八时漱等三人归。有顷,潘乃去。

## 2 月 24 日（甲戌　初四日）星期一

晴朗,和风拂之,大有春意矣。晨候车入馆。办理杂事。连接梦九、颉刚信,未及复。散馆后出席明社大会,七时先出,过雪村饮,坐有允臧、树滋、洗人、雪君、达君、耕莘、西谛诸公,予同亦于明社散会后来谈,至九时许始散,比车送归家已十时矣。

## 2 月 25 日（乙亥　初五日）星期二

晴,午后阴,东风甚急,殆将变矣。晨候车入馆。办理杂事。复颉刚、梦九。续校诚之《两晋南北朝史》二十章。午后出席经理室会议及人事委员会。诚之见过,谈有顷辞去。公司汽车电箱坏,散馆后与予同徒步归。敩、清来,因共小饮,夜饭后谈至九时许乃辞去。

## 2 月 26 日（丙子　初六日）星期三

晴,似将变而未变,仍有东风及东北风。晨以无车来接,与漱儿乘廿二路公共汽车入馆。办理杂事。校《两晋南北朝史》第廿一章,毕一批。建功自平来,公司发柬请,于明夜宴雪村所,兼邀允臧、季谷、本侨与焉。嗣得济川世尧柬,约明午在蜀腴吃饭,遂补柬与之,请陪建功等。散馆后公司车已修好,待至五时许乃乘之以归,与漱偕。润则与敩、清等往看电影《八千里路云和月》,即夕住永丰坊矣。夜小饮。饮后小坐,润儿仍归。

## 2月27日(丁丑 初七日)星期四

晴。晨候车入馆。办理杂事。午应来薰阁陈济川、张师尧之约,与洗人、雪村共赴蜀腴川菜馆,到徐森玉、郑西谛、魏建功、姚从吾、胡厚宣、郭农山、沈仲璋,下午二时许始散。返馆出席编审会议。接翼之信,有所请托。夜应雪村邀,与洗人、圣陶、予同过饮其家,坐客有李季谷、林本侨、范允臧、魏建功、陈济川、郑西谛,盖允臧、季谷明日行矣。饮后长谈至九时许,乃与予同、西谛乘车归。

## 2月28日(戊寅 初八日)星期五

晴。晨候车入馆。办理杂事。复翼之,告所属有未便,均不能行。允臧等今午后登中兴轮,明晨开基隆云。散馆后权、潸、敫、清、芷、汉、亦秀均到余家吃面小饮,盖明日为余生日,适以须出席业务会议,故提前于今晚为余暖寿也,欢笑杂谈,至九时许始各辞归。余亦就寝。今日夜报载,中宣部已通知京沪渝三地中共联络部限三月五日前撤离上海,且已检视矣。同时行政院长宋子文已辞职,由蒋自兼云。

## 3月1日(己卯 初九日)星期六

晴,颇暖。晨候车入馆。办理杂事。午间与洗人、圣陶、达君、雪山、彬然、芷芬过雪村、士歊小饮,藉商各项会议之性质,以近来干部颇有违言,不能不开诚一谈也。下午二时返馆。散馆后出席业务会议,六时始毕。就馆夜饭兼小饮焉,八时半始散归,仍与达君、予同、调孚、士信、履善等同车云。

## 3 月 2 日（庚辰 初十日）星期

　　风霾,旋晴,但风吼仍作,穿牖震户,春如也。上午为绍虞题画象、均正写条幅、文彬题手卷。素拙于书,重违其请,勉应之,殊汗颜也。午后假寐片晌。看报,滋叹而已。入夜小饮。循例自劳其实,近来真无好怀矣。晚饭后只索开机听书,至十一时始以倦就寝。润儿入书巢寻书,发见有鼠啮纸屑及湿痕烂断电线处。甚虑之,须得暇日一整治之,且须余屋以供腾移也。

## 3 月 3 日（辛巳 十一日）星期一

　　晴,仍感春寒。晨候车入馆。办理杂事,星一积信多,照例特忙。为西谛写《中国历史参考图谱》题辞数百言,下午四时西谛来,即面奉之。今晚八九消寒会由余主值,谛适先约请客,不能到,甚感少兴耳。散馆后士畟、芷芬、漱、润先归,亦秀与偕、洗人、雪村、墨林、予同等乘公司汽车行,余与达君、圣陶、文彬以不克挤入,拟假新亚陈邦桢车一用,乃适缘他出未果,坐新亚客室约半小时,卒别雇出差车西行,到家已六时许矣,诸客俱集,小坐即入席。笑谈欢饮,几忘时艰之逼人矣。九时许散,车送客去,又少坐乃就卧。建昌、元铸两外孙俱感冒耽疾,清、汉皆未到馆。

## 3 月 4 日（壬午 十二日）星期二

　　晴旋霾,仍感寒。晨候车入馆。办理杂事。建、铸两孙仍未痊,建有肺炎现象,延杜克明诊之,打针后稍好,铸则呕吐不止,颇危。珏人午后往视之,夜八时始返。据云建则尚好,铸且危笃也。散馆后润在馆听予同课,余与漱先归。晓先、士秋俱来我家,因共小饮,七时三刻去。《大公报》载耿济之前日下午二时在沈阳因脑充血逝世,如震电,如堕冰,初疑传之非真也,乃电话其家询之,谓先后电告疾,今去电犹未得复,恐凶多吉少矣。九时许润儿归,盖听课后又往夜校授课始返耳。

## 3月5日(癸未 十三日)星期三

阴霾,近午晴。晨候车入馆。办理杂事。济之逝耗已证实,不图去冬一面便成永诀,伤已!铸孙弱质竟不胜病,今日上午十时化去,幸汉儿先由至诚伴返吾家,未见异状。当时接得电话,士敫即赶去料理,令华坤送普善山庄埋之。此儿苗壮异常,不图生甫八月,遽尔夭折,殊难免悲痛耳。下午颉刚来谈,有顷去。知昨甫自苏来,明晨即返,竟不获一饭,至怅也。冀野来谈,一时后去,知明日将往苏访书。出席经理室会议。散馆后拉芷芬归,与汉等共饮,藉解苦闷。西谛见过,因亦共酌,欲为济之谋身后,约明日午前来馆,与诸朋好一商之,八时许去。芷芬归视镇孙,汉儿挈鉴孙住我家。夜饭后绣君来,欲搜采道始著作,备提供当局参考,俾求末减,余以原藏《历代法家著述考》及《玉鉴堂所藏乡先哲书目》两书付之。

## 3月6日(甲申 十四日 惊蛰)星期四

昙,仍感冷。晨候车入馆。办理杂事。有曹迪莘慕翊者,乡人也,来投《中国历代社会科学史例目》,盖以《通考》、《通鉴》两书交织分类,用理论、法制、事实三部排比之,尚有意义。下午编审会即提出之,俟予同看后再说。西谛来,十二时与洗人、予同及余同过雪村饮,顺谈赙赠济之事,决定同人公赙外由公司凑足二百万元并

送其家,俟明日办理。散馆后乘公司车归。就家小饮。眷怀时局,
怒焉如捣,虽衔杯,殊难为欢也。

## 3 月 7 日(乙酉　十五日)星期五

晴,风吼有声。晨候车入馆。知达先昨日早退,归后即发壮
热,今日不能来馆,清儿因亦同仍滞家中也,即属纯嘉为延杜克明
医师往诊之。润儿去年曾照 X 光,谓肺部有黑点,今虽无异状,终
不放心,特令往四川北路市立第四医院复求照察。九时往,下午二
时始来,据云院中甚挤,先由内科诊察,再诣 X 光处照验,谓并无发
展。又告午间往饭清儿所,建孙已痊,达先热尚未退,克明亦尚未
往诊治也。下午四时雪村电话询克明,谓已往达先所诊过,仅为重
感冒,少过即无妨矣。为之一松。台湾激成民变,外省侨民死伤数
百人。允臧等乘中兴轮往,半途得耗折回吴淞两日,嗣得平靖讯,
乃复往。今日报载,中兴轮到,旅客中两要员即被殴死云。大为廑
虑,且深忧台地诸亲友之安全,即打电台店探询。(前已连发两电,
均不收急电,只收平电,今去电仍用平拍。)时局如此兀臬而当局迄
无悔祸之心,转以求快于异己,滥捕人民,吾诚难测其所届矣,为之
奈何! 散馆后漱儿邀芷、汉到家夜饭,并约濬、权同来,因与共饮。
八时权、濬先去,余与芷畅谈至九时半乃偕汉归去。

## 3 月 8 日(丙戌　十六日)星期六

晴,风吼如昨。晨候车入馆。处理杂事。清儿到馆,询悉达先
热已退,建孙全愈矣。士秋电话来,谓已为润儿在中山医院挂号,
可即往检查身体,因属即往,润遂与汉同去,陪同诊视。午后来馆,
谓所诊结果与昨日市立医院同,甚放心矣。(因过家,即就家午饭

乃来。)刚主偕金静庵(毓黻)来访,于《东北史》重印事有所商榷,开明允以版税方法接受之,移时即去。午饭讫,重庆中航公司田庆霖来访洗人,洗人因约余及芷芬同往永兴昌小饮,二时乃归馆。出席第十届第二次董事会,通过例案三件。散馆车归,与予同顺道往吊济之家,即以公司赙仪百伍拾万元及洗、雪、予、圣、孚、虞、莘、彬、达君与余五十万元(合二百万元)交其夫人,小坐即辞出。到家未黑,即小饮。夜与家人畅谈。得台店电讯,似局势已渐靖矣。

## 3月9日(丁亥　十七日)星期

晴,青寒仍烈。晨与珏人往巨鹿路吃面,冒风而行,甚感凛烈也。阅报知台事仍在进展中,祸患方扇,不知所届矣,未识当局者究作何计耳。十一时半步往西谛所,应其约,少坐,翦伯赞、周谷城至。有顷,丁丁山、王以中至。又有顷,予同至,壬竹素至,最后郭沫若至,遂团坐合饮,君箴与焉。欢谈至罍,三时始罢,诸客先后去,余于四时半乃行,仍步归。芷、汉来省,因与夜饮,九时许始辞去,余亦就卧。

## 3月10日(戊子　十八日)星期一

晴,仍寒。晨候车未至,七时四十分与均正、漱、润乘廿二路公共汽车到馆。办理杂事。达先已痊,今日来馆。以中来。叔旸来。台事又亟,已调两师往镇,恐治丝益棼耳。所念留彼诸戚友一时不得内渡,或将徒供牺牲也。瞆瞆者方谓敉平在即,吾真不知何见事如此之易耶。公司汽车迄未修好,须明日下午始克应用,深诧此次购车何以耽疾至此也。散馆后步归。入夜小饮。

## 3 月 11 日 (己丑　十九日) 星期二

晴,还暖。晨仍乘廿二路公共汽车到馆。办理杂事。此次公司增资一案已将应办各项妥备,交由朱承勋会计师,代办报部手续。台湾消息依然沉闷。雪村、雪山、士畯、清华等明日去杭转绍,约十日左右始返上海。明日植树节照章放假,乃当局颇见支吾也。待商务等各家之通知始决定布告,至感不快也。散馆后汉、润两儿以明日假,随晓先渡浦东,将游周浦,余则与洗人、达君、雪村、文彬、芷芬、予同、西谛乘两江汽车往祥经里参与圣陶所值之消寒会,亦秀、昌群二人被邀加入焉。六时开饮,八时许乃罢。九时始得公司汽车之迓,与予同、西谛、文彬、达君等归。昌群近作一文,题曰《"儿"之为语词起于汉魏历史语言之转变》,余读之深佩考证之详,强邀与伯赞刊诸新办之杂志。

## 3 月 12 日 (庚寅　二十) 星期三

晴融。晨与滋儿往巨籁达路北万新吃面,旋归。为明社消息写《我的自讼》,直至下午三时始成千五百言。四时半偕均正步往喇格纳小学应世璟之约。五时半均正、祖璋先后演讲,圣陶亦讲,盖圣陶与祖璋且先余与均正到彼也。七时就彼校夜饭,仍不废饮,饭后又谈,九时乃归。汉、润抵夜未归,或在周浦畅游,须明晨始返浦西乎?

## 3 月 13 日 (辛卯　廿一日) 星期四

晴暖,几不能御絮袍,夜仍寒。晨候车入馆。办理杂事。雪村、雪山、士畯、清华等昨日乘车返绍。下午校吕诚老《南北朝史》

第二十一章,仅馀一节未了矣。四时许昌群来,因电话西谛来会,五时偕昌群、洗人、予同、彬然共往永兴昌小饮。六时许西谛至,纵谈甚乐。七时许西谛、洗人、彬然过会宾楼贺田寿昌五十岁。余等仍少坐至八时乃散,昌群北归四川路,余雇街车径返,车夫滞延缓行,较徒步尤慢,抵家已九时矣。

## 3 月 14 日（壬辰　廿二日）星期五

晴,近午阴霾。晨候车入馆。办理杂事。午后出席编审会议。校毕诚老《南北朝史》廿一章。积稿尽矣。此批送出,可能促其续撰矣。卅六年度所利得税申报事限明日报出,今乃具陈各分支账表未齐,须展缓时日,不识现在当局究能领会此中意义否? 台讯沉寂。莫斯科外长会议提中国问题,掀起国内对立风潮,在朝者依美为重当然反对,在野者恶美之独占偏袒,自亦以提论为尚,至少亦可予美以反省,乃缴绕纷挈,甘自寻仇,徒暴露弱点而已。散馆后与汉、芷、漱、润同乘以归。入夜小饮,饮后与芷等长谈,八时芷、汉挈鉴孙归去。夜雨。

## 3 月 15 日（癸巳　廿三日）星期六

晨阴雨,午后略好,晚晴。候车出入。在馆办理杂事。国民党今日开六届三中全会。莫斯科外长会议邀中国派代表参加讨论中国问题。（此二事俱有时局决定性,恐均无终。）下午看夜报,果然得两要讯,一为三中会宣示对中共决主武力解决,一即拒绝派代表讨论中国问题耳。前途漫漫,其将永在黑漆中摸索前途乎? 晚归小饮,悲愤中烧,殊难为怀。

## 3 月 16 日 (甲午　廿四日) 星期

晴。晨与润、湜两儿挈锴孙往北万新吃早点。归途购报读之，知内战局面已臻不讳之境。长夜漫漫，诚不知报晓何日耳。十二时江家唤车邀余夫妇同往福州路万利酒家午饮，盖红蕉五十初度。(正日为廿六，今乘星期为之。)特治酒宴戚友也。至则圣陶一家、夏氏弘宁夫妇、文权、濬儿、芷芬、汉儿、漱石、漱儿、密先、鉴孙等俱在，凡列三席。二时罢，余与珏人及鉴儿乘三轮车归。少坐，即与润儿出外散步，由金神甫路至打浦桥，沿日晖港西行，循亚尔培路北归，四时许到家，濬、汉俱在，汉以事先归，濬则夜饭后始去。夜仍小饮，八时即寝。

## 3 月 17 日 (乙未　廿五日) 星期一

晴，仍感冷。晨候车入馆。办理杂事。时事日非，积忧成痞，中心郁结，百无聊赖，数年来虽处昏垫，尚冀天明，今则已矣，复何言哉！报载莫斯科会议，形势殊不佳，相激相荡，或且即燃世界第三次大战之大焰乎？民无噍类，不堪设想矣，为之奈何！散馆后乘车西迈，先送予同、调孚、均正分别访友，再送达君返，复送亦秀返，然后北驰至霞飞坊，到家已五时半。润儿随孝先往法藏寺访致觉，以其六十寿辰，拟约请素面也。夜小饮，饮后小坐即睡。

## 3 月 18 日 (丙申　廿六日) 星期二

晴，东南甚急。晨暮候车入馆返舍。到馆办事。下午出席人事委员会及经理室会议。校《我的自讼》。夜应红蕉约，登楼与圣陶、德生、至善、瑞生等欢饮，盖今日正值红蕉五十生辰也，但红蕉自己却临坐外出,谓有要事,竟未入坐,亦奇遇矣。汉儿从归,即住未回。

## 3月19日(丁酉　廿七日)星期三

晨雨旋昙,近午晴,气转暖,竟达华氏七十一度。朝暮候车出入,汉、漱、润从。到馆办杂事。《两晋南北朝史》十七章至廿一章清样已齐,即函送诚之,备续写馀稿。夜在家小饮。九时就寝。

## 3月20日(戊戌　廿八日)星期四

晨阴,闷郁,午后微雨霏霏不止。朝暮候车出入。到馆办杂事。下午出席编审会议。报载政府军攻入延安,中共中枢被毁,时局将大有转变,宜乎美国气焰日高,世界政局至感兀臬矣。接怀之十二日函并晤德斋之子自台来,得悉台变经过,怀、翼兄弟几罹不测,现在当渐安定耳。似此状况,终以内渡为宜也。散馆后应予同约,为消寒会圆场,即馆中令春华厨司主之。到洗人、圣陶、达君、西谛、文彬、芷芬、予同及余八人,并邀孝先、亦秀、彬然共参焉。八时散,先送洗人等返北,然后送余等西行,余到家,未及九时也。夜深雨。

## 3月21日(己亥　廿九日　春分)星期五

晨闷郁,午中放晴,气又转寒,宜疾病之多矣。候车入馆。办理杂事。看《曾文正日记》,适与马新贻交替时,观其卸篆入京述职度岁各事,颇见雍容。国际局势影响国内情况,殊见波谲云诡之观,其实事状之真相,洵已迷于播弄之魔掌,吾民任其颠倒推迁而已。散馆归。潜儿至,约明日晚饮其家,盖预孙十岁生辰也。即

## 3 月 22 日（庚子　三十日）星期六

　　晴，仍有料峭之感。晨候车入馆。办理杂事。午间永兴昌来收酒账，前日予同值会所叫，每斤竟达五千六百元，亦太贵矣。为明社分柬西谛、觉农、曙先，约下星二来店加入社中集团庆寿云。今日为预孙十岁生日，除清等一家归绍未与外，余与珏人、润、滋、湜三儿及芷芬、汉儿、漱儿、锴、鉴、永三孙暨漱石俱往吃面。余于散馆后步往。夜饭后长谈至八时，仍与润儿步归。明日漱、润将偕芷、汉及亦秀、纯嘉等往游南翔，故诸儿皆早寝。

## 3 月 23 日（辛丑　朔）星期

　　晴。清晨七时纯嘉车来，润、漱即偕弘宁夫妇同去，将过永丰坊接芷、汉及顯、锴等同游南翔。余坐憩室中，嚼茗自赏，偶拈一联云："万卷罗胸应有量，千态阅世岂无容。"颇堪作容翁注脚，旋以"态"字失调，遂改"千态"为"半生"，旋复改"半生"为"浮生"，"万卷"为"星斗"。拟属人书联悬座右也。午后渐阴，风亦渐紧，出散步，惧风而返。傍晚竟雨，幸漱、润等均安返，遂共进晚餐兼小饮焉。

## 3 月 24 日（壬寅　初二日）星期一

　　晨雨旋止，午中晴，薄暮又阴。朝候车不至，乃与漱、润乘廿二路公共汽车入馆。村、山、敫、清等仍未归。办理杂事。看《开明廿年纪念文集》。散馆后偕芷、汉等北夜饮芷所，盖洗人约饮贯宗元，便邀余及圣陶、孝先同坐也。未见之前孝先拉伯见来访，十年未见,扶病相过,甚感之。谈有顷去。饮后谈至九时半,乃与孝先辞出。汉儿送余归,留宿焉。

## 3月25日（癸卯　初三日）星期二

晴。晨候车来迟,而沿途又时停下修喇叭,抵亦秀家已将七时三刻,乃疾驱而行,接第二班同人。先后接到琴珠、调孚、达君、芳娟、守勤及履善,比到馆,已八时三十五分矣。复出,与达君、亦秀、汉儿过顺泰祥吃面。返馆办理杂事。午后士敫来,刚自杭州归沪。其后雪村亦至。建功、曙先来,颉刚来。谈有顷,颉刚去,余亦过文彬看画。四时许车接予同至,西谛亦来。五时半明社开会,为同人之年登整秩者（如予同五十,通如四十,士敫、清华、青轩、圣康、润德等九人三十,琴珠等四人二十,凡十五人应寿）称觞集庆,并邀西谛、曙先、觉农（均五十,觉农谢未至）同莅欢饮焉。七时酒罢,开始馀兴,汉、漱、润均有表现,最后有欧阳文彬、张无垢、陈贤辉、陈守勤演出之独幕剧《未婚夫妻》,直至九时乃散归。润儿偕士敫等还宿永丰坊。

## 3月26日（甲辰　初四日）星期三

晴,午后阴。晨候车入馆。办理杂事。午后刚主见过,约明午蜀腴宴饮,盖金静庵所邀兼及雪村、予同、洗人、西谛云。出席明社交替会议,余监事任满,例得谢遣也。散馆后候车,至五时乃开,到家小饮。饮后文权、潏儿来省。看颉刚《当代中国史学》,此书虽小本薄帙,而叙述简要,条理清楚,于近数十年来史学各方面之发展获一概况,至餍望也。夜雨。

## 3 月 27 日（乙巳　初五日）星期四

阴雨。晨候车入馆，过接予同。到馆办理杂事。午刻与洗人、雪村、予同赴蜀腴金、谢之约，到张乾若、徐森玉、陈济川、张君（招商局）及丁贵堂诸客。饮后又长谈编印《东北史料丛书》诸事，主人金君为东北史研究之权威，谢君亦为史学界名宿，宾客中乾若为方志学权威，而森玉精博无伦，尤今之晓岚、潜研也，所惜开明能力有限，未能副学术界之厚望耳。二时返馆，出席编审会议。叔旸来。散馆后候车归。夜仍小饮。看毕颉刚之《当代中国史学》，即转假与予同。

## 3 月 28 日（丙午　初六日）星期五

晨湿阴，旋放晴。七时半来，即乘以入馆。办理杂事。发布告，明日青年节放假。属芷芬伴润、滋于明日赴苏扫墓，火车票难购之极，托同仁俞承荫设法仍无结果，但明晨到站再说，转有办法云。午前芷芬之侄默庵来，因与芷偕渠往永兴昌小饮，遇屈季洪。三十馀年未见，询知已六十四岁矣。回忆少年朋游，半登鬼录，若季洪者与硕民、俊美诸人诚鲁殿灵光哉。以是倍感惆怅，转致多饮，下午二时始返馆。出席经理室会议。散馆后乘公司车归。士㪽、汉儿、亦秀偕返，适浒关薛氏表侄女及其子来，因共小饮。饮后薛氏表侄女等去，㪽等仍留，九时亦秀去，㪽、汉、润、滋及顯、鉴两孙亦去，盖润等明晨去苏，今晚并住永丰坊，备破晓即上车站也。胡生嘉芳自去年冬至来受课后一别迄兹，未尝有音讯，方念之昨有书告冬至之翌日突吐血，经医诊治，谓系急性肺结核，即入院住，初发高热，卧七星期始脱险境，近方出院，返同顺花号云。因复书慰勉,属一切静摄,勿多虑。雪村住屋三山会馆久已示意另订新约,不过小费点缀即可集事,乃一再迁延,不肯示弱,今竟涉讼矣。往事牵连,可为担心,而当事者迷信讼笔,一若当轴之迷信武力然,奈何?

## 3 月 29 日(丁未　初七日)星期六

晴朗,诚得春融之境矣。上午展玩《故宫周刊》,历三时,竟忘倦,及珏人呼饭始已。饭后复看。承荫来访,据告破晓即在北车站候芷芬、润、滋,虽未得对号车票,然已送上特别快车,可在车上补票,特以见告,俾释念云。至以为感。小坐即去,余复展《周刊》,至四时尚未尽上册也。出门小步,历半小时即返。湜儿下午往看电影,居然独自买票往来。其初颇不放心,姑试之,及五时安然归,殊引慰也。傍晚小饮。夜小坐,八时即睡。(是晨曾与珏人、漱石、湜儿、锴孙赴北万新早点。)

## 3 月 30 日(戊申　初八日)星期

晴。晨阅《文汇报》,知昨日苏州车站有军人滋事,各班车为之误点多时云。殊为芷、润、滋、顕等担心,不识能免周折耽误否。饬湜儿往潜儿所告昨日顕孙登车状,顺令过省修妹,送钱去,锴孙偕去,姑听之。有顷,潜儿来,盖途中相左未遇湜、锴,即令返晤矣。饭后湜、锴归,云在潜所吃饭,修处亦已去过,甚慰。潜言接扬州电报,知聂老太太病危,文杰、文权兄弟昨日夜车赶回探视,不识吉凶何如耳。仍展看《故宫周刊》并手录《乾隆御题雕牙月曼清游十二月景廿四绝》于别册。珏人为余理发,顺便修容。夜小饮。坐候润、滋等,至九时知无法购票,或须明日返家矣,十时乃寝。

## 3 月 31 日(己酉 初九日)星期一

晴,夜雨。晨候车入馆,顺送永孺至铭青所,就其祖母漱石小住,盖铭青全家返无锡、苏州扫墓游览,先期属漱石留彼看守也。到馆后办理杂事。漱玉语余润等曾在其家晤及,知今日或能返沪,但究否得票则不可知耳。散馆后归。傍晚小饮。以为润等今日未必归来矣,乃饭未罢而叩门声急,顯孙偕润、滋两儿竟归。询悉在苏畅游且扫墓诸事俱顺利办妥,至慰。夜饭后饬滋儿送顯孙归去。据告文权尚未返沪,不识聂太夫人病势究如何也。漱儿今夜住永丰坊清儿所。

## 4 月 1 日(庚戌 初十日)星期二

阴雨,午前风吼,午后时雨时止,傍晚霁。晨候车入馆。办理杂事。看《汉晋学术编年》。嘉禾来。仲华来。散馆后漱儿仍往宿清所,余与润儿乘公司车归。入夜小饮。滋儿夜访澘儿,询其尊姑病状好转否。夜月色甚姣,饭后与珏人散步里左以赏之归,未久滋返告文权仍未来沪也。

## 4 月 2 日(辛亥 十一日)星期三

晴。晨候车入馆。办理杂事。编发通信录第九号。散馆后应雪村招,与予同过饮其家,未几,圣陶至,又有顷,西谛、建功至,盖建功即将赴台北雪村饯之也,夜饭后长谈既又同往来薰阁小坐,看建功之祖训孙长卷,十时半始乘人力车归。知澘儿曾来,文权昨夜已返,告知其母病已愈矣,甚慰。是日家中以清明祀先,即由滋儿主之,夜唤诸婿女小饮,芷、汉以鉴孙归后出痧子未克来,敔、清则十时始归去云。

## 4月3日(壬子　十二日)星期四

　　晴,傍晚风霾,月上又转姣矣。晨暮候车往返。在馆办理杂事。绍虞不欲每日到馆,屡以为言,今日已决定自本月起改任特约编辑,不必依时签到,按月改脩卅万金以酬之。薄暮小饮,饮后与湜儿散步于里左。八时就卧,文权、潜儿来省,竟以睡去,未之晤。鉴孙痧子已出齐,将回,经过甚好。上午曾与洗人、达君、芷芬、达先、纯嘉驱车往宝山路、鸿兴路看新屋,备馆中添租,但未有成议。

## 4月4日(癸丑　十三日)星期五

　　晴,北风如吼。晨候车入馆。办理杂事。接翼之三月廿九信,知遭乱,几致被戕,现正觅便求内渡云。公挽济之一联及其先吊礼一份,均正送出。散馆后待建功来馆,五时半始同乘往庙弄与洗人、圣陶、达君、雪村、予同、亦秀、芷芬共应西谛之宴。饮后雪村、芷芬送建功先行。有顷,洗人、圣陶亦归,余与予同饱看其所征《图谱》题辞,至九时三刻乃辞出,达君与亦秀同去,余则与予同步至西摩路、福煦路,同乘廿四路电车以归。到家已十时许矣。浒关乡亲薛中立住余所,盖学业未安,仍将返里也。

## 4月5日(甲寅　十四日　清明)星期六

　　晴,有风,早晚甚冷。晨候车入馆。办理杂事。十时卅分,偕洗人、雪村、予同、绍虞、达君往静安寺吊济之,陡忆去岁仲足席散同步返寓时情景,不觉悲从中来,十分难过。又于寺中遇颂华,扶病相将,几同木乃伊。晤谈之顷,益感韶华早逝,人生无常。少坐便返馆,午饭几难下咽也。散馆后出席业务会议第十二次常会,办事时间即将增长一小时矣。明明使同人多耗日力而当事者惺惺作态,架词耸听,殊令人不快耳。六时半就馆晚饭,藉便小饮。八时过雪村家候车,俟先送永丰坊诸人归去后来接,比余到家,已九时半矣。知珏人又发热早睡,中立则已归去。稍坐饮茶,十时许始寝。

## 4 月 6 日(乙卯　十五日)星期

　　晴朗。竟日未出。上午展玩《故宫周刊》,虽竟册,仍不免走马看花耳。午前清儿至,因共饭,带来广东馄饨,即与珏人煮而分享焉。下午三时芷芬来,知达先已早出见过其家,将于傍晚来,炳生则入夜自至也。六时许炳生至,因与清、敫、芷共饮,饮后畅谈,文权与濬儿来,遂合坐欢叙,惟锴孙顽劣殊甚,乘机胡闹则颇为不快耳。九时许权等皆去,余亦以多话感疲,即就睡。

## 4 月 7 日(丙辰　十六日)星期一

　　上午昙,下午晴。候车入馆。办理杂事。午后出席人事委员会及经理室会议,加钟点事决自十一日布告实行,当事者心愿了矣。又修改组织系统,有人主张图书馆夷为编校部属课,甚且有人主废入编校部者。余力主仍旧不免动气,虽无由骤更,而势局犹未稳,诚未审诸公何不重视文府至此也,岂有所不惜于余耶?果尔则未可长此安居矣。散馆后第一次昆曲组开习,余首先签名加入,以兴趣不属仍附车先归。薄暮小饮。润、滋俱应濬招往看电影且夜饭其家。

## 4月8日(丁巳 十七日)星期二

阴,午后晴。晨候车入馆。办理杂事。午间与达君、彬然同至云南路老裕泰吃酒,专为前面弄口牛肉摊之牛肉汤而然,果尝异味,极满意,一时半返馆。图书馆整理存稿,发见渝来竹箱生蠹,即撤下剔除之,仍属炳炎用DDT喷射之,不识获免否耳。散馆后与雪村、雪山、洗人、圣陶、达君、芷芬应陈邦桢之约过饮大新街悦宾楼,文彬、冰严、遇羲作陪,六时许始开饮,八时许乃罢,即乘车送洗等返永丰坊,然后与达君西驰径归。

## 4月9日(戊午 十八日)星期三

初阴,近午便晴。晨候车入馆。办理杂事。午公司宴请张屏翰、武兰谷、张雄飞、周家凤、陈邦桢于聚丰园,洗人、雪村、雪山、敏逊、芷芬及余咸参焉。二时许返馆。今日其先开吊,竟以时间不及,未果往,甚歉。看陈寅恪《唐代政治史述论稿》。散馆后本须参加昆曲组练习,以急欲返,仍乘公司车归。入暮小饮。夜饭后文权、濬儿来省,坐久乃去。

## 4月10日(己未 十九日)星期四

晴。晨暮俱候车出入。在馆办理杂事。下午出席编审会议及经理室会议,通过推广总领及决定派雪舟兼渝经理,主持就地造货事宜,并略定巡视分店时注意事项,交雪村、芷芬参考。薄暮小饮,士畋来,因共饮,长谈,夜八时乃去。看《唐代政治史述论稿》,十时寝。

## 4 月 11 日（庚申　二十日）星期五

　　晴。今日起公司办公时间加长一时,上午八时起至下午五时止,西区同人接送车并成一班,晨七时半自达君所开出,七时五十分始到霞飞坊,径行驰馆,恰恰八时,甚巧也。到馆办杂事。看《唐代政治史述论稿》。散馆后参加练习昆曲,坐旁听笛而已。同列有亦秀、彦生、至善、汉华、漱玉等。六时先行过雪村饮,芷芬、士敫俱在。肴有清蒸圆菜,极腴美,饮后畅谈。八时车来,盖调孚在大利酒楼酬应,顺以相迓耳,遂先送芷、敫归永丰坊,然后西行。余到家,调孚乃独自北归矣。就灯看毕《唐代政治史述论稿》中篇,十时始寝。

## 4 月 12 日（辛酉　廿一日）星期六

　　晴。晨候车入馆。办理杂事。寄怀、翼。午与洗人、予同、芷芬往金隆街永茂昌小饮,属堂役于陆稿荐购酱汁肉二十块、山东高脚馒头十枚,共啖之,一时许乃返馆。三时出席董事会通过上半年概算及修改组织系统。散馆后就雪村所为村、芷钱行,到洗人、圣陶、予同、达君、五良及余,饮后谈,洗等先行,余与予同、达君俟回车再行,到家已九时矣。

## 4 月 13 日（壬戌　廿二日）星期

　　晴,傍微翳,偶见雨点。晨七时半车来,调孚父子、达君三子均在,惟达君以偶感不适未至,余以车挤,先遣漱、滋别车赴馆。（润昨住永丰坊,今与清、汉等俱。）而身偕珏人挈湜儿、鉴孙登车。有顷,均正夫妇及一女至,遂径驶入馆,诸同人已齐集,分乘卡车两辆(由纯嘉商借而来)、吉普卡一辆、新式轿车一辆(此两辆由华文陆惠泉借与并亲来开车),于八时出发。余与洗人、圣陶、雪山、调孚被惠泉所拉,即坐其轿车中,经由大西路青沪公路直指青浦县,九时半抵城东艮成门下车,入城憩于中山公园。园中颇饶林木池台之胜,惜兵劫频乘,败坏颇多,较整之屋则为县商会及各同业公会所占用。啜著于凝禧堂,读所悬长联,知为王兰泉故业,不禁低徊久之。旋出园阅市,至十一时复登车东南行,历一时许抵佘山之麓。佘山本占七峰三泖之胜,明陈眉公所隐处,山多竹,其笋有兰气,故有兰笋山之目。今山巅为法籍天主堂所占,建有教堂、天文台及圣像等。余与洗人、圣陶就山椒草店曰合意馆者小坐,出所携瓶酒,呼山笋鱼鳝杂下之,竟不饭,饭后登山,仅瞻及圣像而已。盖教士畏人多滋扰,故例假日概拒绝参观耳。二时归,仍乘车由原路行至海格路,余与家人及一部分住于南区者并车转驶霞飞路,五时许遂安抵寓所。惟公路中桥梁多危,辄下车放空车过,且颇颠顿,故到家反感倦劳矣。入夜仍小饮,八时就寝。

## 4 月 14 日(癸亥　廿三日)星期一

晴。晨候车入馆。办理杂事。午后出席经理室会议。明日飞汉票已购到两张,雪村与芷芬将于黎明成行。昨日祥经里白天失窃,沈永清家受害尤烈,计损失近二百万云。彼处环境恶劣,穴墙掠锁之事数作,惟此次最为大患耳。若不亟谋守护,我恐日偷日大,终将于奥灾也,未审洗人等有鉴及此否。散馆后待车久,至五时三刻乃得乘以归。润儿昨游甚累,当夜即发热早睡,今晨勉出,至十时不支先返,及余归,询之尚无大苦,热且退矣。入夜小饮。看毕陈寅恪《唐代政治史述论稿》全书三卷,于唐代内政得失及与外族连环关系言之綦切,至堪引佩。

## 4 月 15 日（甲子 廿四日）星期二

晴。晨候车入馆。始用夏令时间。办理杂事。雪村、芷芬今晨六时乘中航机赴汉。上午梦九之女在蕙偕其婿来,出梦九书并飞卿所著《康庄》请印,余受书与谈,约提会决定后径复梦九,少坐辞去。下午出席人事会议。复嘉源,嘉源昨有书至,托为其妹求事,珏人意可招之来沪,徐为图之。因以此意复之。散馆归。车甚挤,晓先偕返,其夫人及两子皆先在,为具膳供之,余仍小饮,以坛酒不宜启封,别购四川大曲饮焉。夜饭后珏人率滋、湜两儿往辣斐大戏院看沫若所编歌剧《棠棣之花》。（西谛来馆,承以所印版画第五集见贻。）谱聂嫈与聂政事,十二时始归。晓先一门九时去,余即睡,比珏人等归,始觉知睡后浒关薛氏表侄女又挈其子中立及女与外孙来,余竟未之先晓也,珏人为治卧具留待焉。

## 4 月 16 日（乙丑 廿五日）星期三

晴。晨起与乡亲谈,知其女嫁东桥朱大材,当地中心国民学校六年级级任。朱翁名鼎明,悬壶应世者也。候车入馆,办杂事。午请钱歌川便饭,洗人邀余及雪山、圣陶、孝先同往聚昌馆。下午二时返馆,出席经理室会议。在路中地摊上购得石印《圣谕像解》一部,在昔冷摊无人过问之书如此者直才银币数角耳,今竟以法币万五千元易之,足觇世变矣。散馆归小饮。夜少坐便睡,盖日未出前即起,竟难再支耳。

## 4 月 17 日（丙寅　廿六日）星期四

晴，薄暮翳，甚闷，恐将致雨矣。晨候车入馆。办理杂事。拟订组织大纲、经理室会议、业务会议、工作会议等章程四份，备洗人等核议。昌群来馆，约余与圣陶、予同往永兴昌小饮并电话约西谛来会。散馆后去，西谛已先在，乃共饮纵谈，七时始散，余与予同步以归。到家已八时许矣。接勘初柬，知其子济华将于四月廿七日在苏结婚。

## 4 月 18 日（丁卯　廿七日）星期五

晨雨，近午晴。候车入馆。办理杂事。散馆后与达君、彦生、亦秀、至善、汉儿同拍曲子，六时半达君夫人至，七时半散，同过悦宾楼小酌，并拉晓先、纯嘉及润儿偕往，九时许始罢，仍乘公司车归。

## 4 月 19 日（戊辰　廿八日）星期六

晴融。晨候车入馆。办理杂事。午间与洗人、达轩、予同、达君过永兴昌小饮。二时返馆。出席经理室会议，通过组织大纲、经理室会议章程、业务会议章程、工作会议章程诸修正草案，备提董事会，并讨论整理章则通例。散馆后仍候车归。夜小饮。饭后与表侄女等谈，切实令化导其子。

## 4 月 20 日（己巳　廿九日）星期

晴，近午起阵，粗点雨略见即止，午后乍阴乍晴，终晴。上午随手整架。士敩、清儿挈建孙并女佣来，因共饭。午后清儿往贺其师余之界结婚,余与士敫、润儿闲步西迈,循辣斐德路、贝当路迤逦至徐家汇阅市,至唐家西乃折回,乘廿二路公共汽车以归。五时后清儿返,乃共夜饭小饮焉。七时许敫、清等归去。余看《版画史图谱》及《圣谕像解》,至十一时乃睡。

## 4 月 21 日(庚午　朔　谷雨)星期一

晴,颇寒冷。晨候车入馆。办理杂事。编发通讯录十二号。接芝信及汉口电,知昨日已乘粤汉车赴长沙矣。下午西谛来馆,面索济之纪念文字,须明晨交卷。散馆后以贺仪六万元并敫、清四万元交润儿,先行专赴法藏寺谒致觉,托其携归苏州代致勖初贺其郎婚礼。余留馆与圣陶父子、亦秀、汉儿拍曲《望乡》、《游园》,居然上口矣。八时始车送圣等归永丰坊,然后与亦秀转车西迈,比到家,已将九时,仍小饮。十时后乃寝。

## 4 月 22 日(辛未　初二日)星期二

晴冷。晨暮候车出入。在馆办理杂事。午后出席经理室会议,解决要案多件。归后小饮。耿纪念文竟未能写,书答西谛乞恕。中立等一行尚未去,又介绍一女佣来,适武若家需人,因转介之,至善来夏家,遂托带去。

## 4 月 23 日(壬申　初三日)星期三

晨细雨旋加密,近午晴,午后又阴,不再雨,惟气益冷,须御重棉也。朝候车入馆。办理诸杂事。中立等一行今晨辞归。下午四时以中见过,谈至六时乃去。守宪来参加六时半明社大会并纪念丐公逝世周年。六时就馆饭。依时开会,洗人、圣陶、守宪及余与

予同、调孚、彬然、振甫先后述丐公生平轶事,八时续讨论社务,颇
有热烈建议,而平日唱高调之流反多潜出往辣斐戏院看话剧者,殊
堪叹恨耳。九时散,仍候车以归。

## 4 月 24 日(癸酉　初四日)星期四

晨雨,午后晴,气仍冷。朝候车入馆。办理杂事。到馆后润儿
以参加话剧之排演留馆,余与漱儿仍乘馆车返。入暮小饮。润儿
十时始归。

## 4 月 25 日(甲戌　初五日)星期五

阴霾竟日。晨候车入馆。办理杂事。午与洗人、达君、亦秀小
饮于悦宾楼,点菜甚佳,午后二时许始返馆。下午出席经理室会
议,四时散。散馆后本待拍曲,沈德昌亦来,乃拍师未至,坐候至六
时半即偕亦秀、德昌、汉儿过饮永兴昌,八时半散,乘人力车归。润
儿以学习速记尚未返,良久乃归。云章之老太太来,知云章滞汉
云,即住一宵。

## 4 月 26 日(乙亥　初六日)星期六

晴。晨暮俱候车出入。在馆办杂事。看钱子泉《古籍举要》。
华西、金陵、齐鲁三大学《国学研究汇刊》第一期已印好,由调孚交
来,并华文、大同两帐单。(先来样书,馀书俟装径运,系前汇来三百
万元,华文答应了帐,若照帐面算,尚少八十万八千二百五十元也,
其外封面锌版费及装运费须另加,俟实支后再核。)因即作函寄小
缘,俾告一结束,庶有对颉刚七年前付托之重积载蕴结,为之一舒
矣。薄暮在家小饮。润儿以排练话剧晏归,只索住祥经里汉儿所。

## 4 月 27 日（丙子　初七日）星期

晨雨终霾。今日珏人本拟偕滋儿往汉儿所看鉴孙，以阻雨未克行。十一时亦秀叩门来，谓得汉电话，特属邀同珏人前往也。时适雨止，乃从之同去，乘三轮车以行，锴孙随焉。午裹馄饨为餐。木匠金生来修门。业熊之友吴恺玄来访，吴君在香港与业熊同事，今调任京沪、沪杭两路管理局专员，前已来馆请谒，今特过访，甚感之，以方食，遂分馄饨餉之。午后与谈，移时乃去。钞宋漫堂本《文渊阁书目》四页，已将四时，颇觉疲倦，遂止。入暮小饮。夜饭后少坐即睡。珏人、润儿九时许始归。

## 4 月 28 日（丁丑　初八日）星期一

晴，气较暖。晨候车入馆。办理杂事，以星一故特忙。今日精神欠佳，强支以行。午间馆中请广西文化供应社赵晓恩拉余同往饭于聚昌馆，同坐为洗人、雪山、彬然、光暄、伯泉等。雁冰已自莫斯科归，今晨来馆，与畅谈，于彼邦努力建设之绩言之亹亹，返视己土如此，不务上而好内战，坐令复兴之机纵送而去，思之真欲哭无泪矣。散馆后本应拍曲，以心神不振，附车即归。入暮小饮。夜坐默念，杞忧殊甚，不自知不快之情究自何来也。

## 4 月 29 日（戊寅　初九日）星期二

晴暖如昨，傍晚细雨即止。晨候车入馆。办理杂事。徐少眉自香港来访，谈有顷去。十二时洗人、雪村、敏逊及余过中洲旅馆看少眉，启堂同往聚昌馆小饮，遇润孙、宝忠、贤佐、铭书。二时半始散，即返馆。出席经理室会议，决定五月一日起书价增五成，并检讨雪山对工作会议之态度也。散馆后乘车归,适西谛见过,因共载焉。夜在家小饮。润儿以排戏故,今晚仍住汉儿所。灯下续钞《文渊阁书目》一页。书巢积久不理,余又不能常登,日即凌乱,饬润儿整治之,亦以耽事未克行,今日改命滋儿着手扫除,尘埃为之一清,将连续整治一星期,庶可就理云。

## 4月30日（己卯　初十日）星期三

晨阴旋晴,深夜雨。旦暮候车出入。在馆中办理杂事。汉儿挈鉴孙来馆,下午四时先行,返霞飞坊。夜与清、汉、漱、敫、润、滋、湜诸儿等小饮吃面,因今日为漱儿生日,先期邀来者,文权、潜儿则以硕孙有疾未至,仅遣顯、预两孙来耳。夜饭后复长谈,八时许滋儿送顯、预归去。九时许,敫、清、汉、鉴亦辞归。

## 5月1日（庚辰　十一日）星期四

阴雨。晨钞《文渊阁书目》两页。看钱子泉《后东塾读书记》。十时雨中与珏人共乘三轮车出,经指福州路雪村家,漱石、漱儿及永孙别乘以从,盖敫、清今年三十庆寿,今日又为结缡六年纪念,因择于此日设筵享客也。到余夫妇、润儿、漱石、漱儿、永孙、文权、潜儿、汉儿、鉴孙、洗人夫妇、墨林、至善、至诚、彬然夫妇、又新夫妇、雪山、士仙父子、亦秀、锡光夫妇及其子弼臣、伯泉等,凡列四席。二时许散,士敫雇汽车送余等归。今日为世界劳动节,政府为装点民主外貌计,今年特见热闹,举凡印刷、制造等产业工人当然参加外,浴室、理发、酒菜等业均停业相从,爆竹、龙灯、掉狮及抹花脸等等鱼龙杂戏毕陈,行列塞途,余等车辆几不达,极感窒息。盖政府御用使然,竟失原始本意矣,若夫天下太平,则此等季节故为美化,如屈子投渊之饰为端午竞渡,亦未始不可,其奈今非其时乎? 转见歪曲操纵强抑真正民意耳。入暮仍小饮。夜小坐即睡。

## 5 月 2 日 (辛巳 十二日) 星期五

阴雨。晨起,以精神欠佳,属润儿入馆请假,遂未往。手钞漫堂本《文渊阁书目》。阅报知白崇禧在立法院公开报告,主张军事第一,必以武力消灭中共始可谈民主云云。直是狂吠,岂但失礼而已。以如此反动之人而令长国防,谁实为之戎首攸归,莫谓小民可欺,天且褫其魄矣。同载晶华玻璃厂以昨日有未加入工会之工人照常上工,竟为二百馀暴徒拥入捣毁,虽私人住宅之灵座亦不免。利用特务至于如此,尚得谓之有天日哉! 米价愈抑愈高,白元每石已达廿八万,白粳亦已售廿四万矣。综观事实,盱衡局势,万无可延内战之理,而当局执迷不悟,必欲自趋崩溃,徒苦我民耳。若辈之肉其足食乎? 午后小睡以休。潎儿、铭青先后来,铭青以遭人恐吓索诈,寄箱于漱石,少坐便去。潎儿则晚饭后乃归。漱、润散馆归,携呈代收信两件,一为梦九复函,仍托为飞卿之书谋出路,一则孙孺忱讣告。夜不废小饮。九时就寝。

## 5 月 3 日 (壬午 十三日) 星期六

晴,气又转冷,重棉犹嫌单弱也。晨候车入馆。办理杂事。看钱子泉《后东塾读书记》。午后出席经理室会议。雁冰来馆,谈久乃去。力子今日来沪,为其侄主婚,余与洗人、圣陶、予同、达君、彬然、雪村、雪山具贺仪四十万,由洗人袖致之。余与彬然未往贺,他皆趋贺。散馆后与漱儿仍候车归。润儿则以排戏故,今晚又住永丰坊矣。夜小饮。未入馆前钞《文渊阁书目》两页。

## 5 月 4 日（癸未　十四日）星期

阴阴，偶见细雨。晨钞《文渊阁书目》。十时许阿二车来，即偕珏人漱、滋两儿及夏、江二家共乘以往祥经里叶家贺至善三十初度，而本日适又为余夫妇结缡卅六周年纪念也，天虽阴而精神却愉快。途遇五四青年节，公共交通器具上所揭之标语首为"和平统一"、"科学民主"、"反对内战"、"反对征兵"等等，足见一般人心莫不祈求祥和矣。到祥经里后与洗人、彬然等谈，过午乃合，圣陶亦自文协赶归，润儿亦自外到临，男女宾客凡五席，二时许始罢。朱宅有电话召阿二车，余因独乘以归。小坐后出散步阅市。薄暮珏人偕夏师母等归。入夜仍小饮。漱、润、滋三儿十时始自清儿所返。文权、潜儿夜饭后来，九时许去。淑倬来告，仲弟之枢已卜葬于江湾保安公墓，定二十一日上午下窆云。时乱世荒，克早日安葬，亦了一心事也。翎原增痛，思之无益，亦惟有忍焉求弭也耳。

## 5 月 5 日（甲申　十五日）星期一

阴霾竟日。晨候车入馆。办理杂事。同光自浦江来，久不晤，甚念之，突来，殊出望外也。下午子敦、雁冰夫妇先后来，五时雁夫妇赴宴去，子敦仍留，及散馆，孝先陪之谈，余与漱、润两儿乘车归。本当随同亦秀等拍曲，以精神欠佳径返，约星五再共同参加云。入夜小饮。饭后手钞《文渊阁书目》一页，九时许寝。昨日青年之贴反内战标语者，又有被警殴伤情事，实堪痛恨。

## 5 月 6 日（乙酉　十六日　立夏）星期二

阴雨。晨起手钞《文渊阁书目》两页。依时候车入馆。办理杂事。各报均载太原即将失陷,共军在晋已占绝对优势云云。然则平日主张军事第一且自诩六个月内消灭中共之流亦可憬然悟矣。奈何甘心作石敬瑭,奉美国为第二契丹乎! 午后本须开经理室会议,以洗人出席书业同业公会,四时始返,遂延会。今日立夏,馆中同人皆就磅称衡体重并由公司备咸蛋各赠一枚也。余去年体重为一二一磅,今为一三二磅,居然增重十一磅矣,不无引慰耳。散馆值大雨,仍乘公司汽车以归。夜小饮。铭青来馆,托划款二千万去台北购货,电已拟就,渐霖来电话止之,盖前途货已售去,须后再办也。夜饭后又钞《文渊阁书目》一页。

## 5 月 7 日 (丙戌　十七日) 星期三

阴雨延绵。晨候车入馆。办理杂事。未入馆前钞《文渊阁书目》二页。铭青来取还汇款,决停汇矣。甫辞去,即接翼之台北电,明晨即抵沪船靠金利源码头,属铭青届时往接云,因于午后饬金才转去。下午三时出席经理室会议,延续三小时散馆乃毕,极疲。以中来谈。傍晚乘车归,即小饮。汉儿昨受凉,今未来馆。润儿以排戏,九时三刻乃归。滋儿偕友出看电影,则十一时始归也。夜饭后手钞《文渊阁书目》一页,全书将及半矣。

## 5 月 8 日 (丁亥　十八日) 星期四

晴又冷,傍晚雨旋止。晨昏候车入馆。办理诸杂事。致书李小缘结帐,尚短廿九万馀元,请归垫。午后翼之、铭青等来馆相视,盖今晨甫由台北归来也,谈遇险事甚悉。此次台变实为日人之地下工作而中央漫不加察,致滋惨剧贻祸良民,言之深慨,四时辞去。散馆后出席第十三次业务会议常会,八时始毕。翼之电话约往吃酒,竟以时不及,谢之,即在馆小饮,十时乃归。

## 5月9日(戊子 十九日)星期五

阴雨,午后晴,夜深又雨。晨候车入馆。办理杂事。复勖初。
汉儿今日又未到馆,据云卧床未起也。迩来伊体日见瘦削,殊以为
虑。午后济华来访,谈移时乃去。同光来,因与洗人、予同共往永
兴昌小饮。是日曲期以约翼之在家叙谈又缺席,仍乘公司车归。
至则翼之已在,遂与共饮,畅谈一切,颇及索非、允臧近状,良用浩
叹。士秋来。八时许士秋去。九时翼之去,仍住铭青所。十时许
就寝。

## 5月10日(己丑 二十日)星期六

阴雨,午后晴。晨候车至八时,达君等雇亿太车过里口,谓公
司车已坏待修不能行,特相告,然白牌车例止乘七人,车中已有六
人,独余攀登,均正、漱、润等俱未附此,别觅车行。到馆已逾时,坐
定,见车夫报告一两日内恐无法使用也。在馆办理杂事。沪杭车
今日只开至嘉兴,以金华英士大学学生反对迁校入京请愿已行抵
临平,当局为拒绝接见计,阻止无方,竟将路轨折断也。以此孖如
本约昨日至未果,一鸣须返上虞续弦,只得改道宁波转入矣。开明
一局部已受累如此,从而推之,正不知影响何若。向怪中共扒路,
政府必欲牺牲一切企图打通,今在直接控制区中竟为若干学生之
请愿转将畅通之路横使不通,低能可笑,尚有甚于此者乎? 不通者
强欲使通,通者必欲硬令不通,诚所谓荒天下之大唐矣。米价日
腾,抢米风潮已遍染各地,堂堂首都亦不免。当局处此严重关头,
其将何以善其后乎? 四时半即行,仍步归。翼之本云下星二去苏,

乃今午得铭青电话,已于今晨九时乘车归去矣。想归心如箭,宜有此乎?入夜小饮。琴珠、无垢来,各捉一小猫去。汉儿今日仍未来馆,询之清儿,据云近又怀孕,以厌恶多子,故服奎宁丸六颗,竟下胎,幸身体尚安,坚嘱卧床暂息,弗令到馆也,是诚不幸消息矣。

## 5 月 11 日(庚寅　廿一日)星期

晴,较昨为暖。清晨七时珏人即率润、湜两儿往福煦路保安公墓事务所,会同弟妇毓玲及涵、淑两侄共乘该所公车径赴吴淞镇西南杨行之保安公墓送仲弟入葬。灵柩先行运往,今日上午十时半登位。(墓穴为禄字七百七十八号。)余以须公祭丏尊逝世周年,未克往送也。今日新闻报罢工,报贩遍写"打倒詹文浒"标语,可见党混子之无耻剥削终遭摧挫耳。十一时步往法藏寺,与圣陶、洗人、达君、调孚、雪山、必陶、彬然、士敫、同光、予同、祖璋等会,公祭丏尊。过访致觉,于藏经会长谈。午饭寺中,与红蕉、圣陶、洗人、雪山、调孚、彬然、达君、予同、同光等同席。饭后偕洗、圣、光、孚、达、山步至复兴公园看莳花展览会(官方所办),入园券外须另购展览入门券一千元,并无奇卉可品,还以黄园所栽盆花如月季、杜鹃之类差足当意耳。一巡而出,热甚,各分道归。到家见汉儿挈鉴孙在,盖今日往杜克明所诊治,顺道来家也。体气尚佳,惟知珏人等归道往访,致相左不遇,则感不安也。余因属漱儿出,假电话通知清儿,令即奉母归来。三时半乃返,四时士敫至,今日为其生日,遂购面飨家人。五时许,余出赴西谛看佣读画约,至则达君已先在,未几,予同、亦秀先后至,乃小饮长谈,饮后展看画册。摩挲陶俑,流连至十时始归,与予同共乘三轮车以行。

## 5月12日(辛卯　廿二日)星期一

晴,午后大暖。晨出,正至里口,公司车适来,乃无意中登之,盖恰恰修好,开来相迓也。入馆办理杂事。孤帆本约午饭同华楼,届时未至,乃与洗人、圣陶、予同先往候之,迄未来。四人饱餐而返,已二时许矣。下午四时许先出,步往濬儿所,以今日弥同寄名于文权、濬儿治酒家宴,故余全家往饮,漱石、士敭、错、鉴等俱与焉。六时半开宴(用五龙园菜),肴尚丰洁,八时始罢,复团饮加非笑谈,至九时许乃各归。清、汉及鉴孙共乘,漱石、漱儿及弥同共乘,珏人、湜儿及阿妹共乘,滋儿骑自由车,分道而归,余则与润儿徒步以返。

## 5月13日(壬辰　廿三日)星期二

晴。晨候车入馆。办理杂事。午后出席经理室会议,于薪给层进一端,达君颇感威胁,洗、山等亦甚韪其议,决定属士敭草拟核减方案备再妥议,悬揣结果,至少停进矣。当此生事激荡之会,各业俱唱解冻而我却与之背驰,已感诧异,况我店尚未至收支失平之境,何竟辄以同人所得为注目之对象,风起苹末,即动削减之念,似太重企业、太忽同人之生活矣。会议服从多数,余实徒尸黄襄之名耳。中心至为怏怏。(无端伸长工作一小时,尤为众所不快。)散馆归,适滋儿为余沽酒来,酒价又加五成,刺激重重,顿感无聊,勉进一杯,终于辍饮。入夜即睡,头岑岑不能久坐也。中夜数起如厕,泻而不畅,遂致脘闷发热。八时至十时许,所住区停止供电,敌伪所作,今无一不复,温之可叹甚矣。

## 5 月 14 日 (癸巳　廿四日) 星期三

阴霾竟日,时见细雨。卧床未起,属润儿以钥匙交士敦并向公司请假。泻已止。日仅三粥。入夜右头侧仍感痛,脘闷稍解,时睡时醒,热亦解除。

## 5 月 15 日 (甲午　廿五日) 星期四

阴霾,南风尚厉。晨强起,脘仍感微闷,仍未入馆。三餐惟粥,午后加素面一小碗耳。下午三时始吸烟,晚思饮,珏人劝而止。晴岚来访,谓路局有恤金布告,往为晴帆请,局司谓须伯樵出证件即得,已往谒樵未晤,谓须余一言取信也。少谈即辞去。散馆时漱儿归,即携伯樵函至,证书已到,属为妥转云。珏人上午偕滋儿往青岛照相馆摄影,归途购小食飨余,因忆《飞鸿堂印谱》有一章云"因病得闲殊不恶,安心是药更无方",殊感有味也。夜小坐,八时即睡。深夜大雨如注。

## 5 月 16 日 (乙未　廿六日) 星期五

晨雷阵,终日阴雨。朝候车入馆。办理积件。分函晴岚、伯樵,为晴帆恤金事,晴岚初未接到,仍来馆相催,告之,故即返去照办矣。午不欲进饭,属德胜购黄鱼面食之。午后出席经理室会议,于薪给办法略有决定。散馆时公司车须大修,未得用,乃与润儿共乘三轮车归。漱儿以弥同有疾,未午即先返矣。夜始小饮,似恢复常态矣,惟两腿仍觉软软耳,岂年龄限之耶? 翼之已来沪,出馆时途遇之,约明日来谈。

## 5月17日(丙申　廿七日)星期六

晨阴旋晴,畅朗终日。公司汽车在修理中,由承修之行假一小吉普卡应用,只能载五人,因复分两班接送。余六时半即乘此头班车入馆,办理杂事。午前召集各部分主管人商谈薪给系数改算事,余未出席,同人只有忍受耳。午后四时出席本届第四次董事会,除在馆同人外,到守宪、耕莘、觉农、馨迪,通过组织大纲及经理室会议章程,并修正业务、工作两会议章程及薪津系数改算办法,六时散。本拟为觉农五十寿辰公宴,以农力辞而罢。朱季华明日结婚,送贺礼四万元。乘小吉普返,翼之父子及薛晋侯之子济华已先在,系来家午饭者,因共小酌长谈。饭后德铸、济华及滋儿出散步。余与翼谈正得劲,电灯忽熄,盖又突然停供电流也。上次停供犹见报端预载,今乃并此无之,殊堪痛恨。昏黑之象,每下愈况,枢机安得不倒扭乎!八时许翼等辞去,仍住铭青所。十时半,电灯始来,余亦就卧矣。

## 5月18日(丁酉　廿八日)星期

晴朗。上午十时半与湜儿出,乘二路电车至老北门,换乘二路公共汽车到四川北路、靶子路,然后步入永丰坊,憩达先、清儿所,往候铭堂于武若所,未晤,遂折至洗人所,晤雪山、子如。有顷回清所,翼之、铭青俱已来,汉儿亦至,因小饮,谈至二时许始罢。三时余偕洗人、雪山、彬然、子如、达先往麦特赫斯脱路丽都花园,贺朱季华结婚,四时半复返永丰坊,五时半又偕达先、清儿乘汽车往杨树浦路中央化工厂应吴济华之约,六时许开宴,盖会亲兼回席,故有五席之多也。八时许余等三人先出,乘八路电车到五马路外滩,达、清北返,余则至天主堂街候二路电车以归,到家已十时矣。席间晤调甫夫妇。以别有他约早去,未及长谈,至憾。

## 5 月 19 日(戊戌　廿九日)星期一

晴,骤热,单衣犹汗出如沈也。晨候车入馆。办理杂事。铭青来馆,为台北划款事即去。调甫来谈。午得子敦电话,为雁冰在彼参观图书馆,约往共谈。四时许因偕洗人、圣陶、彬然、孝先驱车径赴澳门路中华书局,晤雁冰、新城、子敦、文叔、绍华等。参观图书馆、编辑所,并放映影片。六时半聚饮,谈至九时许乃散,余仍附小吉普返。

## 5 月 20 日[①](己亥　朔)星期二

晨细雨旋晴,午后阵雨,大风,有顷止,终霾,入夜又起雷电。七时半乘公司汽车入馆。办理杂事。公布新订组织大纲、董事会章程、经理室会议章程、业务会议章程、工作会议章程、书稿处理办法,从前编审、人事两委员会试行章程即予废止。伯才病逝,今午后在马白路中央殡仪馆大殓,圣陶、孝先往吊之。人生朝露,信然哉!午后觉农来,谈久乃去。散馆后仍乘公司车归。抵暮小饮。夜饭后有钱君者叩门求见,盖芝九托带一缄与余并致碧螺春五份,其一赠余,其四则属分致于诚之、圣陶、孝先、立斋云。夜深雷电大作,惊醒数四。

## 5 月 21 日(庚子　初二日)星期三

阴霾,午后略露阳光,较昨陡冷。晨以公司车又坏,坐待久之,

---

①底本为:“丁亥日记第二卷”。

达君来雇车迓焉。入馆办理杂事。书与诚之,代芝九送茶叶。复谢芝九。编发通讯录第十四号。下午四时调甫偕其友孙颖川(学悟)来,欲余伴往法藏寺访致觉,遂偕乘诣之,谈移时,陈、孙先去,余又与觉长谈至五时三刻乃辞出,徒步以归。入暮小饮,孝先偕润儿自立斋所来,因共饭,饭后长谈至九时许始去。各地学潮涌起,昨日南京以军警阻止游行,竟又发生伤人捕人事件,倒行逆施到此,安得不鱼烂土崩乎! 拙哉,拙哉。

## 5 月 22 日(辛丑　初三日　小满)星期四

晴,下午阴。晨缓步入馆。办理杂事。午后五时恐天雨先退,仍徐行归。久不健步,颇感吃力矣。阅新夜报社评,竟公然怂恿宣铁吾捕人,为一网打尽之计,不但狂吠,直等乱吠矣。甘作鹰犬一至于此,可笑亦复可怜耳。钞漫堂本《文渊阁书目》。潜儿来,为汉儿事与珏人商,余属令径与汉说,须得芷芬同意始可行,否则万一手术不慎,何以对之。因于夜饭后饬润儿伴潜儿往看汉儿,十时归告已允洽矣。夜正小饮,忽又停电,恚甚。扶滋儿出察市况,仅路灯放光耳,曾何异敌伪时之一切控制耶? 执政者清夜扪心,将羞惭无地可容矣,其如若辈早已丧失四端何?

## 5 月 23 日(壬寅　初四日)星期五

阴雨。晨起钞《文渊阁书目》。七时半乘人力车入馆。办理杂事。下午三时出席经理室会议,通过章则数事,六时乃毕,已振铃散馆矣。时适大雨淋漓,不得行,乃雇福州行客车,与清、漱、润、均、达乘之归,达君送至里口始折赴康宁村云。到家,铭堂、翼之已先在,盖先期约来晚酌者。有顷,武若至,又有顷,士敫、汉儿至。

夜饭后长谈至九时,乃唤汽车载铭堂、翼之、武若、士敩、清、汉去,余亦濯足就寝。

## 5 月 24 日（癸卯　初五日）**星期六**

　　阴雨竟日,夜闷湿甚。晨乘电车赴馆,抵老北门下车。时适大雨,到馆衣裳尽濡矣。办理杂事。发印三书。退稿两件。达君电话请假,以不适故。予同言复旦学潮已扩大,恐非片言所能解纷也。余谓全国人民宛转于连年不决之内战下,实已窒息至于无可再加之地,学生呼声一起,反内战之情绪自然立时涌现于各人之心头,除少数丧心病狂之徒或甘心作伥之辈,几于全民一致希望立遏凶锋、释戈寻好。乃当局执迷,视民如寇,轻心玩弄,横施摧抑,吾知愈演愈烈,不至不能两立不止耳。夫何言哉! 散馆时仍乘修好之吉普归,以坐中积水,到家衣裳均渍透矣。连日以天气恶化,身体已不无影响,而时局日非,精神打击尤感严重,入夜勉为小饮,竟以气逆不能入咽,两杯即止,颓然矣。

## 5 月 25 日（甲辰　初六日）**星期**

　　阴。晨六时濬儿即来,盖今日为孝先夫人生日,坚约余家过浦往叙也。六时半亦秀车来相接,珏人率濬、潄、润、滋附乘以去,将渡江径赴周浦也。余以体中欠适,右肩背又感痹强,遂未果行。惟知士敩、清、汉及圣陶夫妇亦俱前往耳。七时许送报人始至,告文汇报馆已被封,姑以《大公报》塞责。全国早知此报之必遭嫉视矣,及展阅,见揭有宣铁吾令文,以连续登载妨害军事之消息及意图颠覆政府、破坏公共秩序之言论与新闻为罪状,援引《戒严法》,于今日起勒令停刊。《联合晚报》及《新民晚报》同一办理,是三报同遭扼杀也。独夫肆虐,日形无聊,吾知末日不远矣。拊膺愤慨,自笑多事,心气转为之平。手钞《文渊阁书目》半页,臂酸竟不能举,即罢。今日陈俊生开吊,以体不适,未克往奠。午后雨,旋又放晴。未能把卷,坐卧偃息而已。傍晚珏人挈漱、润、滋归,知濬、清、汉、敫及圣翁等俱分道各返矣。往回途中均未值雨,大幸。

## 5月26日(乙巳　初七日)星期一

晴。晨寒,仍御絮袍。勉入馆,乘吉普行。办理杂事。不思饭,购面食之。刚主来谈。予同午后自复旦来馆,述校中情状,不但学生间有矛盾,即教师间亦殊不统一也。学潮之真相难明,此其症结所在矣。以中来谈,良久乃去。散馆后偕颢孙共乘以归,盖伊来馆看诸从母,余因挈之返耳。夜小饮,纯嘉遗余大鳖一枚,清蒸以下酒,殊快朵颐。夜饭后饬滋儿送颢孙归去,九时许始还。

## 5月27日(丙午　初八日)星期二

阴晴间作,仍感冷。臂酸楚增剧,几于不能执笔。晨勉乘公司车入馆。办理杂事。午与洗人、达君、予同、亦秀、汉儿往云南路吃牛肉汤并叫老裕泰酒下之,食后汉、秀先返馆,余等四人步往宁波同乡会参观徐菊庵、钱君匋书画篆刻展览会,三时始归饭。出席经理室会议。五时三刻西谛来访,散馆后遂偕达君、予同与之共过悦宾楼小酌,西谛作东,八时许出,仍乘公司车归。女佣阿菊欲辞去,濬儿来招往小住,劝令仍回我家做下去云。

## 5月28日(丁未　初九日)星期三

晴,仍感冷,或因臂楚未已使然耳。晨候车入馆。办理杂事。

午后刚主来,送到《明清文献丛考》稿,谈久乃去。仲华来谈,约下星二晚六时过饮其家。承告局势甚恶劣,美国终将支持现状,且渴欲造一反苏藉口云。学潮以复旦被释学生黑夜遭打(重伤近十人,二人垂死云)又复展开,大多数未复课,并闻暨大方面且继续名捕学生也。人间何世,叩天无闻,每日艰难得食,诚不足为气愤所消耗矣。散馆后仍候车归。傍晚小饮。夜饭后与滋儿出散步,时漱、润两儿尚未归。比余等返,漱已在,润则至八时许始见归来也。雪舟之女夫刘诗圣今日偕眷到沪(乘民生公司民本轮东下),下午四时来馆,晤之,公司宿舍本不敷支配,以刘故更感缺短,今晨洗人、达君、士敦、纯嘉四人四出觅屋,得在永丰坊后之甄庆里顶进假三层楼一幢(顶费杂项并计三千六百五十万),须十日后出清,以是仍辟室中洲旅馆以俟之。

## 5 月 29 日(戊申　初十日)星期四

阴晴间作。晨候车入馆。臂楚增剧,牵及右胁胸背矣,挨至下午四时,竟无以自措,乃买散利痛两片(五千元),先服一片,痛仍未止。午与洗人、雪山、士敦、惠民、士信、纯嘉、炳生、墨林共觞文铨、诗圣于老同华楼,三时始返馆。昌群来谈,对时局极愤慨。买林大椿《词式》两册,计万一千一百元。近日物价可知矣。散馆后仍乘车归。令润儿先下,往法藏寺谒致觉,告六月一日聚餐改期。入暮小饮。夜饭后挈湜儿出散步,八时归。休看《词式》。

## 5 月 30 日(己酉　十一日)星期五

晴。晨候车入馆。办理杂事。臂楚益剧,为之坐立不宁。执笔写字,竟须咬牙忍之,苦极。下午四时即乘电车先归。温酒浅酌,看《词式》,冀稍忘痛。入夜服罗瓦而精一片即睡。

## 5 月 31 日(庚戌　十二日)**星期六**

晨雾旋晴,午后阴合,时有细雨,入夜大雨达旦。早起觉臂楚
稍好,项背亦松,惟饭后终复发作,依然坐立难措也。晨候车入馆。
办理杂事。西谛电话见告,今日下午二时济之灵柩下葬于虹桥公
墓,因约圣陶、予同于十二时车往接西谛,同赴墓地会葬,以时尚
早,立树荫下,候良久,二时一刻柩车到,家人随送,倍极凄凉。立
视下窆乃辞行,仍先车送西谛归。然后长驱入馆。达轩自南京来,
为分店租定栈房并住屋事来,落局也。散馆后仍乘公司车归家。
入暮恐停电(今日起旧法租界又须轮流停电四日),即小饮进餐,
坐至八时半竟未见电熄,亦一奇矣。看《词式》,十时乃卧。世事
日非,语言道断,触处生障,何胜愤慨,只索冥顽自处,强效不见不
闻之老僧耳。

## 6 月 1 日(辛亥　十三日)**星期**

阴雨,傍晚晴。竟日未出。臂楚仍不减。上午楼下腾地方,由
润、滋两儿督同金才共为之,十一时竣,搬床移榻,面目为之一新。
午后孝先夫妇来长谈,饭后又谈至九时许。道始夫人来,孝先等乃
去。又有顷,道夫人去,余亦就卧,觉疲累甚矣。晴岚来,托转伯
樵信。

## 6 月 2 日(壬子　十四日)**星期一**

阴,午后微晴。晨候车入馆。办理杂事。臂楚不减,背牵难
忍,只得贴北平百效膏以试之,一时未必即见急效,故仍举笔颤抖

也。诗圣今报到,姑派第五组服务,坐芷芬所治事之桌。军警高压下学生游行果停罢,然上课却未能强迫登堂也。同时青年军(即特务之又一体)则大张声威,在虹口公园检阅且仍列队游行,可见当局之执拗与摧抑异己为何如矣。《大晚报》载一有头无尾之电讯,汉口今晨学生必大遭劫,为之郁伊难名。(《大公报》载成都、武昌、开封各地俱大捕教授与学生。)悬揣各地流血事件必不少,其如新闻已受封锁,我人不得其详耳。散馆后仍乘公司车归。入暮小饮。背臂酸楚益烈,忍痛记此。

## 6 月 3 日(癸丑　十五日)星期二

晴,午后阴,有风,又见冷。晨候车入馆。办理杂事。臂楚依然,殊减兴。午后三时出席经理室会议。散馆后与洗人、圣陶、予同、达君、雪山、彬然偕赴仲华之约,晤翼云。七时许开饮,八时半罢,长谈至十时乃散,余与达君、予同共乘,先送翼云归南市,然后依次各返。今夜霞飞坊一带又轮及停电,余归家时方复光未久也。

## 6 月 4 日(甲寅　十六日)星期三

阴,午后微晴。臂楚仍剧,兴趣索然。汉儿已得芷芬函,为健康计,只得摘去初胎,即由潜、清两儿伴往女医师周某处动手术,二十分钟即毕事,下午三时即安返祥经里。晨候车入馆。办理杂事。作五月份图书馆工作报告。予同以幼女患盲肠炎,未饭即归去。渠时运欠佳,疾苦频仍,殊为扼腕也。散馆后仍候车归。傍晚小饮。夜饭后文权、潜华来,据潜告汉儿今日经过情形甚为良好云,九时半乃去。

## 6月5日（乙卯　十七日）星期四

晴。晨候车入馆。予同凌晨见过，谓光南已入怡和医院。珏人偕漱儿先余出，同往祥经里看汉儿，迨清儿来馆，知已晤及，且知汉虽一度腹痛，刻已就愈也。到馆办理杂事。定明日偕洗人、舜华赴杭州，已托承荫购票。散馆时约明晨七时半会洗所然后同赴北站。晚乘车归，小饮。漱儿侍母往怡和视光南，则已化去矣。润儿偕孝先往国际戏院看电影，夜饭后乃归。

## 6月6日（丙辰　十八日　芒种）星期五

晴暖。晨七时纯嘉、亦秀等即乘车见过，共赴开明。余及亦秀、漱、润则同往祥经里看汉儿，体气日复，殊慰。旋晤圣陶，告予同所遭，属为暗慰。遂过洗人，偕同舜华驱车径往北站，登西湖号车，少坐便启行，正八时也。车行甚适，在西站及嘉兴停靠外，馀站俱不停。十二时即抵杭州城站，乘人力车径赴盔头巷开明分店，晤子如及弼臣、永镜等诸同人。少坐，偕洗人、舜华、子如出，在青年路元兴昌酒店小饮，啖唐〔塘〕栖枇杷。饭后步至湖滨，看定湖滨旅馆临湖房间第十号，即坐廊上闲眺。水波微皱，山色招人，以须罩必陶之女儿谷兰之至。（洗人为其女外孙沈孟之有所属，故令舜华往校中邀请同来。）待至六时半始得放舟泛湖，啜茗于平湖秋月。四人分头垂钓，得寸许之鱼十尾。暮色上，纵之命舟先放孤山，余等四人缓步徐行，相将登楼外楼晚酌，欲待月上乃归。及九时许犹未上，仅繁星缀空而已，归意已浓，即下楼登舟，属舟子缓泛东行，遥望湖滨，奚啻灯火万家也。将及岸，月始自屋顶起，余等亦返旅邸小憩矣。子如辞去，余与洗人坐廊上闲谈。途中田畴之辟、桑麻之盛,想见殷实之源,若能息争力农,乐岁不难叠至也,终不及睹月湖之胜,即就寝。

## 6 月 7 日(丁巳 十九日)星期六

晴暖。晨七时子如即来旅舍,余等四人就望湖楼(即昔之西园)啜茗并进点,仍返旅舍,坐待舜华往挈孟之。始于九时许登舟,径穿白堤,过招贤寺西,登岸访子恺。坐待移时,同渡放鹤亭,命舟先移孤山南图书馆门口相待,余等即从放鹤亭盘山而上,又循级而下,经徐柏荪烈士墓,然后往图书馆访博文,以适入城未晤。遂泛舟至岳坟,庙貌尚新且正修葺,历劫未损毫发,足征直道自在人心,虽敌寇亦未敢轻毁之也。盘桓久之,子如云刘庄有酒食之供,可先往彼一游,顺便午饭,其时已十二时矣。及时即行,挐舟沿苏堤之西径达刘庄,庄为粤人官浙之刘问刍(学询)所建,富丽甲湖上,乃遭乱已迁,远不如前,虽屋宇大部尚好,而陈设之具颇有移去者矣。问茶役,只供藕粉,别无酒肴可以飨人也。既到,只索流连之。乃择东侧临湖一小阁中啜茗并垂钓焉。移时返舟折回岳坟之东杏花村小酌,已二时三十分矣。酒肴较楼外楼均佳,而价转廉,四时始罢,再放舟而南,过泊湖心寺,晤其僧真如,子恺所识,尚不俗,满壁字画皆住持智华所作,品不高而格调尚好,惜入城,未之晤。少坐啜茗即挐舟复南,直指三潭印月。舟中子恺告我,真如能诗,智华能画,然则湖心寺独占湖上风月矣。在三潭印月九曲桥摄一景,匆匆即登舟放净慈寺,涉历一周,正殿佛像甚伟,莲台四面临空,后可望背,他处所罕见也。寺中驻有青年军甚多。(不减当年吴佩孚之幼年兵,不胜怅触。)即退出,子恺即辞去。登舟径返湖滨,已六时许矣。在旅邸少憩复出,至延龄路王润兴小饮,所谓王饭儿也。坐

次时有歌女来唱平剧,临时挨坐兜钱,殊伤雅趣,亦惟有哀鸿视之
而已。九时许散,舜华、孟之先去,余与洗人、子如徜徉于延龄路北
至龙翔桥,子如辞归,余二人绕道湖滨,返旅舍,闲谈至十一时乃
就睡。

## 6月8日(戊午　二十日)星期

晴暖,傍晚微雨,夜半转甚,达旦未休。连日客居不宁眠,而旅
舍门临通衢,叫卖声不绝,邻室人上下皆未明即喧,诚有门外马嘶
人起之感,惟无马嘶而易以汽车之喇叭耳。今以积倦,睡尚好,七
时始起,舜华往迓谷兰、孟之及锡光之女汝瑾,约八时在官巷口奎
元馆相会。余偕洗人步往,则子如夫妇及其三子女、弼臣、明泉、永
锐、丽生俱已先在,坐待舜等不至,移时乃先唤面食之。(余点虾爆
鳝半汤儿面,盖杭地特有之名色。)食已,仍不见来,乃沿官巷而南,
看店房数处,备分店迁用,俱未决,即迤逦入分店。甫坐定,而谷
兰、舜华、孟之、汝瑾来,盖有所事,未克赶到吃面耳。少坐,议游程
所向,决游城隍山兼及紫云山。十时三刻出店门,由清河坊南去,
至大井巷转西,自城隍山正山门入,拾级而登,不下百馀级,颇累。
先过东岳庙,入视,庙貌尚新,而戏台已坏,其西庑十王殿已被机关
侵用,一巡即出。沿陇而西,庙观栉比,有财神殿、三官殿、省主城
隍庙、府主城隍庙等等,莫辨种色,俱未入。(有特标五猖之名者竟
不知何意,又有老娘舅活菩萨者,更匪夷所思,而每一庙宇俱有江
湖命相之流分隔占设砚席,且有携眷同栖者,想见杭人好此之甚。
过客亦多问津,益助长以术惑人之风,实为当地一大缺憾。)更西
行,直向紫云山,见有仓圣庙,谷兰知内设民众教育馆,即杭州简师
所办,因偕入小坐。(途次先见三贤祠中祀王有龄及其他二人,窥

其门，突见"火牛劫"三字丰碑，好奇，入视则当地人士醵资建立之祭坛，专祀丁丑年"七七事变"以后遭倭难军民者也。其地绝胜，前望钱塘，澄光如练，后拥西湖，波镜潋鲜。择地既佳，用意亦足多，惟必如厉坛之设化帛库、咒祭坛，则未免落套耳，而"火牛劫"云云尤俗陋难当。）移时出，顺瞻庙貌中塑仓颉象，卉眼而手执纸笔，已不伦，两侧设龛配享，仅设位而不塑象，尚差强人意，东龛祀史籀、程邈、蔡伦，西龛祀胡母敬、许慎、钟繇，足见尚以写字为尚，初非讲文字演变之源流也。出庙西迈，即登紫云山，山顶有拓地建棚卖茶者，植竿高标"紫云山茶室"，遂就坐啜茗。棚主绍兴人，虽赤足短衣，而接待甚殷，吐语亦颇带烟水气，殊可爱。当垆者长身玉颜，修眉入鬓，竟一粲者，不类其家人，乃听主人以妹呼之，亦大奇，或预雇以事招惹者。坐憩良久，唤酥油饼啖之，盖本地特产，味类合酥而风格特超，宜其独擅盛名矣。一时三刻下山，由四宜亭下，沿运司河下，直达延龄路，饭于天香楼北部，已二时许，啖本江鲴鱼，尚鲜美。近四时始返旅邸。洗人、舜华往武林门访其戚陈光甫，余与子如偕去，坐有顷，邀其夫妇同赴盆头巷夜饭，并邀同光与焉。（同光返浦江，道出杭州，无意中于旅舍门口遇之。）盖店中居停以我店友时有携眷同住者，特言之洗人须备三牲设斋为禳。（事固可嗤，而入邦问禁，自宜曲从之。）因而为同人之宴集耳。饮未半，雨作，只索添酒畅饮，至十时始罢。即席招集明社分社成立会，推定弼臣为总干事，先后由同光、谷兰、洗人致辞，余以避复，简语而止。散时已十一时三刻，雨大作，雇汽车分送诸人归。十二时半始睡，以雨故街声少寂，约略安眠。拟明晨八时乘金陵号特快车返沪，车票已购得矣。

## 6月9日（己未　廿一日）星期一

风雨竟日。晨六时即起,七时许弼臣诸人雨中来送行,至感。七时半雇汽车直送城站,相将登车,各就坐。余以未携雨具,衣履尽湿。八时开车,沿途雨骤风狂,殊为扫兴,且连停长安、硖石、嘉兴、松江西站,至一时半始达北站,竟误点至一小时许,而风雨尤急,只得辞洗人、舜华,雇单人三轮车径归。二时许抵门口,以浑身沾湿,下车急叩门,竟忘所携皮包遗置车上,付车钱入,甫立定,即觉之,急由滋儿出追之,已渺无踪迹矣,只能自责疏忽精神不属而已。濯足拭体,易干衣袜,倦极矣,偃卧未能出,因属滋儿电话告士敫,今日业务常会须请假,出席事即托代表焉。有顷,纯嘉驾车来接,盖接电话时已先出门矣,谢之。夜勉小饮即睡。

## 6月10日（庚申　廿二日）星期二

晴,又转冷,风吼竟日,抵暮乃止。晨依时候车,入馆仍为小吉普。到馆办理杂事。三日来日常事务已由士敫代行矣。迪康托沧祥寓书告自筑调津,过京沪返里,俟出申再来谒,托先带到茅台酒一箱,计十瓶馈余云。因拆出分遗洗人、雪村各两瓶,雪山、圣陶、达君、予同各一瓶,自留两瓶携回之。下午三时出席经理室会议,于人事、书稿等有所决定,五时始散。六时散馆,仍乘公司自备之旅行车以归,盖此时已修复一新矣。夜小饮,啖纯嘉所送之鳝,甚腴美也。清儿随余归夜饭,九时乃去,饬滋儿送至老北门转登二路公共汽车始返报。珏人今日往濬儿所,阿菊颇有意复来,或姑再一试也。

## 6 月 11 日（辛酉　廿三日）**星期三**

晴,仍未见暖。晨候车入馆。办理杂事。复示德馨,良诚止谤莫如自修,勿争意气,盖渠先已托涤生来说项,欲谋复职,而同人对渠印象甚劣,无从挽回。日前自有信至,力为洗刷,归罪他人,于炳生尤极丑诋,谓其进谗云云,故手复以儆之。午后以中来,坚吾来。散馆后仍候车归。垂暮小饮。润儿以在华联俱乐部偕至善、无垢、亦秀、守勤等彩排,十一时始返。

## 6 月 12 日（壬戌　廿四日）**星期四**

晴,时有云翳,晚转暖。晨候车入馆。办理杂事。复守和。(前日来书托抄平馆所编《清代笔记文史论文索引》所收之笔记目录,今即录送之。)兼询彦堂《甲骨丛编》稿是否可以再印。耕莘即日赴台湾,因托代配《百科事典》缺本。散馆后仍候车归。珏人正亦自沧洲书场听书返,知与潩、汉两儿及顯、预两孙同往也。入暮小饮。润儿以排戏,故仍于九时半始归。

## 6 月 13 日（癸亥　廿五日）**星期五**

晴温,薄暮阴,夜半大雨,达旦不休。晨暮俱候车出入。在馆办理杂事。托弼臣在杭舒莲记所购扇面十事今寄到。潄、润俱随余同归。夜饮茅台酒两杯。连日感倦早睡,臂楚渐见憾,或能瘥可矣。(滋儿两度来馆,一为自己购自来水笔,一则伴送错孙自杜医处来,将暂归汉所也。)

## 6 月 14 日（甲子　廿六日）**星期六**

阴雨延绵,昼夜不休。晨候车入馆。办理杂事。午偕洗人、调

孚过聚丰园宴客,为台湾承销国定教本事邀儿童、正中、中华、胜
利、独立各家负责人叙饮,有所商谈也。余向不参与营业事务,只
能从旁观察而已。(钩心斗角,各逞机智,实不下莫斯科外长会议
也。)下午三时始返。四时为书籍增价事出席经理室临时会议,决
定即日起加五成,原售三千倍者改四千五百倍,于是本室第一、第
二两组遂忙于发电、拟通告矣,扰攘至晚始粗了。散馆后即就馆夜
饭,同人即陆续往南京路华联俱乐部集合,盖今晚七时半假座其
地,举行明社游艺会也。余与孝先(在馆晤顾有成,十馀年未见
矣)、予同至七时始去。至则同人家属、亲友亦多到者,虽大雨,不
减兴,亦足自慰矣。七时半开幕,先为歌咏组表演,继之以昆曲(汉
华、郑缤唱《游园》,至善、彦生吹笛,曲师佐之)、口琴(舜华、贤辉、
士皦、炳炎先奏《要是冬天来了》,次由士皦、至善接奏《比翼鸟》,
后来居上)、平剧(《女起解》,由琴珠、芳娟前后接唱),最后话剧
《称心如意》,由伯泉、无垢、璋元、又信、亦秀、贤辉、润华、守勤、彦
生、至诚、汉华等十一人演出,均能称职,而亦秀、无垢、润尤为高第
云。明社社友以业馀排兴,未及两月之功,竟有此成绩,亦足自诩
耳。十时三刻散,仍由社中雇两江大汽车分送诸人归。余与珏人、
滋、湜先返,润则逾时始归。盖卸装料理,例须后行也。十二时各
就寝。

## 6 月 15 日(乙丑　廿七日)星期

　　阴,微有晴意。晨偕珏人过北万兴吃面。午前就家理发。午
后略睡,永清偕迪康来谒,长谈至四时,适士皦来,因同去。薄暮仍
饮赖茅两杯。饭后与珏人、润儿在附近散步。夜小坐便寝。

## 6 月 16 日 (丙寅　廿八日　入霉) 星期一

晴。晨候车入馆。办理杂事。廉逊来。午后迪康来约同晚饭,六时再会。届时迪至,因邀通如、永清、士敳、润儿共过聚昌馆小酌,遇廉逊、季康、冰严在别坐。八时半散出,余与润唤三轮车以归。到家已九时许矣。迪康明晨返萧山,十日后再出申赴津云。

## 6 月 17 日 (丁卯　廿九日) 星期二

晴。晨暮俱候车出入。到馆办杂事。廉逊来,午与洗人、予同、达君共饮之于永兴昌。二时许返馆,道过正言出版社正发卖神州国光社底货,因入观之,购得董玄宰草书《琵琶行》、汉熹平石经残石集拓、沈石田、唐六如、张梦晋花卉卷册、王圆照仿古山水册、方环山画山水册、马扶羲花卉册,凡六种,费去七万四百元。三时出席经理室会议,以舒莲记扇面分赠圣陶、达君、予同、孝先、彬然、均正、调孚、振甫、士敳(敳得两事)。公司今日新购一小轿车,费五千八百万元。晚归小饮,仍尽茅台两杯。

## 6 月 18 日 (戊辰　三十日) 星期三

晴。晨候车入馆。办理杂事。为生清致书调甫谋事。复伯樵。孝先昨夕往见雁冰,约今夕来馆讲演,临时为召开明社大会,人多,以仓卒致讶者,然成事莫说,不免中怀难舒耳。五时孝先往接雁冰,六时许到,适以中来,略谈而去。六时半晚餐,七时开会,雁讲旅苏观感,历两小时始毕,听取情形实于儒家为近,别无奇怪可疑之状也。九时许乘公司车归。与予同、调孚、漱儿俱,润则别行,移时乃返。

## 6月19日(己巳　朔)星期四

晴,傍晚燠闷,疑将雨。晨候车入馆。办理杂事。午后出席经理室会议。孝先夫人自周浦来馆,散馆时伊夫妇偕余归并约士秋来谈,翼之亦至,乃共饮进餐焉。知翼沪苏事俱未协,明日即返苏度节,越数日再来,候船放台云。九时许孝先父女先去,翼之亦行,孝夫人即下榻余家。达君有兴游周浦,邀余共往,余顺约文权同去,定后日晨往暮返,如雨则作罢。

## 6月20日(庚午　初二日)星期五

晴。晨暮俱候车出入。到馆办杂事。饭后与圣陶、孝先、予同纵谭。发柬约雁冰、仲华、觉农等于后日下午六时宴开明。散馆后清、汉、漱、润俱偕返。入晚小饮。九时后清、汉归去,锴孙以须到校受课,今即留此。(腹疾已略瘥。)漱石自铭青所归,知翼之今日由苏来矣,明日或可见之也。

## 6月21日(辛未　初三日)星期六

阴,午后时见细雨,傍晚大雨如注,彻夜不休。晨候车入馆。办理杂事。编发通讯录。下午四时出席董事会。六时公司就馆宴请仲华母子,雁冰、觉农两夫妇,余与圣陶夫妇、予同、达君、彬然、调孚、西谛、昌群、士敫、士秋、文彬、雪山、均正、宝权与焉,而洗人具名为之主。席散,与西谛、昌群商略编《中国文化史》。九时半雨中乘文彬车以归。由里口抵家已淋湿全身矣。

## 6月22日(壬申　初四日　夏至)星期

阴,偶有微雨,下午五时风雨骤至,迄于深夜始少息。晨八时许文权应约来，准备东渡赴周浦。八时半达君车来，即偕乘以往。本拟过接圣陶，乃沿途大水没路，深处殆将及膝，比抵圣母院路、蒲石路油箱入水，竟不能行，困在水中央，进退失据矣。有顽童五人围嘲，即雇令推车出水，而车竟失灵，以时亟，止得别雇三轮车径奔爱多亚路外滩市轮渡，不能再过圣陶同行矣。九时到售票处，购票登轮，未几即南驶，十时到周家渡，换乘上南小火车，直指周浦。十一时许始抵站，士方、士中已迎候在彼矣。在微雨中步至南八灶，径造岩筑，晤梦岩、孝先两夫妇及梦之子福、禄、寿。少坐即饭，梦出庄源大金橘烧饮余等，色香味俱佳，据云新出品，其实超绿豆烧而上之矣。逾时饭毕，徘徊于其场圃及附近石桥流水之旁，复返室与梦、孝等纵谈，三时许辞出，孝先送之至站，顺道过三阳，买茶食，四时抵站购票登车，已脱时二十分，五时半到周家渡，换轮返外滩，时已见雨，而舱中人挤，不能容，余等直立甲板上，了无遮蔽，鼓轮激越，风雨益剧。六时许到外滩码头，雨稍止，而遍体湿透矣。风雨渡江，亦有胜缘耳。登岸后达君、文权径归去，余亦攀登廿二路公共汽车返寓，至家则士斁、清华、建昌俱在，因共夜饭，至九时许斁等乃辞去，余少坐便寝。

## 6月23日（癸酉　初五日）星期一

晨阴，近午霁，晚晴。旦出候车，久不至，盖达君开出，半途机坏，别雇街车始得来耳。到馆办理杂事。今日端阳，馆中略添酒肴，余与洗人、敏逊则以季康五十生辰共赴万利酒楼公宴，晤子宏、冰严、翊新、润生、明书、炳荣、石洲、菊亭等，熟人甚多，并外埠同行计之凡四席，畅饮极欢，至三时许始复返馆。散馆时仍坐公司车归。就家小饮。汉、润以拍曲故后至，夜饭后闲谈至九时即由润送汉归去,留彼下宿。雪山好管琐事而每喜侵越,今日竟与彬然冲突,彬愤言不干,山亦眩卧不兴。有顷,饬车送山归去。此等事山实有以自取,旁人真奈何不得也。

## 6月24日(甲戌　初六日)星期二

晴和。晨候车未得,乘廿二路公共汽车行。到馆办理杂事。下午出席经理室会议,雪山以卧床未至,余等遂向彬然解释之。作书与孑如,为点改开明纪录并谢款接。散馆时公司车已修好,仍得乘之以返。夜小饮。

## 6月25日(乙亥　初七日)星期三

晴,渐见热意。晨候车未得,纯嘉别雇祥生来接,因提早半小时入馆,盖公司之车又告轮胎裂坏也。到馆办理杂事。午偕洗人、敏逊过聚昌馆宴请汕头同行,三时始返馆。散馆时清儿偕余归(公司车已修好),得晤淑贞,询知熊、鹤近状,盖淑贞之父甫自香港北归,带有衣物与敔、清耳。因共小饮晚饭,八时许淑贞去。九时许润偕敔返,适自馆中招待健吾(听其说话剧)归来也。有顷,敔、清偕去,余亦就卧。

## 6月26日(丙子　初八日)星期四

阴,午后雨延绵,遂至彻宵,气闷湿难忍。晨暮俱候车出入。到馆办理杂事。气昏神堕,殊感苦。散馆归,急呼汤濯体然后小饮焉。夜少坐,即就卧。

## 6月27日(丁丑　初九日)星期五

阴霾,时有细雨,忽焉露日,入夜大雨如注,历半夜乃止。晨暮俱候车出入。在馆办理杂事。午后出席经理室会议。晚归小饮。
潘儿来,为阿妹遣去事亟须替人(阿妹欲再来我家,珏人婉拒之),
因烦漱石雨中往闸北觅之,当夜送去云。

## 6 月 28 日(戊寅 初十日)星期六

晴,北风甚劲,夜月朦胧,垂明大雨。晨候车入馆。办理杂事。
西谛以菊农过沪,约圣陶、雁冰两夫妇、达君、予同、佛西及余晚会
其家,顺看所购图籍明器等物。比散馆,余即偕圣陶等乘公司新购
之小轿车赴之。七时许,菊农、佛西来,以须雁冰夫妇之至,坐待至
八时许终未见到,始入席开饮,九时半罢酒畅谈。顾一樵至,盖来
晤菊农,有所洽耳。十时客散,余与予同、达君仍留登楼,纵观其所
藏。十一时始辞出,与予同偕乘三轮车以归。

## 6 月 29 日(己卯 十一日)星期

晨雨旋止,阴霾,过午晚晴,夜月尚好。竟日未出。早起为承
荫书扇。晴岚来谈,为屋事与人争,余力劝勿讼。饭后少憩。吴恺
玄来,长谈抵暮,因留晚饮,至九时始辞去。漱、滋挈弥同晨往永丰
坊,下午五时始归。

## 6 月 30 日(庚辰 十二日)星期一

晴,午前后阴气较昨和。晨暮俱候车出入。在馆办杂事。作
书与恺玄,告沪江、复旦两附中情形便选择。四时许同人多请假往
潘兴路苏联俱乐部看电影《夏伯阳》,乃炳颜越时即返,谓场子未
接洽妥当,须改期云。余意或警局作祟耳。有顷,士畡归述,日内
有苏侨三千人遣还国,今夕其俱乐部须自用,将来由该部登报重召

演映《夏伯阳》也。总之,局势严紧,前途十分渺茫耳。晚归小饮。夜少坐即寝。

## 7月1日(辛巳　十三日)星期二

晴。晨候车入馆。办理杂事。下午出席经理室会议。散馆时大汽车又告修,与予同、达君、调孚乘小轿车先返。有顷,滋、润及敫、清来,盖敫、清应士信之邀过饭其家也。入暮小饮,以心气甚不舒,一杯即止。饭后敫、清偕圣康及诗圣夫妇来,士信亦至,士宜又踵到,一时谈宴甚剧,至十一时始各辞去。

## 7月2日(壬午　十四日)星期三

晴热(华氏八十七度矣)。午后阵雨,移时止。晨暮俱候车入馆。办理杂事。编发通讯录十八号。发表聘任李统汉为沈阳分店副经理,暂代经理,以当地局势日紧而甫琴迟迟我行也。晚归小饮。天气初热,夜睡甚感不适,拥衾则汗出如沈,不免着凉,至难应付也。

## 7月3日(癸未　十五日)星期四

晴热,午后达华氏表九十三度。晨候车入馆。办理杂事。季祥来,为余刻“襄山褒海之庐”章,即交余,文仿汉铜印,甚佳。因思此石原为对章,数年前以其一属叔含先刻,迄未还件,遂以季祥印蜕寄之,顺以相促,冀或有延津之合耳。午后于鸿寿来访,渠近在沈阳美国新闻处任事,南来接眷,不日即行云。因以沈店印章及员工所佩徽章属带于彼交李统汉检收应用也。散馆归,仍乘公司车,抵家即小饮。夜又停电,不得已就寝,而天气暴热,竟夕浴汗,殊不得寐,至以为苦。

## 7 月 4 日（甲申　十六日）**星期五**

晴仍热,午后北风,大阵雨,入晚雷雨终宵。晨暮俱候车出入。到馆办杂事。午刻电扇承油之罩落桌上,适中酒杯,碎两个,均子渊送物,其中之一且已让与予同矣。午后出席经理室会议。明社为搭建剧台事颇有人反对,调孚竟提出备忘录,致干事会中大起波澜。总干事主张撤还,竟以去就争之云。晚归小饮。夜少坐即寝,以积倦难任,又兼以骤热,遂一切无力矣。以中过馆,谈暨大已解聘云。

## 7 月 5 日（乙酉　十七日）**星期六**

晴热。晨候车入馆。办理杂事。宾四来,谓自滇飞沪,不日即须返苏云。交到改定《史记地名考》清样,移时乃去。散馆后出席明社大会,通过变更办公时间及暑期缩短办法备提经理室会议,决定当场辩论颇烈,晓先主席,殊见难于应付也。八时半始散,仍乘公司车归。少坐始进晚膳,竟坐此废饮,心神瘁矣。

## 7 月 6 日（丙戌　十八日）**星期**

晴热。上午十时半达君车来,少坐即与同出,径过雪村家,仍放车至永丰坊接彬然、雪山等,盖今日为孟伯泉与董女士订婚,在悦宾楼双方会宴,余与洗人、圣陶、达君、雪山、士敽见邀与席,而雪村尊人今日生忌设祭,故在沪子孙云集其家也,余与达君坐候雪山之至,见其上祭后乃偕同赴悦宾楼。一时许董家来,盖即于证书后又俟伯泉与董女士赴王开摄景回始入席,已二时许矣。三时三刻散,余徒步径归。士敷今晚请鸿寿,邀余作陪。余以畏热,赶返就浴,却之。汉儿率镇、鉴两孙晨来见省,比余自外归,同进晚餐,开庄源大金橘烧饮之,七时许汉、镇、鉴等辞归。饬滋儿往存修妹,归报近状甚佳,至慰。

## 7月7日(丁亥　十九日)星期一

晴热,夜深雨。晨暮俱候车出入。在馆办理杂事。下半年编审委员聘纸发出。湜儿在教诚小学修习完毕,今日行毕业礼。晚小饮,七时半又突然停电,至十一时始再明,而余早就枕矣。一切不如意事归根只为内战,顾黻武之流方力持不可必之胜以糜烂吾民,此罪恶纵百其身,莫得而赎之。

## 7月8日(戊子　二十日　小暑)星期二

晴热,午前后阵雨。晨候车入馆。办理杂事。下午三时出席经理室会议,决定自七月十日起提早办公一小时(八时至五时),练习生晨课放假一个月,伏暑中下午缩短一小时,五时散会,即书布告发布之。六时半接开业务常会,以提案无多,七时半即了。就馆小饮,九时散,先车送北路同人归去,余与西路同人坐候之,比已到家,已将十时矣。

## 7月9日(己丑　廿一日)星期三

晴热。晨暮俱候车出入。在馆办理杂事。下午为同人注射第三次防疫针,于是今夏防疫工作毕矣。看梁廷枬《夷氛纪闻》。散馆归后即小饮。夜偶忆《孟子》语有可为今日当局写照者,戏为《答客问》如次:"客曰今日之政治如何? 曰率兽而食人,其次经济曰垄断而罔利,其次教育曰贼夫人之子,其次军事曰糜烂其民而战之,其次外交曰兴甲兵危士民构怨于诸侯。客曰何遂至于此? 曰寡人有疾。"

## 7 月 10 日（庚寅　廿二日）星期四

晴热。昨夕受凉,体欠适,而公司汽车又告修葺,遂未入馆,以钥授润儿转属士敫代行一切。钞《文渊阁书目》一页,以闷热而罢。午后就枕,睡一小时。三时许起雷阵,四时许大雨,五时许止。六时望漱、润未归,而雨又集,不知汽车究未修好也。至七时十五分始见来,询悉假得中华汽车行团体车送返,坐待多时,故迟迟至此耳。又云昨日注射之防疫针反应甚大,今日同人因发热而未到者达四分之一,下午且多早退者,士敫亦未至,故携去之钥匙竟托予同矣。笙伯今日生日,夜吃面,余仍以金橘烧下之。

## 7 月 11 日（辛卯　廿三日）星期五

晴热。晨候车入馆。办理杂事。昨日因注射反应而未到者仍有续假之人,可见此次药力之强。编发通讯录十九号。下午二时出席经理室会议。亦秀今日调编校部,以练习生孔黎明承其乏。以中来谈。散馆后仍乘公司汽车归,士敫、清儿以须往贝当路看《夏伯阳》影片随余返,相共小饮,然后与漱、润、滋、湜、锴等同去,至诚、艺农、通如亦来。夜九时半敫等始返,少坐敫、清辞去,余亦就卧矣。子如应召来沪。

## 7 月 12 日（壬辰　廿四日）星期六

晴热。晨候车入馆。办理杂事。午请子如及杭州商务、中华、

世界、正中四分局经理于广西路聚丰园,洗人、达君、敏逊及余往主
之,三时许始返馆。孑如或今日夜车行,或明日行,余不及送之,约
再会而别。散馆后乘公司车归,汉儿偕焉,径往国泰看电影。余到
家小坐,仍小饮,啖韭饼,啜绿豆百合粥,甚适也。七时许大雷雨。
有顷,汉儿偕亦秀、彦生自国泰来,因具鳝享之,食后搦笛度曲为
乐,至为恬适。雨稍止,静谈良久,九时半乃辞去。夜半后雷电大
作,雨如倾注,彻旦未休,想通衢又当积水矣。

## 7 月 13 日(癸巳　廿五日)星期

清晨尚有雨,继而日出感闷甚,恐仍将致雨也。八时显孙来接
弥同,云途中积水没踝矣。上海乃都市之首选,窳败腐劣至于如
此,当局其有何颜向人耶!九时许漱儿、弥同、昌显偕去,湜儿由校
长带往漕河泾参观上海中学,润儿亦独出看早场电影,惟余与珏
人、滋儿留家(锴孙日昨送永丰坊),清闲之至。午裹馄饨代餐,食
将已,润偕无垢来,乃分享之。饭后润与无垢出,将往访琴珠之疾。
圣陶以饭于夏家,顺过余闲谈,抵暮乃去。湜儿四时归,已见雨。
入夜小饮,润始归。饭将毕,潽送漱及弥同返,时大雨。八时许潽
乘雨隙去。夜半珏人、漱、滋等俱致泻,不知何故,幸尚未严重耳。

## 7 月 14 日(甲午　廿六日)星期一

阴雨,午后晴,气较前昨为凉。晨候车入馆。办理杂事。商
务、中华受正中之影响,又掀动贬价竞争,分电各分馆局滥放折扣,
十年相安,一旦鼓扇。吾知出版业前途将日趋自毁之路矣,官化之
可畏如此哉!以中见过,劝其对暨大事适可而止。下午光焘来,与
洗人有所洽。散馆后仍候车归。珏人已痊,漱则仍未起,且有寒

热,润以拔牙感痛,亦于饭前即归。入夜小饮,八时即睡。

## 7 月 15 日 (乙未 廿七日 出霉) 星期二

晴。晨暮候车出入。漱儿仍假,润则夜看《大雷雨》话剧,即宿汉儿所,故未同归。在馆办理杂事。下午出席经理室会议,决定退稿三种。予同见告渠家已得保甲长通知,八月一日即征兵,如有申请缓免诸项,可于七月二十日前办妥,但申请书尚未印发云,可见此等伤天害理之行,势必不免盗憎主人至于如是,奈何不奋起抗之乎?入夜小饮。夜半后急亟起如厕,腹胀水泻,至天明竟连泻四次。

## 7 月 16 日 (丙申 廿八日) 星期三

昙。晨扶病强起,头晕腿软,啜薄粥一碗,仍候车入馆。到馆办理杂事。迪康今日午后即上船赴津,来辞行,云或须调往北平或张家口也。余为作书介与稚圃,俾有所洽。午购粥啜之,不敢饭,然泻竟止矣。感疲难支,盼到散班,仍候车归。不思饮,啜粥即寝,无聊至于如此,老其冉冉至乎!

## 7 月 17 日 (丁酉 廿九日) 星期四

阴雨终日,入夜益甚。晨候车入馆。办理杂事。十时接汉口九时电,知村、芷、舟今午乘中央公司机飞沪,即由纯嘉电话询公司,谓汉机下午三四时可到云。午后二时纯嘉即陪同汉儿、锴孙乘车赴龙华机场接之。五时前,纯嘉回,谓锴已送余家,村、芷等俱在村家矣。散馆后余与达君、诗圣、士敫往雪村家晤谈,芷芬、汉儿已先归去矣。雪舟十年不见,精神转健,殊可欣羡,因留彼小酌,谈至十时始辞归，与达君同乘。谈次知西南各省危机四伏(川滇黔袍哥横行，穗垣则童匪方滋。)，殊足担忧。总之，"民穷财尽"四字括之耳。

## 7月18日(戊戌　朔)星期五

阴雨竟日，入夜不休。晨候车至八时未至，得电话，谓车坏不能来接，时第一班已开出，余与均正、士信在里口耳，得讯即行。均正、士信攀登廿二路公共汽车，余以拥挤未克上，乃别雇人力车，人力车夫刁甚，索昂于天，几比汽车矣。余顺步而东，至贝谛鏖路口始坐得一车，索四千元，时已雨，而车夫徐行缓于徒步，历时三刻许始到福州路，雨益大如淋，属拉进中和里再加一千元，然后入馆。在馆办理杂事。知车坏由于阿二开车不慎，第一班由北路行抵静安寺路、成都路口适前行十路公共汽车陡避一狗，突然煞车，我车未及防，即行煞住，已无及，向前略撞，致乘者均受伤，车亦顿，不能用，幸伤皆不重，仍得乘电车转入馆，亦秀、漱、润及芳娟、通如、守勤皆擦损表皮，润头额块肿而通如右踝扭筋，尤不良于行云。乃当局略于问伤人不问马之义，转询车坏至何度，殊难为怀也。雪村、雪舟、芷芬俱来馆鬯谈西南道中所见。午后出席经理室会议，决定致函贺麟《哲学评论》出版契约已届满，开明不拟续订及其他人事诸端。散馆后冒雨过雪村家，盖洗人、圣陶、达君、予同及余假座为村、舟、芷洗尘也。六时许开饮，近八时毕。余与予同、达君先乘公司之小轿车以归，且俟转趟再送洗、圣等返北四川路耳。(其地人多，须两趟也。)到家小坐，至十时乃寝。湜儿已考入比乐中学，昨日且已上补习班课，俟正式开学即编入初中一年级矣，但同时亦向省立上海中学报考,今日仍由滋儿陪往斜桥应试,明知不见录,特以湜未曾经涉大规模之考试场面,特令前往观场耳。

## 7 月 19 日(己亥　初二日)星期六

晨阴霾旋县,傍晚晴。七时半阿二驾小轿车来接,因与均正、漱、润共乘,复过接予同入馆。在馆办理杂事。延枚来谈。午后三时出席董事会,到耕莘、辛笛、觉农等,五时即罢。五时半明社请万家宝演讲游美观感,所讲仅著作界情形及话剧、电影等方面之动态,已深足暴露民主自由口号之虚伪,加以万君语趣甚高,历一小时,听众丝毫不感疲劳也。七时许即馆唤酒买肴,以款万君,洗人、圣陶、雪村、予同、达君及余作东,谈宴至乐九时始散,即与万君同乘以西,比余到家,已九时四十分矣。润儿以连日感冒,今晨十时不支,先返,及余归视,尚好,仅微有寒热耳。

## 7 月 20 日(庚子　初三日　初伏)星期

晨起尚阴,旋放晴。弥同昨夜发热,当然呀嘈,而润儿晨起尚好,比午饭竟不能坐,勉食后即卧。十时许屠淑贞之父瑞生先生来访,其人诚朴,甫自香港归,业熊赁屋事颇资其力,谈移时辞去,余留之欲以芷芬携来之泸州大曲飨之未果,订后期而别。冬官昨自清华大学放假归,乘飞机行,今晨晤之,谈悉平中学潮,端赖胡适、梅贻琦两校长措置有方,未致横溃,可见各地掀风作浪俱非学校本身之故矣。饭后假寐片时。是夕芷芬、汉儿请雪舟,约余往陪,余惮于炎暑未往,适小墨来,因托带口信与汉儿焉。入暮小饮。夜浴身后即寝。

## 7月21日(辛丑　初四日)星期一

晴热,终夜浴汗。晨候车入馆。办理杂事。耕莘所寄图书馆代存之书今日已取去,只馀《丛书集成》未提,而取去者颇有残失,大概同人随意抽借,不经手续,致有此状,甚歉如也。本日起下午办公时间缩短一小时,余以应廷枚、宝忠、柏生三招留馆听曲。以俟时至六,时乃偕雪村、洗人、雪舟、芷芬往杏花楼晤子宏等,谈至九时始散,余车送洗、芷、村以次归,独与子宏西驰,饬车夫送渠返。允中见过,云乡间可望丰收。

## 7月22日(壬寅　初五日)星期二

晴热,仍有南风。晨候车入馆。办理杂事。下午出席经理室会议,处分稿件四起。公司定六时宴请廷枚、宝忠、柏生、子宏、巴金、建功、叔旸、文彬等,约余留陪。及六时半客来甚多,而原设仅两席,默察断不能容,因与达君引归,西谛虽来,未及与之晤饮矣。七时在家小饮,八时许文权、瀿儿挈预、硕两孙来,盘桓至九时半乃去。诸孩聚闹,真不可耐,比去始得濯身就睡,以初入伏,竟宵浴汗也。

## 7月23日(癸卯　初六日)星期三

晴热,午后达华氏表九十四度,曾起三次晴天霹雳,迄为空阵,据故老传言,殊佳兆也。晨候车入馆。办理杂事。处分聘调两起,关于分支互汇两起。明社为士信所提编制预算事召开扩大理监事联席会议,争辩虽无结论,而明社只计事业不计费用之原则终无以破解矣。余未出席,闻诸与会者云。庸人自扰之事正多,此亦其一例耳。看《白雨斋词话》。四时散馆,即乘车归,以车曝日久,颇感炎蒸,幸一刻馀钟即达,尚可忍也。垂暮小饮,又起虚阵。漱、润俱往八仙桥青年会听歌,十时乃归。竟未遇雨,而闷热甚矣。

## 7 月 24 日（甲辰　初七日　大暑）星期四

晴热益盛,午后起阵未果,入晚几席皆温。晨候车入馆。办理杂事。雪舟下午四时乘钱塘号赴杭转绍省亲。四时散馆即归,汉儿以须赴徐家汇吴家晚饭之约附余车返。有顷,芷芬、振甫踵至,剖瓜享之,俟汉浴后乃偕之赴吴约。薄暮小饮。入晚浴体即寝,仍通宵浴汗也。

## 7 月 25 日（乙巳　初八日）星期五

晴热如昨。晨候车入馆。办理杂事。下午出席经理室会议。宗融来访,知近亦被复旦大学勒休,十年劳绩曾不一顾,只图取媚夫己,诚语言道断矣。连日以征丁急,已渗入各产业团体,今日国光印书局、照相制版业产业工会及华文印刷局纷来书,面属证明承制、承印、承装开明审定本教本及国定本教科书,冀援例请缓召,余一一从之,惟未识有效否耳。至诚亦接通知须应征矣。散馆后乘车返,买言茂源异香酒一斤饮之。以连日饮大曲,大便竟成问题也。

## 7 月 26 日（丙午　初九日）星期六

晴热。晨候车入馆。办理杂事。润儿自商务廉价部购得余旧著《三国史略》一册。此册成于民国十七八年,迄今垂二十岁矣,自罹倭燹,插架久虚,亦正缘其小书薄帙,未足介怀,遂不事购求,而商务竟绝版，兹偶逢拾归，政亦足快，乃过存之。濮长庚逝世十周，在佛教净业社设斋，上午十时许余与洗人、雪村、达君、调孚驱车一往拜之，少坐便返馆午饭。午后甚热，挥汗成雨，勉看陶菊隐新著《天亮前的孤岛》，于陷敌期间上海民生之颠连状况颇为写实。四时散馆，清儿随余归，以今日为滋儿生日，特归吃面也。到家少坐后，芷、汉、敩等俱来，潜儿亦挈顯、预两孙来，惟文权以小同不舒，在家伴之，未克偕至耳。先剖瓜享之，垂暮乃团坐小饮并从容吃面，戴佩华小姐亦在坐，食已，佩华先去，潜等则欢笑歌唱至九时半乃一齐引归也。

## 7 月 27 日（丁未　初十日）星期

晴热，有如炎蒸。晨起，闲翻架书，撰《三国史略》题记。午饮大曲一杯半。饭后小睡片晌。起啖瓜。润、滋两儿于炎日下出赴约会，四时滋始归，润则偕友看电影去矣，直至八时半乃返。滋归之前，佩霞、菊珍来谒，谈良久辞去。五时组青来，因留共饭，余仍饮绍酒一斤。是夜组青下榻焉。美特使魏德曼日前抵南京，昨日来沪，今日与美商询洽一切。此君之来，国人心理迎拒不一，其实自不挣气，欲望人之援助，终沦为卖身投靠而已，尚何嚣嚣自鸣得意哉！

## 7 月 28 日（戊申　十一日）星期一

晴热加甚。晨候车入馆。沿途无站岗警察，且路口交通管制之红绿灯亦弗用，深讶之。比到馆见报，盖昨夜同孚路口金都戏院又发生宪警冲突，宪兵恃其靠山，竟结队使用机关枪，死伤警察及路人二十馀人云。不问衅端谁属，宪兵之兽行终不可掩，况纵之者又别有在，军治之可恶一至此哉！在馆办理杂事。散馆后乘车返，警察犹未复岗也。入夜小饮。夜寝难贴席,二时后始倦不能支,勉强入睡。

## 7 月 29 日(己酉 十二日)星期二

晴热益甚,挥汗无休,夜深始闻雷,平明始见雨。晨候车入馆。办理杂事。下午出席经理室会议。是日为丏翁夫人六十晋六诞辰,洗人、雪村、雪山、予同、圣陶、达君、均正、调孚、彬然及余具酒于傍晚时往贺之,兼贺新添曾孙之喜,并请圣陶夫人作陪。六时齐聚夏家,彬然以有他约先引去。七时半入席,由至善补彬然之缺。近十时始散归,浴汗难当,亟濯体以寝,然不能入寐也,苦甚。翼之晚来,适余在夏家,未之晤,据云台行又中止矣。颉刚午前来馆谈,有顷辞去。夏家寿酒由大鸿运承办,看甚丰腴鲜洁(六十万较其他时值并不贵)。以后颇可招呼之。

## 7 月 30 日(庚戌 十三日 中伏)星期三

昙,午后四时有阵雨,虽未透畅,而暑气顿为少减矣。晨候车入馆。办理杂事。承荫之妇产后不治,昨夜竟逝,今在殡棺待殓,同人醵三百万元赙之(内公司二十万)。临难仓卒,得此不无小补耳。绶百自台北来,过访开明。明日约请俞振飞、许伯遒及曹君(永锐之父)来馆曲叙并邀景深参加,想到场听曲者必不少,先期签名准备已须两席矣。散馆时雷声隆隆,亟驱车归,抵家乃雨,芷芬随余返视锴孙,因留与小饮,晚饭后乘雨隙归去。

## 7 月 31 日(辛亥 十四日)星期四

晴,午后有雷阵未果雨,晚又晴。晨候车入馆。办理杂事。通如假归,武进事益烦,幸琴珠已销假,与无垢协同处理,尚可对付。散馆后曲集,景深夫妇及小峰夫人先来,鼎彝父女继至,仲陶、振飞、伯遒后到,最后则景深所约之汪小姐始来。六时半开唱,八时半乃得夜饮,饮后又唱,俟先后车送宾客归去然后与亦秀、纯嘉等返,抵家已十二时矣。是集参加者甚盛,雪村、洗人、圣陶、芷芬、彦生、至善、亦秀、纯嘉、清华、汉华、振甫、必陶、永锐及余外,永锐之友毛君,雪村复邀光燊、建功、绶百,余亦约西谛俱至,故两席外复余六人,别开数看隔坐之。振飞之唱、伯遒之笛,诚为当代曲界之祭酒,岂仅我无间言而已哉。

## 8月1日(壬子　十五日)星期五

晴,午后有阵雨,又感闷热。珏人昨夕守门招凉,今日有微热,未能起,余未得早餐,匆匆候车入馆。办理杂事。饭后琴珠又以发热引归,只馀无垢一人司收发,颇感事剧难应。出席经理室会议,通过增加同人基本津贴及调整台、沈折算方法。散馆归。珏人已小痊,惟不思食耳。薄暮小饮。夜饭后潜、汉、敫、芷来省珏人,盖在潜所吃夜饭,顺道前来展谒也。谈移时,剖瓜享之(瓜为亦秀所赠),九时始辞去。

## 8月2日(癸丑　十六日)星期六

晴热。晨候车入馆。琴珠已到,幸免事务搁浅。办理杂事,并编发通讯录。诗圣暂调发行所司批发书札。(全出雪山之意,或者取瑟而歌欤?)甫琴、祥麟有电自汉至,谓今日可飞抵沪。午后,芷芬、纯嘉驱车往机场接之,以须六时始来,乃折返,好在甫琴甚熟习,不待相迓也。四时散馆,即乘车归。坐定啖瓜已,西谛、圣陶联袂至,盖文协在广平家开会,顺道见过耳。谈移时,西谛有事引归,圣陶亦登楼访江家,余即下楼小饮,七时夜饭毕,小坐纳凉,圣陶亦去。润儿夜浴方罢,有育群老同学来访,乃偕出访友,直至九时半始归,余已就卧矣。

## 8月3日 (甲寅 十七日) 星期

晴热。竟日未出。看顾氏《画谱》及吴氏《实用文字学》。下午三时孝先来长谈。四时半芷、汉偕过,盖在国际饭店吃喜酒,爰来省问也。六时与孝先、芷芬共饭,余与芷各饮大曲一杯,饭后谈至七时三刻孝、芷、汉辞去。今日潘儿介一常熟沙头人沈姓老妪来佣作,姑留试做,但愿合式,则珏人可以轻松不少矣。

## 8月4日 (乙卯 十八日) 星期一

晴热,午后三时阵雨,四时三十分又雨,傍晚又大雷雨,夜半复雨,坐是暑气大减,夜得安睡。晨候车入馆。办理杂事。通如已出,而琴珠又续假一月矣。甫琴、祥麟昨夜抵沪,今来馆晤谈,麟且携有一子云。午刻公司为之洗尘于聚昌馆,洗人、予同、达君、雪村、雪山、芷芬、士赖及余与焉。适云彬女婿李伯宁亦至,遂并及之。散馆前在馆为惠民之叔书扇。乘车到家,雨适集,幸免于濡首。入夜小饮。浴罢就卧。

## 8月5日 (丙辰 十九日) 星期二

阴雨,午后略晴,三时后阵雨大作,竟夕未辍。晨候车入馆。办理杂事。应达君之属,为雪贞书扇。下午三时开经理室会议,甫琴列席,祥麟则未到,查渝货事无结果。散馆后应雪村之招,赴饮其家,虽值大雨,客皆至,惟陈建功未到耳。凡两席,余与绥百、达夫父子、圣陶、梓生、予同、西谛、天行、洗人、雪村同坐,祥麟、甫琴、孝先、芷芬、士敳、清华、土文、伯宁、鸿猷、雪山及雪村夫人、祥麟之子则别一席矣。酒初开坛,极好,不觉酣饮,而达夫、梓生俱十馀年不见者,更飞觥相酬,直至九时一刻始罢,烹岩茶再谈,十时乃归,幸值雨隙,未沾衣。夜凉,睡甚恬适也。兼士中风逝。

## 8月6日(丁巳 二十日)星期三

阴,午前后昙,薄暮起阵,良久始雨,入夜未休。晨候车入馆。办理杂事。为通如书扇。车中见解送壮丁一大批,皆鸠形鹄面,有年仅十三五之幼童厕其间,觳觫可怜。恶魔肆虐,至于如此,而一班鹰犬复推波助澜以媚之,诚狗彘不食矣。凡此皆四乡所佥括而集中于都市者,厥状难睹犹如是,其括自城镇而送于乡村者更不堪设想耳,因忆达君所述抗战西迈所见所谓役政诸况,胸中更泛一层恶浪焉。散馆归,仍小饮。八时就卧,十二时醒来,月色在窗矣。

## 8月7日(戊午 廿一日)星期四

晴,多昙,殊闷,午后起阵未果,益热,垂暮六时始雨。晨七时即乘头班车入馆,属漱儿购汤包四客,与同人共享之,孝先评为奢侈。此老近来甚悖,有许多不成问题之论,每致缴绕,殊感无谓。在馆办杂事。明日业务会议之报告提案等大致办出。甫琴事已办妥。马孝俊决调沪,以人地不宜为由。祥麟事亦由甫琴转达,或将提出书面答复再候核议耳。看王小徐(季同)《佛法省要》,竟言言有据,殊足起信也。弥同以出牙发热,今日下午四时漱儿抱往克明所求诊,配药服下,想无大碍也。散馆后即乘车归,车中热甚,抵家少休,濯足小饮,夜饭后始雨,稍凉,然后寝。

## 8 月 8 日(己未　廿二日　立秋)星期五

昙,午后晴,转热闷。晨候车入馆。处理杂事。看李宗吾《厚黑学》,一时许毕之,诡诞讥谯,畅所欲言,而尤以附录对圣人之怀疑一篇为得未曾有。下午二时出席经理室会议,四时半连续出席业务常会,六时三刻毕。七时就馆小饮,夜饭后乘二班车归。抵家已将九时矣。秋云在候谈,属为其次子立继承书。润儿在八仙桥青年会听张东荪演讲,十时始归。

## 8 月 9 日(庚申　廿三日　末伏)星期六

晴热,仅有弱度南风耳。晨候车入馆。处理杂事。饭后允言见过,盖南通学院暑假矣。先已返苏,昨特为他事来海上,顺道访余也。长谈历二小时许,送之登车别访其戚乃别,明晨即须回吴云。闻芝九本人无可訾议,其妇颇不免为盛德之累,然则亟宜急流勇退矣。散馆后漱、润先归,清、汉则往看王洁,余因将所草继承书属带与秋云。六时大部同人就馆设筵三席,宴请梓生、伯宁、祥麟、甫琴、璋元,盖接风饯行兼而有之,联合举行,遂见此盛耳。洗人、予同、达君、圣陶夫妇、雪村、雪山、士信、士歠、芷芬、清、汉、亦秀、履善、惠民、韵锵、均正、调孚、敏逊父子、亚平、锡光等皆到,纯嘉则已陡接其家长途电话,谓其妇猝病甚危,未及参加即引归。八时许散,仍乘车归,已将九时矣。

## 8 月 10 日(辛酉　廿四日)星期

晴热,午后有云,旋即开朗,求凉之愿虚矣。上午手钞《文渊阁书目》一页,终以汗迫作罢。珏人感受时气,发热卧床。下午四时士皲、芷芬、清华、汉华及建昌来,谓甫自亦秀处赴会归,顺道来省也。余方小饮,而家中颇无多备,乃唤馄饨各一碗淘饭以享之,夜八时辞去。

## 8 月 11 日(壬戌　廿五日)星期一

晴热。晨候车入馆。办理杂事。以时气故病假者甚多,无垢未至,收发遂感大忙。散馆后明社举行联欢大会,藉以欢迎出差归来之村、芷二人及祥麟、甫琴,并欢送甫琴、璋元赴东北,乃祥麟假返绍兴,甫琴迄未出席。余携酒赴会,节目甚多,有昆曲、平剧、越剧、口琴合奏、提琴独奏等,中间插有村、芷出巡之观感报告,先后历三小时,八时始罢,仍与漱、润、予同、亦秀、达君、均正、调孚等同车南行,迤逦而返。

## 8 月 12 日(癸亥　廿六日)星期二

晴热。晨候车入馆。晤纯嘉,知其妇病势已有挽回之望,拟车接来沪就诊云。办理杂事。编发通讯录。下午出席经理室会议,雪舟已自绍兴出申,亦列席焉。散馆时以车在南翔,未卜归否,而烈日在空,未敢冒以行,爰令漱、润先归。余稍俟之,至六时许乃唤三轮车以返。入夜仍小饮。(酒每斤又自八千八百涨至万二千元。)珏人寒热未净,精神已略振,所谓发老伤也。七十许日断佣人,力作积劳,有以致此耳。

## 8 月 13 日(甲子　廿七日)星期三

晴热。晨候车入馆。办理杂事。病假之人仍多,事务遂呈偏忙之象。珏人早起热退,垂暮又有热,恐系上海热矣。散馆归,小憩。傍晚小饮。甲长来打连保结互证本保无危险分子及吸毒等情,殊可恶。当局一切以草芥寇仇视百姓,真盗憎主人哉!

## 8 月 14 日(乙丑 廿八日)星期四

晴热。晨候车入馆。办理杂事。为新拟编制之尺牍撰稿四通。散馆后与士斀同车归视珏人,至则清华已先在,并知汉华、芷芬午后亦曾来省问也。珏人晨虽退热,午后又高,漱华亦然(今晨勉入馆,十时即先归),大抵地方热耳。薄暮小饮,甫罢,而文权、潜华至,携有熏小鸡,再买冰啤酒共享之。八时许潜、清、权、斀辞归。

## 8 月 15 日(丙寅 廿九日)星期五

晴热。晨起珏人热未退,因属漱石往威海卫路二四号陆医(春阳)处挂号,备午后就诊焉。七时三刻车来入馆。办杂事并撰尺牍。午后出席经理室会议。散馆时墨林附车同归,访候珏人。珏人二时往陆医处,据云暑热无妨,处方清解,服二帖便已不必复诊也。墨林谈有顷去,珏人即服药入睡。傍晚雪村、雪舟、士斀见过,盖应士信、士宜之招饭,顺过一访耳。入晚小饮。九时浴身就寝。以连日开窗招凉,今夜乃严扃之,顿觉闷热,幸积倦易眠,不甚难受矣。

## 8 月 16 日(丁卯 朔)星期六

晴热。珏人服药后热已退,今日遵医嘱连服一帖,汗出已畅。夏师母来访疾云。七时三刻候车入馆。办理杂事。甫琴已购得中央航空公司飞机票,明晨七时即飞北平,将转道赴沈。下午三时出席董事会,五时半始散,六时始乘二班车归。据阿二云,尚须再放公司接送洗、村等赴仲华宴,宴后待送各归也。入晚小饮。九时就寝。

## 8月17日(戊辰 初二日)星期

晴热。晨起珏人热退,亦即强起。上午九时许晴帆之子佩璋来谒,谈移时去。十时许雪村夫妇来,携酒相饷,遂共午饮,具鱼鳝数事下之。饭后谈次知子如在杭对雪舟言于余购回《四部备要》事颇致攻击。此是小人,殊不足较,特转出诸雪村之口,明明又挟入政治意味,使洗人担措置不当之名,而以余牵涉其间耳。是则大可不必如此矣。(当时颇愤慨,后亦一笑置之。)正谈浓而恺玄率其妇子来访,因下楼酬答之,半时后去。又有顷,村夫妇亦去。士宜来。彦生来谓已在锡就教事,九月一日即辞开明归去矣,颇可惜,未能维絷之也。入晚又小饮。濬儿来省,八时许归去。珏人竟日酬答,颇感倦,幸热未再高耳。

## 8月18日(己巳 初三日)星期一

晴热。珏人幸已瘥。晨候车入馆。办理杂事。上午出席《辞典》委员会讨论体例,下午出席经理室临时会讨论应付同业滥放账,均无结果。今日起又延长一小时,五时始散,仍乘车归。入晚小饮。甫饭毕而汉儿偕芷芬及晓先至,仍唤馄饨淘饭享之,闲谈达九时半,春生车来接之去。湜儿于前日随晓先往周浦,昨日畅游竟日,今晨始随晓先西渡云。

## 8月19日(庚午 初四日)星期二

晴热。晨候车入馆。办理杂事。下午本有经室例会,洗人以为可暂罢,未审何意也。散馆后应达君约,同车过其家小饮,先后到士斅、晓先、季祥、芷芬、汉华、雪舟、诗圣等,且饮且纵谈,直至十时三刻乃辞归。一车相送,抵里口斅、汉且送余到家云。德锜来省珏人,余未之晤。

## 8 月 20 日（辛未　初五日）星期三

晴热。晨车来,亦秀随至省珏人,因与同车入馆。办理杂事。召集酒会,发出三十许束,定明日下午六时在开明四楼举行云。雪舟飞机票已购得,明晨在龙华起飞,散馆时遂与握别。晚归小饮。入夜即睡。

## 8 月 21 日（壬申　初六日）星期四

晴热。晨候车入馆。办理杂事。秋阳难当,殊感奇热也,午后竟不能坐守写字台,挨延时光而已。雪舟今晨乘中航机返渝。散馆后准备酒会诸事。六时许酒友陆续至,除耕莘、子敦、子宏、祖璋、必陶、知伊、隆章、子敏、文彬、雄飞、文权、潸华、翼云、仲华诸人外,馀都到,凡三十馀人,分盘散坐,一如酒家破整桌围坐之式,颇饶别致,极欢,惜酒不甚裕,量宏者尚嫌未足耳。八时三刻罢,续有馀兴,由牖青唱大鼓书及平剧,有声有色,极动人也,直至十时始散,余偕仲足、予同、亦秀、牖青同乘以归。比余到家,已十时四十分矣。

## 8 月 22 日（癸酉　初七日）星期五

晴热。晨候车入馆。处理杂事。下午本有经理室例会,以洗人出席七联结束之会,返馆已将四时,遂报罢。散馆后乘两江车北行,过饮汉儿家,盖汉二十七岁初度也。到雪村夫妇、达君、孝先、亦秀及潜、敫、清、漱、润、滋、湜与顯、预、建昌等,元锴当然前往,并其在家儿童凡坐两席。八时面毕,过洗人所闲谈,洗夫人今日亦值生辰也。半时后与洗人别乘公司车归。雪村以次俱行,车中共坐十七人,先送村等,继送潜等,再到霞飞坊,余及漱、润、滋、湜、锴下车归,然后送亦秀及达君返。珏人一人守门,女佣昨已辞去。漱石挈弥同则往铭青所吃夜饭,比余抵家,珏已呆坐多时矣。

## 8月23日(甲戌　初八日)星期六

晴热甚,入夜微雨即止,终宵阴湿。晨候车入馆。办理杂事。呈教部请核发印行国定教科书执照,并请移咨四联总处仍照前例贷款,即由调孚赍往。(今夕夜车入京。)午后三时出席经理室第七十四次例会,决定任胡之刚为成都分店副经理,派朱成才前往长沙接替马孝俊,并决定退稿数事。散馆归。少坐即命湜儿购冰啤一瓶饮之,聊代黄酒。以连日困于焦热,体中颇感疲乏,夜饭后便睡。润、滋两儿出赴同乐会,十时乃返。上颚左门牙动摇有日矣,今晨起漱口,竟萚然落,殊未觉苦,亦一快也,惟说话漏风耳。

## 8月24日(乙亥　初九日　处暑)星期

昙,时见阴翳,亦略有疏雨。上午西谛见过,约晚饮其家,坐谈有顷告去,于《中央图书馆季刊》出版事仍以延续为托。(讵知反对出版者乃为予同。)午以中元祀先,清、汉、敫、芷及元镇、建昌皆至,团坐饮福,极快。饭后假寐片晌,看王玉璋《史学史概论》,似依傍金毓黻之作而成,文字亦不甚流畅,殊不能与方壮猷比矣。薄暮,芷、汉、镇先去,敫、清留,余则乘三轮前往西谛所。至则予同与达夫已先在。有顷,刚主至。又有顷,达君至。最后耀翔夫妇及君珊至。乃合坐开饮,八时罢。得阅其新印之画册多种。十时许余与达夫同乘车归,在坊口先下径归,抵家敫等已去矣。潜先与昌预来,介绍一使女,姑留此试用。

## 8 月 25 日（丙子　初十日）星期一

晴,午后阵雨,旋又晴。三时许又雨,未几复见杲杲在上矣。气未凉而转闷,殊损人也。晨候车入馆,以手中多持物,未及攀车,拦头触车门上匡之铁边,竟震堕而下,眼镜亦飞去,旁人扶起,眼镜未碎,即戴之而登。初不觉痛,到馆后顶门隆起创处,紫痕长二寸,亟命购种德堂玉树神油搽之始渐发散,隆起之部扩大,痛却减矣,惟左边臀骨及腰间作酸楚,不识睡来得免增剧否耳。办理杂事。下午出席《辞典》委员会。散馆归,仍乘公司车行。薄暮小饮。月色朗然。夜小坐,浴身而后睡。

## 8 月 26 日（丁丑　十一日）星期二

晴热。晨起腰臀依然,未加剧,知不见减,听之已。七时五十分车来,仍乘以入馆。办理杂事。明日孔诞,布告放假。下午出席经理室第七十五次会议,决定长沙善后诸事,或将派芷芬一行也。祥麟久不出（已半月馀）,今承洗属,驰书促之来沪,未识即否应召耳。明社定明日郊游漕河泾之冠生园农场,余已答应参加,将挈滋、湜两儿与漱、润等同往也。薄暮小饮,独啖童鸡一只,盖珏人特设者,云诸儿俱已次第遍啗之,岂垂老之人转可缺供乎?因勉尽之并饶饮一觞焉。昌顯、昌预来省,八时许命润儿送之归。

# 8 月 27 日（戊寅　十二日）星期三

晴热。晨八时潜儿挈显孙来，振甫来，通如来，越半小时，公司所备两江新车两辆自永丰坊经四马路来霞飞坊，因挈家人与均正夫妇及其子女等相将登之，洗人、圣陶、雪村诸家眷属俱先在，乃直指漕河泾。前发过贝当路，亦秀率其子女续登车。九时许即抵冠生园农场。入门略巡一过，循农径入，憩于所筑之绿荫草堂，堂为场中最胜处，前有广畦，畦之左有亭，畦之右有棚，遍结东瓜，有大如斗囊者，错落点缀，若悬灯彩然，好事者题字其上，亦尚不恶。棚之西南迤别辟菊圃，正发叶之候。棚北则一望瓜畦，正在获取，满筐盈篓，肥碧动人。瓜畦之东，翠竹如屏，疏篱阑之，横宽二丈，纵长适与堂之深相埒，实为斯堂之右翼。堂北瓦屋两楹，翼然如后卫。屋东草棚四楹，南向敞开，中置板凳及抬球抬备学生团体休息用，棚前有场可嬉羽球，以故青年同人麕集于此。场南叠土为阜，花木、湖石饰其周，建亭其上，亦饶登临之趣。亭前一鉴方塘，水浓碧，塘南之堤即所从入之农径也。塘水折而东，并堤以达于场之外，盖农场取汲之源矣，故桔槔在焉。塘水折处，度以略彴，为农径斜登土阜之别径。桥南约以朱栏，掩映绿杨杂树间，翛然入画。塘之西碧梧成行，纵与堂等，亦堂之左翼矣。风晨月夕，坐此堂上，殆得梧竹双清之乐，惜所植皆稚桐，未克副此雅望耳。堂甚深广，约略区分南北部，南荣仅悬一额，两侧悬聿光二十年前所作之油画，男女花农各一。北轩中悬牧场图。左侧悬木渎写生。右侧悬虎丘山塘之半塘。桥皆聿光作，其他绝无无聊屏联之设置，横野可爱，具见布置之匠心，或者聿光即为参与之一人乎。场中偶遇元善，因拉同共谈，出所携酒，与洗人、伯勋、雪村、芷芬、达君、达先、振甫、均正、亦秀围坐小饮,占北轩东北隅,凭栏一眺,适对红桥,旁席彦生、汉华、至善辈撇笛度曲,清泠幽闲,近年无此快遇也。午后同人有结伴往游黄园及曹园者,余耽此清境,竟未动,与元善、圣陶、洗人、雪村等闲谈以送日。四时许同人之外游者来齐集以待两江车之来接(约五时)。余则与珏人、潡儿、顯孙、振甫先乘公司之车先归,以达君欲早行,余等特附之以行耳。四时半即到家,瀹茗小坐,颇饶回味。(黄园战前常到,惟此农场从未涉足,今乃特感野趣。)爰涉笔志之。五时半,漱、润、滋、湜辈亦附两江大车归来矣。六时半就家小饮。夜少坐便息。

## 8 月 28 日(己卯　十三日)星期四

昙,午后放晴,有地午前得阵雨者,气仍热。晨候车入馆。办理杂事。昨日之游所添酒肴杂费三十一万元馀,将由举杯者公摊之,馀费俱由明社员之家属参加者则人纳三万元,余家珏人及滋、湜参焉,遂以九万元缴,明社添酒之费则尚待算结耳。散馆归。清、汉俱随返,盖王洁请客还席,清、汉、润及陈守勤等俱见邀也,过家小坐,薄暮乃往,余亦陈酌小饮矣。夜饭后清等返,又长谈,适顯、预来省,叙至九时许顯等去,十时许清、汉亦行。

## 8 月 29 日(庚辰　十四日)星期五

晴有风,入夜阵雨,势甚猛,然顷刻即止,月色烂然矣。久旱之不肯雨有如是哉!晨候车入馆。调孚已自南京返,教部诸事尚无着落,或再隔许时始得取到执照耳。办理杂事。下午出席第七十六次经理室例会,处分稿件及人事数起。散馆归,少坐便小饮矣。今日家制肚肺汤甚鲜腴,饱啖畅饮,殊快意。润儿夜出看电影,风雨骤至,颇念之。人皆见雨趋归而伊偏外出,可谓不识时务。

## 8月30日(辛巳　十五日)星期六

晴热,时有阵雨,一瞥即过。晨候车入馆。办理杂事。斐云见访,云前日自平抵此,昨已晤及西谛,长谈出版所辑宋元方志及王静安、罗叔言论学手札事,因询及叔言旅顺别宅安否。据告胜利之日为俄兵所据数小时间,藏书、器物一扫而空,盖地近要塞,俄必居守,嫌其屋充,因令附近乡民捆移散去云,破毁之速甚于劫火,亦惨矣哉。顺言大连图书馆恐亦不保,则所损更难计量焉。相与喟叹久之,十一时辞去。今日为上海闻人杜月笙六十生日,《申》、《新》各报为出特刊,备极铺张,诗文络绎,揄扬至于歌德颂灵,亦大扫名流文士之体面矣。明明咄咄怪事,而间阎无识,反交口啧啧称道之,宜乎颠倒于魔腕之下而不自觉,转怪解其倒悬者之多事也。午后时见阵雨,俱未能透润,气转闷抑,甚不舒。散馆归,漱、润俱未共乘,盖润以腹泻早退,漱则偕清、汉、敫、芬,亦秀、彬然为彦生、士敢、士文饯行,别有所往也。薄暮小饮。夜坐听曲,中国文化电台播送殷震贤、项馨吾、徐凌云等所唱《惊魂》、《望乡》、《拾画》、《惊变》等,自七时至九时一刻始毕。盖亦捧杜之场者,余虽听之,不免自恨落其圈套耳。十时寝。珏人挈锴孙于今晨附公司车过雪村家,备物送士敢、士文北行。(敢改就清华大学助教,文则考入燕京大学入校。)饭后即返,以冒烈风入夜又感脑胀鼻壅,诚矣衰年之不任风露乎。老境已至,颓唐相对,真莫可奈何也。

## 8月31日(壬午　十六日)星期

晴,风过加热,虽静坐,亦出汗也。竟日未出,亦无客至。润儿上午循例出教歌,湜儿拟看早场电影,购不到票,皆于十一时前后归。漱、滋则挈同元锴、弥同往潘家,午后三时始返。家中略得安静,余乃将商务旧本《五朝诗别裁》之作者一一查注于版心,俾便循览(唐诗早注过),尽一日之力,仅完宋、元、明三种,清诗则止得五分之二耳。可见堆叠之功亦政匪易也,初意为避热移心计,或可坐忘,讵知手腕与肩背俱疲而热汗仍涔涔下,殊堪自笑矣。午饮玫瑰烧两杯,晚饮绍酒十两许,如此送目,真老之将至耶? 夜月甚姣,卧床赏其清光,不觉稍涉遐想,竟致失寐。

## 9 月 1 日(癸未 十七日)星期一

　　晴热,逾于伏暑,秋阳耀眼,几不能睁,四乡多告水涸,旱象已成,米价遂又腾升至五十二万元一石矣。晨候车入馆,以大车待修、小车容少,待第三班始行,到馆已八时半。办理杂事,以星一信件特多。接西谛电话,约后日集其家,与斐云晤聚,并属代邀雪村、予同、调孚云。祥麟事依然未决,一切人事为之延搁,不识当局究持何策也。滋儿往云南银行交下学期学费,原定百二十万元,及抵行,谓沪新已核减二十万,只须百万矣,乃开出支票,不能找现,于是再回开明,掉现付出之。如此转折,滋仆仆于家庭、学校、银行、开明之间,耗时半日,殊无谓。散馆后过雪村家,以清儿今日三十初度设面席,邀余及珏人、滋、湜两儿并权潘、芷汉两家俱往吃面也,六时就饮,凡两席,除章氏家人、晓先父母及诗圣夫妇外,又到马德生及葛金娣。八时许始罢,九时乃偕珏人、潘、漱、滋、湜、权、顯、预、硕、锴及士秋、金娣同乘西迈,先送潘等下,次送金娣,继余等下,然后送士秋至枫林桥,再折回章家,送清、诗等北归四川路,润儿则先于七时即行,赴八仙桥青年会听音乐,直至晚十一时始

返。夜热甚,床席作温,竟难安睡,秋老虎之威至此未杀,正苦久
旱,不得畅雨耳。

## 9月2日(甲申　十八日)星期二

　　晴热如蒸,逾于伏中。晨候车入馆。办理杂事。允臧自甬来,
午间共饭于同华楼。下午出席七十七次经理室会议,决定祥麟去
职,长沙分店经理即以士敫接任。散馆后乘车径归。薄暮小饮。
起潜以所编《海盐张氏涉园藏书目录》(合众图书馆藏书分目之
一)见贻,天热未遑细阅也。

## 9月3日(乙酉　十九日)星期三

　　晴热加甚。晨候车,车坏,亦秀来告,乃知之,因就里口霞飞车
行赁车以行,与均正、王洁、亦秀共乘之,过接予同相将入馆。办理
杂事。守宪来洽其弟音武遗书移赠开明图书馆事。散馆时车又
坏,同人各散去,余以约西谛,故与雪村、予同、调孚、允臧改乘小车
赴之,驶至静安寺路大光明门口,竟又抛锚,不得已饬车夫急唤铜
匠立修之,伫待半小时始克再行,比到西谛所,已将七时矣。斐云、
玄伯已先在。有顷,刚主至,又有顷,森玉至,葱玉与辛笛最后至,
八时始开饮,九时半罢。席间畅版本、书画及古器物,宛然一骨董
商之茶会矣。十时,余等四人先辞归,到家已十时三刻矣。

## 9月4日(丙戌　二十日)星期四

　　晴热如故,真秋郁勃也。晨候车入馆。办理杂事。祥麟尚无
确切表示,以是人事发表颇难。下午四时以中及家晋等来谈,知以
中已就无锡江南大学事,同时复旦大学亦有延揽说,足为一洗暨大

之侮矣。谈至五时半，家晋等去。今日余与雪村、予同、调孚、圣陶、麟瑞假开明四楼宴斐云、光燾、允臧、宗融、西谛，分别祖饯与洗尘。（斐云自北平来即将返，允臧自甬来即将赴台，光燾将去粤，宗融即赴台，特邀西谛作陪。）因留以中与焉。六时后客先后集，惟宗融已渡台，未及来耳。酒肴俱佳，酣饮甚适，斐云以赴张乾若约先令春生送去，继则车送圣陶、光燾、以中以归。然后余与允臧、雪村、予同、麟瑞、西谛、调孚同乘返，先后下车，比余到家，已将十时矣。十一时许，余已睡，笙伯叩门归，盖自津来沪，途经三昼夜始抵埠也。

## 9 月 5 日（丁亥　廿一日）星期五

晴，燥烈逾常，室内温度超九十五度，破伏暑记录矣。通宵浴汗，难过之至，从知旱乡饮料且竭之，非讹传也。晨候车，中车又坏，待至八时一刻始由阿二驾小车来接，乃偕均正乘以入馆。办理杂事。为家晋书一笺，录《定庵杂诗》六首。下午出席经理室会议，决定派雪山往长沙监盘。散馆归，士敦随行，到家，铭青、德锜挈子已先在，盖今日为弥同作周岁，乘笙伯之归，顺邀亲友一会耳。有顷，清儿至，又有顷，芷芬、汉儿至，又有顷，文权、潜儿至，最后翼之始到，乃合坐团饮。初备大昌南异香酒五斤，两巡即了，续添二斤，即在就近槽坊所沽，味已大减，后又添一斤，竟料酒矣，索然而止，不知酒味者主酒，政当然不免笑柄也。面后扰扰，至十时始陆续散去，余濯身就卧，已十一时矣。

## 9 月 6 日（戊子　廿二日）星期六

晴，高热至不可耐，入晚始上云，夜半始有雷电，倾盆大雨随至,室内仍感闷热也。今岁秋暑,实为奇遇。晨候车入馆。办理杂事。付出公宴分子十二万六千元。祥麟事一波三折,默察情势,殆成政争之的矣,悲夫! 散馆归,车中甚挤,向不西行者争附之,犹随意指挥,令人难堪,殊可憎也。傍晚据坐小饮,夜饭后濯身即睡,转侧难寐,直待雷作雨行始渐入梦。

## 9 月 7 日(己丑　廿三日)星期

昙,时露阳晶,薄暮微雨,夜半渐大,迄明未已。晨为彦生书条幅,录蒋竹山"听雨"——《虞美人》一阕以应之。钞《文渊阁书目》二页。午后小睡。芷芬、文权今日在祥经里置酒宴请士敦、笙伯,顺集诸家,摄一景留念,约于下午四时许放车来接,顺接权、瀋,乃直待至五时四十分不见动静,而垂暮欲雨,珏人不及待,即与润、滋、湜三儿,预、锴两孙并笙伯、漱儿出门,就里口霞飞车行唤车共乘,疾驰以赴之,已六时矣,即电话告权、瀋属速来。过圣陶谈,看其新建凉台之屋。六时半余夫妇偕文权、瀋儿、士敦、清儿、芷芬、汉儿、笙伯、漱儿、润、滋、湜三儿及组青同往附近艺林照相馆摄景。七时始返芷所合饮,适佩霞、菊珍俱至,因共饭,饭后谈至十时乃乘修好之车分头送归。

## 9 月 8 日(庚寅　廿四日　白露)星期一

雨,傍晚始止,气遂大凉。晨候车入馆。(福特又坏,独乘小汽车。)办理杂事。士敦准备赴湘,今日调诗圣接管第一组事务,将经手事件逐一交替。散馆后接开业务会议常会,缴绕至七时毕,即就馆晚饭,顺便小饮,九时始乘大车送小路诸人归,再回馆场,易修好之福特车而西,比到家,近十时矣。

## 9 月 9 日（辛卯　廿五日）星期二

昙,间晴,气凉如昨,夜须拥被矣。晨候车入馆。办理杂事。第一组事务士敩与诗圣已逐步移交。下午开七十九次经理室会议,诗圣即司记录矣。(此次若并前临时会计之,当为八十次。)所议多关大体,一时不能决定者且待下次再商之。天气骤变,病者自多,下午雪山、舜华、亦秀俱以病假闻。散馆归,少坐即小饮。知诸儿到校入学手续均已办妥,滋儿且已上课两日矣。夜小坐便睡,初凉,容易入梦也。

## 9 月 10 日（壬辰　廿六日）星期三

晴时昙,夜半大雨,旋止,将曙又作,迄明未止。晨候车入馆。办理杂事。士敩、诗圣交代已竣,只待明日由余监交,会同签字矣。刚主十年前印《丛书子目汇编》事今北平图书馆函来说话,其中必有误会,乘斐云在沪,托西谛约双方来开明当面解释之,或可涣然冰判乎? 据西谛云,明后当能集事耳。馆中新从书贾步姓购得日本精印高丽翻刻晋天福《藏经随函录》六函三十册,计价一百五十万元,盖中土久佚之本,其用在《一切经音义》之上也。翼之电话属为其同事戴隆厚君定阅《国文月刊》、《英文月刊》各一年,即为办出。潘、清、汉、漱四姊妹及士敩、芷芬、笙伯与漱石、弥同定明日去苏一行,车票已购得。散馆后坐待一时,至六时出席明社座谈会,中心问题在讨论业务,颇有越分处,不晓晓先何以必弄此玄虚也。发言盈庭,终无结果,余乘闲酌酒而已,八时半散,仍乘车归,及门,已濛濛微雨矣。

## 9月11日(癸巳　廿七日)星期四

　　拂晓大雨,旋阴昙间作,午后有雨,终霾。晨候车入馆。办理杂事。编发通讯录廿五号。待斐云、刚主终不至。看刘锡蕃《岭表纪蛮》。十九日以公司车坏,久待不来,乃雇街车顺接予同等到馆开帐属付,而今日士信竟大打官话,驳不准行,乳臭无知,与纯嘉、亦秀斗气,乃并一切不顾,殊为可恨,余拟面折之,讵料车又待修,未得同乘,只索与润儿步返过天香斋吃油氽馒头,大失望,粉僵而馅无味也。入晚小饮。漱等破晓冒雨行,余等皆醒,故夜来即感倦,浴身便睡,而心有所不惬,竟难成寐。

## 9月12日(甲午　廿八日)星期五

　　晴,又转热。晨候车入馆。办理杂事。祖文电晓先,约余及圣陶、西谛饮,以先有约,却之。午前伸甫自台北来访雪村,雪村因邀渠及洗人、圣陶与余共过其家小饮。今本为村五十九岁生日也,将柬达君至,少谈至二时许始返馆。下午三时出席八十一次经理室会议,决定再印《廿五史补编》,波折重叠,迄无能违,足见非可随意压抑也。又决定交通车脱班贴费办法,因士信谬举而起,俾一般同人较得实惠。西谛、刚主俱有电话,都为约斐云谈《丛书子目》事。以中嗣至,谓将到来薰阁访斐云,因托致意邀之,俾早解释。散馆后乘车返,入暮即小饮。夜饭后潜儿来,余讶其独至,坚询何以先归,据云前日以体不适未及同往,今知漱等将归,特来探视耳。乃恍然。有顷,士赟来谒,谓今日下午四时抵沪,清儿则返永丰坊,伊乃再至四马路省视,夜饭而后来也,谓芷、汉或再留苏小住,漱等则今晚必归。坐谈至八时许,漱石、笙伯、漱儿、弥同果归来矣。九时士畟、瀋儿去，十时许余亦就寝。

## 9 月 13 日（乙未　廿九日）星期六

晴，有北风。晨候车入馆，今日起改为一班。办理杂事。待斐云、刚主仍不至，未识此中究竟也。耕莘寄存图书馆之书今日午后悉数取去，从此少一麻烦矣。胡朴安逝世，明日在静安寺开追悼会，雪村为中国语文学会挽以一联云："治许惟段桂严王是宗蕴绚烂归平淡，说易在阴阳爻象之外化朽腐为神奇。"颇贴切，属圣陶篆写，即饬送本市文献委员会代转。经理第一组事务已由士畟交与诗圣接管，今日正式签印，交代余为监交人，覆核加签入卷。余意此后不论何部事务，交代时终当以此为式矣。散馆归。予同为言明日当登舟送女返瑞安，须旬日始可回沪，一切托余代办云，以尚须料理他事，未及同乘。到家少坐，薄暮即小饮，笙伯明日亦上船去香港，因共饭焉。又新、士敢、士文今日下午乘船赴津转平，分别任教就学，午后来馆辞行。

## 9 月 14 日（丙申　三十日）星期

晴爽，午后略有云翳。晨九时瀋儿挈硕孙来，越半时，士畟、清儿来，俱送笙伯行，前在艺林所摄之合景已晒好，由清儿携来，即以一帧题字其上，属笙伯赍付熊、鹤。十时许笙伯辞去，由瀋、清、漱、润、湜及士畟、锴、硕等送上外滩盛京轮，滋以到校受课未及焉。十一时半，畟、清、润、湜、锴归，谓笙伯已坐妥，瀋、硕以体气不爽先归，刻留漱候开船乃归耳。坐有顷，畟、清以赴友宴偕去。将午，漱儿归报，十二时盛京轮已启碇驶出矣。笙伯行后，余为士畟书扇，盖此次游苏归来，震渊所赠画属余补书其背者，因录苏东坡《定风波》词以归之。午后督润、滋两儿整理书巢并收拾电风扇,极望从此秋凉,不复暴热,则所作为不虚也。五时许敩、清复来,因共小饮。滋儿七时赴旧师游宴会,十一时乃归。敩、清于九时辞去。循例烧九思香,里中烟气熏灼,颇难宁贴,夜深始卧,直待滋归乃入睡。

## 9月15日①(丁酉 朔)星期一

晴朗。晨候车入馆。办理杂事。芷、汉昨日归沪,今晨来馆。笙伯在津所寄衣包今始取到,已不及带去,所幸南天炎热,呢棉等服需要无多耳,只索停阁再说。刚主、斐云仍未至,想事冗不克约齐也。达夫自南京来,候船去台,明日假雪村所宴客,属余代邀西谛、文叔等。散馆归。组青及锦翔夫妇挈两孩在,盖来沪游赏,顺访亲友也。组青为余装得五灯收音机一座,式简朴而隔音清,付价一百四十万元。夜饭后与锦翔长谈至九时许,仍偕组青去。

## 9月16日(戊戌 初二日)星期二

晴爽。晨候车入馆。办理杂事。午前斐云见过,北平图书馆与刚主误会事经解释后无多疑,拟函复馆方了之。赵汉卿派人来还酒会摊款,顺送豫丰泰醇酒十斤,因约洗人、圣陶、达君、芷芬携以过雪村午饮,即为雪山、士敩祖道,盖明晨即乘中央机飞汉转湘矣。午后出席八十二次经理室会议,决定入手赶排夏氏字典。散馆后润儿随清、汉等住永丰坊,备明晨送山、敩登机。余应达夫约又过村所饮,到颂久、西谛、雨田、许杰、彬然、圣陶、洗人及村与达

---

①底本为:"丁亥日记第三卷"。

夫之子驱(其次子,长子名耳),酣饮甚畅。九时许乃散归,余与西谛、许杰、颂久同乘。抵家后听周玉泉播音,十一时始睡。

## 9 月 17 日(己亥 初三日)星期三

昙,午后晴。晨候车入馆。办理杂事。午后刚主来,即以昨日晤赵事告之并以复函稿示之,少坐便去。马兼民来,持汉卿函及豫丰泰申水礼券三百万元,属为推销,允过一两日后答复之,始恍然昨日赠酒之意。雪山、士敦于七时起飞,清等送至机场,归言之约计午前可到武昌云。下午四时许接本日二时半汉口电云“赏十六日去长,敦”,从知祥麟不别而行,已先赴汉,竟前至长沙,而士敦则亦安抵汉皋矣。散馆归,少坐便小饮。夜听雅青说戏并周玉泉《双珠球》,十时半始就寝。

## 9 月 18 日(庚子 初四日)星期四

晴爽。晨候车入馆。办理杂事。豫丰泰礼券由公司及洗、村二公合买百万元了事,即函送前往(馀券退回),并缄知汉卿矣。报载昨日敦等所乘之机自武昌开出后,以机件发生故障,被迫折回机场云云。所幸伊等已安达汉皋,否则必受虚惊也。散馆归,听曲《说亲回话》。薄暮小饮。夜饭后听书。芷芬、汉儿来坐,至九时乃去。

## 9 月 19 日(辛丑 初五日)星期五

晴爽,夜月尚姣。晨候车入馆。办理杂事。午后出席八十三次经理室会议。四时半步往馆东邻董锟龄牙医处磨治缺齿,盖昨日央颜炳炎同诣彼处委镶所缺门牙,约今日来配样也。五时一刻毕,仍乘车归。薄暮小饮。饭后独出步月,历一时始返,开收音机听书,至十时许乃睡,心绪不甚佳,殊未见酣适也。

## 9月20日(壬寅　初六日)星期六

晴爽较暖。晨候车入馆。办理杂事。承荫介一戴月中者来承其乏,接见后人尚粗适,惟所填年龄只十九岁,则似有隐匿或怕壮丁之故耳。字迹亦尚端秀,姑令于后日来馆试用之。饭后为圣陶拟朱遂颖粥诗文例小启一通。三时出席十届第八次董事会,以外间董事只到耕莘一人,于增资等大事遂尔延阁,决下周内召开临时董事会再提云。雪村明日返绍兴马山省母,旬日始出申。四时往董医处镶牙,以昨配之套须重做,约后日再往,只得候之。散馆后,芷、清、汉俱随余返,清于夜饭后偕漱及弥同去,即住永丰坊,芷、汉则往其表姊家晚餐,近十时又来接清同行,以先去,乃小坐而行。余夜小饮,饮后听书,十时即睡。

## 9月21日(癸卯　初七日)星期

晴朗,气暖如昨。清晨偕珏人往北万馨吃面及汤包,价昂而质减,相受近日物价飞腾之影响。十时理发,自在汽车门槛撞痛以来,今始得受剪耳。润儿往清、汉处存问,须接漱及弥同归来,大约将消永昼矣。午属漱石为治鳗鱼,讵意购来海鳗,绝无河鳗之味(我乡有"白露鳗鲤霜降蟹"之谚,故思之),殊为失望,而湜与锴又无聊淘气,更觉憎怒。午后埋头写《清诗别裁》人名于书之中缝,尽半日之力完其半,垂垂暮矣。开旧存迪康所赠华家茅台酒饮之,藉纾积闷。夜饭甫毕,文权全家来省,未几,漱、润、弥同亦归,喧闹久之,权等于九时辞去,余乃得静听朱介生、介人《落金扇》,惜不识窍之流特多电话乱点转阁正书耳。十时许即睡。

## 9月22日（甲辰　初八日）星期一

晴暖如昨。晨候车入馆。办理杂事。月中来报到,姑试之。达轩自南京来,午刻洗人约余及达君、芷芬共饮之于云南路菜饭店,吃牛肉汤,亦秀亦往,二时返馆。三时半偕炳炎诣董医装牙,移时毕,酬以廿四万元,初装当然不惯,据言进食两三次即可无碍云。散馆后乘车返。傍晚小饮。夜听书。润儿出访同学,十时乃归。

## 9月23日（乙巳　初九日）星期二

晴,更暖于前昨。晨候车入馆。办理杂事。达轩于饭后返京。下午三时出席八十四次经理室会议,决定人事及上半年奖金办法。散馆后仍乘车归。薄暮小饮。夜听书并拂拭架上陈设诸物,费两小时,专心聆唱转少矣。十时就寝。提酒三坛分送子敏、坚吾、文彬。（俱用洗人、雪村及余名。）

## 9月24日（丙午　初十日　秋分）星期三

昙,闷热,午后曾有雷雨,少顷即止,竟晴,积爽已久,突为暴热,殊难堪也。晨候车入馆。办理杂事。时局纷纭已极,战事日亟,当事渐呈慌乱之象,昨日王云五主席之政院会议竟通过普遍征丁办法,二丁抽一,五丁抽二,五丁以上每三丁抽一,任务保卫地方,必要时随同国军作战,经费则自给自足,武器则以地方原有者为限。如此行径,岂但强夺民时,直令人白手送死耳。偕亡之叹甚于倭踞之时矣。（到处又乱捕青年,纵虐逞欲,罪过罪过。）散馆后归。薄暮小饮华茅,中心忧愤,殊不快,饮后感膈满也。忠岱今日下午四时自渝飞抵此,盖准假归来者,缓日即须返绍。

## 9月25日（丁未　十一日）星期四

　　晴暖,不类深秋。晨候车入馆。办理杂事。午与洗人、达君、炳生、诗圣、世泽、惠民、韵锵、芷芬同邀忠岱过饮于老同华,午后二时许始返馆。西谛电话来,属取《玄览堂丛书》第二集,并托代买坛酒。散馆后径与清儿北归,就饮其家,晤彬然,汉儿则往霞飞坊接珏人径赴横滨桥实验戏剧学校观虹社彩排昆曲,六时半润儿来告母与姊俱已先往剧场矣,乃偕同雪村夫人及清、润两儿继往,所遇熟人甚多,爱好此道者几无漏列矣,八时开场,十一时半终局,凡七出,录目如次:

　　一、长生殿　小宴　赵景深饰明皇,李希同饰杨妃

　　二、宝剑记　夜奔　蔡令晖饰林冲

　　三、西厢记　跳墙着棋　姚季琅饰红娘,方英达饰张生,胡惠渊饰莺莺。

　　四、牡丹亭　游园　蔡守洛饰杜丽娘,姚季琅饰春香

　　五、长生殿　酒楼　戴夏饰郭子仪

　　六、西厢记　佳期　项馨吾饰红娘,殷震贤饰张君瑞

　　七、雷峰塔　断桥　俞振飞饰许仙,张充和饰白氏,张元和饰小青

从容听歌,怡然无方,虽闷热,亦不之觉矣。比散,余与珏人、润儿及亦秀姊弟同乘街唤汽车以归。到家浴身就卧,已十二时半矣。余近习夜睡不得过十时,否则失寐,今竟逾此限过久,遂不得好眠,听漏待明而已。

## 9 月 26 日 (戊申　十二日) **星期五**

晨大雾旋霽,近午开晴竟转炎热,午后气温复达华氏九十三度,实倒转两月时光矣。七时三刻乘车入馆。办理杂事,手不能停,挥折扇也,午后益闷热。为闻一多出全集,校其遗稿《唐诗大系》,钱默存契约亦送出。梦岩即将娶媳,今日孝先渡浦东归,因托带贺仪廿万元致之。子敏派人送杏花楼月饼两盒、美丽香烟一条来,亦洗、村各一份也,酬酢之可笑如此。今日治酒过中秋,散馆后偕芷芬、清儿同归。(汉儿以家亦请客,未能同来。)薄暮开饮,围坐一圆桌,适润友毛女士来,亦邀与焉。八时,文权、潜儿始至,盖看电影方毕,故迟迟其来耳。夜饭后笑谈至九时半权、潜、清、芷等辞去,余以倦欲交睫矣,奈天热汗沈,床褥为渍,殊难堪也。月色透窗而天风绝无大奇。送绍酒两坛与西谛。

## 9 月 27 日 (己酉　十三日) **星期六**

霽,午后晴,仍闷热难任。晨候车入馆。办理杂事。时局日益坏,经济波动加烈,无论何人均有岌岌不可终日之虑矣。下午四时出席八十五次经理室会议,决定收受钱锺书《谈艺录》稿及其他人事。予同晨抵沪,午后来馆,因参此会。散馆后乘车归。金才为余往西谛处取得之《玄览堂丛书》续集百廿册已先在翻帑,甚乐,竟忘晚饭。抵暮群儿唤饭,始下楼小饮。今日文权生日,珏人、滋儿俱往,夜饭后乃归。在馆接仲川请柬,知将娶媳,因与圣陶合送十万元,即托圣南之婿俞君硕带苏代致之。

## 9 月 28 日 (庚戌　十四日) **星期**

晴,时霽,有北风甚劲,炎威顿杀。竟日未出。《清诗别裁》人

名已查写于中缝完毕。《玄览堂丛书》续集亦检查毕，颇有缺缣及
颠倒处。清儿午后奉雪村夫人来，坐谈良久，雪村夫人往省夏师母
及达轩夫人，即留彼处夜饭，清儿、建孙仍留余所下榻焉。昼夕俱
小饮。夜开机听曲，十时半寝。

## 9 月 29 日（辛亥 十五日）星期一

晴，傍晚起云，入夜月色微茫，殊扫兴。晨候车入馆。办理杂
事。接九月廿五日士畋长沙来信，告廿一日到分店，赏、贺俱已见
过，惟交替尚未办妥，以帐目尚未造报齐全，不便贸焉接手耳。此
次赏不别而行，先返湘中，难免有所布置，恐前途暗礁决不在少也，
幸雪山同去，事事有秉承处或可不致偾事乎？今日中秋，馆中添菜
四簋，并提酒一坛启饮之，聊为过节点缀。四时十分即偕芷芬、清、
汉、漱、润乘车赴权、潚节宴，待良久，漱石、滋、湜两儿及建昌、弥同
始来，六时半乃开饮，七时许罢，越半时春生复来，珏人率潚、清、
汉、漱、滋、湜诸儿并文权、芷芬及元锴、昌顯、昌预、昌硕、弥同诸孙
乘车赴永丰坊赏月，奈天气欠佳，徒有此行耳。余则与润儿步以
归，过霞飞路皮革店购得公事包一件，计价十五万六千元。九时半
珏人等归。初意宜少须时，乃不久即返，甚以为慰。十时听邢瑞庭
《三笑》，十一时睡。

## 9 月 30 日（壬子 十六日）星期二

昙，有风，顿凉。晨候车入馆。办理杂事。校闻一多《唐诗大
系》。午饭时，昨设之酒尚有余沥，因与洗人、圣陶、芷芬、至善、祖
璋分饮之。午后蛰存来，君立来。下午三时出席八十六次经理室
会议，通过收稿两件、调整人事三起。家晋来，以中来。西谛约为

《文艺复兴》中国文学专号作文。散馆后坐待一小时,出席明社大会及合作社大会,二者均改选,余当选明社监事。就座晚餐,人各享肉片烩饭一盆,又清汤一盅。(均由春华承作,每客一万二千。)顺开时事座谈会,由覃必陶、傅彬然、丁晓先、周予同先后发言,其实演讲会耳。初无坐谈之意,从晓先志也,历时两小时又半,腰背交损矣。八时半始散,亟乘车归,小坐便寝。夜月尚姣,昨宵偏乏此,清儿亦恶作剧哉。达先托长沙文通经理杨厚源带来紫毫对笔、屏笔各一事,本拟即复,以事冗未果。

## 10 月 1 日(癸丑 十七日)星期三

晴爽。今日起办公时间延后半时已发出布告,各部起迄一律。(发行所本与各部差池。)八时半乘车到馆。办理杂事。复达先,告紫毫笔等收到。午间往雪村家吃面,盖士敫生日也,到珏人、芷芬、汉华并梓生、锡城等,饮啖至二时许始返馆,珏人则唤车径归矣。三时许以中、绥贞夫妇来,知即将归无锡任教于江南大学矣。绥贞为甫里三十年前旧生,暌隔至今,鬓已白矣,脱非以中偕来,真觌面不相识矣。因与历数甫里旧游,与余同行辈者所存无几,允若老瞀颓唐,柏寒伏处里巷,时亦发病,独康柏尚健而步履已非昔比云。较次一辈则逖先佞佛茹斋耳,余皆晚幼,举名且多不知者。岁月磨人如此天地,洵无情之炉锤成,谈移时别去。编发卅七号通讯录。散馆后仍乘车归。入晚小饮。夜饭后开机听书,十时后寝。润儿出看电影,十一时半始归,余起开门,几又致失寐也。本日起,人事调动甚多,旧编员生录已难适用,因属诗圣重编印出,随同通讯录分发。承荫明晨乘招商局江陵轮直放长沙,缮证与之,俾免沿途麻烦。

## 10月2日(甲寅 十八日)星期四

晨大雨旋转阴,午后渐霁,晚晴。八时二十分候车行。到馆办理杂事。校阅闻集《唐诗大系》。承荫成行,十二时始开船。高晋生《周易古经今注》已出版。此书在沦陷期中排校就绪,今始印装,余以躬事校雠,得向公司索取一本。明社今日开第九、第十两届干监事联席会,办理交代余以新膺第十届监事之选,故接通知出席。当推定傅彬然为总干事,予同及欧阳文彬为进修组干事,锡光、韵锵为总务组干事,郑缤、孙平为康乐组干事。散馆时芷芬、汉儿偕余乘车归,以欲往国泰看电影也。适余家今日新宰一鸭并开陈酿一坛,因共小酌,谈至八时三刻乃去观影,漱、滋亦同往也。余于渠等走后开机听书,十时就卧。十一时半漱、滋始返,知芷、汉亦已东归矣。

## 10月3日(乙卯 十九日)星期五

晴,不甚凉。晨八时十五分候车入馆。办理杂事。校阅闻集《唐诗大系》。午间季康来谈同业竞争亟待解救事,洗人请其在永兴昌小饮,余与达君、芷芬、调孚同往参焉。晤润生、廷枚、宝忠、明诗诸君,仍分曹列坐,但彼此飞觥相酬而已,二时半返馆。三时出席八十七次经理室会议,五时散。五时半退班,仍乘公司车归,润儿以先约清、汉回看电影,遂留馆未归,据云今晚即住章家矣。入晚小饮,时珏人应潜儿约,偕往东方书场听书,尚未返也。举杯两过,珏人叩门入,携来下酒物,甚适口,因不觉多饮,直至八时始罢。听书娱情,十时寝。

## 10 月 4 日（丙辰　二十日）星期六

阴，傍晚微雨，入夜淅沥有声。晨八时一刻候车入馆。办理杂事。校阅闻集《唐诗大系》。诚之来取版税并交齐《晋南北朝史》馀稿。圣陶送线袜两双。亢德旬前书来，欲以译稿托开明出版，经编审决议不拟接受，因属余复谢之。散馆后仍乘车归。入晚小饮。夜听书，十时许就寝。

## 10 月 5 日（丁巳　廿一日）星期

阴霾，午后曾有濛雨。晨看报知内战全局愈演愈烈，东北尤紧，而好战者犹执迷不悟，力图一逞，岂白骨成丘之馀必欲靡有孑遗乎？恫矣何言！午小饮，均正来言，顷接达君电话，询余馆中杯碟箱之钥匙何在，余答在馆中写字台抽屉内，如需取用，可属车夫来取余所佩抽屉之钥，想有较大规模之宴客也。但抵暮未见来取。午前润儿挈锴孙出，将往祥经里省芷、汉。午后珏人挈湜儿往会濬儿，将过新仙林听书。漱、滋两儿则挈弥孙往福州路章家省清儿。余独坐翻帑架书并午睡一时许，睡起开机听书，竟惮于外出也。四时半漱、滋、弥归。五时许润、锴归。六时许珏、湜归。薄暮小饮。夜饭后偕润、滋出阅市，物价较旬日前又倍增矣，大众生活其将何以勉度乎？九时归，十时就寝。

## 10 月 6 日（戊午　廿二日）星期一

晴爽。晨候车入馆。办理杂事。仍校阅闻集《唐诗大系》。予同校中已开学，上午未到。绍虞午前来晤，携到稿件多种，须提出编审会者。写信与雪村，促早出申。散馆后乘车归，润儿则偕芷芬同赴祥经里看所摄影晒出否,留彼夜饭而后归。余傍晚小饮,饮后开机听书。珏人偕滋儿亦正自新仙林听书归,因共夜饭,饭后复开机听书,至十时寝。

## 10 月 7 日(己未　廿三日)星期二

晴,夜半雨,竟尔达旦。晨候车入馆。办理杂事。圣陶以静芬携来书画十数件托鉴,无一真者,而索价之昂直令人咋舌,可见内地对上海憧憬之过奢,殊不知上海实非铸金窟也,以此颇令伊等扫兴耳。下午出席八十八次经理室会议,于吕稿决再致酬千万元了结,馆中对诚之可谓优厚矣。散馆归,清儿与偕。入夜共饮,夜饭后长谈至九时始辞去。余仍开机听书,十时就寝。

## 10 月 8 日(庚申　廿四日)星期三

阴雨。晨候车入馆。办理杂事。校阅闻集《唐诗大系》。诚之通史(断代分册)版权契约已订妥,属炳炎专送前去候签带回,车夫春生掉车欠慎,撞倒一勤务兵,致大受窘,赖警察到场,藉拘局为由始得免,犹被敲去四万元也。散馆后接开业务常会,七时半始毕,就馆小饮,夜饭后始归。汉儿先余到家,即留住。华坤之子炎灿择双十节订婚,请余书帖,并邀余及洗人、达君、纯嘉、坚吾等与宴焉。接雪村书,知其太夫人衰象日增,一时未克出申也。

## 10 月 9 日(辛酉　廿五日　寒露)星期四

阴雨,午后转晴。晨候车入馆。办理杂事。校毕闻集《唐诗大系》。又校出张须《通鉴学》一批。布告明日双十节放假。经理室地上水泥已斑驳,拟乘明日假期彻底加修,今夕即通宵工作,门市部装修亦将改观,故今日下午散馆之前即纷纷收拾用具以便搬移云。散馆后即乘车归。垂暮小饮。夜小坐听书,未几即睡。嘉源书来,即将结婚,并属转告组青。

## 10 月 10 日（壬戌　廿六日）星期五

晴朗,气爽。晨与珏人出,在野味香吃小笼馒头及汤团。(汤团两客,馒头一客,今日时价已三万元。)移时乃归。拂拭坐头书物。十时许芷芬、汉儿及镇、鉴两孙等俱来,潚儿、硕孙亦来,十一时潚等先去,芷等留饭。十一时半洗人、达君车来,遂共乘以赴馆,便就华坤之宴,顺过雪村家接渠夫人同去。华坤治酒两席,而所到亲友无多,除其自己家属坐一席外,馀席止余及洗人、坚吾、达君、雪村夫人、纯嘉、炳炎七人而已。二时半散,仍与洗、达乘车西行,先送余归。到家,只见润儿与锴孙在,询悉漱、滋、弥同已往会潚等游兆丰公园,而珏人、芷芬、汉儿及锴、镇、鉴则就近游顾家宅公园,锴在园走失,幸遇一贝姓者送之归,润即饬湜儿往园中报讯,故只见渠二人耳。有顷,珏人等先后历乱返,一场风波始告平息。余惮见麻烦,因偕润儿出散步,循亚尔培路而南,由徐家汇路过小木桥,沿斜徐路而西至枫林桥折北,由祁齐路、毕勋路转入霞飞路以归,到家已六时许。近来久不作长步,今一试之,虽觉腰脚微软而精神甚振,殊感松快也。入夜仍小饮。夜饭后开机听书,十一时始寝。

## 10 月 11 日（癸亥　廿七日）星期六

晴,陡凉,袷衣不胜矣。晨候车入馆。办事处正修理中,暂就四楼衍福楼集中办事。午后气转冷,日光为之黯淡,至奇。散馆后乘车归。入夜小饮。夜饭后润儿出访友,十时返,谓明日将偕游嘉兴南湖,黎明即出发云。

## 10月12日(甲子　廿八日)星期

　　晴冷,初御薄棉。晨与珏人出,进点于野味香。润儿未明即起出门,天犹黑也,想见冲寒而行,未识着凉否耳。十一时许与漱、湜两儿共乘三轮车东去,先送漱、湜到章家,余则径赴坚吾之约,晤子敏、世益、公仪等,因共畅酌,二时始罢。午后三时偕子敏、坚吾过杏花楼参与寅禄婚礼,至则新郎新娘方出摄景,而两宅亲友已毕集。少须摄景者归,乃开始举行。余为证婚,五时礼成,茶点而散,权、潜一组,雪村夫人、清、建一组,珏人挈漱、湜、锴一组,分头乘三轮车各归,余偕滋儿步至福建路,亦乘三轮车以返。入晚小饮。夜进青菜煮面,未再饭。听书至十时便候润归,竟未来,即睡以须之,至十一时许始归,谓七时返沪,以在友家夜饭,迟迟及此耳。携有南湖鲜菱多斤,明晨将烹食之。

## 10月13日(乙丑　廿九日)星期一

　　晴有风,御犹怯,骤似初冬矣。晨候车入馆。办理杂事。经理室布置粗复,不免各寻用具,又有一番历乱耳。编发通讯录。具仪十万元送坚吾,属转致世益,贺其嫁女。孝先夫人来饭,饭后潜儿适归省,因奉珏人及伊共往东方书场听书。散馆归,有顷,始见珏人归来,孝先夫人则仍住雪村家也。入晚小饮。夜饭后开机听书,偃卧将息,不觉睡去。润、湜两儿与友出看电影于杜美大戏院,十一时始归。

## 10月14日(丙寅　朔)星期二

　　晴,较昨略和。晨候车入馆。办理杂事。下午三时出席八十九次经理室会议。家晋来谈,知将就教新乐师范矣。散馆后即乘车返。入晚小饮。夜饭后开机听书,十时即寝。

## 10 月 15 日（丁卯　初二日）星期三

　　晴,午后阴,入夜雨,淅沥达旦。晨候车入馆。办理杂事。十一时往访坚吾,坐待至十二时同乘三轮车至北京路大加利酒楼趋贺金世益嫁女。排场颇大,午间已摆十馀席矣。且有堂会,余被邀陪媒,与坚吾、子敏高坐饮啖,二时罢,未及观礼即辞返馆,仍续办诸事。校毕《通鉴学》第二批。散馆后径乘车归。入晚小饮,适孝先夫人在,因共饭,饭后谈至九时仍辞返雪村夫人所宿。余开机听书,十一时始睡。

## 10 月 16 日（戊辰　初三日）星期四

　　晴。晨候车入馆。办理杂事。文通华问渠来访,午与洗人、予同、达君、芷芬、圣陶邀往永兴昌小饮。二时返馆,出席国文月刊编辑会议。斐云见过,谈所辑古方志印行及《王观堂论学手札》诸事,知日内即将北返云。祥经里房屋及基地已由开明购进,今日成立草约,先付地价三分之一,全由达君经手。散馆后偕洗人等乘大车北去。六时半与洗人、圣陶偕步赴横滨路子敏之约。子敏新构梅村落成,因邀约朋好聚饮耳。晤坚吾、洪钦、公仪、世益父子等,饮啖至九时三刻乃散。春生来候,遂与洗等同乘而返,沿途放送各人各归云。余到家已十时半矣,即睡。翼之来访,未晤。

## 10 月 17 日（己巳　初四日）星期五

　　晴还暖。晨候车入馆。办理杂事。下午出席第九十次经理室

会议。忠岱自绍兴出,后日即飞返渝,本馆同人廿三人就馆厨公饯
之。六时开筵,八时许散,仍乘车归,到家小坐即睡。雪村母老病
淹缠,一时不得出,他房皆不顾,遂函促清儿归侍,定明日赴杭转
绍,建孙或将寄来我家也。

## 10 月 18 日(庚午　初五日)星期六

晴。晨候车入馆。办理杂事。清儿奉雪村夫人返绍,建昌暂
寄我家。下午三时出席董事会,决议于十一月十六日召开临时股
东会,商量增资。以中来访,知已送春返无锡矣。散馆后仍留馆,
盖公司宴请问渠及文通书局各分局经理,洗人特邀余及芷芬作陪
也。七时客至,凡到问渠及其侄宗婿王萼华与粤(戈)、滇(邓)、湘
(杨)、蓉(吴)四经理,畅饮至九时许始散,春生驾车先送洗、芷北
返,然后送余归。

## 10 月 19 日(辛未　初六日)星期

晴。晨起看报,知战局日紧而横暴益亟,强力平价,不顾实际,
吾不知伊于胡底也。十时潗儿及小同来省,十一时春生来(昨日归
途所属),因与珏人偕赴杨树浦、齐物浦路洪兴里四三号勋初之约。
(前日勋初书来,知体气已渐康复,月前应其郎迎养来此,约余往
晤,且由其郎来迎。)顺送潗儿、小同归。然后长驱前往,十二时始
访得之,入门骤见,欣喜欲狂,握谈别后情形及罹病治疗经过,五年
离惊,絮话难终,且饮且语,不觉至二时一刻,以春生久待,即辞出,
登车径归。坐甫定,佩璋来谒,知已考取交通大学,属余作保证人,
即应之,为亲填保证书付之,少谈即去。夜仍小饮。少坐即就寝。

## 10 月 20 日（壬申　初七日）星期一

晴。晨候车入馆。办理杂事。书谢勖初，并以《天亮前的孤岛》寄之。午后筹备酒会，定重阳在开明四楼举行，印发请柬四十余帖。章宅陆妪来馆，言三山会馆派人通知，谓将令过境之兵驻入其家，盖房屋租赁之纠纷未了，房东藉词恫吓耳。因属纯嘉往看三山方面负责之陈姓折冲之，在可能接受之条件下能了即了，不必俟雪村归来，转多缠讼也。散馆后仍乘车归。入晚小饮。夜饭后纯嘉来报命，谓大旨为钱，约明晨九时再往商或可得一解决云，闲谈移时乃辞去。十时寝。

## 10 月 21 日（癸酉　初八日）星期二

晴还暖，午后阴，入夜雨，夜半加甚。晨候车入馆。办理杂事。十时纯嘉往见陈姓，近午复晤，谓已交涉妥帖，所有积欠廿六个月之房租及其他费用统付三千万了账，十一月份起房租照同里左右邻起价，约明日成约云，当即详函快邮雪村并促驾出申。下午三时出席第九十一次经理室会议，于扩大业务会议及放帐紧收诸事有所讨论。子恺来馆一晤，盖闻风来看梅兰芳戏者也。散馆后乘车归。入晚小饮。夜小坐听书，九时即睡，惟中夜数醒，饱听淅沥，眠不熟稳耳。

## 10 月 22 日（甲戌　初九日）星期三

阴，旋昙，午后晴，傍晚复阴。晨候车入馆。办理杂事。伯赞书来，属撰文实史学杂志。散馆后酒会渐集，先后到三十人，六时半开饮，先由纯嘉假来菊花多盆，布置四壁，入坐后各逞谈锋，各尽饮兴,余与予同、西谛、圣陶、红蕉、墨林、芷芬、守宪、默庵、子敦共席,余廷枚等一席,洗人等一席,凡布三席。余啖蟹三枚,两尖一圆,已臻腴境矣。八时三刻散席,仍围坐各尽馀兴,仍以膈青之大鼓京剧及炳生之越剧为最,余亦高歌板桥道情《樵夫》一曲以收之,十时始乘车各返。季祥当场出彩,吐后登车竟酣睡难醒云。十时三刻到家,少坐即睡。

## 10 月 23 日 (乙亥　初十日) 星期四

晴。晨候车入馆。办理杂事。酒会帐款了讫。午后出席干事会,通过经费及话剧诸务,润儿又被派为剧中男主角,盖圣陶颇以易卜生自况,竭力促话剧之进展也。绍虞来馆谈《国文月刊》编制事,余与予同各有所主云。接雪村书及清儿致漱儿书,知雪村太夫人老境将尽,一时未克远离矣,有多事见属,即复书详告房屋纠纷解决及所属事分头办理,并致书达先告知一切。散馆后仍乘车归。入晚小饮。潆儿来,因共饭。饭后滋儿送潆去,九时归。

## 10 月 24 日 (丙子　十一日　霜降) 星期五

早有薄雾,旋放晴。晨候车入馆。办理杂事。午饮酒会馀沥。余后不免高兴,多所开罪,但自视无瑕,亦不顾其他矣。下午三时出席九十二次经理室会议,决定开封顶屋、川中《史记新校注》暂缓接洽诸事。书寄台北博物馆陈达夫,告西谛无法购致革命文献,只得将储款退还或指拨其他用途,盖款久存西谛许为代致此等文献也。(此事早于暑期言定,今达夫书催雪村,村询余。)其实西谛为印画所困,并无余闲为台馆采访,以是迁延至今,直待见催始确切答之耳。午前甫寄一信与雪村,告接山电,即将转京杭径归绍,午后涤生自粤垣飞沪将返乡,因与话别后诸事移时乃别。散馆后仍候车归。入晚小饮。祥经里连同基地今日正式交割,开明新户亦过好矣。湜儿自校结伴往苏州旅行,须星一始归,今日下午随师乘车出发。汉儿偕墨林往兰心观剧,七时半来家晚饭,九时偕去。润儿夜饭后出,十时一刻始归。

## 10 月 25 日（丁丑　十二日）星期六

阴,偶露阳光而已。晨候车入馆。办理杂事。涤生、士贤一行返绍兴。午仍饮酒会所馀坛底酒。润儿以头痛午后即归,余亦精神欠佳,强持而已。散馆归。入晚小饮。夜饭后小坐听书,清儿自杭来,盖雪村夫人病势略有转机,而沪上百事相牵,亦放不下心,故遣令先归耳。今晨自马山转绍兴转车经杭州换乘火车到沪,已八时矣。途中一永日当然疲乏,即令安睡,少须余亦就寝。

## 10 月 26 日（戊寅　十三日）星期

阴雨终日。竟日未出。看《中国暴风雨》,盖美人白修德、贾安娜所合著描写中国近情,直指美国支持中国内战者也,分析极细,佳制也。与清儿长谈。夜啖蟹,虽小而路道甚正,为尽三枚。夜听书,十时寝。

## 10 月 27 日（己卯　十四日）星期一

晴。晨候车入馆。办理杂事。得杭函,知雪山一行俱抵绍,则雪村或且即出矣。为股东会及扩大业务会议事不免忙碌,颇难应此一阵也。润儿为排《少年游》剧本预备演出事,散馆后到永丰坊即住清所,或将有数日如此耳。清仍随余归。入晚小饮。夜听书,十时就寝。

## 10 月 28 日（庚辰　十五日）星期二

晴，午后转阴。晨候车入馆。办理杂事。看毕《中国暴风雨》，深佩作者观察之精析，以外人而有此洞识，愧煞国人矣。下午三时出席九十三次经理室会议，于召集股会及适应办事时间诸事有所讨论。散馆后仍与清、漱两儿归。入晚小饮。啖杜裹馄饨。夜听书，十时许寝。

## 10 月 29 日（辛巳　十六日）星期三

昙，晨有薄雾，近午晴，下午又阴。早候车入馆。办理杂事。祥经里空地建屋已着手工作，篱笆已树立矣，依承揽据则四十五天即可交屋也。雪村夫妇昨晚来沪，今日来馆相晤，知渠太夫人已日渐就瘳矣，且有雪山、涤生在乡相侍，更可放心云。散馆后润仍北去排练《少年游》，余则与清、漱归。浒关薛氏表侄孙来。入晚小饮，文权、濬儿来，因复与权饮。夜九时权等去，余亦就寝。

## 10 月 30 日（壬午　十七日）星期四

晴，晨薄雾。早八时十五分乘公司交通车入馆。办理杂事。下午二时出席第十届第一次临时董事会，决定向股会提案并即日发刊十一月十六日召开股东临时会公告，到朱季华、章育文、吴觉农等，大约增资至三十亿一案无他问题耳。无止来谈。散馆后润仍北去祥经里，而余偕清、漱归。入晚小饮。夜饭后清挈建孙辞归，即饬滋儿伴送之，八时即返命，知汉、润热于排戏也。

## 10 月 31 日（癸未　十八日）星期五

晴。晨候车入馆。办理杂事。午后三时出席九十四次经理室会议，洗人报告顷自功德林归，六家会议于明日（十一月一日）起书籍又须加价四成馀，因即通电各分店照行。购正中书局印陈匪石《宋词举》，以其论释较确也。散馆归，润儿随行，以今日停止排演暂返休息耳。青年好动至此，真可笑也。入晚小饮。夜九时寝。

## 11 月 1 日（甲申　十九日）星期六

晴，早晚甚凉。夏令钟点昨日午夜终止，今起恢复标准时，开明办事时间亦调整为上午八时至十二时、下午一时至五时。七时三刻乘车入馆。办理杂事。编发通讯录第三十号。洗人今晨返上虞，五六日始出。钱生琴珠已痊，今日来馆复职，仍派在经理室第一组佐理收发，调张生无垢暂办股东会及扩大业务会写印工作。散馆润儿仍往永丰坊排戏，住清儿所。余偕潄儿归。入晚小饮。夜饭毕，珏人、潄石、滋儿正拟出外听书于大陆书场，忽苏州内舅母吴夫人偕其母纯葆（嘉源之妹）叩门入，盖为嘉源姻事来沪有所张罗也，珏人遂止不行，别令潄石、滋儿往会潗儿（以预先约定故），重具饭享苏来之戚，长谈家常至十一时，因下榻焉。

## 11 月 2 日（乙酉　二十日）星期

晴。内舅母及纯葆表姨上午去嵩山路、兴安路其表亲家约小住数日乃复来云。近午小饮，润儿归，滋儿则为余与珏人驰往蒲柏路大陆书场购票。饭后理发，一时半偕珏人乘三轮车往大陆，入坐已开书，韩士良之《七侠五义》已过半矣，继以莫天鸿之《金台传》、沈俭安、薛筱卿之《珍珠塔》、严雪亭之《杨乃武》、刘天韵、谢毓菁之《落金扇》，综观各家，自以沈、薛为上乘而严次之，莫与刘、谢则气有馀而韵不足，未免叫嚣耳。五时散出，徐步以归。抵家已黑，组青在，盖为嘉源喜事而来，出礼廿万元也，因共夜饭兼小饮焉。饭毕权、潛全家至，盘桓到九时半与组青同出各自归去，余亦就寝。

## 11 月 3 日 (丙戌　廿一日) 星期一

晴。晨候车入馆。办理杂事。洗人在假。签给之事倍忙矣。维文电话来，托向作者书社借英文本《太极拳》备买否，即应之。耕莘书来，附支票一百九十二万元托代向西谛定购《唐宋以来名画集》一部，即照转。与芷芬及诗圣、韵锵、惠民、世泽、纯嘉商定扩大业务会议时招待各地分店经理办法，列成须知备传示之需。散馆时润儿仍往永丰坊，余与漱儿同乘归。入晚小饮。珏人与滋儿往会潛儿同听书，并观皮德福走演飞车走壁绝技，在潛家夜饭后乃归。

## 11 月 4 日 (丁亥　廿二日) 星期二

早有雾甚湿，旋晴还暖，竟不能御棉。七时三刻乘车入馆。办理杂事。督办股东会及扩大业务会议诸报告及印发各件。下午三时出席第九十五次经理室会议。散馆后仍与漱归，润则北行排戏矣。入晚小饮。夜小坐，看《宋词举》。八时许即寝。

## 11 月 5 日 (戊子　廿三日) 星期三

晴仍暖。早七时三刻候车入馆。办理杂事。余出门时属珏人购大蟹两枚，备晚归佐酒。及午，接西谛电话，谓觉明昨日自平来住伊家,今晚约在伊处与诸老友相叙并属邀予同、圣陶同往,余与觉明暌违已十五年,亟欲相晤,欣喜可想,惟念蟹如过夜必不堪食,乃唤街车驰返,与珏人共擘之,从容小饮至二时半始复返馆,即乘廿二路公共汽车以行。到馆后复办杂事,与芷芬商定扩大会议提案要纲。散馆后与圣陶、予同乘达君之车径赴西谛之约,至则尚无一客,有顷,觉明来握谈久之,于西南、西北所见颇承见告,但感民生凄苦贪污纵横而已,诚快慰中之大不怡矣。苟无解放之术,我民其殆终古抑压不得翻身乎? 又有顷,森玉、新城、起潜、伯嘉先后至,乃闲谈看画,七时半始就坐,九时许始散,余与予同请圣陶伴森玉、觉明归虹口,因同乘出发,余先下为别,予同乘而东行矣。比到家,已十时。珏人与绍铭、漱石、文权、濬、湜则同往大陆听夜书矣,十一时半乃归。

## 11 月 6 日(己丑 廿四日)星期四

晴仍暖。晨七时三刻候车入馆。办理杂事。陶孙到,即与诗圣、惠民、敏逊、达君、圣陶、芷芬共约同乘,赴雪村家午饭,下午二时许始返馆。下午陆续接各地函电雪舟、稚圃、元章等俱将归来矣。散馆后仍与漱儿俱归。内舅母偕纯葆表姨来,仍住我家。

## 11 月 7 日(庚寅 廿五日)星期五

晴暖甚,几返初秋矣。早七时三刻候车入馆。办理杂事。今日起为招待分店经理特在新惠中旅舍开具房间两个,并在公司添开饭食一桌,以地方迫窄只得分班,余因编列二班俟大家食后再就饭焉。下午二时芷芬、诗圣、纯嘉三人驰车至龙华机场迎候雪舟,盖先获电报,知今日飞沪也。四时许车还,遂与陶孙合住矣。散馆后余独归,以今日明社集体看《天亮前后》及《青春的旋律》两电影也,漱、润、滋俱参加之。入晚小饮。夜饭后饬湜儿伴纯葆往上海戏院看电影,八时半归。有顷,漱、滋两儿亦归。润儿则仍随清、汉北住永丰坊。

## 11 月 8 日 (辛卯　廿六日　立冬) 星期六

晴暖甚,御裌犹嫌遏闷也,殆将变矣。早七时三刻乘车入馆。办理杂事。洗人今日乘金陵号特快车自杭返,径赴功德林六家公宴,于六家公约草案有所决定,此后或将略有轨范可循,不致滥放乱来矣,不可谓非出版界之福音,特恐诈虞难泯,仍蹈往辙耳。散馆后接开业务常会,雪舟、陶孙俱出席,筹议扩大业务会议应议诸项,七时毕。就馆小饮并进饭,八时乘车送洗、圣、芷、沛北归。余与予同联坐,乃车抵永丰坊竟告抛锚,即属道明电告纯嘉,而自与予同诣洗所参观,润、汉、无垢等排戏,有顷纯嘉驰至,谓已修好,因匆匆辞诸人登车,先送予同然后归,已十时矣。知内舅母及纯葆已去,仍住望志路章家,明日乘车返苏矣。接柱流函,知更审已准,甚慰。

## 11 月 9 日 (壬辰　廿七日) 星期

阴,几度微雨,午后略放晴光,转冷,薄暮又须御棉矣。竟日未出,圈点《宋词举》一过。上午十时清儿、建孙及芷芬之母、芷芬、汉儿、镇、鉴两孙来,雪村亦同车至,邀同赴弘一纪念会,予以惮出,未偕往。午饭甚热闹,正进餐间,接炳炎电话(由均正转来),谓士毅在汉发电,今午乘中国航空机飞沪,属告芷芬知之。饭毕,公司汽车已在里口,乃由芷芬导行,与珏人、清、滋、汉、漱诸儿及锴、镇、鉴三孙同赴机场迎候,顺送芷芬老太太至善钟路王家,惟润、湜在侧相侍耳。润甫于午前归,湜则在邻右未得知,故能留家也。四时三刻车返,士敫同至,甚快愉,并知稚圃、甫琴亦同时接到,以车不能容留场待再放车相迓也,以故芷芬即复往,有顷返,甫琴见过,匆匆握别,即与士敫同乘赴店,稚圃遂未之见。入晚小饮。夜饭后道明车来接,清、汉、建、镇、鉴归去,将顺过雪村家,一接士敫、芷芬也。佩璋见过,知已就住交通大学矣。九时三刻就寝,虽未出,亦颇劳倦矣。

## 11 月 10 日(癸巳 廿八日)星期一

晴,稍复凉境矣。早七时三刻候车入馆。办理杂事。午后二时芷芬、纯嘉等驾车往龙华机场迎镜波、元章,直至五时三刻乃回,知伊等已径往雪村所。(公司本就馆备酒肴,雪村坚欲移主其家,故遂中变。)余遂与予同、均正及漱儿等乘车归。到家已漆黑矣。少坐小饮,进家制蟹粉面,味隽而虑消,甚洒如也。润儿仍住永丰坊排戏,大氐非俟演出不能自已耳。

## 11 月 11 日(甲午 廿九日)星期二

晴。晨七时三刻乘车入馆。办理杂事。编发通讯录第卅一号。为明日中山诞辰布告放假。与镜波、元章、雪舟、稚圃、甫琴等晤谈,洗人、雪村柬请成都穆伯庭、北平伊见思及黎明书局徐君,兼邀各分店经理作陪,即晚宴雪村所,散馆后洗人坚约予同及余参加,遂同步以往,七时许始就坐,三客外,到雪舟、稚圃、甫琴、士敫、陶孙五经理,九时散,余偕予同同乘公司小汽车径归,到家知厨房已由金生来修理一过矣。

## 11 月 12 日（乙未　三十日）星期三

晴。晨八时许元章见过，谈移时，十时许挈锴孙同去祥经里，今日圣陶生日，放车来接江、夏二家往饭，漱儿初拟挈锴附车，而元章来，乃约坐待共乘之，及车来先坐有郑缤，而车复用其小者勉敷原拟之人而已，于是元章、漱儿及锴孙别唤三轮车前去也。十时四十分润儿返，十二时以明日下元，先一日祀先祝飨，全家饮福，共饭毕，已一时矣。与滋儿步往顾家宅复兴公园看全市菊花展览会，不图偌大畅旷之场竟成人山人海之境，沪人敏感锐于四方，又兼假日，宜其有此耳。入园遍地盆菊且有堆成亭阁或门龙者，五光十色，亦足赏览，而所谓名品俱罗列席棚中，连巷转陌长达数十栋，惜游人过多，须排队始得巡经之，余父子逡巡良久，见列队老幼四五行举，不得近行。列中有不耐儿童再三跃出者，俱为其父母所牵，直类拘囚观赏云，何哉。余与滋儿亟转道旁出，觅林荫长凳，稍憩焉，静观攘攘往来之客，仆仆烈日之中推背而至无意义。真人生历程之幻影矣。自笑徒趁热闹亦何能免，遂与滋儿悄然归休。途中车辆盈塞，亦呈排除之象，相均赶趁热闹者复耳。三时许，翼之见过，畅谈近况。以渠六时有集会，余即于四时具酒与对饮。五时半乃辞去。夜饭毕，小坐听书。九时就卧。

## 11 月 13 日（丙申　朔）星期四

晴，午后起风，陡转冷。晨七时三刻乘车入馆。办理杂事。士敏、子如到，各分店经理只达轩、雨岩未至耳。下午三时允言过访，知本学期不复往南通，留沪任教矣。（南通学院原有一部分留沪未迁回，近以通地不稳，未迁者决留沪矣。）即住威海卫路、重庆路该院中,长谈至四时半乃辞去。散馆后仍与漱儿乘车径归,润儿则以排练故仍北住永丰坊。入晚小饮。夜饭后卧听播音弹词,九时入睡。

## 11 月 14 日(丁酉　初二日)星期五

阴霾,午前后显晴。晨候车不至,饬漱儿先行,而己与均正在余斋坐待之八时半始得乘,到馆已落后一小时矣。办理杂事。下午三时出席第九十六次经理室会议。五时半出席第二届业务全体会议第一次谈话会,人言庞杂,徒滋纠纷,予强者以逞智出头之地耳。吾知将饫听妙论也,七时散,逾半时晚餐,略饮,八时许食已,即乘车遄返,到家未及九时也,仍小坐听书,十时乃睡。接嘉源书,知其母妹早安抵家中。

## 11 月 15 日(戊戌　初三日)星期六

阴,近午晴。晨七时三刻乘车入馆。办理杂事。筹备明日股东会登报及布置等事项,派定会场职事。散馆后与漱、润等归。入晚小饮。夜饭后漱、滋往看潘儿,余与润闲步里左,未久即返。接笙伯九日信,告到曼谷后情形,惟近日政变不知影响如何,则未能悬必,殊为萦念耳。九时就睡,漱、滋旋归。

## 11 月 16 日(己亥　初四日)星期

晴,又还暖。上午十时允言见过,有顷,芷芬至,谓清、汉等已往诣潘儿,将同来吃面也,以今日为润儿廿二岁初度,特约而来共饮耳,十一时潘、清、汉及硕、建、鉴三孙来,余则与允言展玩《版画史图录》,芷、汉往朝其母于劳而东路邱家。午刻士敫、亦秀来,乃团坐小饮,移时芷、汉始返,遂共进面,欢谈至一时半允言去,余与珏人、芷芬、士畋、亦秀、均正、龙文、濬儿、湜儿等共乘以赴开明之股东会,顺道接予同,二时到馆,从容入场。三时始开会,推觉农主席,报告及提案通过均极顺利,惟席祥贞也者仍横肆纠缠,好逗风头,不免拖延时光耳。四时半散会,即偕珏人挈湜儿、锴孙归。五时半小饮。夜饭后小坐,润儿则往杜美戏院看电影,十时始归。

## 11 月 17 日(庚子　初五日)星期一

阴,午后晴,傍晚彤云四布,气虽暖而饶雪意矣。早八时乘车入馆。办理杂事。料理股会应办各事。散馆后润仍北去永丰坊排练戏剧,余则偕漱儿归,以天色日短,到家已黑矣,小坐便尔小饮,与珏人共之。夜饭后听书自遣,盖一切事举足灰心,尚以自放为得计耳。

## 11 月 18 日(辛丑　初六日)星期二

晴,西北风怒吼,陡冷。晨七时五十分乘车入馆。办理杂事。下午二时出席第十届第十次董事会,通过对股东照股额赠书券,另提六亿元酬董监及分劳同人,并定十二月十四日再开股东临时会等三案。五时散馆吃夜饭,六时半接开第二届业务全体会议第一次大会,分店对总方颇致猜疑,辨难良久,旋通过分组商讨顺序及参加单位诸案,九时许乃散,仍乘公司车归,已十时矣。

## 11 月 19 日(壬寅　初七日)星期三

晴冷。晨七时五十分乘车入馆。办理杂事。下午一时半开第一次业务全会小组会,专论各项会议情形,在雪村所举行,余未参

加,留馆主持一切。四时三刻散会返馆。据告此组临时推予同主
席,士敫纪录,经过尚为顺利云。散馆后仍乘车归。知珏人往沧洲
书场听书矣,时已昏黑,即呼酒自酌。有顷,珏人归,谓墨林、绍铭
姑嫂同去听书,且潜儿、顯、预二孙亦在,刻已分头归去也,遂与共
饮。夜饭毕听书。十时就寝。

## 11 月 20 日(癸卯　初八日)星期四

晴冷。晨七时五十分乘车入馆。办理杂事。为股务紧急处
理,由第五组调配人手漏夜赶办。下午一时出席明社干事会,一时
半接开第二届业务全会第二次小组会议,讨论文书处理,公推士敫
主席,瑞卿纪录,直议至四时三刻始散,初无改进,仍滋为唇舌翻腾
之资耳。而雪村录条交珊,临时动议,仍斤斤以著作权承继及终止
诸问题并申补订契约之言重挑旧恨,诚所不解,但与会诸人对此不
甚感兴且谓与文书无多大关涉,并无结果,默计将来如有机会仍须
提出也,亦奈之何哉。五时散馆乘车径归,已垂黑矣。夜小饮啖
蟹。九时即睡。

## 11 月 21 日(甲辰　初九日)星期五

晴,较昨略暖。晨七时三刻候车入馆。办理杂事。股务事昨
开夜工赶办妥贴,今日只待分发矣。且已有前来换取新收据者。
午公司假雪村所请吴心庵及周熙和并邀稚圃、甫琴、子如作陪,洗
人、雪山、芷芬及余均莅席,十二时半始开饮,二时始散。余与雪
村、洗人过万寿山酒楼贺守宪嫁女,三时乃返馆。业务全会第三次
小组会议今在衍福楼举行,所论为账务,至五时仅及其半,馀俟明
晨续谈,余未参加。上午出席经理室会议,解决稿件三起,俱退回。

散馆后乘车归。珏人偕绍铭往沧洲听书,六时始归。夜小饮。饭毕文权、潜儿来,以珏人生日送蛋糕一具,说明明日有他约不参加聚餐矣,八时半去。

## 11 月 22 日(乙巳　初十日)星期六

晴,尚和。晨七时三刻候车入馆。办理杂事。午前续开账务小组会议,仍未完毕,俟后再开。下午一时半出席第四次小组会议讨论保管事项,芷芬主席,诗圣记录,三时毕。接开第五次小组会议讨论推广事项,余未参加。编发通讯录第卅二号。明日为珏人生日,敚、清、芷、汉、漱、润请余及珏人、滋、湜、漱石等在五芳斋吃面,珏、滋、湜等五时先到,余偕敚等于散馆后往会,各啖过桥面并自携酒相酌,比终局会钞,用四十五万元云。六时三刻乘车俱西,由道明驾驶(犒两万元)。到家未久,权、潜及顯、预、硕孙等毕至,颇热闹,真所谓暖寿矣。十时始辞归,仍由道明送去,先送权等,后送敚等一行也,润则以排戏告一段落遂留家未出耳。

## 11 月 23 日(丙午　十一日　小雪)星期

晴,夜月尚姣。竟日未出。上午看《十竹斋笺谱》自遣。午小饮,啖清蒸活鲫鱼,甚鲜腴。珏人忽感腰痛,未饭即睡,下午四时起,勉进一盂粥,旋觉体热,少坐仍睡。不图今日生辰乃感冒不舒,颇扫兴,但愿一宵过去即告瘥可也。下午倦睡一刻,入夜小饮,进面,漱、润、滋、湜环侍。饭毕听书,九时三刻睡。夜半大雨如注。

## 11 月 24 日(丁未　十二日)星期一

阴,旋开霁,午后畅晴。晨七时三刻乘车入馆。办理杂事。上午账务小组了局。下午以明社办联欢大会,有歌咏、口琴及话剧之演出,同人皆心旌摇摇,办事不甚宁贴矣。三时饬车往家接珏人、绍铭、漱石等,径送祥经里。三时半话剧组有关同人即车送四川北路实验戏剧学校预备一切。五时散馆,余乘大车北行,就饮于芷芬家,晤其妹婿邱硕甫及甥吴述曾并元章,共饮焉。珏等先行,余于饭后过邀洗人同往剧校。至则会场上已挤满,晤武若、家英伉俪。七时半开幕,先唱明社社歌,次为新年大合唱,继之以口琴二重奏、三重奏,最后三幕剧之《少年游》乃演出,男主角周彬润儿饰,女主角姚舜英汉儿饰,均尚称职,其饰亦都好,惜国语不纯为大家通病耳。十一时散,仍乘公司大车归,惟人多拥挤,舒足为难。到家已将十二时,只索饮酒少许,然后入睡。

## 11 月 25 日(戊申 十三日)星期二

晴。晨八时乘车到馆。办理杂事。上午出席经理室会议,于分派卅五年同人花红有所商决。颉刚来访,谈移时去。午后偕洗人、予同、诗圣、纯嘉附大车赴东馀杭路货栈巡视,盖业务全会供应小组在彼开会,余等虽不参加,特乘此一看栈房情形耳。阅时返馆。君畴之女星来访,代取股款收据去。五时散馆,仍乘公司车返家。浒关乡亲三人在。(一为薛中立,将介入国光习业者;一为周氏表侄女;一则周氏之堂侄婿彭姓也。)六时共进晚饭兼小饮焉。夜开机听书,十时就寝。

## 11 月 26 日(己酉 十四日)星期三

晴。早七时三刻乘车入馆。过顺泰祥吃面。办理杂事。作书与曹仲安,属金才送中立入国光印书局。以连日开会积疲,今午决定休会,下午仅将推广小组了结。五时四十分举行明社社员大会,各分店经理全体参加,会后聚餐,由公司出绍酒一坛,余则昆明送云腿一只,南昌送瓜子,长沙送辣牛肉脯,西安送汾酒及兰州瓜子、葡萄干,社中则备十锦冷盆、罗宋汤、肉片饭与香蕉、橘头佐饮焉。且饮且演,余兴上自昆曲、平剧、桂戏、越调以及歌唱杂耍,下至鸡鸣、狗吠、豕嘷、猫叫、产婴下地等等,无所不有,开明亦多材多艺也。几历时三小时,余亦被推说笑话一则,唱板桥道情一支,九时始散。出馆乘车,联棠、甫琴、元章、瑞卿强挤入,属开车至戈登路新仙林,亦秀随之下,余与予同、均正、士信及漱、润两儿转车南归,到家已十时矣。知珏人偕绍铭往警社看仙霓社演昆剧,浒关乡亲则已归去矣。十一时许珏等乃归,余已就睡。

## 11 月 27 日（庚戌　十五日）星期四

晴,不甚朗。早七时五十分乘车入馆。办理杂事。午后出席第二届业务全会第八次小组会议,讨论营业方针,以包含广大,五时犹未毕,乃特延半小时,仍未完,只得留待明日再议,始与予同、均正同车归。仲足来访,为办理增股手续。六时许小饮。夜听书,至十时始寝。润儿本可同返,以晓先拉吴茵来讲演剧经验,乃留馆至十时始归云。

## 11 月 28 日（辛亥　十六日）星期五

阴,傍晚还湿,且有雾。晨七时五十分候车入馆。办理杂事。九时接开营业小组会议,至午未了,饭后复于一时半续开,讨论至五时勉毕。（有尾事琐屑,须明晨赶决之。）文彬送请帖十份来,请达轩,属代邀陪客九位,由余配置云。如此请客亦可笑也。五时半车送返,六时许小饮。夜饭后听书,九时即寝。

## 11 月 29 日(壬子　十七日)星期六

晨雾,有细雨,旋开晴。早七时五十分乘车入馆。办理杂事。公司所有商务升股事已检出交雪山办理。仲安来馆,为书麟换股据,据告薛中立在彼尚好云。下午一时半出席第二届业务全会第九次小组会议,讨论人事,至五时犹仅决一半,决定延下于明日星期下午再续谈。为文彬代发请柬计十帖,除达轩外,为洗人、雪村、雪山、雪舟、士敏、士敫、达君、芷芬及余自己。散馆归,仍小饮。七时亦秀车来邀余与珏人往绍兴路警社看仙霓社昆剧,此次假座演出,连演四天,今为末一次,特过听之。入坐俟开场,首为沈传锟、沈传芹之《醉打山门》(《虎囊弹》),次为王传淞、周传铮之《狗洞》(《燕子笺》),朱传茗、张传芳、周传瑛、郑传鉴之《游园惊梦》、《咏花》、《堆花》(《牡丹亭》),沈传芷、华传浩之《芦林》(《跃鲤记》),最后为方传芸、张传芳之《乾元山》。七时半开,至十一时始毕。究以科班不同客串,精彩卖力,十分过瘾也。退出后仍与亦秀同乘,先送余夫妇归,然后送亦秀返。

## 11 月 30 日(癸丑　十八日)星期

阴霾。晨起与湜儿往贝谛鏖路吃羊肉,八时即归。旋开霁。佩霞来访,谈移时去。圣陶来省母于江氏。敫、清、芷、汉、润、漱往新生俱乐部贺无垢订婚,预知敫、清将往饭于权、潜所,芷等则留无垢所午饮焉。午刻在家小饮。一时许达君车来,遂与圣陶同行共载以入馆,出席人事小组续会,一时半开,五时犹未毕,不得不再告休会,备明日再谈,余谓再谈一晌延至六时乃罢。六时半分曹小饮,凡三席。七时许即散,便与达君、予同乘车归。小坐听书。润、滋、湜俱出看剧,直至十一时后始先后归。夜凉雨。

## 12 月 1 日(甲寅　十九日)星期一

　　阴,午后晴,薄暮又阴。晨八时二十分乘车入馆。盖今日起早晚各缩短半小时办公时间也。办理杂事。午过悦宾楼,应文彬之招,达轩等预拟之客俱到。肴馔特佳,有肥大填鸭,有涮锅羊肉,极饱饫,醰美之至。一时三刻乃返馆,出席三续人事小组会议,商讨至四时许始毕会。即提前散班,约全体同人分乘大车三辆前往东有恒路货栈广场摄取全体照片及业务会议全会会员照片各一帧,以昼短,天色近黑,照罢即乘原车分途送归,不及参观栈房矣。沿途车辆甚挤,驶行甚缓,比到家已六时多,即坐小饮。珏人偕绍铭于七时许往天蟾舞台看梅兰芳演《洛神》。十一时半归。允言介其居屋居停张练之来馆,出所藏谭祖安手札示余,谋印行之方,谈移时留札而去,属代选如干幅,俾可印出云。是实一难题也,容过日报之。夜寒特甚,窗上俱蒙水气矣。

## 12 月 2 日(乙卯　二十日)星期二

　　晴,陡冷。晨八时一刻乘车入馆。办理杂事。下午一时半出席第二届业务全会第十次小组会议,讨论编译与出版,延长至五时毕会。六时三刻,与洗人、雪山、雪舟、予同、士敦、子如、镜波、圣陶同乘以赴耕莘之约,小饮其家,酒醇而肴核甚精,剀谈至十时乃与予同乘车南归。洗人等则别乘径返云。扶醉以归,到家即睡。(道始自狱中寄《感怀》六律,颇见悔意,然事功之念犹未泯也。)

## 12 月 3 日 (丙辰 廿一日) 星期三

晴,时阴。晨八时廿分乘车入馆。办理杂事。上午出席九十九次经理室会议,决定终止试用职员一人,正式进用练习生一人,颇不爽快。又以催询董会决发花红及假盘华文印厂事略申正言,不惜抬杠矣。我觉凡事不难办,稍涉私念即歧而难措耳。平生疾恶过严,未免狭隘,独于尚公屏私之心,则弥堪自矜,终不愿弃此以谢狭隘之诮矣。午后为公司贷款事草一节略,同时分别呈函教育部及四联总处申请核准。第二届业务全会第十一次小组会议讨论业务竞赛,经过极顺利,四时即毕,于是历次小组俱结束,共待大会通读矣。散馆后与洗人、予同过雪村饮,盖各分店经理经常在彼夜饭,备设两席也。七时散,八时后与予同步归。

## 12 月 4 日 (丁巳 廿二日) 星期四

阴雨旋止,终霾。晨八时廿分乘车入馆。办理杂事。午后联棠、甫琴等为预庆雪村六十双寿发起公贺,当决定由同人签名参加,假座一家春,于七日星期下午五时举行聚餐,并有馀兴云。散馆后乘车径归,润儿则往兰心大戏院听中华交响乐团演奏,余到家后即小饮。夜饭毕仅七时,乃开机听书。八时许润儿始归饭。九时就寝。

## 12 月 5 日 (戊午 廿三日) 星期五

阴,午后晴。晨八时一刻乘公司汽车入馆。办理杂事。午后明社干事会开扩大会议,邀各分店经理参加,决定于干事会外将联合各地共同选出理事会云。三时许接开第一百次经理室会议,决定收稿两件。散馆归,乘车抵门,已黑,即小饮。夜饭后听书,酥然入睡。

## 12月6日(己未 廿四日)星期六

晴。晨八时廿分乘车入馆。办理杂事。日来精神欠佳,颇有不胜繁剧之苦,其为衰象夫待何言。散馆后留馆夜饭,饭毕适六时,即开第二届业务全会第二次大会,历三小时有半,至九时三十分仅通过迭次小组会议项之半,不得不宣告延会,决于明日下午一时半续开之。乘车遄返,疲倦甚矣,到家即睡。分致允言及虚舟洽事。

## 12月7日(庚申 廿五日)星期

晴。晨与珏人出,进面点于同孚路之四如春,仍步以归。允言见过,知谭札难印事已转告张练之矣,谈至十一时辞去。午正小饮,道明放车来接,因与龙文、士信、予同等乘以入馆,润儿从。下午一时半续开二届业会二次大会,往复争辩,至五时半始完成闭幕。余默察内外情形,猜嫌仍重、闲隔仍存耳。开会云何哉! 六时过一家春,为雪村夫妇预庆周甲,凡列十三席。同人家属多到者,余夫妇与洗人、圣陶、达君、均正伉俪被推陪寿翁、寿母,因高居上座,循例酬酢,觥筹交错,扰攘至九时始散,偕同珏人、漱、润、滋、湜、锴附车径归。胸次甚重,小坐便寝。

## 12月8日(辛酉 廿六日 大雪)星期一

晴暖甚,傍晚转阴,尤见闷热。晨八时一刻乘车入馆。办理杂事。校订《通鉴学》排样一批。饭后刚主来访,交到所撰《东北流人考》稿本一册,谋付剞劂。昨夕宴会闻人诵诗,有"不名耽饮不辞醉"之句,谓并不自我宣传而颇能多喝云云。偶有所感,因成五言一绝,录此见意:"耽饮安辞酒,敦诚不避名。嗟嗟谩世子,心口徒相争。"散馆后就福州路大鸿运酒楼宴请各分店经理,即以业务常会全体会员作东,并邀觉农、西谛、梓生、文彬相陪(本又约耕莘、仲华,并不至),凡四席。肴核较昨日一家春为佳,即席签名裱册为子恺五十寿。九时散,与西谛、予同同车归。霞飞坊房客联合会格于社会局不得立政,为联谊会收去筹备用费二十万元,大约将来仅能管及里弄清洁等事而已。夜凉雨。

## 12月9日(壬戌 廿七日)星期二

阴雨,近午止,终霾。晨八时十五分乘车入馆。办理杂事。午间六家公宴开明各分店经理,主其事者为陆宝忠、周家凤、蒋石洲,因介敏逊为余言以请柬不敷未之及,务恳同往云,届时应之。其客众多,共列三席,余与瑞卿、士敏、陶孙、联棠、士敩、达轩、子如、宝忠、良锐同坐,石洲、家凤先后来劝酒,因多饮,二时三刻始返馆。近日为开明会议诸事头脑昏眩,胸次紧张,殊不适,尤以主持人之暗斗,强为牵连,更感闷郁。散馆后以交通车为有力者所占,直待至一小时后始得乘,以是归家已近七时矣。小饮兼听书,十时乃寝。

## 12月10日(癸亥 廿八日)星期三

晴,又陡返寒域矣。晨八时二十分乘车入馆。办理杂事。联棠、稚圃、雪舟、镜波、瑞卿、子如、士敏、诗圣、景楷俱去杭转绍虞原籍。午刻洗人、调孚、达轩以事去京。上午出席经理室一百另一次会议。散馆后车归小饮。接浒关薛氏表侄女信,知其子中立因不能耐苦已私归乡间矣,然则明日只能向国光打招呼撤销学业耳,不可造有如此,悔过听其母之言也。润儿夜饭后出,十时始归。女佣阿宝午后即出,竟夜未返。

## 12 月 11 日(甲子 廿九日)星期四

晴,旋阴,薄暮尤感萧森,殆将雪之征乎?晨八时二十分乘车入馆。盖福特车昨在宁国路抛锚,别派希弗来车来接耳,车身较小,不能多容,漱、润遂乘公共汽车行。到馆办杂事。洗人、诗圣俱出,诸务蝟集,未免丛脞矣。西谛电话约往看古物兼为《国文月刊》及《中学生》封面选印材,并属转邀予同、达君、雪村、达先父子同往宵饮,爰于散馆后共载以赴之,得饱览新印之画集及新获之唐三彩驼马诸俑。驼马皆较陶俑为大而制造精工,施色停匀,实开瓷器之先声,其中一青色之马尤为神骏,摩挲几不忍释手也。六时开饮,仿东式牛肉锅颇饶别致,达先以须往卡尔登看电影,略尝便行,余等则谈至九时半乃择取印材,乘车辞归。到家则漱、润亦俱在卡尔登看电影,只滋儿在家侍母管事耳。元章返武进。

## 12 月 12 日(乙丑 朔)星期五

阴雨旋霁,终日森然。晨八时十五分乘车入馆。办理杂事。饭后闲谈,与某人某妪争辩呕气,弥觉越稔越难处矣。散馆归小饮,犹闷闷也。润儿过金都大戏院看电影,未与共饭,饭后文权、潗儿来省,八时许润始归饭。九时半权、潗乃去。元龙为校《语文通论》,须《陔馀丛考》一查,向余告假,因检出备明日借与之。甫琴返甬。

## 12 月 13 日(丙寅　初二日)**星期六**

晴,薄暮又阴。晨八时十五分乘公司车入馆。办理杂事。准备明日股东会诸事。诗圣仍未来。洗人、调孚则昨日夜快车来,今晨到馆,所营事或可有把握几分耳。下午二时开第十届第十一次董事会,通过修改公司章程第五条条文,备向股东会提出。散馆后润以受音乐课于海宁路之音专,随清、汉北返即住汉所,余则与漱儿西归。入夜小饮。九时即寝,听书亦未能静处也。

## 12 月 14 日(丁卯　初三日)**星期**

阴霾。晨独出吃面于威海卫路之四如春,食后循慕尔鸣路、迈尔西爱路以归。久不长步,亦当使之试练矣。午小饮。饭后道明来接,乃偕珏人、湜儿、锴孙及顾氏四子与士信父子共乘入馆,顺接予同,出席开明股东临时会。三时开会,推守宪主席,士敫纪录,由董事会代表章锡琛及监察人代表詹沛霖报告增资完成,旋即提修改章程第五条,馀无动。本当选举董监,以符章制,由股东张梓生等临时动议,谓此次增资系比例照认并无新股东加入,似可不必改选。且本届董监在本年二月选出,迄今尚不足十个月,尤不宜徒事更张,请不必改选,留待明年股东会再照章改选,监察人一致通过,遂叙茶点散会,历时仅一小时,可谓顺利之至。四时一刻仍乘原车返,芷、汉及镇孙偕归。坐甫定而组青至。薄暮芷等去,余与组青小饮。八时听转播张君秋《苏三起解》,接听马连良《王佐断臂》,说书,至十一时始闭机入睡。组青则于九时三刻辞去。夜雨。

## 12月15日(戊辰　初四日)星期一

　　阴雨。晨八时十五分乘车入馆。办理杂事,披阅文件,头晕目眩。余向无眩疾,月馀以来诸务丛集,又兼呕气,衰象为之陡增,自伤老大,奈之何哉!午后稍好,勉坐而已。散馆归,集文权、潘华、清华、士皲、芷芬、汉华及漱、润、滋、湜与顯、预、锴、硕等共饭小饮以遣之。九时许雨中饬道明车送权、潘、皲、清、芷、汉及顯、预、硕归去,余亦就卧。

## 12月16日(己巳　初五日)星期二

　　阴雨,大风。晨八时十五分乘车入馆。办理杂事。眩疾仍作,惟未加甚耳。午后本应开经理室会议,以雪村未到,且为雪山持算衡卅五年同人生活补助费事抚盘未暇,遂不果举行。第七次增资事业将呈报手续催赶办出,交与朱承勋律师进行,心头为之一舒。散馆后乘车归。入暮小饮。夜听书。

## 12月17日(庚午　初六日)星期三

　　阴旋晴,午后又阴合,惟风不甚大。晨八时一刻乘车入馆。办理杂事。董会所决补发三十五年董监夫马及同人补助生活津贴,今始具办发出,余共得千五百万,遂将积欠千一百万扫数清偿,宿逋尽蠲,为之一快。饬金才车送绍酒一坛与西谛。与圣陶、孝先合送赙仪二十万与胡叔翼,为其先人介生师营葬。联棠自上虞出申。陶孙、士皲今晚乘三北公司龙安轮溯江西上,分别返洪及湘,盖此次如火如荼之业务全会渐由绚烂归于平淡矣。散馆后与汉、漱、润偕归。入夜小饮。饭毕汉、滋往卡尔登看电影,即晚住汉家。八时半润儿出席本坊房客联谊会,十一时始返,谓与房东交涉结果已略有端倪矣。绍虞来馆,谈有顷去。

## 12 月 18 日(辛未 初七日)星期四

阴,有风甚急,巳午之交飞雪,午后加大,傍晚遂见积雪矣。晨八时十五分许候车入馆。办理杂事。允言雪中见过,假王先谦《庄子集解》去。君宙之母来谒,出书为问。午前西谛来馆,坚拉出饭,遂与予同、雪村从之同往雪村家,唤酒菜共饮唉,食顷,士敏来,盖甫自绍兴转杭到此耳。饮后西谛宣布今日为其五十生日,家中宾客云集,遂避而趋谈也。吾辈老友,竟忘其诞辰,至愧矣。下午二时返馆,未久即出席百二次经理室会议,于组织问题有所措议,交洗人、雪山、芷芬先为起草云。散馆后儿辈先归,余留馆至六时与洗人、雪村、雪山、达君、调孚、韵锵、锡光共赴杏花楼唐彦宾之约,至则彦宾、坚吾、叔旸、仲安等俱在,凡两席,尚有一席为中国旅行社同人,盖彦宾之交游也。八时许散,余与达君、调孚乘公司希弗来车以归。

## 12 月 19 日(壬申 初八日)星期五

晴,沍寒。晨得亦秀电话,谓福特水箱冻坚,不能开,俟放希弗来再迎,请少俟,余因与均正候之至九时半车始来,遂偕均正及漱、润乘以入馆,延误一小时许矣。办理杂事。接嘉源昨信,谓其妹纯葆可来佐珏人操作,十三四日乘火车来沪云。午后芷芬约予同、彬然、联棠、士敏至汇中茶话,谈业务会议所遗人事未决诸项,抵暮方休,据云尚顺利也。西谛属张君来访余,代向达君取款,盖新得一绢心文画山水手卷也。(价三千五百万。)以中见过,知今晚西谛宴请纬堂及渠，少选辞去。旋得西谛电话，约余及予同同往，时予同未返，余亦辞之。（散馆后偕漱、润归。润临行折至音乐厅听乐，未乘。）入晚小饮。夜饭后良久润始返。

**12 月 20 日**（癸酉　初九日）**星期六**

晴，冱寒。晨八时十五分乘车入馆。办理杂事。甫琴、镜波分头从甬、绍返沪，今日来馆报到。元章亦自常州来申。刚主《东北流人考》稿已到，待提出会议。分函佩弦、叔湘，聘任特约编辑。盖圣陶力荐为本公司编高中国文，报酬即按照圣陶所得之三分之一分别致送云。散馆后与漱儿同归，润则又以听课北住汉所矣。夜小饮，晚饭后以坐冷早睡。

**12 月 21 日**（甲戌　初十日）**星期**

晴，冱寒。晨独出吃面于威海卫路、同孚路四如春，食后缓步循西摩路、亚尔培路以归，到家看报。看傅庚生《中国文学批评通论》，颇见持平。十一时半道明未至，春生来接，因乘车过予同，同赴雪村午饮之约，至则洗人、圣陶、雪山、达君、彬然已先在，乃闲谈入坐。饮啖毕，雪村言将辞沪赴杭筑屋以完《辞综》之业云云，言下颇以久旅且耄表厌倦，遂引起洗人之不安，亦有退休之表示，在坐者只能力言宜以公司全局为重，他不置词而已。三时散，余与圣陶、予同乘车西行，予同先下，圣陶则送余到家后顺接其母北归也。四时许独出散步，垂暮归，少坐便饮。夜饭后组青来，余以不耐寒，早睡，未之晤。

**12 月 22 日**（乙亥　十一日）**星期一**

晴寒。晨八时二十分乘车入馆。办理杂事。看傅庚生《文学批评通论》。散馆后与清、芷、汉及元章暨镇、鉴两孙并漱、润同乘以归，盖今为冬至夜，家中治馔祀先，故邀回同坐饮福也。六时敷席迎神，率家人以次展拜，七时许终事，文权、潜儿及顯、预、硕三孙亦至，遂布两席，团坐欢饮，惟家无佣人，珏人转不得安坐，于心不怿耳。九时许始散，权、芷等各归，余亦就寝。

## 12 月 23 日 (丙子　十二日　冬至) 星期二

晨浓霜，旋密雾，近午开朗。早八时十五分候馆车入馆。办理杂事。下午二时出席百三次经理室会议，刚主《东北流人考》通过接受版权并易名《清初流人与东北开发》。余谈组织大纲，仍主不动，于必要时加强组部而已。散馆后与孝先及漱、润归。入夜小饮，与孝先闲谈，九时许始去。

## 12 月 24 日 (丁丑　十三日) 星期三

晴还暖且润，晨浓雾厚霜，夜深微雨。早八时十五分乘车入馆。办理杂事。书与西谛、刚主，分别洽事。定明日下午三时半举行董监联席会议，即晚治酒欢迎邵力子并为王馨迪游美饯行，因分发请柬及通知。散馆后与漱儿归。润儿则应钱生之招，往贺其生日，夜饭而后归。入晚仍小饮。九时就寝。(夜饭后与珏人出散步，盖今晚在西俗为圣诞前夜，店肆俱特饰以招顾客，殊辉煌也。)

## 12 月 25 日 (戊寅　十四日) 星期四

阴雨。晨八时十五分乘车入馆。办理杂事。下午四时出席第十一届第一次董事会，全体董监无缺。(除寿康在台不预。)难得之盛事也。五时许竣事，即入席晚饮，分两席，孝先、芷芬与焉。余与觉农、五良、予同、雪山、诗圣、孝先、芷芬、季华、达君、耕莘同坐，七时散，适同人西乐唱片欣赏会亦散，遂与守宪、耕莘、达君、予同、亦秀、漱儿同乘以归，润儿则以看电影故偕清、汉北去，即住清所，车发，沿途卸落，先送耕莘，次送达君、亦秀、守宪，然后送余父女返，最后乃送予同，顺道仍返馆中也。

## 12月26日（己卯　十五日）星期五

阴霾，地润如沐，近午霁，午后晴，夜月微朦，人定后雨。晨八时十五分乘车入馆。办理杂事。下午三时出席百四次经理室会议，冰草公近日肝火甚旺，每事牵扯，殊难得要领，似此开会几等聆训，诚令人不堪，宜乎无何结果也。散馆归，即小饮。默察公司前途，颇感灰心，盖头目瞑眩，心脊失调，四支百骸遂无形脱御之局耳，可胜叹耶？夜早睡，睡前与家人闲步里左，藉消闷气。

## 12月27日（庚辰　十六日）星期六

阴霾风紧，午后见霰旋止，终霾。晨八时十五分乘公司车入馆。办理杂事。永清、通如皆将娶弟妇，各送贺礼十万元。润儿今须就音专受课，散课后即乘大车北去，余则与清、汉同归（漱已先归），到家已五时许，坐谈至六时一刻，清、汉、漱、湜奉珏人出，径赴仲弟家，为弟妇毓玲五十生辰祝嘏，漱石及弥同偕去。余独坐小饮，滋儿及错孙侍。八时滋为校事出，未几珏人、漱石、漱儿、湜儿、弥同亦归。

## 12月28日（辛巳　十七日）星期

晴寒。晨与珏人出，进点于亚尔培路之野味香，旋复于路侧之馄饨摊吃馄饨,风味特殊,亦颇有趣也。归后看傅庚生《中国文学批评通论》。漱石、润儿、漱儿、黑龙、弥同俱出,未在家午饭。下午二时许余与湜儿出散步,三时乃归,润儿亦在家矣。组青来夜饭后去,渠之亲事正商谈中,或可有成耳。入晚小饮。九时就寝。

## 12 月 29 日 (壬午 十八日) 星期一

阴,近午飘雪,午后渐晴。晨八时十五分乘公司车入馆。办理杂事。午后出席百五次经理室会议,决定薪给制度,盖合九品制与选年格而一之,并甄别黜陟提升若干人,斥去一人云,明日将续会以次论及也。散馆归,入晚即小饮。夜八时许便寝。

## 12 月 30 日 (癸未 十九日) 星期二

阴,近午晴。晨八时十五分乘车入馆。办理杂事。午后出席百六次经理室会议,纠缠夹腻者终不能明敏以决事,好恶纷拏,白黑无辨,深感愤愤也。散馆后乘车径归。入晚小饮。道始夫人及宗瀛来,旋去。夜小坐,以不耐寒,八时许即拥衾高卧矣。

## 12 月 31 日 (甲申 二十日) 星期三

晴寒。晨八时十五分乘车入馆。办理杂事。雪村及雪山一家六人今日赴杭,据闻明日又为士佼订婚矣。此佼今春方与宋宇结婚,曾未半年,即以虐打时闻,竟告弃捐,以此淫虐将不齿于人而其家不加咎责,复从而和之,吾不知后之来者更将如何结局耳。吾不暇为新人悲,吾正为其家凶德日扇惧终见颠覆也。午刻公司宴长沙旅沪同行杨、张、沈、谌四人于村所,余与洗人、芷芬、达君、惠民、敏逊共参之。饭后二时洗人往南京路茂昌镜片公司取眼镜,达君与余同往随,各配制眼镜一架,计每架一百七十五万五千元,亦云豪矣。当付定银百万,约八日后取件云。返馆已三时半矣。散馆后接开同人送岁晚会,由明社主办。先为茶会,余为讲沦陷期间开明及同人过年之回忆,颇扫乘时奋兴者流之兴头,其馀节目尚多,亦极饶趣致。七时聚餐,顺射灯虎共三十许条,余制五条,仅被射中一条,余俱被中,只均正所制遗下二条耳。餐毕,摸彩为戏,九时半乃散,即偕清、漱、润三儿附公司西行车归。盖建昌今日送往余家,将小住数日也。到家时适漱石之弟妇及内侄等自香山来,殊感挤苦矣,因命润儿睡余卧旁以让之。

# 1948 年（民国三十七年）

## 1 月 1 日（乙酉　廿一日）星期四

晴和。晨与珏人及清、漱、润三儿往里对门野味香吃汤团，旋归。看报知明日起将休息三天，须廿五日始再出，于是乘此时机在新闻上放一把野火，虚张声势，蒙蔽一时矣，其实如何掩得住真相耶？下午一时许滋、湜两儿奉珏人游豫园，在邑庙周历而返。三时余赴八仙桥青年会十楼鉴泉厅贺朱学涟订婚，晤允若、翼云、仲麟、仲达、仲足、绥和诸人，四时许入坐茶点，并无任何仪式，先后由余及圣陶、仲足致辞而已，允若失明四载，最近将右目内白障割治复明。学涟出生颇晚，在允若言，实为老蚌得珠，学涟之未婚妻殷之慧为老同学康伯之侄孙女，余即就朱、殷二氏之交谊说入，回忆三十年前在甪直居住教书时流连光景，自觉尚合真际也。五时散出，以须应慰堂会宾楼之约未返，然为时尚早，乃步至开明小憩，坐至六时始往，则西谛、默存、起潜、慰堂及其馆友二人又上海市立图书馆长周君已先在，有顷，森玉父子亦至，乃就坐，酒两巡，馨迪来，饮过半，馨迪偕森玉父子先行，余等仍纵谈至八时许乃散，默存雇车，同乘送余返，至感也。到家知翼之曾来晚饭，竟未之晤。予同本亦应约，以昨晚伤食，未能起，上午命其郎光邠来告，并托代谢慰堂、西谛云。与清儿谈至十一时始各就寝。

## 1月2日（丙戌　廿二日）星期五

晴，沍寒。晨与清、漱、润、滋、湜五儿及锴孙同出，过同孚路、威海卫路四茹春进面点及汤包，食毕清等往访潏家，余独挈锴孙徜徉于威海卫路、西摩路、亚尔培路以归。午小饮，饭后与湜儿出散步，先往毕勋路展观普希金新建铜像，然后循祁斋路转徐家汇路至大木桥，乃乘廿一路公共汽车到金神父路、霞飞路下车径归，已三时许矣。久不徒步，颇感疲惫，可见筋骨不可久弛也。潏儿挈预孙来。四时纯葆自苏至，即住余家。入晚小饮。夜饭后潏、预归去，润儿则往永丰坊为清守家。滋儿出席本坊房客联谊会，知按月将照前垫款云。

## 1月3日（丁亥廿三日）星期六

晴寒。晨八时十五分乘车入馆。办理杂事。亦秀之婿倪农祥来谒，盖甫自提篮桥狱中出，秉其妻教来谢也。此君本立泰银行副理，胜利后为军统所拘，近始得释耳。午后购得王君九《与众曲谱》八册，视前之缀白裘远胜多多矣。散馆归，少坐便小饮。润儿在外听音乐，十时许始归。

## 1月4日（戊子　廿四日）星期

晴，凌晨浓霜，气略和。上午未出，看《宋词举》。午小饮，饮后与湜儿出散步，三时许始归。芷芬、汉儿游白下，今午在明故宫乘飞机返沪，挈鉴孙从径来余家。入暮，文权、潏儿来，组青亦来，因共饮长谈，夜饭后芷、汉先行，权、潏继之，组青最后去。

## 1 月 5 日 (己丑  廿五日) 星期一

晴和如昨。晨八时十五分乘公司车入馆。办理杂事。雪村、雪山兄弟尚未返沪,闻转道归马山省亲矣。调孚改任一般用书编辑委员会主任委员,兼经理室秘书,其推广部主任即由欧阳文彬暂代,经理室第一组所管人事划出增设第五组专管之,即由予同兼领该组秘书。尚有第六组之设专司外版书之选购配售事宜,人未定。先为发表。续校张须《通鉴学》。散馆后乘车径归。入夜小饮。饭后听书,至十时就寝。

## 1 月 6 日 (庚寅  廿六日  小寒) 星期二

晴和如昨。晨八时十五分乘车入馆。办理杂事。下午三时出席百七次经理室会议,决定收稿一件、人事多件。(芷芬兼领第六组主办秘书,改聘王知伊任同组协办秘书。)雪村来参会,知雪山亦偕返矣,惟未至耳。马蠲叟近刻《蠲戏斋诗前集》、《编年集》、《避寇集》及《芳杜词剩》六本,属子恺代销,因托雪村携赠一部,颇感之。散馆后与清、漱、润乘车径归。入晚小饮。夜饭后珏人偕漱石、纯葆、清儿往大陆书场会潜儿,共听书。未几,湜儿亦踵往焉,十一时始归。在馆校毕《通鉴学》,张君通识殊不沾滞,将印以张之。

## 1 月 7 日 (辛卯  廿七日) 星期三

晴,晨浓霜密雾。早八时十五分乘车入馆。办理杂事。陶菊隐最近又在中华书局出有《最后一年》一书,盖续前著《天亮前的孤岛》而描画卅四年之上海情状者,殊值一看,兼足针砭自负胜利而傲视同胞之人,余亟购之。散馆后作书令润儿持见致觉,送香烟茶叶为其六十寿,余与清、漱本同乘,以伊等应王洁之邀过饮其家,中途先下,余乃独归。有顷,润返,遂小饮,夜饭后八时清、漱始归。勖初前日书来告其子济华已偕眷到渝,仍在原厂服务,其女若蘅则希望在苏任教云云。余即为转属芝九并书复勖初。

## 1月8日(壬辰　廿八日)星期四

阴,终霾。晨八时十五分乘车入馆。办理杂事。看《最后一年》。午后与达君往茂昌取眼镜,询知数日以还又涨三成矣。散馆后儿辈先归,余留待出席第廿一次业务常会,五时起,六时半止,七时在馆晚饭兼小饮,八时即散归。与芷芬同乘,以汉儿在余家将接之同返也。至则已偕润、湜往巴黎看《风雪夜归人》电影,须待九时戏毕乃还,而珏人亦以德锜产女前往中德医院看视矣。有顷,珏人归,知锜母女甚健而翼之夫人亦早到矣,为之大慰。九时许汉等返,小坐未久,芷、汉同去。

## 1月9日(癸巳　廿九日)星期五

阴霾竟日,地还润,其又将酿雪乎?晨八时十五分乘公司交通车入馆。办理杂事。下午三时出席百八次经理室会议,决定薪给底数极少数有加而绝无减,殊难言衡平也。五时应沈家海之请,与予同、调孚、世泽、青轩、诗圣等过饮雪村所,盖沈子永定返乡结婚出申,即将渡台东去,特假座治酒还席耳。芷、汉及清均参加,漱、润则于散馆时先遣之归。八时散,与予同、调孚乘车返。看《最后一年》。十时寝。今日家中大扫除,俗谓掸埃尘,特假馆役银富来帮忙,犒以六万金云。

## 1 月 10 日(甲午  三十日)星期六

　　终阴,微燠,颇感不适。晨八时十五分乘车入馆。办理杂事。看《最后一年》。下午辛笛来访,以所著《手掌集》新诗见贻并约于下周之杪过饮金城食堂。散馆后洗人、达君、圣陶、墨林、彬然、至善、必陶、振甫、均正、芷芬、清华、亦秀等专车赴西谛家观古俑并聚餐,以是余及漱儿待车,至五时四十分始得乘,抵家已六时许矣。少坐便尔小饮,润儿则以听课未归饭,直至午夜乃返云。珏人以过劳感冒,竟发微热。余于晚饭后忽感右后脑作痛,入睡后仍频频抽搐,颇不安而精神甚倦,合眼便梦,衰象日增,渐见风烛之兆矣。

## 1 月 11 日(乙未  朔)星期

　　阴霾。晨晏起,已七时矣。头痛仍未辍,勉出吃点心于巨鹿路,口味不适,懊焉以归。只索卸衣揎袖,整治架设及案头所陈,十一时始了,汗涔涔下,乃觉稍松舒。午小饮。午后微雨,雪村夫人、道始夫人先后至,一挈其侄儿女来住,看看幸运鱼,一乃为书籍事洽商耳。允言于二时许见过。雪村夫人登楼访绍铭,遂与珏人等打牌,道始夫人则辞归。余与允言长谈,垂黑乃具酒酌之,因留雪村夫人等共饭。七时先雇车送允言去,继雇车送雪村夫人及其侄儿女归。其时雨大作矣。珏人热退而湜儿沾染发热,流行性感冒亦大可厌哉。

## 1 月 12 日(丙申  初二日)星期一

　　阴霾,午后彤云密布,大有雪意。晨八时十五分乘车入馆。办理杂事。看《最后一年》。洗人将台湾之行,明后日即可附机飞往,闻亦秀及农祥亦将同往也。公司人事措置殊难贴意,因是心烦虑乱,颇抱杞忧。为允言购得《与众曲谱》及《宋词举》,即作书送去。散馆后乘车径归,达轩甫自宁来,因同乘以返。入晚小饮。夜饭后听书。

## 1月13日(丁酉　初三日)星期二

晴朗,积日阴霾为之一扫,胸次亦为之一快也。入夜起风。晨八时十五分乘车入馆。办理杂事。看《最后一年》毕,所叙事实全无虚构而针对时事不啻讽刺,未审一班随声捧腿以幸胜骄人之流,读此正不识作何感想耳。今日芷芬生日,午刻余请渠吃面,因命清、汉、漱、润同行,齐赴永兴昌小饮进面,费四十万元。(不过酒二斤,面五碗,火烧两碟,其他仅酱肉、蚶子、卤肫牛肉而已。)下午二时半出席百九次经理室会议,重新决定调整薪给。(由余动议,因得将前此所定应晋级而被抑之多人重加考虑追加,而从前东南区职员有能力差而幸得者亦略减之。)直至四时半始罢。散馆后本为明社演讲会,请立斋来讲,余以漱儿家吃年夜饭未参加,径与雪村夫妇、芷、汉、清、润及建昌等乘车归。六时许翼之夫妇及铭青来,良久文权全家始来,乃分坐两席开饮焉。余与雪村、翼之、文权、芷芬四伉俪及珏人、清儿等同席,润、滋、湜三儿既诸外孙别坐一席,漱石、漱儿两姑妇则以作东故转未得坐,将终席始来饭耳。九时许雪村等同乘辞去,余亦酬酢辛苦,亟于就枕矣。接虚舟书,托向来薰阁还书价。

## 1月14日(戊戌　初四日)星期三

晴转寒。晨八时十分车来,盖甫送洗人至龙华登机赴台,折回相迓也。入馆办杂事。散馆后与芷、清、汉步至雪村所,以今晚聂、章、卢三家公请翼之夫妇,并邀铭青及余夫妇作陪耳。至则珏人已在,馀客尚未到,良久始来,齐坐不能容,清、汉别席矣。客有俞纯之者自粤来,与村、芷均稔,特招之也。八时许春生车来,先送翼夫妇、铭青及俞君行,余夫妇暨权、濬等继之,最后尚须送芷、汉返祥经里也。到家后开机听书,十时后始寝。致济川、勛初。复虚舟。

## 1 月 15 日(己亥　初五日)星期四

晴寒,晚风尤急,立见冰。晨八时十二分乘车入馆。办理杂事。校《文论要诠》。散馆后过雪村,与芷芬、清华、淑苏同行,以今晚公司宴请公望、蔚文、家凤、宝忠,余与达轩、炳生、敏逊被邀作陪耳。六时半始到齐,饮谈至八时半乃散,余与达轩乘车送客,先到斜桥菜市路蔚文下,继至卢家湾公望下,又至爱麦虞限路家凤下,最后至徐家汇唐家西宝忠家,然后折回过霞飞坊,余乃与达轩下车归,而车仍放回雪村所也。

## 1 月 16 日(庚子　初六日)星期五

晴寒。晨八时十五分乘车入馆。办理杂事。下午二时半出席百十次经理室会议,于越分干涉之弊颇加纠弹而好自用者,仍瞢无所觉也。散馆后乘车径归。入夜小饮。八时即就寝。道始夫人来出始手书示我,恳告整理散书之方,与谈久之,乃辞去。

## 1 月 17 日(辛丑　初七日)星期六

晴寒。晨八时十二分乘车入馆。办理杂事。散馆前接洗人台北信,知下榻允臧所,旋接亦秀、农祥电报,知亦安抵,或者今日能

同行去台中也。傍晚六时,赴金城食堂应辛笛之约,宾客甚多,凡
两席,大多为开明之董监,余与雪村、雪山、予同、达君、季华、守宪
及辛笛同座,别席则圣陶、西谛、巴金、靳以、家璧、文彬及他客三人
耳。谈宴至八时许始散,余与予同、守宪、雪村、巴金、靳以同乘
以归。

## 1月18日（壬寅　初八日）星期

晴还暖。晨起拂拭案架,进早点后看报,九龙事件竟又据为政
争之工具矣,可叹孰甚。午进腊八粥兼小饮。午后小憩。四时与
珏人出,同乘三轮车往同孚路,初拟在王家沙食品店吃生煎馒头,
乃以星期人多,复值各大影戏院日场散出之际,店中挤满食客,几
无容足之地,遂退出,径过权、潽,即由伊等饬佣购来,味确腴美而
且结体甚大,不觉连啖四枚。入夜就潽所小饮,又购绿杨村肴肉面
代餐,亦极佳。八时许乃偕珏归,仍乘三轮车。以饮咖啡故,十二
时犹未能入睡也。

## 1月19日（癸卯　初九日）星期一

晴,浓霜被晨。早八时十分车即来,乘以入馆。办理杂事。绍
虞午后来长谈,知同济前途大有问题也。编校部以积件太多,今日
请开夜工,清、漱俱与焉。散馆后余与润儿归。入晚小饮。夜饭后
润出访友,九时漱归,十时许润乃归。

## 1月20日（甲辰　初十日）星期二

早浓霜,晴暖。晨八时十分乘车入馆。办理杂事。午间公司
宴请西安梁午峰及教部魏冰心,席设雪村所,余与圣陶、雪山、予

同、芷芬、晓先、达轩共赴之，冰心以已赴京未至，适光熹、世惠来，遂挽同饮，世惠未终席即辞去，光熹则甫自穗城至，又将调事南京或且有所耽阁也。下午二时返馆，逾时出席百十一次经理室会议，毕竟为人事耳。汉、漱、润三儿下午乘公司放车至杨树浦圣心医院为同人检验身体之便，顺道过高郎桥公墓一展先庶母之茔，待至散馆，犹未见归，余乃乘车先返。薄暮小饮。漱、润归言墓碑已为陷敌时奸民所窃去，茔兆尚无恙，因属看茔者重建新碑，费五十五万元云，约下星期内可复看也。夜饭后听书，十时始寝。

## 1 月 21 日（乙巳　十一日　大寒）星期三

浓雾笼晨，近午始昙。早八时十分即乘车入馆。办理杂事。撰《文心雕龙注》及《通鉴学》出版广告辞各一通。复候勔初。饭后与圣陶、均正、必陶、振甫、祖璋等往汇丰银行大楼四楼中英文化协会看沈福文漆艺品预展陈列，未毕，仅见数十品，然精华所萃之晨曦大盘及嵌螺甸边大盘俱见之，色泽花纹均佳，光殆可以鉴发也，惟不能把玩摩挲，终感缺恨耳。移时返馆。即日起书籍又加价，以开明论杂书照底价二万倍、审定本教科书三万倍、国定本亦一千倍，据山公言犹不逮本远甚也。下午因开杂志社谈话会议增价，而至善迴护开少，迴出情理而态度又不逊，殊招人憎。余未出席，闻之予同云。散馆归，与漱儿偕，润则又北行受课就食于汉所矣。入夜小饮，组青来。九时半组青去，十时润乃归。平明雨。

## 1 月 22 日（丙午　十二日）星期四

昙燠，午后细雨旋止，仍阴。晨八时十分乘车入馆。办理杂事。致联棠，为房贴解释。调孚数日未到馆，闻有微恙，今日属芷、汉往候之,知病已痊,徒为打针不慎,臀部肿胀,不能行动,或且化脓,则引约难定耳。西谛电话来约明日晚饮其家并属代邀雪村、圣陶、予同、达君、芷芬云。散馆后与润儿乘车归。漱儿径往潜儿所,盖今日漱石挈弥同在彼,滋、湜亦同往,故漱儿亦前往会之也。入晚小饮。夜饭后漱、滋、湜及弥同归,漱石则十时后乃返。

## 1 月 23 日 (丁未　十三日) 星期五

阴雨缠绵,仍燠,午后风作,怒吼如虎,气陡转冷,夜深竟雪。晨八时十分乘车入馆。办理杂事。下午二时出席百十二次经理室会议,于穗店人事又有所纠正,联棠见之,自当不快,然格于事例,不得不尔也。接十九日、廿一日洗人在日月潭、台中先后所发信,知到台南后即将折返台北矣。李统汉来书,详告沈阳近状,戒严拉丁无所不至,殆已成困中危城,伊为店务所羁,只索接眷飞往,其勇于任事可佩也。散馆后与雪村、圣陶、予同、达君、芷芬、汉华同乘赴西谛之约,看新得唐初之俑十枚,姿态飘逸,为前此出土诸品所未具,殊饱眼福。即夕张饮,设冷盘卅二品,又大件砂锅两事,甚厌饫矣,近九时辞归,仍与村等同乘,余则先下耳。漱、润、滋俱出看电影(《松花江上》),十时后乃归。

## 1 月 24 日 (戊申　十四日) 星期六

风雪侵晨,终日阴霾。早八时十分雪中乘车入馆。办理杂事。交百万元与清儿,属转付春华办菜两席,备明日请吃年夜饭之用。下午二时许出席第十一届第二次董事会,通过补助同人子女教育办法。文彬送常州酒一坛。散馆归,翼之夫人在,邀明日往铭青所吃面,以新生之外孙女弥月也。入夜小饮。夜饭后与翼夫人长谈,九时辞去,漱石送之。润儿深夜始归。漱、滋两儿守候之,十二时乃寝。

## 1 月 25 日 (己酉 十五日)**星期**

晴阴乍忽,时降干雪,沍寒之至。晨起督滋、湜轮流磨墨,十一时为达君书八言大联一对。十二时与滋儿乘三轮车赴牯岭路铭青家汤饼之会,晤翼之夫妇及继高、渐霖等,午后三时始与滋归,途中感凛冽,几不能耐矣。四时许雪村、芷芬、文权等一车至。(清已于午前先来,未携儿。)聂、卢两氏诸孙俱集,独缺建昌与昌颉耳。五时半开饮,团坐两桌,翼之后至,仍获罍谈至九时乃散,仍乘车循路各送归。听昆曲至十一时后始就睡。

## 1 月 26 日 (庚戌 十六日)**星期一**

晴,沍寒,滴水成冻。晨八时十二分冲寒出,乘车入馆。办理杂事。寄书洗人告近状。致勖初。散馆归,翼之夫人在,正与珏人、漱石等打牌。入晚共饮。夜饭后伊等仍打牌,即止宿吾家。余开机听书,十时就寝。

## 1 月 27 日 (辛亥 十七日)**星期二**

晴寒沍封。晨八时十五分乘车入馆。办理杂事。接长沙信,甫琴为祥麟事颇弄左,无法解答,且待洗人返沪时再谈。下午三时出席百十三次经理室会议,核定穗店改变膳贴事。锴孙今日送归,芷、汉明年将在川公路贯一小学就学矣。屈指计来,自昆明抵沪至今足足经两年两个月,流光迅速,奈何不催人鬓斑耶!散馆归,与漱、润、滋、湜同乘,盖漱、滋、湜三儿今日俱往湄洲路圣心医院检验身体,故得附车以行也。铭青来接翼之夫人,入晚即去。夜正小饮,文权、瀿华至,因共饮,八时始辞归。滋儿夜饭后出,为校中募助学金,至十一时乃返。

## 1 月 28 日(壬子　十八日)星期三

晴,沍寒。晨八时十五分乘车入馆。办理杂事。致铭青,送历本,俾翼夫人携苏分赠。午后雪村来,谓其母夫人已不进食,实臻危笃,或将返里一行也。散馆归,小坐即饮。半时后即寝。润儿出受课,九时五十分乃返。

## 1 月 29 日(癸丑　十九日)星期四

晴寒仍烈。晨八时十八分乘车入馆。办理杂事。纪伯庸来访,谈久之。西谛约往夜饮,以感倦谢之。散馆出,与汉、潄、润同乘,先送汉、潄往瀿所然后绕道返。入夜小饮。滋儿亦在瀿所未归饭。九时半潄、滋乃归,弥同竟大啼矣。

## 1 月 30 日(甲寅　二十日)星期五

晴不甚朗,气稍回暖(早浓霜)。晨八时十六分乘车入馆,知雪村、雪山已乘第一班早车赴杭转绍省亲矣,盖接电知其老母病笃也。九时许又接马山来电,知章母已于昨日逝世,因即属士信趱程前去,并附书致唁,且代表同人吊慰焉。午后本须开经理室会议,以村、山已行而洗人未归,且俟明日再行。洗人乘中兴轮来沪(电告廿九启行),询知今日午后四时到埠,当由纯嘉放车往接。散馆后余等乘车径归。入晚小饮。润儿先归。就钱家弄浴室濯身,俗例明日起须加价,乃趁前就浴耳。

## 1 月 31 日（乙卯　廿一日）星期六

　　雾霾竟日,地润如膏。晨八时十三分乘车入馆。办理杂事。洗人来馆,下午即举行一一四次经理室会议,于祥麟事有所决定。上午九时一刻君箴电话见告,谓西谛昨午后外出,竟夕未归,颇致焦急,余与予同因遍电所识探访之,俱无着落,岂又遭魔掌乎? 愤懑之至。有顷绍虞至,为言同济学潮,吴国桢率宪警蹂躏诸状,益感恶魅横行,殆非人世矣。加以苏、锡一带强拉丁役等耗,几令人窒息欲死。饭后得谛女电话,谓昨日午间曾有某女士者电约谛出饭,未即应,饭后挟书以出,不知是否应约云云。予同推测或为家庭细故暂隐休息耳,然未可必也,但有此一猜,心头舒松多矣,且待后文发展焉。散馆归,车过马浪路社会局,见警备车堵塞局门,警士荷枪实弹,若有所事,而闲人驻足聚观者甚众。据谈舞女及舞厅茶役等四五千人因当局勒停营业,聚往该局请愿,竟致捣毁门窗云。此等徒妨生计无裨实政之事偏多施行,宜其有此也。(闻路人言,舞女等皆有背景,故敢如此,否则宪警对学生反逞凶,何以对舞女竟纵令捣局耶?)余以形势难堪,急令道明转道吕班路而行,到家已四时五十分矣。今晚祀先,五时设荣请神,率诸儿罗拜祝馕,六时许焚帛送神,即与家人团坐饮福,吃年夜饭,似此情况宜乎大乐,而余心中总感愀然者,何耶? 实在看不惯当道之豺狼,无由测其作恶之底止也。闷坐至十时寝。给开明工友年赏总封廿五万元。

## 2 月 1 日（丙辰　廿二日）星期

　　阴霾,雾笼,傍晚始转西北风。竟日未出。上午十时许良才来谈,托为石建昂谋事,近午去。午小饮,道明车来,带到亦秀所送西瓜、菠萝各两枚,盖自台游携归者,淑贞适亦至,因留饭。饭后漱、滋、湜三儿及淑贞乘道明车出,漱等往接清、汉共赴高郎桥先庶母墓地看碑,顺送淑贞返岳州路也。下午三时许予同见过,确证西谛实为徐故隐遁也,长谈至五时乃别去。入晚小饮。漱等归报墓碑已树好,湜则留伴清所,今夜不归矣。

## 2 月 2 日(丁巳　廿三日)星期一

阴。晨八时十二分乘车入馆。办理杂事。西谛电话来,前晚已归家矣,一场虚惊,竟成笑话,亦幸矣哉。致书纪伯庸,订版权契约。接雪村三十日书,即复告一切,并将子恺来函电转寄之。散馆归,与清、漱、润偕,入晚即小饮,夜饭后滋送清去,即留住清家伴寂焉。

## 2 月 3 日(戊午　廿四日)星期二

晴。晨八时十六分车来,乘以入馆。办理杂事。士信已来沪,谓其祖母将于三七出丧安葬,村、山两公当须守过此日始能来申云。午后三时出席一一五次经理室会议。散馆后留馆待客,盖开明各杂志社联合宴请金仲华、陈原、杨承芳、葛传规、宧乡、娄立斋也。七时始齐集,洗人、圣陶、均正、调孚、予同、彬然、沛霖、至善、晓先及余俱参加,凡两席。九时始散,分乘两车,东西各归。

## 2 月 4 日(己未　廿五日)星期三

漫天飞雪,时断时续,入夜益盛。晨八时十六分乘车入馆。办理杂事。复稚圃。寄雪村。散馆归。晚小饮。夜饭后拆钉日记本。抽架看许同莘《牍史》。九时许就寝。

## 2 月 5 日 (庚申　廿六日　立春) 星期四

初阴旋晴,午中益畅朗,大饶春意矣。晨八时十五分乘车入馆。办理杂事。为元龙决定购书两起。(一来青阁来原刻本《金石索》,一扫叶山房石印《金石萃编》正续补。)午后洗人以台北携来之西瓜、木瓜飨同人,余所建议也。西瓜已非初尝(指非令而登),而木瓜实为创获。(木瓜在中土但享逸馨,未闻剖食,台产较大,似南瓜之未成熟者,剖视之,中含黑子,类梧桐,其肉厚半寸,色深黄,如枇杷,味亦似之,惟气臭,微近木瓜耳。岂橘枳之异不待逾淮而别之耶?)此所谓胜利之果然耶? 自日寇纳降以还,余所感胜利云者仅如此而已。下午一时出席明社常会,于社务略有报告耳。散馆后乘车归。夜小饮。夜饭后润儿出,九时许乃归。子敏派人送美丽香烟两条来(洗、村、陶均然),受之至愧,宜有以报之。

## 2 月 6 日 (辛酉　廿七日) 星期五

阴寒。晨八时十二分乘车入馆。办理杂事。下午三时出席一一六次经理室会议,旧历元旦至初三日决定放春节假三天,余皆为人事,而杭店派人吊孝居然露章相告,以资媚悦,殊可鄙也。属纯嘉备礼三分(火腿各一只,毛巾各一打),将以答濮、谢、唐三君。散馆归,即小饮。西谛电话约往晚酌,未及赴,予同应之。湜儿留住清所,今夜归。滋儿仍留伴焉。

## 2 月 7 日 (壬戌　廿八日) 星期六

阴寒。晨八时十三分乘车入馆。办理杂事。口试本日招考之练习生七名,大都有缺陷,才难之叹,匪徒然也。散馆后留馆待至五时出席廿二次业务常会,以子女教育补助津贴声请书贴照片事。彬然竟提出诘责,谓系侮辱,哓哓纠辩,至不能耐,余亦正色相报,几致不欢,此辈徒唱高调、刻意植党之人,殊不愿为之曲讳矣。六时三刻毕会,七时晚饭,仍得小饮,八时三刻乘车归。起潜以合众近刊邑老张仲仁《心太平室集》四册见贻,属调孚转致翻检一过,颇存乡邦文献及近五十年史料,弥足珍也。十时就睡,气不平,良不久乃得入梦。

## 2月8日(癸亥　廿九日)星期

晴寒。晨起看《心太平室集》。十时潚儿偕预孙来,谓将赴邑庙购物,少坐便行,约当晚晤汉儿所。十一时余与珏人及漱儿、弥同乘车往祥经里,先过福州路接清儿及建孙,近午即达。自祥经里经始建造开明新村以来三阅月,余未尝涉足其地,今始至,已落成矣,爰偕芷芬、韵镝、德厚巡历一周,主屋已完,旁屋及道路则尚待施工,适以岁底停顿,须献岁后乃能毕工耳。即由川公路出,绕四川北路仍循永丰坊入,十二时乃与珏人、清、汉及芷芬过饮武若、家英家,亦先期所预招者。在坐晤武若之同事常州人王君夫妇及家英三儿之子女三人,询悉其三儿甫自锦州送返度年,惜未及晤本人,无从究悉东北实况也。二时许罢出,即偕珏人、清儿徜祥附近旧货摊,无所获,复归芷、汉所,再陪珏人巡视开明新村,然后独行于四川北路,闲眺年景,晤恺玄于途,立谈有顷,至五时许折归芷、汉所,则漱石及文权、潚儿皆在矣。六时就饮,武若亦至,八时许散即乘车南归。适霞飞坊南阳桥人之附车者众,挤足乃行,殊以为苦。到家后听亚美电台转播沧洲会书,十时始睡。

## 2 月 9 日 (甲子大除夕) **星期一**

晴寒。清晨晓先至,盖昨宿立斋所,特来乘车者,乃坐待有顷,均正来告,谓福特已坏,须待二班来接云。漱、润等不及待,俱先去,晓先闻之尤扫兴,遂与润步以入馆也。八时三刻纯嘉驱大车来迓,只余与均正、龙文入坐耳,仍驶至巨福路接亦秀,而福特已修好,乃两车齐发以东,然予同等不及待已先行入馆矣。到馆办杂事,通如等俱假归之,以故诸务丛集,颇感鞅掌。坚吾馈杏花楼腊鸡一,装潢精美,价必甚昂也。德铸投考证件已寄到,下午即发信属来,于年初五应试,不识能否必到耳。布告春节放假三天。散馆后与漱、润乘车归。入夜两家合坐吃年夜饭,八时乃罢。饭毕,珏人率诸儿出阅市,市况甚清淡,花摊且多收去矣,惟爆竹之声较繁于往年耳。十一时许就寝。

## 2 月 10 日[①] (乙丑　元旦) **星期二**

破晓浓霜,薄雾,旋开朗,融融竟日。晨起,受诸儿贺,共进团圆。红蕉夫妇及其诸子女下楼来贺年。润出与同学聚餐。漱、湜、弥同往清儿所拜年,漱石亦以烧香早出。午饭时仅余与珏人、滋儿及纯葆四人耳。下午三时滋儿又往潚儿所拜年,家中更静,余与珏人接龙为戏,亦甚难得矣。入暮小饮。饮前毛銮荣来拜年,与谈久之,留晚饭,坚辞去。八时许漱等先返,有顷,润、滋亦返,盖俱在潚儿所吃夜饭,因同归也。九时就寝。

---

①底本为:"戊子日记第一卷"。

## 2 月 11 日（丙寅　初二日）**星期三**

晴和。竟日未出。上午十一时文权、濬华、顯、预、硕三孙、清华、建孙、芷芬、汉华、锴、镇、鉴三孙毕至贺年。有顷，武若、家英及其女文璧亦来拜年。正午设两席，共啖年朝饭。饭后清英等打牌，余与武若长谈。四时许权、濬等先后归去。润、滋、湜往弟妇处拜年，三时归。四时弟妇内侄善赓偕其妇施克敏来拜年，薄暮乃去。余竟日酬答，疲乏甚，入晚竟不思饮，略进稀饭，九时即睡。

## 2 月 12 日（丁卯　初三日）**星期四**

晴和，近午阴，午后时见细雨，向晚加剧。晨看《心太平室集》中之《莲幕集》，盖仲老佐项城北洋幕府时代拟之函札，论述所及学务及外交为多，藉以觇光宣之交之朝局。袁亦一时英特之士哉，何图热中帝制，晚节不终，贻讥身后，迄今尚为人诟病耶？一念之私，遽铸大错，可不慎诸？珏人偕漱石、纯葆十时许出，共应清儿之约。余以畏劳未同去。午在家小饮。饮后与润儿出散步，往式普希金之象，然后由宝建路霞飞坊而返。三时许珏人、纯葆归，幸未及雨，漱石则入城别访其戚矣，以雨故，未晚即归。入晚小饮。夜饭后与珏人接龙为戏，顺便听书，十一时乃睡。

## 2 月 13 日（戊辰　初四日）**星期五**

昙，近午雨，午后终阴，淋漓未止。晨八时十三分乘车入馆，春节休假后今始办事，信札特多。饭前已复约四十馀通，相当忙碌。下午二时出席一一七次经理室会议，决定录取练习生诸事。洗人约往晚酌，以天雨，谢之。亦秀、农祥束约明晚往饮其家。通如自常州返沪,承以名产白芹及猪腰见贻。散馆后乘车径归。入夜小饮。夜饭后上楼听书,翼之偕其子德铸自苏来,盖铸来应开明练习生考试,故随其父到沪耳。谈至九时许,翼之辞去,将返杨树浦宏大厂,铸则留宿余家。

## 2 月 14 日(己巳　初五日)星期六

阴,时见细雨,夜半雨加大,气遂湿闷。晨八时十三分,乘车入馆,德铸从行,因应考故。上午报考者四人,十一时许口试,铸笔试成绩颇不佳,口试尚可。即辞赴铭青所候发表。下午来考者亦四人,三时半口试,大约今日所得亦只三四人耳,才难才难,不其然乎?办理杂事,发经字函六通。接雪村信,属再汇三千万,因士信、士佼今午即返,乃由洗人措交带去,余别缄复告用快函先发。下午四时许乃乾见过,长谈至五时半车送至西门而别。盖余与洗人、予同、达君、均正、彬然共应亦秀之招,同车赴约,顺道相送耳。到亦秀所,晤其伉俪。有顷圣陶夫妇亦至。七时许始开饮,九时乃罢,复长谈至十时许始辞归。十一时就寝。

## 2 月 15 日(庚午　初六日)星期

竟日雾湿,闷甚。晨九时漱石偕漱儿、弥同携物分乘两三轮车前往雪村家小住,盖以清儿须返绍送祖姑之葬,特情去守家者也。车发未久,清儿挈建孙来,途中相左,竟未遇,坐至十时许仍辞去。今日午后将乘钱塘号快车赴杭转绍矣。适炳炎请假返绍,因得托伴,否则单身跋涉,颇难放心也。余以香烛之敬三十万属清带去,俟将来在沪设奠时再为具礼云。十时半子敏、坚吾来拜年。坚留午饭,则以先约文彬为言,少坐便行。下午二时珏人偕纯葆乘三轮车往潏所,余及润则步以往,衣润如行雨中,可以想见雾湿之甚矣。五时芷芬、汉华至,少选即开饮,七时罢,又谈至八时许余等及芷、汉乘车各归,九时三刻睡。

## 2月16日（辛未　初七日）星期一

　　阴雨。晨八时十二分乘车入馆。办理杂事。午前决定第二次练习生取录三人,德铸以成绩过差竟落选。午得翼之电话见询,颇感窘于应付也。刚主来访,约后晚过饮其寓。四联贷助印供教科书事迄未完成,今再函该处促请之,未识究有把握否耳。散馆后乘车径归。入晚小饮。夜饭后嘉源来,谓今日到沪已就其戚所设慎利洋酒号服务云,至以为慰。谈至九时许辞去。

## 2月17日（壬申　初八日）星期二

　　阴,午后曾显阳光,终霾。晨八时十八分乘车入馆。办理杂事。昨接诚之信,告廉逊已于大除夕中风逝世,身后异常萧条云。因即与洗人具名遍讣于酒会同人,冀得赙赠稍赡所遗小妻及稚子也。今晨发出未久,来者已颇不乏人,或者可能集一成数乎！午后三时出席一一八次经理室会议,大都涉及人事而无谓之争即由此起。昧于情实之徒见事愈不明则高论必愈多,言愈庞杂,事愈不举,憎兹多口,此之谓矣。散馆后乘车径归。入晚小饮。夜饭后文权、潏儿来省,九时后辞去。

## 2月18日（癸酉　初九日）星期三

　　阴雨。晨八时十二分乘车入馆。办理杂事。校《两晋南北朝史》一批。接沈店告急信,建议撤退。同时汴店请扩大。因召开一

一九次经理室会议商讨之。决定皆作必要准备,汴店亦量宜收束
云。子女教育补助津贴今日核发第一批。散馆后乘车归,汉、漱及
光暄偕来坐,待第二次车共赴亦秀晚饭之约,润儿亦与焉。入夜小
饮,听书。漱、润十时归,汉等则径返祥经里矣。

## 2 月 19 日（甲戌　初十日）星期四

阴雨,午后曾显阳光,地仍湿。晨八时十三分乘车入馆。办理
杂事。电话约翼之父子明晚饭我家,将与剖析失取之故。下午四
时西谛来馆,至六时偕余及予同乘车赴刚主之约。地在南市十六
铺里马路恒兴西里廿五号,累问始达。晤其昆弟及起潜、济川,良
久乃入席,已七时半矣。同坐尚有刚主之戚颜君、房东韩君并其他
友人丁君、陶君、李君,凡十二人。九时许始罢。又茗谈片晌乃散。
余车送济川、予同先归,然后到家,即属春生送起潜及西谛归去。
比余登楼,已十时矣。复开机听书,十一时后乃就睡。

## 2 月 20 日（乙亥　十一日　雨水）星期五

阴雨。晨八时十二分乘车入馆。办理杂事。校《两晋南北朝
史》一批。下午三时出席一二〇次经理室会议,决定收稿一件、人
事一件,惟房屋分配大成问题,不识当局何以善其后耳。散馆后径
归。芷、汉亦来,六时许翼之父子至,因置酒共饮畅谈,彼此所管人
事之艰于应付,一笑相谅矣。九时许翼、芷等同车去,余仍听书至
十一时睡。

## 2 月 21 日（丙子　十二日）星期六

阴雨旋晴。晨八时十四分乘车入馆。办理杂事。下午三时出

王伯祥日记

席第十一届第三次董事会，报告而已。散馆后乘车径归。入晚小饮。夜饭后与润儿出散步。滋儿则往雪村家探视清儿归沪否，九时归报谓清已到矣，明日漱石、漱儿及弥同殆将返此也。十时后就寝。

## 2 月 22 日（丁丑 十三日）星期

晨雾旋晴开日出。八时与湜儿出，步至同孚路、威海卫路四茹春进早点，缓行折回购报纸，还读之，美使司徒又有诱导国共重开谈判之说，足征军事失利为千真万确，否则安用此为耶？九时许，士信以其外家所藏字画巨轴各一顶来，求为鉴别。字为祝希哲书，气魄行款俱无可訾，而纸尾钤章转有可疑耳。画无署款，审为明人所作《麻姑献寿图》，钩金设色均古雅有法度，但非出高手，殆当时画工所为者。有顷持去。十时许大椿来谈，知儿童书局内部亦殊感不安也。十一时滋儿接漱儿、弥同归。清儿、建昌、淑苏俱至，因共坐午饭且小饮焉。询悉章老太太安葬已毕，村、山二公亦将出申矣。午后一时许余与珏人缓行至蒲柏路大陆书场听书，四十分开，先为唐耿良《三国》（"诸葛亮火烧博望坡"），次为钟月樵《白蛇传》（本为蒋月泉与钟双档《玉蜻蜓》，以蒋未至，遂由钟弹唱"许宣神仙庙受骗"一节），范雪君《啼笑姻缘》（"万家树劝沈凤喜辍唱"），张鉴庭、鉴国《十美图》（"曾荣怒拒严兰珍"），潘伯英《刺马》（"马欣贻逼王被刺"）。其中以两张为最松，潘不失为有声有色，馀平平耳。四时半出场，尚有范玉山之《万年青》未之听，亟乘三轮车回家，知佩霞及淑贞、淑英俱来拜年，未及接待之，甚歉。入暮小饮。夜饭已，清等归去。九时即寝。

## 2 月 23 日 (戊寅 十四日) 星期一

晴寒。晨八时十五分车来,乘以入馆。办理杂事。校《两晋南北朝史》一批。新招之练习生五名俱到齐,一为分派,仍感人手未敷也。散馆后乘车径归。入晚小饮,啖馒头,甚快。润儿赴同学家夜饭,十时半始归。

## 2 月 24 日 (己卯 十五日) 星期二

晴。春寒料峭,御裘失暖。晨八时十四分车来,乘以入馆。办理杂事。校毕《两晋南北朝史》一大批。下午三时出席一二一次经理室会议,为甫琴事大费周章,当电促雪村回沪商决。散馆后乘车径归。入夜小饮。今为元宵,别无点缀,惟以亦秀所赠台湾西瓜剖分,与家人遍尝而已。滋、湜俱出看电影。滋在潆所夜饭而后归,湜则夜饭后出,九时后乃返(纯葆与偕)。余在家听书,十时始寝。

## 2 月 25 日 (庚辰 十六日) 星期三

晴,仍感料峭。晨八时十四分乘车入馆。办理杂事。接校《两晋南北朝史》。达君交看士敏、联棠信,对公司行政横肆攻击,且附文属送明社以为声势之助,似此越分非礼,殊属不成事体(中枢所令不行,分支协以环伺)。瞻念前途,不寒而栗,未审村、山辈何以善其后耳。今夜圣陶请叔湘,邀余及洗人、予同、彬然、均正、沛霖、晓先、必陶作陪。因于散馆时附车北行,先憩于芷、汉所,六时即入坐,且谈且听张鉴庭、鉴国弹唱《顾鼎臣》。七时半罢,复谈至八时许乃辞归。适润儿在汉家候余,遂同乘以返。(先送沛霖,次送予同,次送叔湘,然后与均正、润儿共归。)十时就寝。

## 2月26日(辛巳 十七日)星期四

晴旋阴,向晚雨,入夜加甚,连宵月色姣好,耽懒未克一赏,上元月夜恐以此坐废矣。晨八时十六分车始来,乘以入馆,办理杂事。午刻洗人出席同行集议,三时归来见告,杂书又须加价五成。(本店照定价改售三万倍。)因即通电并通告各分支即日照行。散馆时雨甚,冒以登车,疾驰而归。悦之夫人来,即宿漱石所。入晚小饮。夜饭后听书,至十时乃寝。

## 2月27日(壬午 十八日)星期五

阴晴乍忽,入晚竟雨。晨候车不至,旋得电话,知福特已坏,正待修,别放大车来接,大绕远路,到馆已九时矣。办理杂事。村、山今由杭乘金陵号快车来沪,午后三时村到馆,谈治丧及沿途经过甚悉。据云滥捕壮丁,为害最烈,种种举措,令人发指,是诚逼上梁山之时矣。曷丧之痛烈于往史,奈之何袭称民国耶?雪山以倦须休,未及来,经理室会议延至明日举行云。散馆后车未修复,因偕光暄及润儿缓步以归。入晚小饮,士秋在,因共饭,饭后听书,至九时秋乃去。漱儿偕清儿赴慧芬之约,九时半归。润儿夜出受课,十时乃返。

## 2月28日(癸未 十九日)星期六

阴旋晴,午后尤见爽朗,不图夜半竟雨,彻旦不止。晨八时四十五分大车来,与漱、润乘以入馆。珏人挈湜儿偕行,顺道往访雪村夫人,盖昨日归沪,特去探望也。办理馆中杂事。布告于三月一日起回复八小时办公。(发行所自上午九时至下午六时,其他各部分均自上午八时至下午五时。)下午二时半出席一二二次经理室会议,决定调甫琴来沪,并派芷芬赴湘、汉、洪三地视察云。明社组织初为公司与同人之间之桥梁,颇收訢合之效,乃近为一班庸妄之徒所利用,俨成政团,各分支间颇见钩连,台、穗诸地尤为叫嚣,而要皆有人指唆之,故兴风作浪,日趋不宁。(士敏据台尤横恣,非止桀骜,不成事体也。)偶为圣陶言之,宜加注意,彼不谓然,余亦无言。吾思他日不幸言中,必志吾语矣。散馆后福特已修复,即乘之以归。入晚小饮。夜饭后听书。九时就寝,颇失寐。

## 2 月 29 日(甲申 二十日)星期

阴,时有细雨。竟日未出。午晚小饮。闲翻格言联璧,珍语络绎,诚受用不尽也。夜坐听播音弹词。润、滋俱出,九时滋归,十时许润归。潸儿本约往沧洲听书,以雨未果行。

## 3 月 1 日(乙酉 廿一日)星期一

晴寒,竟有还冬之感。晨七时四十分乘车入馆,盖今日又须提早落后延长一小时矣。办理杂事。复灵舟。校《两晋南北朝史》续排样。本有君立夜饭之约,以调孚、西谛别有他约在先而罢。公司请张静庐、李孤帆、巴金及田君(汉口文化生活社经理),余受洗人招作陪,雪山、圣陶、晓先、芷芬皆与焉。六时半客齐(本有唐性天,辞往他约),遂入坐,饮啖至八时乃散。孤帆寄书事有纠缠,今日面为说明并将代存预约券交还之,告一段落矣。客散,余等亦行,先送永丰坊然后南归,到家正九时,仍开机听弹词播音。以润、滋两儿俱出未归,坐以待之也,十一时始见返,余亦就寝。

## 3月2日（丙戌　廿二日）星期二

晴寒仍昨。晨七时四十三分乘车入馆。办理杂事。又校毕《两晋南北朝史》一批并校《文论要诠》两页。下午三时出席一二三次经理室会议，否决稿件两宗，通过收稿一宗，并涉人事三件，对士敏通函勾煽事议有所裁制之，公意趋向撤调，惟洗人因事先退，未之决，当俟明日续商也。散馆后乘车归。悦之在，谓约同翼之来此叙谈云。六时许，翼之来，乃共饮。夜饭毕，悦之向翼之移款，余为助成之。此人不图上进，好吃懒做，以是所如屡空，然为伊家昆弟计，不能不再一加援手耳。九时翼、悦去，十时余亦就寝。

## 3月3日（丁亥　廿三日）星期三

晴寒如故。晨七时四十五分乘车入馆。办理杂事并校毕《文论要诠》一批。下午三时出席一二四次经理室会议，对台店事决取三步办理。（第一步先予严谴，第二步由雪山前往察看，第三步不悛则径撤。）五时始散，即乘车归。坚吾见访，承赠新出品橡皮号码戳一枚，径与外货竞美矣，可佩也。抵家小饮，知葆贞曾来过，明后或将再来，盖苏厂多停工，须在沪别谋工作也。夜听书，十时就寝。

## 3月4日（戊子　廿四日）星期四

晴，仍寒。晨七时四十三分乘车入馆。办理杂事。芷芬将有湘行，取道杭、洪，今日散馆，余邀之同返，汉儿偕焉。入晚因共小饮，痛谈公司前途，九时许乃去。嘉源夜饭后来谈，至十时始辞出，近况盖尚好也。今日为三皇诞，所有评话弹词均停辍，以是未听书。弥同以种痘发热，夜间颇哶嘈。怀之生日，夜饭即以面代。诚之见过谭,谭廉逊身后,顺取版税去。

## 3 月 5 日(己丑　廿五日　惊蛰)**星期五**

晴,稍回暖,地润。晨七时五十分乘车入馆。办理杂事。午为芷芬明日即行,特约洗人、圣陶、予同、达君小饮于永兴昌,谈台店事。下午三时出席一二五次经理室会议。润、滋将偕芷、汉游杭,漱儿知之亦欲同往,故今晚相将住汉所,备明晨早车同发也。散馆归。入晚小饮。夜听书,九时即睡。

## 3 月 6 日(庚寅　廿六日)**星期六**

破晓细雨,风吼如虎。近午晴风亦止。晨七时五十分乘车入馆。办理杂事。芷、汉、漱、润、滋一行今晨径由祥经里登头班早车赴杭,初为担忧遭雨,继而日出,为之释然。接达夫台北书,托为渠及建功、何容致章氏赙仪。散馆后独自乘车返。入晚仍小饮,颇感静寂。适西谛见过,拉饮两杯,放之去,盖渠已约在对门广平许夜饭也。谈近自南京假中央研究院及博物院古物照影归,将辑入《历史参考图谱》中云。夜听书至十时就寝。

## 3 月 7 日(辛卯　廿七日)**星期**

云翳,仍寒。晨八时与湜儿往同孚路四茹春进早点,遇潏儿,亦挈顯、预、硕三孙至,因共啖之,竟由潏儿付钞,食毕各归。天竟晴矣。午饭后策杖散步于康悌路、贝勒路一带,迤逦过蒲柏路大陆书场。初欲入听书,以天又微雨,遄返。假寐片时。四时许偕珏人出,进点于亚尔培路弄口一摊上,小笼包子及锅贴俱全,味尚好,前途盖欲与野味香竞争者也。比归,文权、潏儿俱在,入晚遂共小饮。

夜饭后听书,八时许权、濬归去,余则仍听至十时乃睡。

## 3 月 8 日(壬辰　廿八日)星期一

晴,稍还暖。晨七时五十分乘车入馆。收信特多,办理较烦,函购尤剧,复感人手不敷矣。下午五时一刻出席廿三次业务常会,为薪给制度草案事研商至久,仍不能决,而雪村发言峻刻,圣陶纠弹之,几致不欢。比散,已七时四十分,即席夜饭,已八时矣。九时归,漱、润、滋三儿俱甫到,盖下午二时自杭发,欣然畅游归来耳。询悉芷芬亦于四时乘车径赴南昌,汉儿则返祥经里矣。十时就寝。

## 3 月 9 日(癸巳　廿九日)星期二

晴,时曇,较昨更暖。晨七时五十分乘车入馆。办理杂事。午间洗人、圣陶、达君悄出约饮,并邀彬然同往,二时半乃返,三时半始开第一二六次经理室会议,圣陶且托事未出席。意者障壁盖高,昨事更助长之,或将有更甚于此之行动发露乎?吾为兹叹并为公司前途惧。余出席会议时见成都分店经理章雪舟与洗人函,谓失眠有病,须请假调养,请派员接替,免致贻误云云,是又在闹撒扭矣,诚令人感头痛也。散馆后乘车径归。入晚小饮。夜饭后嘉源来谈,移时乃去。听书至十时寝。

## 3 月 10 日(甲午　三十日)星期三

曇闷,感燠(气温达华氏表七十一度)。晨七时五十分乘车入馆。办理杂事。写退稿信三件。下午绍虞来谈,承以近出《语文通论续编》见赠。散馆后乘车径归。接中国农民银行信,为张洪焕对保,明日将与达君一商再复之。盖此君系达君之戚,理宜询之也。

入晚小饮。夜饭后听书,嘉源来,属为作保,为填保证书与之,九时去。十时就寝。

## 3 月 11 日（乙未　朔）星期四

阴,近午大雨,始闻雷,午后止,向晚竟露阳光。晨七时五十分乘车入馆。办理杂事。询之达君,仍属续为张洪焕作保,乃填具保证书径送农民银行信托部。下午三时出席第一二七次经理室会议,以明日植树节放假,特提前于今举行也,决定同人基本津贴为百廿万元并订定同人租用宿舍暂行办法。圣陶仍缺席,不识酝酿何事耳。散馆时清、汉随余返,建昌从。入晚共饮,谈至九时润儿送之归,即住祥经里,盖明日明社康乐组发起旅行吴淞口,由市轮渡往返因结伴同出耳。十时就寝,颇不能寐,公司前途殊堪隐忧也。野心者正协而相伺,村则曹焉罔觉,仍一意孤行,师心愎谏而已,可胜叹哉!

## 3 月 12 日（丙申　初二日）星期五

阴霾,午后雨,即止。晨七时四十分车来,珏人与均正夫妇偕乘以赴市轮渡,将会清、汉、润等以同游吴淞也。余独坐看报,知国际形势日趋恶化,美苏之间恐终难免一战耳。近午小饮,滋、湜归自校,乃共饭。饭后滋、湜赴校,余亦出散步,遇雨折返,甫坐定,雨即止,乃假寐片晌。浒关童氏表侄女挈其子女来,因起周旋之。四时许,珏人先归,谓在淞遭大雨,未及乘原轮,即雇公共汽车径返祥经里,清、汉俱安归,兹仍由道明车送归来云。惟尚有三十许人在宝山等处游览,须待轮渡载回也,故润儿犹滞途中。入晚与乡亲共饮,七时许润始返,余等已将饭毕矣。翼之来,知即将归苏,因托带贺仪廿万元与薛晋侯,盖晋侯日内在里娶媳也。九时许翼之去,余亦倦极思寝矣。

## 3月13日(丁酉　初三日)星期六

阴闷湿,下午黄气漫天,入晚焦雷猝发,无雨,夜渐深,雷电益作,雨益至,竟宵未辍。晨七时四十分车即至,乘以入馆,尚未及八时也。办理杂事。续校《文论要诠》一批。送振甫祖母丧奠仪五十万,送章母奠仪五十万并撰书挽联(纸质文绢联,价二十八万)一悬。散馆后偕潄儿归,润儿则以受课北住汉儿所矣。入夜小饮。乡亲由纯葆伴往巴黎戏院看电影,夜饭始归。灯下看帖兼听书,十时前即就卧。

## 3月14日(戊戌　初四日)星期

阴霾,下午雨作,时行时止,入夜加甚,檐注有声。晨起看报。午小饮。午后与湜儿出散步,遇雨折回,只索假寐。三时许乡亲辞去,将归浒关矣。入晚再小饮听书。滋儿出看电影,九时半始归。十时就寝。竟日看许同莘《公牍学史》,已至南北朝矣。

## 3月15日(己亥　初五日)星期一

阴,午后晴,未几仍阴,夜半又雨。晨七时四十分乘车入馆。办理杂事。看《牍史》至唐末。午后彬然约谈明社章程兼及圣陶近态,在场仅及予同、锡光、达君数人而已,大抵在村言语态度之得罪人积衅已深,初非一朝一夕之故也。余以相忍勖彬然,并属转劝圣陶仍出席会议,未审能否从行耳。允言见过,还借书及去年代买书款,少谈便去。散馆后乘车径归。入晚小饮。夜饭后听书,九时即寝。润儿出受课,十时乃归。

### 3 月 16 日(庚子　初六日)星期二

阴闷终日,夜深又雨。晨七时四十五分乘车入馆。办理杂事。看《牍史》至两宋。午后出席一二八次经理室会议,圣陶仍不出席。午前洗人以九日圣陶手书见示,谓辞去董事协理、不出席经室会议及业务会议,专任编辑,与晓先、必陶比,并请减薪置签到卡云云。书末且请在通讯录发表也,负气已深,无由疏解矣。耕莘适来,余以为症结仍在雪村,乃与予同约耕莘谈,属为向村切言以规之,或别有企划,亦希转告俾审进止,不知下文如何耳。散馆归,润儿仍北行。入晚小饮,饭后听书,九时睡,润犹未归也。是夕失寐。

### 3 月 17 日(辛丑　初七日)星期三

阴晴乍忽,傍晚仍雨。晨七时五十分乘车入馆。办理杂事。看《牍史》历辽金至元。耕莘来言,已见过雪村,似无成见而实有芥蒂,恐障翳一时难释也。午间公司为请济南东方书社刘震初、袁济生,假座于雪村家,余与洗人、达君、敏逊、雪山、晓先俱往,二时始返馆。为同人撰祭文一通,备章家在寺开吊时用。散馆前刚主来,托购书。接乃乾书录联语,相告属转唁雪村昆季。散馆后即乘车归。入晚便小饮。夜饭后听书,九时即寝。

### 3 月 18 日(壬寅　初八日)星期四

阴,午后雨,迄晚未休,颇感峭冷。晨七时四十五分乘车入馆。办理杂事。为达夫、子祥、天行合赙章家百万元,即将谢帖寄台北,属径向台店归垫。予同尝往晤雪村,所得与耕莘之言同,终恐难泯此罅耳。况无识乳臭如士信方且日挑小隙,处处开罪人,其父不加纠正,反奖扇之,吾诚不知是何居心也。家晋来谈。西谛电话约后日晚饮其家。散馆后径归。入夜小饮且听书。看《牍史》毕,进阅其专论外交辞命之章。十时就寝。

## 3月19日（癸卯　初九日）星期五

阴寒,午后微雨便止。晨七时四十五分乘车入馆。办理杂事。午间洗人约雪村、雪山、圣陶、予同、守宪、觉农、耕莘、彬然、达君及余饭功德林,各诉近衷,劝圣陶不必如此,而彼甚执,仍无结果,殊可叹惋,三时半始返馆。震初馈阿胶一盒。接达夫书,属为绥百、克刚送章氏奠仪,即各送三十万元取谢帖寄复之。散馆后清、汉、漱、润及建孙同归。文权、潜儿及预、硕两孙已在,盖今日为余五九初度,儿辈治酒相祝也,佩华知之亦来祝贺,甚热闹。夜饭后谈至九时许权等去,清、汉、佩华俱宿焉。

## 3月20日（甲辰　初十日）星期六

阴雨,风寒。晨七时五十分乘车出,至广西路,达君车亦至,遂与亦秀、汉华偕下,与达君同往老半斋进早点,啖煮干丝、肴肉并各吃出骨刀鱼面一碗,九时始到馆。办理杂事。下午二时开十一届四次董事会,圣陶仍提书辞职,当然未出席。问题愈演愈复,无法即决,会中竟未提及,留待明日晤力子再商之。编发通讯录八号。散馆后偕达君、予同赴西谛约。大雨淋漓,幸乘车往,已濡湿,否则难想矣。比晤西谛,即以圣陶事为问,似甚紧张,盖外界已喧腾矣。为剖析疏陈原委,彼此太息而已。饮谈且看画,至九时半乃归,仍由春生车送。到家,知电灯适坏,即卧。

## 3 月 21 日 (乙巳　十一日　春分) 星期

阴寒,近暮黑云笼罩,恐致雨。晨八时道明车来,即乘以往法藏寺。车中只履善一人,馀人不能早出,权且候下班车再往。抵寺后正在布置灵堂,雪村以次四兄弟及纯嘉等俱在指挥。九时许始开拜,十时后吊客源源来,余往招待,具位而已。偕西谛、予同访致觉于藏经会,谈未久即返灵堂。十一时开明同人公祭,洗人主祭,余读祭文,纯嘉赞礼。十二时饭,凡十五席。余与文彬、子敏、公望、光荣、坚吾、耕莘及他客三人同席。余家属除同儿外皆到,文权、潘华、小同、漱华、漱石、弥同、汉华、元鉴亦到。晤熟友甚多,力子、乃乾、刚主、文祺等不悉数也。二时先送珏人等归,余旋亦乘文彬车返。四时许电灯修复。润早出受课,二漱、弥同往清所小住,滋亦前往。余独坐看昨日自西谛许假归之《唐宋元明名画大观》(日本印)以自遣。傍晚润归,夜饭后滋归。余入夜小饮,仍听书。十时就寝。

## 3 月 22 日 (丙午　十二日) 星期一

阴雨,夜深雨尤亟。晨七时五十分乘车入馆。办理杂事。看《牍史·辞命章》毕。散馆后,偕予同附车北行,小饮于祥经里圣陶家。余本往谊力劝勿萌退志,反覆剖陈,无话不谈,历两小时,总之二者之间作风不同,嫌隙已深,恐终难于合辙矣。最后圣陶勉抑情绪,许不再提且俟静观变化再定云。八时许辞出,适道明车来接涤生、达轩等(在诗圣所夜饭),遂与予同乘之以归。(润儿在汉所晚饭,因侍余同归。)九时到家,十时就睡。

## 3月23日(丁未　十三日)星期二

晨微雨旋昙,午后竟晴。早七时五十分乘车入馆。办理杂事。看毕许同莘《牍髓》全书三百廿九面,居然一气阅完,甚感痛快,惟排样至疏,差舛百出,随手点校,未能悉正为憾耳。下午三时出席一二九次经理室会议,圣陶仍未莅席,而雪村电话促之,亦未到,可见事态严重也。然会议任务不能以此改易,仍通过稿件三件,分别退复。第三组提可笑问题,显然胡闹,而雪山恣意袒护,不惜丛怨,弥征刻薄之家戾气所钟,非至覆宗不悟也,愤争无效,怅叹而已。散馆后乘车径归。入晚小饮。夜饭后听书。铭青来,出珊瑚笺一联、玉版笺四联,托为书写,或转属友好为之,少坐即去。

## 3月24日(戊申　十四日)星期三

阴翳,晚露晴光。晨七时四十五分乘车入馆。办理杂事。雪山居丧,为其子士佼改娶(弃宋宇而改娶娄素秋),今日在大上海张筵结婚并登《中央日报》封面广告,称道家长之命,其为骇怪事,非寻常(前日法藏寺为其祖母开吊,士佼竟未一履其地)。而有责者纵而容之之不足,复从而张之,《诗》有《相鼠》之篇,正为若辈设耳。散馆后乘车径归。洗人明晨赴杭,余不免守府看印矣。入晚小饮。汉、漱随归,因同饭,饭后汉往视其邱氏小姑,旋返,仍偕漱去,将有一时住祥经里也。九时即睡。

## 3月25日(己酉　十五日)星期四

晴寒不减冬日。晨七时四十三分乘车入馆。洗人已赴杭。办理杂事。雪山早上在馆一见,临散又复一见,盖竟日在乃兄所,度当协谋公司现状之筹策耳。不揣其本而齐其末，吾见其愈走愈远也。（人事纠纷麻起，其因俱在其家兄弟子侄之挑拨，主持者不务其大而惟察察是务，乃添膏益火也，于是乎离心力日益强。）下午偶翻江慎脩集注《近思录》。散馆后乘车径归。入晚小饮。夜饭后润儿送湜儿到比乐中学，盖明日校中师生将赴杭游览，佛晓即行，故今夜齐宿校中也。听书至十时睡。

## 3 月 26 日（庚戌 十六日）星期五

晴寒如昨，颇感料峭。晨七时五十分入馆，办理杂事。午约圣陶小饮永兴昌，啖老半斋刀鱼面，纵谈近事。彼此得一倾吐，甚快。下午三时出席一三〇次经理室会议。村、圣仍不到，洗又去杭，惟予同、达君、雪山及余四人集议耳。湜儿今日随校友旅行杭州。散馆后归，晓先偕行饭于余家，亦谈公司近事，若有所辨者。其实既无所与，乐得不管也。渠不饮，伴余絮絮历一时许，翼之来，乃辞去。翼之询余组织系统及组织大纲，将为宏大厂作参考，谈至九时辞去，余亦就卧。十时许润儿自祥经里归，挈错孙同来。

## 3 月 27 日（辛亥 十七日）星期六

阴旋晴，午后复阴竟雨。晨七时五十分乘车入馆。办理杂事。圣陶、至善下午赴苏扫墓，光暄、守勤、无垢、漱玉偕行，均正亦返嘉兴，其他乘假归里者殊夥，以是公司各部分顿呈冷落之感矣。午刻家中以清明将届，祀先于庭，羁事未能归拜，即饬滋儿代行。散馆时已大雨，清儿、汉儿及漱石、漱儿、镇、鉴、弥同俱随余归。入晚小饮，共坐饮福。饭甫毕，润儿出受课，清则坐至八时许独归永丰坊，汉儿率错、镇、鉴住余家。十时润返。卧听檐注，颇念湜儿在杭所遭也。

## 3月28日（壬子　十八日）星期

阴雨竟日，傍晚有晴意。群儿阻雨不得出，聚处室中，胶扰无停息，颇为所窘。下午三时雪村临吊许季莃后便车过余，谈彼于隔膜真际并不了了，爰略吐一二，俾资自省，移时去。入晚小饮。夜听书，先导锴等安睡，汉、漱、润、滋亦出，看电影于杜美大戏院，始得定心坐听，十时寝。

## 3月29日（癸丑　十九日）星期一

晴和。黄花岗纪念放假一天。清晨独出，仍至同孚路四茹春进早点，唉鳝糊面一碗，费九万元，徜徉归来，汉等方起身也。九时许汉、漱及纯葆带同锴、镇、鉴、弥同一行前往兆丰公园游眺。十时滋儿出，应同学午饭约。正午小饮，且听书。午后一时湜儿自杭返，以值雨故浑身沾泥矣。二时润儿出，往同家听音乐。三时漱儿、弥同及纯葆归，知清儿亦往，刻已与汉等偕返永丰坊云。四时潘儿率预、硕两孙来，谓昨日偕文权游常熟，深夜乃归，行至虞太交界几致出事，显见途中大为不靖也，垂暮去。润儿入晚归，滋则夜饭而后返，放假于若辈转致劳扰耳。夜小饮，听书，十时寝。

## 3月30日（甲寅　二十日）星期二

晴，较昨稍寒。晨七时四十八分乘车入馆。办理杂事。雪村来馆相告，明午其侄（三房长子）士宋与其冯氏甥女兰贞订婚，属为证明须莅盟云。余以其权吉缔姻，究与士佼之非礼不同，勉从之。俞忍之来信，竟辞开明之职，足征雪村之举措彼此均不感妥贴也。散馆归,漱已先行,润则与汉往看电影,余乃独返耳。入晚小饮,听书,至十时乃睡。湜儿自杭归,即偃卧,幸未发热,翌晨即起,滋儿则昨晚竟发热,今晨勉强入学,近午不支,遂归卧,未识明晨能退热否。润在汉所晚饭,十时三刻乃返。

## 3 月 31 日(乙卯 廿一日)星期三

阴,午后绵雨,入夜加甚。晨七时四十五分乘车入馆。办理杂事。午往雪村所为士宋、兰贞证明订婚。(余与彬然为证明人,诗圣与朱成才为介绍人,俱签。)遂留饮,移时洗人自杭至,亦与焉。席中达君、雪山引去,盖须往开明新村接收房屋也。伯宁介绍联洲营造厂,承建以来拖延迄今始得草草交屋,致分配住入,迟迟未决,殊感恼累。四联贷款虽已核准,而方式已变,实无大益,洗人、达君分头奔走,恐亦无何结果耳。散馆后以明社大会留馆晚饭,吃酒三斤,与洗、村、圣、予共酌之。六时半开会改选干事,汉、润均当选,余仍被选为监事,其间以合作社问题参杂纠缠,直至九时始散,乘车归卧,已十时矣。

## 4 月 1 日(丙辰 廿二日)星期四

阴森闷湿,向晚晴。晨七时四十五分乘车入馆。办理杂事。上午十时出席第一三一次经理室会议,通过稿件收受或退回五起、人事解决三起。达君即将于明晨飞港,芷芬、甫琴、士敦亦电告于后日去穗,爰将薪给制度交达君携去;即在彼召开小组,决定具体办法再提会决行。下午一时出席明社干事会联席会议,办理十届、十一届交替事宜,十一届干事互推王知伊为总干事,覃必陶、孟伯泉为总务组干事,孟通如、王汉华为进修组干事,黄艺农、王润华为

康乐组干事,余与调孚任监事。彬然于议席上大放厥辞,一再强调
圣陶近萌退志,并促起同人注意明社之任务等等,显见此次事态之
起因实由其主动,症结所在无非欲鼓动群众为彼利用耳。余平素
观察自谓无讹,于今益信矣。乃力为冲淡,勉抑高焰,至二时三刻
始结束,然终无以戡之也。士敏忽又来信请辞,明明增加当事之困
难,可见内外翕张,呼吸相通,纠结互用,竟致不可爬梳至如是耳。
乃瞆瞆者犹怙昔蛮干以为我与也,不知玩火自焚,仍烧自己之尾
巴,则初非始料所及矣,怨哉! 散馆后乘车径归。入晚小饮听书。
滋儿两日发微热,今稍退,佩华来视,适值春假,即留住潄儿所。

## 4月2日（丁巳　廿三日）星期五

　　晴,夜半雷阵。大雨。晨七时五十分乘车入馆。办理杂事。
达君早六时廿分乘中国航空公司空中霸王机飞香港。芷芬亦有电
至,明日且偕甫琴、士敫赴穗,彼等当可获一具体办法以解决当前
之困难乎? 滋儿已痊,下午偕濬儿、顯孙、佩华奉珏人游龙华。余
等散馆归,伊等亦正到家坐定也。入夜小饮、听书以待润儿之归,
十一时始睡。

## 4月3日（戊午　廿四日）星期六

　　昙雨间作,向晚晴,入夜又见雷雨,势颇大。晨七时四十五分
乘车入馆。办理杂事。徐叔礼今日与沈袭香结婚,送贺仪二十万
元。公司空气日益坏,殆气运将终乎? 其间纠纷错杂,有人鬼不分
之象,而究其起因,厥在一私字为之梗耳。（图把持者力排异己,甚
至自瘵股肱;乘机伺隙者则惟恐无事,竭意构扇,甚至辞间父子,推
排友朋,苟有可得觊觎,一逞其丑恶,实有进于政客者,诚可嗤鄙

也。)下午相圣陶、晓先写联语，为翼之及其婿铭青所属耳。散馆归，车中予同语余多故，无非上述之推演而已，余亦等视之矣。入晚小饮。润儿北去受课，未与夜饭。听书后大雨如注，雷电交作，怀瑾送元错至，适值雨，遍身淋漓矣，亟易衣就寝。润归已十时半，则雨过矣。

## 4 月 4 日（己未 廿五日）星期

晴和，春融之象已著矣。晨看报。点看《格言联璧》三十页，胜义络绎，亲切受用之至。十一时圣陶送母夫人来楼上江家，因与略谈。饭后余偕珏人乘三轮车至戈登路口新仙林听书，坐至二时始开，第一档杨仁麟之《白蛇传》（"神仙庙斗法"），第二档唐赓良之《三国志》（"舌战群儒"），第三档蒋月泉、夏伯明之《玉蜻蜓》（"沈方哭更遇主随舟返吴过关"），第四档张鸿馨之《英烈传》（"徐达登坛拜将"），第五档则张鉴庭、张鉴国之《十美图》（"曾荣亭哭遇救"）也。五时一刻散出，相将缓步而归，过亚尔培路一摊吃锅贴。到家小坐，垂黑乃复饮，适润之女友毛小姐在，因共饭焉。文彬所遗兰陵酒瓶之馨矣，乃开去年所购之绍酒以应自需。饭后听书。嘉源来长谈，移时九时三刻乃辞去，余亦就睡矣。

## 4 月 5 日（庚申 廿六日 清明）星期一

晴，不甚朗，依然仲春天气，真寒食时分也。晨七时四十三分乘时入馆。办理杂事。校毕《两晋南北朝史》一批，凡三十馀页。中联事又发，由镇江高等法院发动行知书业公会彻查，事已解而复起，明明又有政治阴谋运于其间耳。余谓此等事显然有作用，前既平稳复出时效已失，今乃泛溯及此，听其展布可也，贪污盈天下，尚有是非可论乎？浩叹系之矣。午后出席十一届明社干事会讨论种种设施，二时三刻始退。散馆后偕漱、润两儿乘车径归。（锴孙今晨附车入馆，下午即就学。）少坐即小饮。夜饭后听弹词播音。看柳诒徵《国史要义》。

## 4月6日（辛酉　廿七日）星期二

晴融。晨起看《格言联璧》。七时四十五分乘车入馆。办理杂事。午与洗人、圣陶、予同小饮，盖汉儿汲其家中之酒以奉余者也。下午三时出席一三二次经理室会议，决定例案多起。散馆后与予同应西谛之约，车过家门而未入，先送亦秀归，然后偕赴庙弄焉。饮次谈开明事，据云在杭曾与洗人畅谈之，于各方意见亦多听取，终以建业匪易，谆谆鼓励，仍劝协力以赴事功。其意甚美，无如一班挑拨性成之流难于防遏，使不生事，端为可虑耳。八时许即辞出，以圣陶一家在夏氏祝寿（龙文四十生日），待车北归也，与予同共载至里口而别，彼待圣等偕行，余则径返。小坐听弹词播音，十时始睡。

## 4月7日（壬戌　廿八日）星期三

晴过融，转燠，微感不适。晨七时五十分乘车入馆。办理杂事。午仍饮汉儿所奉酒，买新行市上之酱汁肉以下之，与此饮者仍为圣陶、洗人、予同耳。散馆后清儿随归，因共小饮。夜饭后清往国泰看电影。红蕉自巴蜀归。承过谈良久，并出《青城指南》及《薛涛诗集》为赠。汉儿夜饭后送其夫姊吴夫人往劳而东路夫妹邱家，因顺道来家，即与清同宿漱儿所。漱石结伴赴杭州进香，今晚即行。明晨径发也。

## 4 月 8 日（癸亥　廿九日）星期四

　　早昙旋晴。晨七时四十分乘车入馆。办理杂事。今日开廿四次业务常会,油印报告中第三组又插入挑拨第四组事项,是非甚明而且早成过去,士信偏喜此道,故作风浪,其父若伯不但熟视无睹抑且扬扇助焰,余若出席,难保无人提起质询,则感情难抑,必致激辩,是决裂堪虞,益增困难矣,因于临开会之前飘然引归,乘三轮车以行。到家将六时,少坐便尔小饮,然愤懑之怀殊不易自降也。夜饭后润儿奉珏人往国泰看《翡翠谷》电影,未及七时,珏人即先归,以久不涉密闭之地,竟不耐终场耳。未几晓先父女来,九时辞去。润儿见余不快,未审何故,因于国泰退出后径访纯嘉探询究竟。十时归,告本日常会之中未了,曾由洗人、予同纠正第三组之不当,珊、信父子居然未起声辩云云,然则余之退席未尝不有以促之反省耳。开明大局本无问题,只缘某氏家天下之一念,在在鼓扇,以有今日,隳败之端已兆,恐难逭心责也。是日甚暖,脱絮换袷矣。

## 4 月 9 日（甲子　朔）星期五

　　晨曦旋阴,近午大雨,遂致绵延,气亦初暖转凉,终致大冷,一日而备三候,忙煞添衣也。早七时,纯嘉来为量制木橱事兼劝驾。余之引避,本不欲增加纠纷,今既略申平直,自即照旧入馆,遂乘车行。办理杂事。午间开明、世界、大东三家在京华酒家举行聚餐例会,余向不参加,今日洗人坚邀同往,遂与调孚谐行。世界到沈季湘、刘廷枚,大东到周熙和、陈和坤,凡七人耳。二时返馆。吕翼仁来,为诚之取版税,少坐便去。三时许出席一三三次经理室会议,决定三月奖金分配及核定基本津贴数额。散馆,大雨,假胶鞋始得至车场,乘车到家,即吃馄饨。入晚小饮兼听书。夜饭后手装《格言联璧》,以爱玩故。九时半就寝。

## 4月10日(乙丑　初二日)星期六

晴冷。晨七时四十五分乘车入馆。办理杂事。编发通讯录十号。午间洗人买酒购汁肉与圣陶及余共享之。看柳翼谋《国史要义》。散馆归。铭青在,即以圣陶、孝先写好之对并代收邮局领单面交之,留之夜饭不肯,即辞去。薄暮即饮,适潗儿、预孙在,因共饭焉。夜听书。九时即寝。润儿受课至十时半乃返。

## 4月11日(丙寅　初三日)星期

晴有风。上午十时珏人以次俱往永丰坊,将在汉儿家午饭,清儿家晚饭,然后归。独余与滋儿留家,伊温校课,余则点校《格言联璧》,并为制赞题诸书面焉。午与滋儿煮面为餐兼小饮。饭后圣陶来江家朝母,未几,即过广平所,闻为文协商议事体耳。四时许圣陶偕西谛会毕见访,因留长谈并小饮焉,畅所欲言,至八时乃别去。珏人等九时归。润与湜则十时乃返,盖湜贪玩,珏等行时寻不到,特留润守之,及是始同归耳。漱石自杭归,深夜乃到家。

## 4月12日(丁卯　初四日)星期一

初昙旋晴。晨七时五十分乘车入馆。办理杂事。看《国史要义》。接穗电,知达君、芷芬、甫琴、士敫、联棠已自港返抵羊城,不日即可乘机飞归也。散馆归。入晚即小饮。夜饭后偕润、滋两儿及佩华往杜美戏院看电影《倩女幽怨》,情节甚无意义,徒滋胡闹耳。十时乃散,两眼剧痛矣。十年来仅有之事,勉徇儿辈之请而为之,殊难服习也。

## 4 月 13 日 (戊辰　初五日)星期二

晴,午后阴,傍晚雨旋止。晨七时五十四分乘车入馆。办理杂事。下午三时出席一三四次经理室会议,决定收受稿件两起、短工工资增加问题。甫琴自穗乘中央航空机飞沪,下午三时到,纯嘉往接,到公司后备悉芷芬明后日可续至,士敫、达君则转赴台北始再来沪云。今日起,同业书价又共涨五成。余昨购中华书两种,计四十万元,若在今日则须六十万矣。物价升腾,百川齐盈,固匪止一角一隅已也。散馆归,入晚即饮。夜饭后听书自适。十时寝。

## 4 月 14 日 (己巳　初六日)星期三

阴雨,午后微显阳光,傍晚又雨即止。晨候车不至,颇焦急,八时二十五分春生来,谓福特又生故障,然后并入希弗来车耳,行到里口,则调孚、履善、亦秀已先在,乃与均正及漱、润两儿偕登,车身小已极挤矣,因饬径驱公司焉。入馆办杂事。校《文论要诠》排样一批毕之。看《国史要义》。叔旸来谈,盖甫自新嘉坡转香港来沪也,知曾晤达君、芷芬等人云。雪村以从前中联蜚语事今晚乘夜车赴宁,将访邵力子、谢冠生,有所说解耳。散馆归,入晚即小饮。夜饭后听书。九时许即睡。

## 4 月 15 日 (庚午　初七日)星期四

阴雨,午后时露霁光,晚晴,气又转冷。晨七时五十五分乘车入馆。办理杂事。看《国史要义》。雨岩挈眷自汴来,不日送回绍兴暂居,伊则或须再往汴垣一行也。据云开封已在疏散妇孺,可见豫中兵事之亟,兵连祸结至此而犹铺张,"国大"强调戡乱,诚不知是何居心矣。日来因天气关系,又兼触处皆可愤可叹之境,身体精神交受其损,时咳气急,左胸刺痛,脑胀目眩,每至午后四时泚糊如翳,拂之不效,睡眠后痰涕特多,衰象日增,颓唐自至矣。散馆后归。入晚小饮。饭后听书,九时即睡。允中午后来馆访我。

## 4 月 16 日 (辛未　初八日) 星期五

晴,略有云翳。晨七时四十五分乘车入馆。办理杂事。接广州电,知达君、芷芬、达先今日乘中央航机来沪,因于午后二时偕纯嘉及汉儿驱车往龙华机场接候,均正亦拉同前往游眺焉。比到场,见榜揭广州开出为十三时五分,到沪须十七时,是下午五时乃得达耳。遂顿车待机室旁,先以电话告公司,俾西行同人散馆时别乘希弗来行,余等得从容等候也。场上升降之机凡十馀起,周旋回翔,疾徐中节。场中执役者数百辈,规模甚大,设备亦相当于车站,旅客颇舒适矣。五时正,广州机到,乘客三四十人,达君、芷芬、达先俱在,因接以登车,疾驰东归,余与均正于里口下车,达等则急于返家,约明日畅谈耳。入晚小饮,漱、润已先归矣。夜饭后仍听书,翼之及文权、潜儿先后来,谈至九时始辞去,余亦就寝。

## 4 月 17 日 (壬申　初九日) 星期六

晴,风中仍不免料峭之感。晨七时四十五分车来,即乘之入馆。办理杂事。看毕柳翼老《国史要义》,此书元元本本,曲达旁通,是真能道出我国文化之精髓者,读书贵通贯,于焉益信。彼不亲典籍而妄掇一二外来皮毛之谈,即攘臂奋袂,自谓著作,辄言新史,曲解演变不学者,惊怖其言如河汉之无极,亦相与尊大之,于是口舌便给之徒,雄视于大庠操觚稗贩之流,蜚声于坛坫,庸妄交扇而斯道大斁矣。余实耻之,因撰一联以自解曰:"学以为己聊自悦,行足周身不求闻。"达君、芷芬、达先行装甫卸,匆匆未克长谈,今夜漱儿邀请晚饭,而余又先接叔旸、文彬之柬,将赴宴杏花楼,仍未获畅谈也。下午三时出席十一届五次董事会,决定于五月廿三日召开股东常会,并拨付一亿元与夏氏家族为丐翁茔葬之资云。散馆后清、汉、芷、敫俱偕漱、润归,余以赴约留馆,至六时许与洗人、圣陶、彬然步往杏花楼,叔旸、文彬已在,有顷坚吾至,又有顷,子澄至,云翼至,最后乃一丁姓者至,余等已就坐半时矣。是席专为请圣、彬二公为南洋编教本者,以故盛设水陆杂陈丰腆,费甚不赀也。八时半散,仍乘公司车先送洗人北归然后返,比抵家,翼之、濬、清、汉及芷、敫、顯、预、锴俱尚在,即由道明车送之归去。十时睡。

## 4 月 18 日 (癸酉　初十日) 星期

　　朗晴。清晨余偕珏人步往四茹春进早点,啖肉面一碗、汤包十五件,费八万五千,确较他家为廉矣。食后仍徐行归。看报。读画。午小饮,饭后假寐,三时始起。五时偕珏人出散步,六时归,即小饮兼听书。夜饭后嘉源来谈,九时乃去。昌顯抱一小狼狗来,润等喜爱甚,即留养焉。盘桓有顷,润送顯返。漱儿及清、汉被佩霞邀夜饮其家,十时归告,谓宾客甚多,凡设四席,盖其儿燮荣举子弥月,为张汤饼筵耳。余未前知,失礼矣,容补送之。邱佩璋来信,属荐其友,实无以应也。

## 4 月 19 日 (甲戌　十一日) 星期一

　　晴,较昨为和。晨七时四十五分乘车入馆。办理杂事。接虚舟函,又托向来薰阁商价购方志,因即转济川并复虚舟。复佩璋,告以人浮于事,急切殊难报命也。看吴景敖《西陲史地研究》。散馆后乘车径归。入晚小饮。夜饭后听书为遣,九时即寝。纯葆出访其兄嘉源未归,想过戚家宿也。

## 4 月 20 日（乙亥　十二日　谷雨）星期二

晴,午后雨旋作旋止,地未湿也。晨七时四十五分乘车入馆。办理杂事。下午一时出席明社干监事联席会议,商定进修各事。三时出席一三五次经理室会议,听取达君、芷芬报告,并决稿件及人事多起,至五时未毕,拟明日下午续议之。散馆后乘车径归,润则以看电影北去,滋则正聚同学在家宴谈。入暮,滋同学等去,乃得小饮。纯葆仍未归。夜听书,十时就寝。

## 4 月 21 日（丙子　十三日）星期三

晴。晨七时四十五分乘车入馆。办理杂事。下午二时半出席一三六次经理室会议,决定香港印造事宜并四月起薪津系数改进办法及分区调整基津各事,开明新村房屋分配亦有初步决定云。散馆归,入暮即小饮。纯葆仍未归。夜听书,十时寝。

## 4 月 22 日（丁丑　十四日）星期四

晴和。晨七时四十二分乘车入馆。办理杂事。午应文彬之邀,与洗人往宴于悦宾楼,途遇达君,拉之同往。至则客甚少,主客刘希三外,只沈鲁玉耳。馀则文彬、继文父子及轶尘也。二时许席散,余与达君返馆,洗人则偕文彬等驱车往漕河泾黄家花园看牡丹。四时始归馆。为纯葆事饬漱、润两儿于饭后往访嘉源询问之,据答在戚家,比余散馆归,则已归来矣。今日为余与珏人结缡三十七年纪念,兼为敩、芷洗尘,且预庆滋儿二十初度,治肴家宴,文权、潘儿、士敩、清儿、芷芬、汉儿、漱儿、昌预、昌硕、建昌、元鉴及佩华俱到,独润儿以有他约出外夜饭焉。席间佩霞、甫琴先后来,竟以杯酒相酬,尽欢而罢。九时许权等同乘归去。十时润儿归。十一时余乃寝。

## 4 月 23 日（戊寅　十五日）星期五

阴转冷,西北风殊急。晨七时廿分乘车入馆,参加明社为丏尊逝世二周年所作之纪念会,由龙文、圣陶、彬然、雪村先后致辞,以无垢朗诵丏尊遗作《阮玲玉之死》终场,简单肃穆,甚可法也。八时起照常办事。下午三时出席一三七次经理室会议,决定提请董事会,聘甫琴任襄理。散馆归。入晚即小饮。夜仍听书,九时即睡。

## 4 月 24 日（己卯　十六日）星期六

晴有风,仍冷。晨七时四十二分乘车入馆。办理杂事。看苏渊雷辑录之《经世文综》,选材尚有意致。甫琴任襄理聘函今日发出,闻尚在辞让中,不识有无变化耳,盖一班分店经理中颇虑有反响及之也。散馆后乘车归。入晚小饮。夜听书。珏人偕漱石往马当路北口南阳医院探视翼之,以翼之于三日前为宏大工人所捆,由厂方送院疗治也,及归告知势尚轻微耳。工厂管理本一难事,而翼之以办学经验临之,容致不快,可胜惋叹。十时就寝。今日漱石生日,又为漱儿结婚纪念,故午晚俱进面。

## 4 月 25 日 (庚辰 十七日) 星期

晨雨旋止,午后又细雨,终阴。十时半芷芬、汉儿来省,因共饮长谈。饭后被拉往山海关路育材中学观吟泉曲期彩排,余与芷芬同乘,珏人与汉、湜同乘,凡两三轮车行,比抵场,尚未及一时,已无椅位,乃坐条凳遥望而已。一时一刻开演,圣陶、墨林携三子亦至,即坐余旁。看《写状》《游园》《惊梦》《磨斧》《刺虎》五出,已将四时,余臀疼腰酸,难再支持,即先退,徐步归。其后尚有《三醉》《盗令》《连环计》三出也。到家偃息,知比乐中学教师杨、韩、余三位见访,为湜功课欠整,期互督进行云,失候,甚歉。由滋儿招待,匆匆即行也。五时许珏人、湜儿亦归。看《三醉》后即行,亦缓步以返耳。六时小饮,听书。九时寝。

## 4 月 26 日 (辛巳 十八日) 星期一

晴,下午转暖。晨七时四十三分乘车入馆。办理杂事。看《经世文综》。散馆时润北行,晚饭于清所,余与漱儿共乘以归。圣陶以朝母故亦乘西行车偕余诣江家。入晚小饮,饮后与珏人出外散步,八时归。圣陶适出门,言归永丰坊,乃走之登车始反身入里。抵家仍听书。九时就寝。十时半润儿始返。清晨未出前书与杨、韩、余谢步。

## 4 月 27 日 (壬午 十九日) 星期二

晴,仍感冷。晨七时四十五分乘车入馆。亦秀已自杭返,承馈火腿一提。在馆办理杂事。午前西谛、博文先后来馆,因与洗人、予同偕赴永兴昌小饮焉。下午三时出席一三八次经理室会议。散

馆后与芷芬、达先、清、汉、漱三儿偕赴文权、濬儿约夜饮其家,至美
与焉。九时乃散,道明先送余夫妇(珏人傍晚去濬所)及漱儿归,
然后送芷等北归也。

## 4 月 28 日 (癸未  二十日) 星期三

晴。晨七时五十分乘车入馆。办理杂事。午后陈博文、黄鸣
祥来馆,盖自雪村所赴宴而出过此一谈也。鸣祥由子恺之介新进
杭州分店服务,此次尚为初次见面耳。震渊夫妇、翼之夫妇及渊之
子女与未婚婿今日俱到漱儿所午饭,漱儿因请假在家招待之。渊
明日在红棉酒家嫁女,昨日甫自苏州来沪,一周后婿女双归吴门
也。比余散馆归,则伊等已去矣。(余送贺仪四十万,添妆两事,觌
仪四十万,文权、士畞、芷芬各送贺仪五十万,漱儿则以至戚所送当
较多也。)入晚小饮。夜饭后偕珏人在里左右散步,未几即归。听
书至九时即就睡。

## 4 月 29 日 (甲申  廿一日) 星期四

晴,骤热,须御袷矣。晨七时五十分乘车入馆。办理杂事。午
与洗人、予同、圣陶、祖璋、彬然、梓生、达君、诗圣、芷芬、汉、漱、西
谛、子恺、雨岩等共过雪村所饮,以士畞今日生日张筵吃面也,珏人
亦先往矣。下后三时,与珏人、芷、畞及清儿、漱儿、建孙前往红棉
酒家贺震渊长女梅岭与陈氏英泉结婚,文权、濬华、翼之夫妇、铭
青、德铸、德锜、晋侯等俱在,有顷,汉、润、滋、湜均到,震渊之甥乐
钦亦晤及。三时半行礼,四时茶点,余以须五时赶回开明出席书法
坐谈会,稍进茗点即偕汉、润先行返馆。五时半开饭,六时开会,参
加者六十馀人,由圣陶、晓先及余先后发言,余特于承俗字体演变

之由来加以说明云。八时许散,乘车径归。珏人等见礼毕,五时馀亦即归家云。九时看佩弦所赠新作杂文集曰《标准与尺度》者,十一时始寝。

## 4月30日(乙酉 廿二日)星期五

晴,殊暖,夹衣难任矣,恐将变。晨七时五十分乘车入馆。办理杂事。发布告两件,一为明五一劳动节放假,二为五月起改行夏令时间,办事始讫提早半小时(实际提早名义反降后)。十一时偕洗人、西谛、圣陶、彬然、祖璋、必陶、振甫、芷芬、雪村、士敫、惠民、王洁、均正、调孚、晓先、至善、达君、甫琴等同乘大车往法藏寺,以丐尊逝世周忌,其家在寺诵经也。余等仍照去年例备素筵公祭,即地聚餐耳。梓生已先到,予同最后至,一时毕。二时返馆,三时半出席一三九次经理室会议,推定雪山、达君、予同、芷芬为人事委员,与业务会议选出之唐锡光、顾均正,明社选出之傅彬然共七人合组人事委员会,此后关于薪给制度、进退考核等项俱归该会讨议决定云,然而从此多事矣。(播弄与责难交乘,岂能尽人而悦之乎?)散馆前,芷、汉、润、通如、漱玉、琴珠、贤辉即赴车站乘班车往苏州,因明后两日放假,明社遂趁此旅行也。(尚有两批须明晨发,且有中途转游昆山者,在沪者亦别组龙华小队也。)散馆后余偕洗人、雪村、圣陶、达君、予同共载以应西谛之招过饮其家,盖宴请子恺、建功、博文,约余等陪坐长谈也。子恺已归杭,博文则已有他约,只建功来耳,饮且谈,至九时半始散,仍车送各归。

## 5月1日(丙戌 廿三日)星期六

阴,偶有细雨。未明即起,以珏人、漱儿须于六时前赶到北站与敫、清、权、濬等会合上车赴昆游览也。七时余出就点膳,乃遍历附近各面馆汤团店,均高揭五一休业,概以闭门羹相饷,虽仆仆徒劳,不无微愠,而劳工觉醒已现曙光,则亦回嗔作喜矣。到家购烧饼及糁饭团食之。滋、湜两儿俱上学,漱石挈弥同复去铭青所访震渊眷属,家下只留余及纯葆二人,纯葆在楼下应门,余坐楼上看画集为遣,至十一时滋归,因治餐共食且小饮焉。湜儿则十二时半始归饭,下午谓须作兆丰公园之游,校中指定不到当作旷课论云。余不之许,作函与韩主任为请假。饭后雨益甚,深念苏昆旅游之人,不识遭遇何如也。以兰心昆剧入场券与湜儿,令往看之,而余引被高卧,至三时半始起。四时四十分珏人、漱儿归,以雨故改乘特别快车东返,因得早达,途中诸赖甫琴将护,除湿鞋外,他无所苦云。五时半小饮,六时一刻湜归,因共夜饭。听罢杨双档后即睡。

## 5 月 2 日(丁亥　廿四日)星期

拦朝大雨,断续至于近午稍止,午后仍延绵不停,气遂闷燠,竟体汗濡,已兆黄梅矣。竟日未出,闲翻字帖。士敫、清儿、顯孙近午来省。饭后敫往绍兴同乡会贺惠民之弟结婚,清、漱、滋等则陪珏人打牌,余则引被高卧,至四时始起。六时敫返,因共小饮闲谈。七时润儿自苏返,虽值雨,兴甚不衰也。据云畅游穹窿山、邓尉、光福、木渎及城中诸处,仍分批附车在归云。听书至十时许,留敫、清等下榻焉。

## 5 月 3 日(戊子　廿五日)星期一

昙,转湾,袷衣外须加薄棉矣。天之作弄人也有如此,幸旅外者皆已归来,否则牵肠挂肚,殊不好受耳。晨七时一刻乘车入馆,盖今起照时行钟点算,名义落后半时,其实提前半时耳。以其可笑,特从实书之。办理杂事。午刻达君邀余及洗人、甫琴、芷芬往八仙桥湖南菜馆得味馆小饮,农祥、亦秀与焉。刚出里口,适予同自江湾来,乃拉以共往。二时返馆,洗人约谈台店善后事。江陵轮将自沪返湘,士敫、清儿等决乘此船行,已托韵锵购票矣。散馆归,小坐便饮。夜饭后与珏人出里散步,以风大即折回。听书至九时即寝。

## 5月4日(己丑　廿六日)星期二

昙,仍凉。晨乘车入馆。办理杂事。敫、清在家理行李未到馆,傍晚来余所小饮。下午三时半出席一四〇次经理室会议,新收之练习生五名,一律自五月起正式进用,台店事仍暂阁。散馆时芷、汉偕归,与敫、清共饮,八时乃同去,由道明车送归。九时听书毕,即寝。

## 5月5日(庚寅　廿七日　立夏)星期三

晴旋昙,夜半有雨。晨乘车入馆。办理杂事。今日亥刻始立夏,午犹及春之尾也,因发起唤酒饯春。余出绍酒四斤,洗人、圣陶、芷芬各出十万元购卤鸭一大盆下之,明社遍供咸蛋及红樱,亦略得点缀矣。为文彬草启事,以直隶书局主宋星五身后告帮也。力子来沪,定明晚开董事会兼备晚酌,并拟于下星一之夜举行酒会,遂印发通启。散馆归,适纯嘉率匠为余装橱,惟尚未髹色,明日仍须续施也,未几即辞去。入夜小饮听书,十时就寝。

## 5 月 6 日 (辛卯　廿八日) 星期四

阴雨,下午晴。晨乘车入馆。办理杂事。午后乃乾见过,谈久之乃去。五时出席第十一届第六次董事会,力子、雪村、洗人、育文、觉农、予同、季华、文彬、沛霖、彬然、达君、耕莘俱到,圣陶则仍未出席也。会中议定卅六年结账事及向股东会报告事项,七时始毕。七时一刻分两桌叙饮,拉芷芬、甫琴、调孚、诗圣共坐,余与耕莘、彬然、达君、甫琴、诗圣、芷芬、予同同席。饮至八时半始散,乘车归家,已九时许矣。

## 5 月 7 日 (壬辰　廿九日) 星期五

阴雨,傍晚益甚,历五小时不止,气燠而道衢积水,俨然夏秋之交矣。晨乘车入馆。办理杂事。下午三时半出席第一四一次经理室会议。今夕明社举行大会,为讨论社章并祝雪村、华坤六十,晓先、彬然五十,龙文四十,均一、孙平三十,漱玉、启德二十寿,兼行欢迎甫琴、雨岩、子如,欢送清华及迎送士敫诸事。六时晚饭,余与达君、洗人、予同、芷芬、圣陶醵金购酒菜小酌之。七时开会,出席八十馀人,如预定诸节,历三小时,十时始罢,而窗外雨声实较喧于室内笑语之声矣。冒大雨挤车归,滂沱溅溢,真如陆地行舟耳。到家浑身汗渍难忍之至,浴而就寝。

## 5 月 8 日 (癸巳　三十日) 星期六

晴还凉,又须穿衬绒矣。晨乘车入馆。办理杂事。士敫、清儿、建孙一行乘招商局江陵轮赴湘,本定今晚上船直放长沙,故午后即将行李送去,下午珏人亦至章家相送,旋知须明日上午十时始开驶,珏人遂留章家晚饭而后归。散馆后接开廿五次业务常会,八时始毕。即馆小饮。九时半乃乘车归。

## 5月9日(甲午 朔)星期

昙,上午日食,遂不得见,傍晚竟雨。晨起与珏人出,步往四茹春进早点,各啖面一碗、汤包五事,仍步归。八时漱、滋、湜等俱往招商局码头送敫、清行,十一时始返。潜儿及顯、预、硕、锴诸孙偕来,谓江陵轮正候潮启碇,须十二时始开也。午饭后潜挈硕孙先归,预孙随去。三时余偕珏人逛林森公园,坐移时乃出,循亨利路、亚尔培路以归,顺过一摊吃锅贴并携归十六事分给诸儿。入晚小饮。夜饭后润等送顯孙归,十时始返。余则听书至九时即就睡矣。

## 5月10日(乙未 初二日)星期一

阴雨竟日。晨乘车入馆,已逾半时。办理杂事。今日举行酒会,散馆后即留馆待客,虽雨而客至络绎,足征酒人之兴矣。到三十六人,有向未参加而慕名景附者,其实一轰而饮,颓然而返,殊无多味也。六时半开饮,八时许始已。比归已九时矣,小坐即寝。

## 5月11日(丙申 初三日)星期二

晴昙间作,气仍感凉。晨乘车入馆。办理杂事。编发通讯录第十三号。午后三时半出席一四二次经理室会议,台店经理拟派甫琴接替,第山公心目中别有人在,或未必遂成事实耳。祥经里住屋分配大致已定,漱儿应得一间,经芷芬力争始获准,余则大都就地扩展,仍迁就大力者耳。高叫公允,实不啻自挝其颊也,可叹亦复可笑。散馆时漱、润两儿俱北去,余独与均正、予同等乘车归。

入晚小饮。饭后听书,至九时许即寝。怀、翼尊人仁斋公八十冥诞,渠等将返苏设斋,余具烛帛之敬四十万,潘、清、汉及其婿合具一百万,即属漱石带苏申意。

## 5 月 12 日(丁酉　初四日)星期三

晴。气温如昨。晨乘车入馆。办理杂事。守宪来谈,言词颇怪,殆受人指使而然者,开明前途竟布下礁石矣。午后颉刚夫妇来馆长谈,近以身体欠佳,暂住上海云。散馆归,珏人适出听书,而里中失火,相距仅数十家,幸未成灾。薄暮珏人归,文权、潘儿、芷芬、汉儿亦来,遂共饮啖,九时后乃去。浒关乡亲来。

## 5 月 13 日(戊戌　初五日)星期四

晴。晨乘车入馆。办理杂事。漱石赴苏。乡亲归乡。夜七时公司宴请魏建功、何子祥、萧迪忱、陈济川、郑西谛于雪村所。散馆后余因与洗人、予同、均正赴之。本约圣陶未往,而西谛亦竟不至。离馆前刚主偕萧君见过,匆谈即去。七时半开饮,八时三刻罢,余乘车送洗人北归,然后返村所接建功、子祥、迪忱、予同、均正西迈,余与均正最后下,到家已十时矣。嘉源在,谈谓日内将回苏一行云,移时去,余乃就寝。

## 5 月 14 日(己亥　初六日)星期五

晴。晨乘车入馆。办理杂事。下午三时卅分出席第一四三次经理室会议,决定版税支付办法之原则,俟与著作人方面略商后实施之。散馆后乘车径归。入夜小饮。听书至九时即寝。

## 5月15日（庚子 初七日）星期六

晴，午后昙。晨乘车入馆。办理杂事。芷芬见告，彬然对开明看法颇有分析恰当处，此次股东会或将有尖锐之斗法戏演出也。其实本无问题，只缘巨头间动静性殊，遂致相激相荡，横生疑障耳。长此摩擦，终必有决裂之一日，则可断言也。接士敩电，知已抵汉，则三数日内当可安达长沙矣，因作书与敩、清，即航致长沙备接览也。散馆归。入夜即饮，佩华、昌顯均在，夜饭后文权、潜儿、预、硕两孙亦至，殊热闹。九时许权等始去，而佩、顯均留，以是夜深尚有笑声也，余则十时未到，即就寝矣。

## 5月16日（辛丑 初八日）星期

晴。晨与珏人、滋、湜、顯往亚尔培路仙凤园吃锅贴。归后不久，漱、滋、顯、佩挈弥同同往开明新村看新屋，备部署。十时许守宪见访，探询开明近况。余知其意，特为剖陈利害，冀其反然不加助长也。谈移时，近午乃辞去。午小饮，啖豆瓣腊肉糯米饭。饭后假寐。三时许漱等归。薄暮昌顯归去。六时半嘉源来，盖约渠小饮也，对酌至八时始罢，又坐至近十时乃去。余竟日未出，而入夜甚倦，故客去即睡。

## 5月17日（壬寅 初九日）星期一

晴。晨乘车入馆。办理杂事。陶菊隐新撰《蒋百里传》由中华出版，即购来展看，意绪不佳，得游心于民初，藉纾积郁，亦一慰情之事也。散馆径归。入晚小饮。夜饭后独自散步于霞飞路，徜祥至华龙路乃折返，久不经行其地，热闹多矣，畸形发展，胡可恃乎？八时半归，听书半小时即寝。

## 5 月 18 日 (癸卯　初十日) 星期二

昙，午后阴，傍晚竟雨。晨乘车入馆。办理杂事。下午三时半出席一四四次经理室会议。散馆后乘车径归。入晚小饮。夜看《蒋百里传》。比乐中学教务主任杨善继、一年级级任韩德彰七时见访，为湜儿校课不用心及成绩退步事作恳谈，诚意至可感，移时乃辞去。

## 5 月 19 日 (甲辰　十一日) 星期三

阴雨，午后霁，夜又雨。晨乘车入馆。办理杂事。甫琴后日即须乘中兴轮渡台，而璋元昨自天津到此，达轩适亦以事在沪，洗人、余及芷芬觞之于聚昌馆，长沙大东经理郭培，洗人之侄廷玉与焉。二时许始返馆。散馆时圣陶夫妇偕归。盖朝其母夫人于江家也，圣陶先在余处小饮，谈心曲至悉，然后登楼再饮，余夫妇饭后亦登楼再谈，圣陶不觉醉矣，八时半伊夫妇归去，余亦不克久坐，颓然就睡。

## 5 月 20 日 (乙巳　十二日) 星期四

阴雨，晚晴。晨乘车入馆。办理杂事。编发通讯录十四号。午后出席明社干监事联席会议。散馆后偕漱儿归，润儿则以须布置明社图览室及会议室事北住祥经里。入晚小饮。德铸来。夜饭后与珏人散步于霞飞路，八时许始返。看《蒋百里传》，十时寝。

## 5 月 21 日 (丙午　十三日　小满) 星期五

晴。晨乘车入馆。办理杂事。甫琴今日下午登轮渡台。芷芬约龙文、炳生、韵锵、世泽、锡光、敏逊、惠民、知伊、彬然为甫琴饯行于聚昌馆,余亦与焉。二时返馆,甫琴即偕至美行矣。至美自蜀归后,今应人之约赴台教书,故同行。三时许出席一四五次经理室会议,决定股东会提案及改选事项。散馆后乘车径归。入晚小饮。夜饭后与珏人出散步于里左,未久即归。听书九时后寝。

## 5 月 22 日 (丁未　十四日) 星期六

昙,闷热。晨乘车入馆。办理杂事。午与芷芬约圣陶小饮永兴昌顺谈公司事,劝其不必故示明快,俾易于解梦,二时返馆。散馆后与芷芬、锴孙同返,有顷,汉、漱两儿亦归,盖今日为佩华生日,在余家治面共啖,汉、漱早退,曾至潽所约同来吃面者。入晚小饮,潽卒不至,八时许芷、汉去,锴孙留。明日一早漱儿即须搬往开明新村,故连夜整理,殊见忙碌也。珏人则心绪为之不宁,竟发风疹块,早睡矣。

## 5 月 23 日 (戊申　十五日) 星期

晴。晨独往四茹春吃面,归来,车犹未到,良久始来,乃督金才、银富帮同搬移,九时始开出一车,须走两次始能运毕也。看完《蒋百里传》。十一时前漱石挈弥同押第二车向开明新村,佩华、滋儿送去。午后一时许偕均正及浞儿与正子乘车入馆。二时许出席开明股东常会,顺利通过提案并改选董监事。四时三刻未待会毕,即偕西谛、予同、圣陶、调孚乘车至开明新村历访同人新居,即憩于调孚所,往看漱儿所住亦尚不恶耳。六时晓先自外来,遂与谛、予、圣、调及余同赴祖文之约于多伦路二号中建服务社。入晚团坐小饮,饮后复长谈,晤宦乡。十时始归。

## 5 月 24 日(己酉　十六日)星期一

阴,旋昙,晚晴。晨乘车入馆。昨日选举之董监揭晓,董事易叶圣陶、王馨迪为郑振铎、马荫良,监察人易濮文彬为陆桢祥,余仍旧,定今日下午五时召集第十二届第一次董事会。办理杂事。润儿以及龄壮丁须应兵役,被本保硬派出食米三石,限今日下午四时前缴纳,充作新兵安家费云云。三时,余即令润亲往交涉,研商再三,出石半了事,计费五百廿五万元。似此行径,可谓哭笑不得矣,而独夫方张毒焰,斯薰灼域内以自利,被其害者焉得而不中怨乎?五时三刻开董事会,力子、洗人、雪村、予同、耕莘、达君、守宪、彬然、季华、沛霖、桢祥等皆出席。仍互推力子为董事长,雪村为常务董事,经、协、襄理悉仍旧贯。会场形势甚佳,播弄者无所施其技。移时毕会,即设酒两席,宴出席董监并邀诗圣、调孚、芷芬、纯嘉与焉。饮甚畅,有致醉者。八时散,九时许始乘车归。睡至十二时纯嘉来叩门,谓雪村迄未归家,询知否。全家惊起,为之大诧,岂祸作乎? 竟夜不能寐。接清儿十九日长沪一号信,告安抵状,惟建昌出水痘耳。

## 5 月 25 日(庚戌　十七日)星期二

晴,午后曾有雨。晨乘车入馆。办理杂事。午以昨晚残肴中特留干菜鸭一簋,乃唤酒与洗、圣、芷、善、璋、陶等共享之。散馆归前,出席一四六次经理室会议,决定分配卅六年花红事。雪村今晨六时飘然归其家,其家人亦不敢诘,朋辈询之,辄支吾不尽言,殊感诡秘也。晚归小饮,夜饭后偕珏人出散步。接清儿长沪二号函,寄来岳阳楼下所摄景并告建昌水痘已痊。

## 5月26日（辛亥　十八日）星期三

晴。晨乘车入馆。办理杂事。散馆后以明社集体看电影,被汉儿所拉北行,适车少人挤,余乃与润儿步往永丰坊,彬然、汉、漱两儿追踪同行。余先看漱儿之家,乃往洗人所小饮,芷芬、予同与焉。七时始出坊过路,就虹光戏院中座丁十号坐看之。所映为白杨主演之《新闺怨》,情节平常而耐人深味,足以反应现社会之坑人也。九时始毕,步出院,晤颉刚伉俪,至永丰坊口,又晤绍虞,再过芷芬所取手杖及皮包,偕润儿乘三轮车以归,予同则先行矣,到家已十时许。小坐听书,至十一时后乃睡。

## 5月27日（壬子　十九日）星期四

晴。晨乘车入馆。办理杂事。连日在商务廉价部购得朱文鑫《历法通志》及陈遵妫《恒星图表》,甚得意。散馆后偕纯嘉返,属度量漱儿腾出之亭子间,备装置书架,即将三楼书巢之所庋者尽迁以实之,因留与共饮,夜饭后乃去。组青、佩华先后来,十时组青辞去,滋儿亦送佩华归去也。十一时许始各就寝。芝九来访。（昨自苏来,今午即乘车归去。）

## 5月28日（癸丑　二十日）星期五

晴。晨乘车入馆。办理杂事。下午三时半出席一四七次经理室会议。散馆后乘车径归。润儿则中途下,代表明社致慰光暄。

入晚小饮,润儿亦归。夜饭后润奉珏人出散步,欲购花草以实前庭,乃往返于新邑庙间,竟无所得云。听书至十时始寝。开明局势又有新发展,守宪确思插足,业向予同表示愿出助开明云,如此其殆洗、村乎? 天下本无事,而晓晓自扰,徒滋纷纭,可谓自食其果矣。

## 5 月 29 日(甲寅　廿一日)星期六

昙,午后晴。晨乘车入馆。办理杂事。雪村夫妇今日赴杭,去年公司曾在湖上金沙港附近购有土地一方,或将画地自营菟裘乎? 昨在商务廉价部购得金雪孙校补《三国疆域志》一册,卷首撕去新城王树枏序四面,盖序末有闻辽东之变致慨分崩之语,当事者恐触怒踞寇,乃毁之耳。此举固可笑,而当时顽敌蟠据上海之凶焰弥可想见矣。余以此序之要不啻眼目,遂假开明馆藏之本手自移录,命润儿装缀册首焉。坚吾游杭归,以新茶及天竹筷见贻,并约明日来访云。散馆后乘车径归,与漱儿偕到家,则弥同亦在(晨由漱石送来,此时已先去,将在新居接候也)。入晚小饮。夜饭后珏人及漱儿、弥同乘三轮车赴开明新村,今晚即住彼处矣。余独坐听书,至十一时始睡。

## 5 月 30 日(乙卯　廿二日)星期

阴,晨曾有雨。七时出,进点于四如春,八时徜徉而归。银富、正黄等二人来帮余腾书架搬书橱,润、滋两儿主持之,分别扎捆并将《丛书集成》之橱移楼下,面南安置。午时先具酒饭享银富、正黄,然后己率家人共餐焉。下午天晴,三时始毕。以卅万元作车资打发银富、正黄去,即将前借店中之小书架带还。润、滋、纯葆、佩

华复协同整理家具,并彻底大扫除,均极勤劳矣。坚吾二时许见
过,谈文彬住屋不让多话云云,余劝其耐气,曲直自见也,移时去。
珏人为汉、漱所留,今日仍未归。入晚小饮。夜饭后以腿软疲倦即
睡。夜半大雨打窗,醒来颇感不适也。

## 5月31日(丙辰　廿三日)星期一

　　阴雨,闷热,黄梅天气袭人矣。晨乘车入馆,以福特停坏,延待
三刻钟,并挤坐在一小车中,雨里疾驰,不得开窗,闷极,而时间适
与一般行号冲突,途中鱼贯顶挨,较行步尤慢也。到馆办理杂事。
汉儿告我珏人今晨同出,已乘三轮车返家矣,雨中相左,未及晤也。
午与洗人、圣陶、芷芬饮大曲。下午接西谛电话,约到余家小饮,兼
邀予同共之。散馆后乘车即归,润儿则以须布置明社阅览室(明日
即开放),北去开明新村即宿焉。薄暮西谛来,且饮且谈,有顷,予
同亦至,畅谈达十时始别去,余亦就寝。谈次颇见雪村之为人,愈
觉其谿刻为足以踣人云。

## 6月1日(丁巳　廿四日)星期二

　　阴,微雨,午后昙。晨乘车入馆。办理杂事。取到卅六年度开
明股息并换得新股票,托纯嘉带木匠罗荣发回家实量应添板料,备
明日即动工拆搬书架。于汉所见清所寄长沪三号信,告近状,并知
静鹤欲返沪,颇思与余同住云。惟亭子间已派定用途,别无馀屋可
以应之耳,只得仍由清直告之。编发通讯录十五号。下午三时半
出席一四八次经理室会议,解决稿件及旅费支给等事项三数起。
散馆后乘车径归,润儿仍北去办理明社图书室开幕事宜。入晚小
饮。夜饭后与珏人小步里左。七时听书至十时睡。润九时许归。

在馆续校吕老《两晋南北朝史》排样。

## 6 月 2 日(戊午　廿五日)星期三

晴。晨乘车入馆。办理杂事。校毕吕稿一批,接校程会昌《文论要诠》。散馆后与芷、汉、漱、润同车西行,余偕润径归,芷等三人则顺道过访光暄,视其疾。有顷齐来吾家,因共小饮。夜饭后珏人及汉、漱、滋三儿出散步,余与芷芬长谈,深慨乎事业之坏,全系于当事者之私偏而捭阖播弄,抑尤甚焉。九时许芷、汉、漱三人辞去,余开播音机听得昆曲《扫松》、《问病》二出,然后就寝。罗荣发本约今日来兴作,乃迻之不至,询诸纯嘉,谓须明日始来云。匠人恶习,惄失可虑,未识三数日内得竣事不耳?

## 6 月 3 日(己未　廿六日)星期四

晴爽。清晨荣发携木匠五人来,即令量度拆卸改制,属滋儿留看之(上午无课),余仍依时乘车入馆。办理杂事。校毕《文论要诠》一批。午后乘宝昌所驾小车归,视匠工所作(滋儿入校上课),适文权在,因与少谈即辞去。薄暮润儿散馆归,偕纯嘉至,匠工亦旋停,所有凿榫截刨等工事已粗毕,仅明日一天可以装摆矣。留纯嘉夜饭,不肯,遂独饮。夜听昆曲《养子》、《见娘》两出,十时睡。滋儿夜往组青所携归红蛋三十枚,盖锦祥近生一子,循俗属馈亲友者。(得子较晚,宜其有此耳。)

## 6 月 4 日(庚申　廿七日)星期五

晴和如昨。晨出前木匠已来,属家人督之。仍乘车入馆。办理杂事。下午三时半出席一四九次经理室会议,核减调长职员王清华薪给并改定台店薪给支付办法。散馆后乘车归。木匠尚未完工而毛草之甚，余务求其速成，亦不暇计较矣，有顷始毕。荣发亦来，遂将馀料归之并遣去匠人。入晚小饮。夜饭毕，纯嘉来，相度一过，属为代向荣发结算工帐，坐谈移时乃去。九时听昆曲《望乡》、《游园》二出，十时始罢，即寝。(调孚甫访，知介泉眷属住沪，暑假或可返晤。)

## 6 月 5 日 (辛酉　廿八日) 星期六

晴。晨乘车入馆。办理杂事。属韵锵为购牛皮纸并从图书馆取回寄存之《大百科事典》，备明日铺架理书。装架工料已算去，计八百四十四万元。午后三时许纯葆偕湜儿来馆，盖应漱儿之约，往开明新村盘桓，待散馆时与之乘车北行也。四时许馆外北面忽强光耀睛，回视则烈焰如山，正涌起于三马路新开报馆之北面，似即由报馆北窗喷出者，斯臾浓烟直卷火舌四撩，不五分钟有大声爆炸，棒状物随而四射，火益烈，救火车驰救之，声虽众但火势之盛曾不得少戢，至散馆时始稍杀。余目送汉、漱、润、湜、纯葆上北行车后乃乘车径归。遥想此次火焰之大为余生平所仅见，虽白天而行人众多，必有伤生者，至为不怡。到家时赖均正、亦秀之力助余搬书自车下，少坐便去。入晚小饮。夜饭后听昆曲，十时就寝。

## 6 月 6 日 (壬戌　廿九日　芒种) 星期

晴，颇暖。清晨与滋儿出，就四茹春吃面。八时许即偕同滋儿翻书上架。金生来，为我帮搬。电灯匠来，为架日光灯。扰扰至十二时电灯匠去，金生则留之吃饭。饭后金生去，余乃得与滋儿全力对付理书。屠氏姊妹来，珏人伴之，移时去。润、湜、纯葆先后归，

润遂加入理书,抵暮粗可上架。六时夜饭,七时与珏人往震旦大学
附属女中看陈铦所编《嫦娥奔月》歌舞剧之演出。铦乃岳生之女,
入场券即岳生所送。至则位次尚前,惟待至八时始正式上演,不无
厌气也。在场晤景深、岳生、均正夫妇。九时廿分散归。所有杂乱
纵横之书,俱为润儿约略运入书房矣,大慰。陈氏编剧利用现代音
乐及昆曲之配合,颇见心力,殊可提倡也。

## 6 月 7 日[①](癸亥 朔)星期一

晴。晨乘车入馆。办理杂事。洗人午后乘快车赴杭。散馆后
乘车径归。入晚小饮。夜饭后理书,满地散帙须相度地位始得陆
续上架安置,蹲身检索,举高入架,至十一时累甚矣,仅安排一壁
耳,只得歇手,濯身而寝。

## 6 月 8 日(甲子 初二日)星期二

晴暖。晨乘车入馆。办理杂事。下午三时半出席一五〇次经
理室会议。散馆后坐候至六时出席廿六次业务常会,汉、漱两儿先
后归省珏人,漱以弥同不适,早返其家,汉则在家候余。七时半毕
会,即馆小饮,夜饭后与芷芬同车西驰,到家正八时三刻,坐有顷,
芷偕汉亦归去,而余亦倦极思寝矣。

## 6 月 9 日(乙丑 初三日)星期三

晴热,背风处竟挥汗矣。晨乘车入馆。办理杂事。写工友节
赏五十万元,较去年年终加倍,而实际为用不啻打一大折扣也。上

---

①底本为:"戊子日记第二卷"。

下交困,此其时矣。散馆后乘车径归。入晚小饮。夜饭后续理书,十时后始歇,又布置好一壁,馀事只得留待再理矣。浴身就卧,已十一时半。

## 6月10日(丙寅　初四日　入霉)星期四

晴,午后转昙,傍晚曾雨。晨乘车入馆。办理杂事。洗人午车归沪,三时来馆。散馆时应西谛之招,与予同附达君车共赴之。七时半开宴,到客十人,除余与予同外,俱为公私立图书馆之主持人。(代表之图书馆为国立中央图书馆、国立北京图书馆、国立罗斯福图书馆、上海市立图书馆、上海私立合众图书馆等五所。)其中夙稔者惟默存与起潜耳。本约森玉,以疾未至。宾主畅谈,迄九时始罢。九时半余与予同、默存同乘东归。到家已十时矣。仍入书巢理书,十一时半乃停,就浴而后卧。

## 6月11日(丁卯　初五日)星期五

晴热,已同暑天,夜有阵雨。晨乘车入馆。办理杂事。今日端午节,馆中例有添膳而明社亦分贴白粽及枇杷,但以受雪村之招,与洗人、圣陶、彬然、芷芬、诗圣午饭其家,盖坚吾馈以鲥鱼一尾,特见邀共享也,小饮至二时乃返馆。同人魏青轩之妇患伤寒送公济医院,明社发起醵金以解当厄之苦,余为出百万元助之。其人入院时已沉重,一时讹传已逝,青轩遂昏厥两小时,延克明诊救得苏,遇亦酷矣。下午四时出席一五一次经理室会议。编发通讯录十六号。为秋季承印国定本教科贷款,具呈教部,请咨四联,即由调孚偕同世界书局沈季湘等乘夜车赴南京面递。散馆后与润儿乘车径归。入晚小饮。夜饭后入书巢整治卷帙,纯嘉携匠人陆进元来看

度三楼小间(即腾出之书房),备粉刷后润儿迁入作卧室焉。谈移
时辞去。听书至十二时始寝。

## 6 月 12 日(戊辰　初六日)星期六

晴热,终夜浴汗,不图梅雨季节俨同伏暑也。晨乘车入馆。办
理杂事。散馆归,小坐便饮。夜饭后仍整治书巢,至十一时乃已,
大多分类列架矣,明日竟一永日或可就绪耳。

## 6 月 13 日(己巳　初七日)星期

晴热。午后转昙,有阵雨,傍晚雨急,气亦转凉。清晨进元、金
生率同水作两人来,金生为客堂中地板下陷重起填平之,进元则与
两水作粉刷三楼小间及步檐之顶,留午饭。傍晚工毕辞去,犒以酒
钱六十万。(工料由纯嘉代结再付。)余竟日整治书巢,得滋儿之
力,将碑片墓志等拓件分扎六大包,移出书巢,备明后日寄存开明
栈房,始克整理都毕也。润儿则躬操刀刷,为余书巢粉刷,顿见焕
然矣。入晚小饮自劳,夜饭后仍入巢摩挲至十时乃寝,时已大凉,
引被而卧,较诸昨夕竟隔两季。

## 6 月 14 日(庚午　初八日)星期一

晴。晨乘车入馆。办理杂事。雪村见告,守宪意欲来馆任事,
明午约在村所吃饭,顺谈一切,邀余同往,并云是夕约文彬饮其家,
欲为坚吾释纷,亦邀余往。散馆后乘车返,润儿为目疾先行,午前
即归也。入晚小饮。夜布置书巢,即移坐其中,又摩挲久之,十一
时后始就卧。

## 6月15日（辛未　初九日）星期二

昙，午后晴，傍晚阴。晨乘车入馆。办理杂事。午与洗人、予同过雪村，晤守宪，因共饮，大概即将来馆，尚待安排耳。珏人晨偕余同车出，往访雪村夫人，顺送六十双寿礼，亦饭村所，饭后先归。余等则下午三时始返馆也。四时出席一五二次经理室会议。散馆后仍偕雪村到其家候文彬，七时许文彬始来，三人共坐畅谈。文彬始甚执拗，必欲与坚吾为难，经余苦口慰劝，意渐回，或不致决裂乎？九时散，余即附文彬车归。润儿卧室已布置妥贴，余入室指点，颇慰。十一时寝。

## 6月16日（壬申　初十日）星期三

昙，午前即晴，薄暮阴。竟日未出，将书巢整治就理矣，为之大快。早以钥匙属润儿携出，交由诗圣代办，偷闲一日，事得办妥，亦一慰也。翼之十时来（盖宏大假期），与共午饮，饭后伊与珏人话家常，余乃入室看书。四时许辞去，将过铭青、德锜夜饭耳。入晚小饮，润亦归。据告馆中无事，惟询问者颇多也。夜听书至十时就寝。

## 6月17日（癸酉　十一日）星期四

晴，时昙。晨乘车入馆。办理杂事。将廿七年至卅六年公司常务日记分年汇订，送由洗人核阅，盖中缺年许以时忌取出藏余所，今以整理书巢检出之，遂装成十册提供参要，亦关无聊弹射之口耳。余以书巢重移成功，属圣陶为题新额即应焉，并系长跋，力申彼废书不观之见，足征不同如面之叹为非欺人也。新章所选之人事委员会今始召集,或有新猷可献耳。散馆后与漱儿同乘归,漱石、弥同俱在。盖今晨来家盘桓,夜饭后始辞归,故余得见之,余仍小饮。夜九时听曲,至十时寝。青轩夫人竟逝,今日大殓,余复致赙百万元。

## 6 月 18 日(甲戌　十二日)星期五

晴。晨乘车入馆。办理杂事。下午三时半出席一五二次经理室会议,听取昨日人事委员会报告,解决稿件五起。散馆时本约过饮芷芬所,欲与圣陶细谈,未果,仍与润儿乘车归。入晚小饮。夜饭后为达君之友景星书扇。九时听曲。俞承荫昨日自湘抵沪,今晨晤之,带到清儿所托之莲子、竹筷、匙碟等物,惜十碟已碎其三耳。十时后寝。

## 6 月 19 日(乙亥　十三日)星期六

晴。晨乘车入馆。十时许偕圣陶、予同驱车赴北四川路底同济大学教授宿舍六〇三号访绍虞。绍虞新丧母,奔回苏州,昨甫闻其返沪故特往慰唁之,知五七安葬,六七开吊(其太夫人今年正九十矣)云。十一时半乃辞出返馆。下午三时开第十二届第二次董事会,圣陶提出辞去协理之职并签到减薪各项,会中以其执意难回,已允解除协理,馀事非董会职权所及,应移请经理室妥商办理。为秋季承印国定本向四联贷款事今日四联属征信所派员来调查,其人二时即来调阅帐册十许种,询问经手司帐者五六人,散馆时犹未了,且须陪往印厂及货栈查视也。微窥其意,殆将小有疙瘩乎?五时半属调孚、芷芬、世泽、锡光留以应付之,馀人各归。润儿以听歌受课住汉儿所,锴孙则送来吾家矣。入晚小饮,以天暖且将馨瓶,味已带酸。夜饭后将卧室杂物陆续移出,因明日将令进元率匠粉刷也。十时半寝。

## 6月20日（丙子　十四日）星期

晴朗,尚不甚热,殊感快。清晨出,进早点于四茹春,较前两周三倍付价矣,升腾之速已超出可怕程度,转觉麻木耳。八时许归,则进元方率四匠来我家工作,尽一日之力,将卧室粉刷完毕,且帮同搬置家具等,殊见吃力,七时始去,因犒以酒资百万元。（午饭仍留待。）纷扰竟日,灰尘扑体,屡拂不去,杂物凌乱,抵晚始渐安顿,然预计非三五天工夫决不能就绪也。匠人去后,家人始团坐,余仍小饮。有顷夜饭,饭后仍整理家具,以移动故地位损益转费周章,弥征更易之匪易矣。十时乃得宁坐,略将书巢整顿后,十一时半始睡。

## 6月21日（丁丑　十五日　夏至）星期一

晴。晨乘车入馆。办理杂事。为答复稿件事忙至午后二时始稍松。散馆后乘车径归。入晚小饮。夜饭后入书巢静坐片晌,展石天基《传家宝》看之,虽甚凌乱而妙绪环生,胜义络绎,诚非无聊之谈也。九时听曲《贩马记》、《哭监》、《写状》。十时至十一时听书《落金扇》及《顾鼎臣》。旋即卧檐外,月色甚姣,偃息静玩,夜深始睡。

## 6月22日（戊寅　十六日）星期二

晴。晨起浴身更衣。移时乘车入馆。办理杂事。下午三时出席一五三次经理室会议。编发通讯录第十七号。散馆后乘大车北行,历访晓先、调孚诸家。晚就饮于洗人所,圣陶、予同、达君、芷芬俱与焉。菜肴由洗、达、汉、漱诸家所凑集,各具殊味,颇惬也。饮后再访晓先,玩月于廊上,十时许始散,乘车到家,已将十一时矣,小坐然后寝。

## 6 月 23 日(己卯　十七日)星期三

晴,下午转阴,入晚细雨。晨乘车入馆。办理杂事。"疾流云馆"及书巢两额之镜框已送来,由艺农之介,尚付二百八十五万元,又配藏经笺等作衬头,又付二十万元,先后竟达三百多万,足征近日物价之昂矣。(今日米价每石一千五百万。)台、汉、杭三店近俱多事,今日分发经函各有指示,或可暂安一时乎。圣陶辞协理余波今日已面为解答,可望勉抑所执,亦一快也。散馆后乘车径归。傍晚小饮,虽未罄瓮,味酸不可饮矣。拟明日改服高粱,且俟凉爽后再开陈酿。夜饭后将携归两额,督润、滋分头悬挂,甚惬心也。九时后听书,十一时乃就寝。夜半后大雨终宵。

## 6 月 24 日(庚辰　十八日)星期四

阴雨延绵,真黄梅时候矣,颇感湿闷。晨乘车入馆。办理杂事。敏逊将自设文心书局于三马路千顷堂,七月一日起离店,开明发行所主任即由芷芬兼,并改聘炳生为副所主任。今日洗人、雪村、圣陶、予同、均正、调孚、彬然、伯泉、韵锵、锡光、世泽、士信、青轩、润德、芷芬、炳生、知伊、声济、锦川、纯嘉、龙文、达君及余在衍福楼公宴敏逊以志惜别,惟达君以他故未到耳。六时许即席,八时始毕,乘车各归。到家后入书巢小坐,十时听书,十一时乃睡。承荫仍回经一组,无垢调编校部。

6月25日（辛巳　十九日）**星期五**

　　初阴旋晴，气较昨稍爽。晨乘车入馆。办理杂事。开封失守已无法掩饰，人言国军轰炸之惨实较共军攻城所发炮火倍蓰云，如此吊民，奈何不殴而之他乎？雨岩迁延坐误汴店损失固不胜计，而伊本人迄无消息，实足急煞人也。士敏纠缠经年，甫于五月底正式解决。（人已早离台湾，别就香港文化供应社事矣。）今日闻又来沪，或将又有所鼓动乎？下午三时半出席一五五次经理室会议，对物价波动事商量营业收紧之技术，并决定稿件四起。散馆后乘车径归。小坐便饮。夜饭后坐书巢闲翻。九时听曲《刺虎》、《拆书》，听书《落金扇》、《顾鼎臣》。至十一时始寝。

**6月26日**（壬午　二十日）**星期六**

　　晴。晨乘车入馆。办理杂事。粉刷房间工料帐结清，找出六百八十九万五千元。物价狂跃，有每日三成之势，开明书价亦不得不随之调整。（今日起一般书已照定价二十万倍出售。）纸价每令（五百张）已达二千四百万元矣。四顾茫茫，百无一是，崩溃即在不远，而醹歌漏舟之徒犹死撑架子，硬挺蛮干，岂真不知死所乎？开封不守，此间深盼雨岩消息，今日午后始得南京来信，谓已脱险到京，休息一两天后返沪云。是其人生命已获保证，亦可转慰其家属矣。散馆后与圣陶夫妇同乘西行，盖伊等顺省江家也。入晚小饮，即以绿豆烧为供。夜饭后允言见过，谓校考已毕事，日内即须归苏，因还代假图书馆书四本，谈至八时许辞去。十时听书，十一时就寝。漱石挈弥同午后来家，漱儿亦随余得归。佩华亦至，均住焉。惜弥同忽感冒，终夜不安耳。（注射防疫针反应兼受凉伤食所致。）

## 6 月 27 日（癸未　廿一日）星期

晴热，炎暑将至矣。竟日未出。弥同已痊，下地自在行动，甚慰。午后金才将纯嘉命送来鲥鱼七条，俱粗壮，傍晚烹以下酒，至鲜腴，可喜。夜饭后漱石率漱儿、弥同乘三轮车北归开明新村，甫去而潜儿、文权率顯、预、硕三孙来，盘桓至将十时乃去，余亦倦极思眠，因濯身就卧。

## 6 月 28 日（甲申　廿二日）星期一

昙，旋晴，午后曾雨，闷热。晨乘车入馆。办理杂事。洗人偕调孚昨日夜车晋京，应教育部之召商量分配国策贷款事，须三数日始返。今日馆中新买钢制文具箱一口，因将印章、股票、契约等件每晚纳置其中。物价波动，全由谣言而起，谣言之最离奇者莫过某巨头之行踪，架砌变幻，作多面之推测，遂有朝市呼吸相通之观，一若立见政局然。其实天心未悔，祸患方臻，某巨头岂肯脱然引去乎。虽然，动摇之朕已萌矣。散馆后乘车径归。入晚小饮。今日滋儿有同学十许人来家吃饭，尚有余肴甚多，颇可大嚼。夜饭后静坐书巢，披襟北窗下纳凉。九时后听书。（昆曲已两日辍唱矣。）十一时睡。始闻蝉。

## 6 月 29 日（乙酉　廿三日）星期二

昙，时阴，入夜有雷阵。晨乘车入馆。办理杂事。雨岩昨夜已抵沪，今日来馆晤之，据谈开封情形殊狼狈，刘茂恩先逃，政府机狂炸，商务分馆已毁（开明分店尚无恙），人民死者达十之一以上，多罹轰炸之毒云。如此与民为仇，奈之何死挣活扎忝颜人世乎？可恨可恨！雨岩突宋门出杂难民中,展转徒步至柳河始得乘火车至商丘,复沿路搭载经徐州南下,硬赖在火车上获抵南京云云,此行益甚苦矣。亟劳之,俾先休息。下午三时出席一五六次经理室会议。散馆后乘车径归。小坐便饮。夜饭后嘉源来,谢以午间润儿曾将命往省且由珏人送以毛巾被一条也,谈至十时始辞去。听书至十一时就寝。

## 6月30日（丙戌　廿四日）星期三

阴雨竟日,入夜仍绵延未绝。晨乘车入馆。办理杂事。今日为六月终公司发升工一个月,计得九千馀万元,购纸四令半,盖应和同人实物储蓄之所为也,战前值十四元耳。坚吾来谈。散馆后乘车径归。入晚小饮。滋儿偕佩华往开明新村应漱儿之招也,夜十时乃归。珏人感冒早睡,余则仍听书至十一时后始就寝。

## 7月1日（丁亥　廿五日）星期四

晴,较昨稍爽。晨乘车入馆。办理杂事。洗人、调孚昨夜卧车归,今晨抵沪即来公司,知此次教育部贷款极为宽滥,上次严紧至为可笑（一榜尽赐及第,有未请贷而普被及之者）,然则日前征信所曾之调查,竟为多事矣。荫良来。耕莘来。物价暴腾,多数比昨日涨一倍,邮电费不日调整将再加三倍云。散馆后乘车径归。小坐便饮。纯葆下午二时车返苏省母。珏人、湜儿均感冒。润儿北去听课,十时乃返。余以倦未听书,九时即睡。寄敔、清书。

## 7月2日（戊子　廿六日）星期五

昙晴间施,甚热。晨乘车入馆。办理杂事。编发通讯录十八号。下午三时出席一五七次经理室会议,决定稿件、人事、版税算法等要案颇多。刚主来。散馆后乘车径归。珏人感冒仍未松,而家事猬集,幸佩华留侍,得助不少,纯葆则掉臂径去,似太不识事耳。傍晚小饮。夜九时四十分听书,十一时入浴就寝,终宵未曾收汗也。

## 7 月 3 日(己丑　廿七日)星期六

晴热,入昏后时见闪电,夜半大雷雨,挟以风雹敲窗撼户,虽熟睡之人亦惊起矣,邻儿夜啼因以怖止。晨乘车入馆。办理杂事。本周应办诸件扫数清了,亦一大快也。散馆后乘车径归。入晚小饮。漱儿随归省珏人,夜饭后去。珏人感冒已略痊,惟咳嗽宿疾引发,夜卧遂难安枕耳。兼以大风雨雷电飞雹,余两人起坐竟达两小时也。

## 7 月 4 日(庚寅　廿八日)星期

晴阴兼施,卒未雨,气较前昨大凉。上午十时半芷芬、汉儿率锴、镇、鉴三孙及俞妈来。午后芷、汉挈鉴孙往视其戚。三时许西谛折简相邀,谓觉明甫自南京来,明后日即须乘轮赴津返平,还教北京大学,再来未卜何日已。匆匆约定今晚七时在渠处便酌,并托代约予同。因作简属润儿送予同,而身于六时左右缓步先赴之,以天凉,竟未透汗也。坐谈有顷,客陆续至,刚主兄弟先来,觉明继至。默存、玄伯、起潜亦先后到,予同则最后至,因合坐小饮,畅谈至近十时始散,先送觉明上一路电车,然后偕西谛、予同徜徉于静安寺路、西摩路,直至福煦路始别,余乃与予同登廿四路电车南归。到家已十时三刻矣,小坐便睡。日来肠胃欠佳,腹感膨亨而大解不能畅,殊影响精神也。

# 7 月 5 日 (辛卯　廿九日) 星期一

晴旋阴,傍晚微雨。晨乘车入馆。办理杂事。接台店电,知金副经理士竑已于昨晨乘中兴轮来沪,午后三时许纯嘉往高昌庙接之,四时到公司,三数日后即须返绍为其母庆生日云。台事甚糟。(先坏于士敏,今坏于雪山。)播弄鼓扇,不知纪极,有新进职员王坚者入台店才三月,甘作鹰犬,大肆狂猎,既声言辞职他去,又赖住不行,若无背后支持指使之人,又何敢如此非为乎?余谓台店可废,此风断不可长也。午前十一时许觉明来馆,未几刚主亦至,乃与洗人、雪村、予同便酌之于本街聚昌馆并约西谛径来相会,谈至二时始别,余等仍返馆。作书寄介泉南京,盖闻之觉明,知近在彼为北大招生,故函约来沪,藉叙契阔云。散馆后乘车径归,已值小雨,到家则潜儿在,有顷,晓先夫人亦至,乃共夜饭。饭后潜先去,晓夫人则九时始去也。良才午前来馆,托为其子购书并假余所撰《左传读本》及《国文读本》参考书去,察其舐犊之情,弥征老态日增矣,彼此互鉴,可为怃然。夜十时听书,十一时睡,已风起天末,撼窗作声矣。芷芬晚车返苏。

# 7 月 6 日 (壬辰　三十日) 星期二

风霾,十时起风益狂,雨遂骤至,若倾盆,若飞湍,竟日未停,窗不得开,而室内闷热殊甚,入晚稍戢。晨乘车入馆。办理杂事。滋儿将与佩华订婚,戴氏约潜、汉、漱三儿往谈,定明日晤言一切云。散馆时正值狂雨,未得出门上车,因就合作社购长沙纸伞(价七十万元)张以行,勉登车。到里口趋归,虽张伞,仍沾衣也。入晚小饮。夜饭后焚香静坐。九时四十分听书,至十一时睡。

## 7 月 7 日(癸巳　朔　小暑)星期三

阴,晨有微雨,甚凉,午后转晴,遂尔炎热。晨乘车入馆。办理
杂事。日前雨岩自汴脱险归,前日士竑自台请假归,昨日子如自杭
来,一时集三分店负责人,亦甚难得,今午公司张宴于雪村所享之,
适光焘自宁来,因邀共酌。十二时余与洗人、达君、予同、诗圣共过
参与焉。士竑终未至,二时许席终返馆。士竑母六十寿(其请假理
由即为返里上祝母寿),公司送代幛五百万元,余等各送一百万元
(余与洗、村、山、达、圣、予、芷合八百万元),以未见其人,属趾华
转致之。三时半出席一五八次经理室会议,因昨日阻雨,多缺席之
人,乃延至今日举行耳。子如亦列席。于杭店新铺面之装修有所
决定,馀仍多为人事也。四时命汉、漱两儿往会戴家于新雅,先期
约潘儿同往,盖为滋儿、佩华正式作伐,余意只须交换帖子及指环,
其他不举行任何仪式,俟七月中戴家父母出申,时择日订婚,翌日
登报公告亲友云。五时许春华来收今日菜帐,以昨前两受风雨影
响,鱼肉蔬菜均狂涨,竟开一千八百万元,外加落锅一成,已须两千
万,酒尚不在其列也。日来法币暴落,至堪诧怖矣。散馆后乘车径
归。少坐,潘、汉、漱随至,欣告接洽甚完满,余意全被采纳,伊家亦
不主张铺排也,因欢然共进晚膳。饭后续谈至八时半潘等归去。
纯葆今日上午返此,佩华夜仍来侍珏人也。九时四十分听书,十一
时睡,甚松快。睡至一时许腹中彭亨转动,殊见得急,乃起如厕,竟
泻而不畅,如是者四次,天垂明矣,或者今午多食鲜蛏所致乎? 幸
只胀而不痛,当无大碍耳。每起见灿灿繁星缀空,甚趣。

## 7月8日（甲午　初二日）星期四

平明下雨,昨夕之星天突变,至此诚难逆料矣。淋漓竟日,岂
所谓倒黄梅乎？晨以连泻故颇委顿,不思起,然馆事相迫,遂瞿然
起,仍移时冒雨乘车入馆。办理杂事。校《文论要诠》一批。散馆
后以坐待开会,同人闲谈,知昨日食蛏之人多半患泻,雪村、雨岩竟
未能来馆也。余入馆以后竟忍住不泻,幸哉。下午六时出席廿七
次业务常会,七时半毕。即馆晚餐,仍得小饮,八时半散,乘车归。
九时半到家,知江冬已返抵家中矣。九时四十分听书,十一时寝。

## 7月9日（乙未　初三日　出霉）星期五

昙,午后晴。晨乘车入馆。办理杂事。校毕《文论要诠》一大
批。得介泉复书,知下月必能来沪小住也,喜甚。下午三时三刻出
席一五九次经理室会议,于夏令缩短办公时间有所决定。散馆时
乘车径归。薄暮小饮。夜九时三刻听书,十时半睡。裱画一批今
送来,计代雪村一件、士敩两件、清华一件、祖璋一件、公司一件、己
占两件,尚有近二十件未竣工也。

## 7月10日（丙申　初四日）星期六

晴热,不甚烈,殊感正常。晨乘车入馆。办理杂事。雪村夫妇
今年六十双寿,居丧,自不受贺,而珏人及汉、漱辈以谊属亲戚,仍
略备仪物送去,事隔兼旬矣,今日乃由挑饭者（开明包饭之厨即设
村所,故挑饭者例得役）原物送还并附函谦逊。余谓若再推来推
去,是将陷人于不义,彼此滋咎,不如作罢,因照收之,烦仪损礼,此
之谓矣。台店去职办事员王坚铅印致同人书遍发各地,肆意攻讦

范、朱,中又牵连雪山,推波诸语明明出自士敏。令人有章氏全体出动直欲扑倒范氏之感,殊可嗤笑也。散馆后乘车径归。入暮小饮。佩华今日随其母归鄞,暑假后始出云。夜九时三刻听书,十时半即寝。

## 7 月 11 日（丁酉　初五日）星期

晴热,薄暮欲阵未果。竟日未出,且未看报。上午十时淑贞来。十一时漱儿挈弥同偕湜儿归,湜住永丰坊已三四日,今日始随姊归来耳。午后淑贞去,翼之来,遂长谈。四时佩霞来,其间王洁来,昌预又来,知濬儿家缺佣人,自己做倒矣。预未久即归去。六时漱石来,因与翼之、佩霞及漱等夜饭,饭后佩霞先去,翼之、漱石等至,八时半乃去。九时后嘉源来,余已睡,未之见。满拟乘星期之暇得充分休养,乃人来人往,几无间时,较出外视事尤繁,真可自笑。

## 7 月 12 日（戊戌　初六日）星期一

晴热。晨乘车入馆。办理杂事。编发通讯录十九号。校吕诚老《两晋南北朝史》一批。默存以手校所著《谈艺录》题赠,殊感之。散馆后漱儿同归,夜饭后与王洁往金都看电影,径返开明新村矣。昨夕丰子恺之幼子元草（年二十岁）以发风疾突自杭来沪,寻至永丰坊大闹,狂言谰语,继之以动武,声言将杀人放火,并迫胁洗人借十亿元云。幸该处人多,看护通宵,然各家俱不能安枕矣。当时曾以长途电话通知子恺,迟至今日午后始得子恺电,谓已病,已电属其女夫宋慕法全权处理云云。乃慕法遍寻无着,拟代送医院,又无人能主持其事,若任令不问,恐肇大祸,扰扰至散馆时犹未见办法决定也,在开明亦可谓无妄之灾矣。夜听书,十一时始睡。

## 7 月 13 日(己亥　初七日)星期二

晴,傍晚阵雨大点,不逾一刻即止,彩虹东见,旋复日出。晨乘车入馆。办理杂事。续校《晋南北朝史》一批。子恺夫人午车来,即以元草归之,婉劝于当晚返杭,仍由纯嘉送之,纯为此事三夕未眠矣,可谓殊劳,而宋慕法迄不至,不识究何居心也。今日本当开经理室会议,以书价又值调整,忙于发通告及分电,遂延未果行。散馆后乘车径归,抵里门适大点雨集,亟奔归入门,已止矣,奇甚。入晚小饮。夜未多听书,十时即睡。

## 7 月 14 日(庚子　初八日　初伏)星期三

晨细雨旋晴,午后又雨,傍晚更甚,入夜后渐止。朝乘车入馆。办理杂事。续校吕《史》至下午三时,《两晋南北朝史》全部于是乎毕,都计一千五百馀面,先后垂三年矣。藏事之不易有如是,奈之何轻忽视之哉! 午前十时出席一六〇次经理室会议,决定赶办版税于后日发出,应办手续即交会计部知照。丰元草昨夜由纯嘉、炳炎伴同返杭。今日下午纯等归报,在车中发作较在开明新村时尤甚,抵其家时犹面辱其父,使全家无措云云。幸托纯等伴去,否则未必能全而归之其家矣。此疾诚酷矣哉! 散馆时以公司宴请同行见留,待至七时始入座,计到泸州大时代李明丰、贵阳中华李宗华、南昌中华李仲谋、济南东方王畹芗、刘震初、袁济生六人,洗人、雪村、予同、芷芬及余与焉,九时散,驱车归,雨已止。到家小坐,濯身就寝。

## 7 月 15 日 (辛丑　初九日) 星期四

阴晴变忽,大雨时行,气湿闷难任,虽入伏,乃大类霉天矣。晨乘车入馆。办理杂事。洗人以感冒未出,琐事益见坌集。闻有便人车姓自湘来沪即将回长沙,因以代裱之书画四件携至馆,属芷芬转托带去,交与敫、清,信则昨已写就交由汉儿附封先寄之矣。今日为滋儿二十初度之辰,散馆后芷、汉、漱俱来吾家,漱石、元锴、弥同则清晨即至,潜儿、文权亦于晚来,遂合坐吃面。九时许漱石等偕去,元锴留住焉。嘉源夜来,谈至十时亦去。余素畏闷热,竟日在馆,身膏如被桎梏,到家后又缠于酬语,苦甚。比人众散去始得就浴入卧也。滋儿已向交通大学报考运输管理系,十日后始能应试云。

## 7 月 16 日 (壬寅　初十日) 星期五

晴热,黄昏有闪电,夜半后雨。晨乘车入馆。办理杂事。洗人来馆,饭后仍早回。下午三时半出席一六一次经理室会议。散馆后润儿参加明社集体看电影,附北车去永丰坊,余则径归。入晚小饮。夜听书,至十一时候润归,乃睡。雪山偕至美乘景兴轮自台北西渡,今晨抵沪,下午五时曾来馆一晤,匆匆即各别,未晤详谈也。

## 7 月 17 日 (癸卯　十一日) 星期六

阴昙间施,午后阵雨时作,薄暮尤甚,乃复滂沱,黄昏雨霁,月出星烂矣。晨乘车入馆。办理杂事。发布告第七号,自后日起,办事时间下午缩短一小时。(本为五时半散馆,今改为四时半。)下午二时出席第十二届第三次董事会,圣陶又提出书面要求,前提各条必须用书面答复。是此老秉性使然,当婉复为宜。(恐余不肯提,特托彬然提出。)会中决定修改补助同人子女教育津贴办法,似较前此为合理,然亦煞费唇舌矣。散馆后大雨,本应调孚之招赏月于开明新村之廊楼,以阻雨谢之,乘车亟归。少坐便尔小饮。比晚饭已月上见星,殊悔前却,且令人见笑畏蒽也。夜听书至十一时乃睡。

## 7 月 18 日(甲辰　十二日)星期

　　晴。晨理发剃鬓。润儿出受课,携元锴北去,送还汉儿,盖住此三夜,颇思归矣。余昨晚受凉,颇感疲软,竟日未出,闲翻架书而已。晚间本有西谛之约,以是亦竟未赴,幸昨日已先托予同达意未必能到,果言中矣。夜饭后早睡,未及听书也。至美来,王洁来,俱言汉、漱将至乃竟未果,或见元锴归去,临时中止乎,及下午三时润儿归,询之果然。

## 7 月 19 日(乙巳　十三日)星期一

　　晴不甚朗,夜微有月色。晨乘车入馆。办理杂事。拟复圣陶为董会。下午觉敷来,知即将转汉赴南岳接国立教育学院事,长谈抵四时半,散馆时始别,约明日邀之便饭。乘车抵家,小坐便饮。饭后天犹未黑,因偕珏人出散步于林森路,垂暮始返。夜听书,十一时寝。今日强起如馆竟日,归来尚无所苦,独夜眠颇不安,兼之里弄嘈杂啼笑无恒,虽别院隔墙,而失眠人聆之不啻在枕畔也,偶合眼,亦颇为梦扰矣。

## 7 月 20 日(丙午　十四日)星期二

　　昙闷,夜时洒细雨,益感霉湿入伏而转成此象,殆上游发水之

故耳。晨入馆请感冒假者甚多,润儿亦与其列,天时不正,影响匪
细也。办理杂事。交诗圣缮发董会复圣陶信。午与洗人、圣陶、彬
然、予同、雪村、雪山同往聚昌馆请觉敷吃饭,达轩适在,将去京,亦
邀与焉。疯人丰元草昨又来沪,即用长途电话告子恺,子恺今晨乘
快车自杭来,午亦赶到,因顺过聚昌馆一谈,三时许仍由纯嘉陪同
其父子送往闵行精神病院也。下午三时半出席一六二次经理室会
议。散馆后乘祥生差车归,盖所乘之车假与丰氏驶用未及赶回也。
到家小坐便饮。饭后浴身偃卧听书,至十一时终以气湿不爽,又感
失眠。滋、佩订婚戒指已由新新公司打就送来,计三千六百万元。

## 7 月 21 日(丁未　十五日)星期三

　　昙闷如昨,下午时见细雨,夜半后大雨。晨候车至八时四十分
未见至,想昨日颠顿沪闵道中必已致损耳,乃与均正共乘三轮车入
馆,润儿则独乘电车矣。办理杂事。晤子恺,知已将其子送入医院
矣。环境清幽而治疗得法,或可望瘳乎? 守宪已就开明襄理,今日
来,大半日于事务方面颇有说话,此公有戆气而不无粗妄,此次之
来,明系某公所嗾,将以资搏击者,今初至,即露所度,实非诬矣,且
看发展何如也。散馆时车已修好,即乘以归。六时许小饮夜饭。
八时即睡,积倦难任久坐耳。然眠仍未安。

## 7 月 22 日(戊申　十六日)星期四

　　昙阴兼施,午后时雨,夜深后有月。晨乘车入馆。办理杂事。
书巢图卷已裱好,今由集锦斋主赵景福送来,计价一千万元,虽合
诸战前才两元耳。然在今日不可不谓为豪举矣。因调孚之介购得
平湖西瓜一担,计十一只,价六百万元。志良送余及芷芬、纯嘉汽

水五打,余取二十瓶于散馆时车中带归。薄暮小饮。夜听书,至十一时睡,睡前入浴,偃卧后犹感不爽,足征伏天反类霉天也。

## 7月23日(己酉 十七日)星期五

晴热。晨乘车入馆。办理杂事。下午三时出席一六三次经理室会议,通过将各编辑委员会合并为编审委员会,此事由调孚建议,均正力赞之,盖以此位置圣陶藉得圆场致佳也,乃亦几经摇曳而始底于成,诚不识掎扼之者是何居心矣,可叹亦复可笑也。散馆后乘车径归。昌顯、昌预、昌硕来,因共夜饭。饭后西谛来长谈移时去,前假存余处之书将饬金才悉数送还之。潜儿来省,九时乃挈顯、预、硕归去。十时听书,十一时睡。

## 7月24日(庚戌 十八日 中伏)星期六

昙,午后晴,甚热,幸有南风稍散酷毒。晨乘车入馆。办理杂事。饭后因同人储纸事与雪山、为夏氏版税事与守宪俱有争持,我直认若辈当稚駥耳,可气亦复可怜。散馆归。车至老北门道明误撞一脚踏车,纠纷立起,卒赔人七十万元了事,耽阁已二十分钟矣。芷、汉、漱、同附此车,芷往省其妹,汉、漱则往视亦秀疾,俱返至我家午饭,仍小饮。饭后与芷谈公司近状,至十时始别去,偕汉、漱同归祥经里,余亟就浴入卧,盖倦甚矣。

## 7月25日(辛亥 十九日)星期

昙,旋晴,甚热,有南风。上午大椿来,下午承荫来,均谈有顷,大椿颇思来开明复职,承荫则托致书吴恺玄,求调其未婚妻来沪俾便结婚云。长日坐书巢中,信手闲翻,亦逭暑之一法。晚饭后与珏人在里口纳凉片时,即还浴就睡,盖今日星期,各电台例作特别节目,经常说唱之书每多改变,余实不欲自烦耳根也。

## 7 月 26 日(壬子  二十日)星期一

晴热,凌晨昙。晨乘车入馆。办理杂事。杭州分店滥放折扣,为当地同行所纠。今日商、中、世、大等各分馆局经理来沪交涉,在功德林邀集各家报告经过,要求本店处分。按本店营业向来收紧,只嫌别家过松,每多建议同行以资倡导,今杭店自进用黄鸣祥后急于图功,置迭次通告若罔闻,致此讥弹,余实深为店誉惜且甚痛开明风之动摇也,已电招子如于明午赶来,俾便解决此事,本与调孚、彬然等约明午假蜀腴设宴欢迎守宪兼为雪山接风,藉得畅谈店务,且质询台店王坚擅发揭帖事,亦因杭事耽延,须移至后日再办矣。散馆后乘车径归。薄暮小饮后立里口纳凉,少顷便返入浴就寝。总览迩来精神欠振,益感疲劳也。日间为承荫事致书吴恺玄,即属承荫自己持往面洽,有无效果,殊不能必也。

## 7 月 27 日(癸丑  廿一日)星期二

晴热。晨乘车入馆。办理杂事。上午九时半出席一六四次经理室会议,子如应召赶到列席报告杭店在嘉兴、嘉善推销情形,显见同行嫉妒、恶意中伤云。因于正午约五家沪杭当事者集议于功德林,开明由芷芬、调孚、子如出席解释一切。午后归,报事已大白,各家仍本向例营业,彼此均守分壤、和协进展云云。同时以成本激增,又议定即日起书籍售价又加四成,此真所谓一笑散也。散馆后乘车径归。啖西瓜,少顷小饮。夜饭后听书,濯身偃卧,十一时入睡。

## 7月28日（甲寅　廿二日）星期三

晴热，终宵汗不能收。晨乘车入馆。办理杂事。午与洗人、雪村、予同、达君、均正、调孚、彬然先后致辞，多打开窗话。台店王坚事亦由锡光、芷芬分乘两车，载送雪山、孑如共往蜀腴。守宪自外径赴之，席间有鲜荷包粉蒸肉一笼，极腴美，唤添一笼，余竟尽其五包也。席终少谈，因以王坚揭帖质雪山，据云实出士敏所嗾，而彼所云云俱系断章取义，借充口实耳。余谓既系事实如此，又为在座诸公所共晓，应即由彼自己切实声明经过，登诸明社消息，自可大白，彼亦允承，且看下回分解矣。二时返馆，出席编审委员会成立会，推调孚主席并指请彬然、均正、调孚起草章程，俟下星四下午召开会议通过之。散馆归，车狭人挤，浑身是汗。薄暮小饮。饮后浴身待寝，而绍虞夫妇至，谈至十时许乃去。

## 7月29日（乙卯　廿三日）星期四

昙热，时露骄阳。晨乘车入馆。办理杂事。作书与敫、清。散馆后留至五时三刻出席明社大会，由知伊、守宪、均正、韵锵、彬然、雪山报告经过，说明鼓动捣乱情形（其启事已交由明社，即行刊登消息），群疑顿释。最后为第一次乒乓赛给奖。散会已七时一刻，即分乘四车共赴开明新村。各家家属多齐集者，余家全体已先在，权、潽一家亦至，佩霞、淑贞、淑英、蕙芬、武若、家英等俱在，分由各家招待，极类乡间社戏迎会时接待戚友，兴奋愉快之至。余被拉多处，卒在调孚家与西谛、达君同饮，八时半始散，天亦黑矣，然后就广场放映电影《伏尔加—伏尔加》（苏联产，从亚洲影片公司借来），板凳条列，坐次秩序井然，均由艺农、润华、纯嘉措施而致，此明社康乐组应尽之职责也。十时许始毕,余全家即乘公司摆司随分送各家之后而归,抵门已十一时矣。热甚难排,浴身坐休,一时后始得入睡也。

## 7 月 30 日(丙辰　廿四日)**星期五**

晴热,午后几难自持,晚间幸尚有风,否则殆矣。晨乘车入馆。办理杂事。上午十时出席一六五次经理室会议。散馆后公司宴请武若及中信局友人,在洗人所举行邀余陪坐,余以不任再热,辞,乘车径归。少坐,啖瓜,旋复小饮。入夜浴身就卧,虽开机听书,亦惮为之矣。

## 7 月 31 日(丁巳　廿五日)**星期六**

晴热。晨乘车入馆。办理杂事。询知昨晚请客,客至甚迟,九时许乃得食,余幸引避,否则白遭延饿矣,酬应之不快如是真堪一叹。编发通讯录第廿一号。散馆时炎日如炙,挤一车中呕驰归。解衣赤膊,如脱桎梏,从知强坐办事之苦。薄暮小饮。夜倦早卧,匆匆浴已即睡。

## 8 月 1 日(戊午　廿六日)**星期**

晴热。晨九时漱儿挈弥同来省。午后二时芷芬、汉儿挈鉴孙来省。余竟日未出,为圣陶注《青邱文》,查《元史》"地理"、"百官"两志。饭后睡一小时,余与芷芬闲谈,傍晚小饮。夜饭后芷等同去,余以倦就浴即睡,例书亦未暇听也。

## 8 月 2 日(己未　廿七日)**星期一**

晴热。晨乘车入馆。办理杂事。炎皓难当,颇惮作事,而星一例有积件,必待清理,殊感繁忙也。散馆后乘车亟归。啖瓜。滋儿今日投考中央大学,明日尚须续考,淑侄已考取上海中学,今又报考务本女中,以考地近我家,午晚均来。傍晚小饮。夜早睡。

## 8月3日(庚申　廿八日)星期二

晴热。晨乘车入馆。办理杂事。挥汗如雨,真难过也。上午九时半出席一六六次经理室会议,于添建货栈及各方人事均有计议,然无所决也。散馆后乘车径归,解衣啖瓜,稍纾结怀。六时正小饮。芝九携其少子见过,盖来沪讲演,顺道看我,并馈洞庭碧螺春茶叶,属分饷圣陶、孝先也。谈久之,别有夜饭之局,将过主友家,入夜乃去。嘉源来,即由珏人及滋儿招待之,余未之见,实缘畏热,不胜酬应耳。九时浴,十时听书,十一时寝。

## 8月4日(辛酉　廿九日)星期三

晴热,午后阵雨,有雷电旋止,入晚仍热。晨乘车入馆。办理杂事。十一时芝九挈其子来馆,因偕圣陶、孝先同赴聚昌馆午饮,一时半散,芝九父子别去,径往北站返苏。余三人甫入馆门,雨已大至,想芝等必遇雨也。下午守宪至,又向收发处多所挑剔,余属通如照章则做,非经别有明文修订不得辄易,维持办事程序,正所以尊重公家公务耳,轻言更张,戈戈之自是之流如之何看到及此耶?散馆归,少坐即饮。淑侄小住我家。夜听书强遣,十一时就睡。

## 8月5日(壬戌　朔)星期四

晴热,午后起阵不果,徒闻焦雷数声而已。晨乘车入馆。办理杂事。上午出席编审委员会第二次会议,通过章程,仍由调孚主席,雪村、晓先均有争持,予同端默而已,彬然则依旧高论也。下午一时出席明社干事会。三时出席一六七次经理室会议,决定调惠民去台任副经理,即以龙文主办第二组事务。散馆后乘车径归,汗沈浃体,殊不适,草草晚饭已即濯身就卧,闲翻渔洋《古诗选》以送睡耳。官方又闹复查户口,特属滋儿重填表格,送甲长,此等闷气,不知何时始泄也。

## 8 月 6 日 (癸亥 初二日) 星期五

晴热,入晚闪电,风且绝。晨乘车入馆。办理杂事。十时出席一六八次经理室会议,通过编审委员会章程,仍有梗议,卒持之以理,始勉强通过云。午后挥汗难耐,挨至散馆乃克乘车亟归。淑侄上中已取,今日须缴款始得与于检验体格,筹思再三,无力负担,只得忍痛放弃,且俟他校发表后考虑其次耳。薄暮小饮。夜饭后浴身就卧,闷热不得睡,直至二时后始合眼。

## 8 月 7 日 (甲子 初三日 立秋) 星期六

晴热(室内温度达华氏九七度),且无风,屡阵未果,夜不得眠,苦甚。晨乘车入馆。办理杂事。午为惠民饯行,在聚昌馆举行,到五十一人,同人过半矣,足征人缘之好,初无勉强也。余与洗人、龙章、履善、竹君、芳娟、黎明、亦秀、圣陶、墨林及汉儿同坐,馀人尚列三席焉,二时毕返馆。热不耐坐。仍挨至摇铃散馆,乃挤车遄返。是日以中元节先期祀先,由滋儿主持一切,余等归饮福而已。夜饭后出里口纳凉,亦不得快风振刷倦神,乃归家浴身,草草就卧,书亦不愿开听矣,惟热汗不得睡,反覆至难受耳。

## 8月8日（乙丑　初四日）星期

晴热极,午后雷阵,移时即过,晚照仍烈。竟日未出,亦无人至,淑侄亦于饭后告归。难得清静,逭暑尚艰,若必亲朋云集而始见乐,吾诚不知人之心矣。午后睡片晌。夜饭后濯身即卧,较昨晚贴枕多多。

## 8月9日（丙寅　初五日）星期一

晴热郁蒸,傍晚雷阵,夜稍凉。晨乘车入馆。办理杂事。雨岩今夜乘车返沪,午间公司为饯行于聚昌馆,洗人、雪村、雪山、予同、达君、芷芬、圣陶、诗圣及余均到,适缓百至,因亦邀共饮焉。邻坐为各同业发行人员之聚餐,有宝忠、丰谷、公望、石洲、家风等在,乃移樽就之,与相终局。二时许返馆。散馆后留待廿八次业务常会开会,五时出席,七时散,通过人事委员会所提房屋租赁及津贴办法与明社所提移奖励金充福利金办法。七时一刻就席小饮并夜饭,八时许即了,分道乘车各归。到家尚未及九时也。呼汤濯体,颓然就卧,积日苦热,为之一解矣。

## 8月10日（丁卯　初六日）星期二

昙旋晴,仍热。晨乘车入馆。办理杂事。上午十时出席一六九次经理室会议。午后为明社写送别惠民题名缘起。散馆后接开明社大会,欢送惠民赴台,以次署名于册为赠,社中并备冰咖啡、面包饷在坐社友,六时借教育局联合国影片放映于二楼办公室,藉作馀兴。七时半乃散,乘车亟归,已八时,草草晚饭,浴身就寝,盖明日凌晨须遄征苏州,应达君舟游荷荡之约也。

# 8 月 11 日（戊辰　初七日）星期三

晴有风，泱然，仍热。黎明即起，草草食已，与珏人坐待车至，六时一刻亦秀、农祥偕守宪乘车来，乃邀均正夫妇共载以赴北站，以昨已购就凯旋号对号票，故得到站即登，且联号遂与专车无别，先后到洗人、雪村、调孚、均正、芷芬、圣陶、亦秀及余等八伉俪，守宪、雪山、彬然、漱玉并达君与小妻梁女绯，凡二十三人，七时正开出，沿途有风并不感热，田禾已油然矣。八时四十分抵苏，默庵已偕其友金君在站相接，盖先期托渠承办者。少驻即随同登舟，距站止百许武耳。舟为轮船公司拖带用之，公司船极宽敞，可列五席，即用皇后号小汽船拖送，九时启碇，盘阊门、金门、胥门、盘门而至觅渡桥折南，遵运河至宝带桥，乃折而东，遂入大荡。惜已稍后，时花已无多，而万柄亭亭，香送十里，则依旧盛时景色也。便择芰荷深处下碇，瀹茗招凉，饱看村童水嬉，且买鲜莲蓬亲擘食之，甘芳绝伦，好事者且驾此小汽艇驰骤于四周芰荷中。一时开饭，肴丰而精，味隽而洁，所谓苏州船菜也。此道已散伙，赖默庵大索而得仅存之硕果三人，得成此筵，口福诚匪浅矣。余等共设两席，余与雪村、默庵、农祥、亦秀、芷芬、汉华、洗人、达君、圣陶、守宪及均正夫人同坐，近三时始毕。启碇循原道返胥门、万年桥，登岸，分乘人力车行，约在吴苑四面厅取齐，余与圣陶、墨林过幽兰巷访硕民，适出，啜茗坐候至四时许乃见归，晤谈至五时三刻辞出，三人偕步，达吴苑，遍晤同伴，已在观前购物坐待矣。余复与洗人、达君、芷芬就吴苑对门全城源小饮，属同伴乘车先赴车站，至七时一刻余始与洗人、达君分乘人力车出平门，过梅村桥，径赴车站。默庵已为购就金陵号车票，送余等廿二人登车，芷芬则省母未出城，将留待明日始返沪云。八时一刻车到,仍得联坐一车厢中,停十分,开,九时五十分即到北站,分乘公司预停接送之车各归。到家正十时半,少坐就浴即寝。此行默庵招呼备至,极可感。

## 8月12日(己巳 初八日)星期四

晴热。晨乘车入馆。办理杂事。昨事俱由诗圣代了矣。午应雪山之招,与雪村同过聚昌馆请广州同业两杨君及学生书局王君,以孝俊与之稔,亦拉共参与焉。二时返馆。予同为复旦招生事两日未至,今午始来。佩弦在平患十二指肠病入院割治,经电属稚圃往探,复电尚未脱险境也,殊念之。散馆后乘车径归,以积倦废晚饮,草草食已浣面即睡,时尚有日也。适武若、家英伉俪来辞行,明日即乘浙赣车直赴南昌中央信托局任矣。余以惮起,竟未晤,珏人与之应答而已,殊歉。夜睡尚适。

## 8月13日(庚午 初九日 末伏)星期五

晴热,入晚稍凉。晨乘车入馆。办理杂事。上午十时出席一七〇次经理室会议。佩弦已于昨日午前十一时病逝院中,晨间于报端得此讯,为之惊愕难任,因与圣陶、予同、雪村、洗人、西谛、绍虞、彬然、调孚、芷芬、龙文等联名电唁其家属,由稚圃代表临奠。久吃高粱酒,终感不快,今日在王三和特购竹叶青一瓶。(约斤十二两,九十万元。)于散馆后携归。傍晚独酌,亦尚不恶,释悲涤虑,恐非此物不办矣。夜浴身就卧,听书至十时入睡。

## 8月14日(辛未 初十日)星期六

晴热。晨乘车入馆。办理杂事。午后宽正、大沂来谈,且代诚之取版税,顺及颉刚近状,言下颇致惜受人愚弄之为患也。散馆后乘车径归。知珏人感冒发热,饭后即卧床未起,余见其闭汗,即煎福煎神曲一服投之,夜得大解,已略好,惟热仍未得尽退耳。傍晚余仍小饮,夜坐至十时后始寝,未敢开窗,遂浴汗半宵焉。

## 8 月 15 日(壬申　十一日)星期

晴热。清晨出,进点于同孚路四茹春缓步往返,日尚未高,因未感大热也。途遇农祥,匆匆即别,盖与亦秀同访其戚,故亦凌晨出门耳。十时漱儿挈弥同归省,淑荪偕来。询悉漱石本亦同来,以佐汉儿治庖,故未克行,须傍晚来接也。(汉儿已发胃病,而其家须宴戚,故尔。)午后坐书巢中整治旧籍,有补辑重装者,有加署缘起岁月者。三时许燮荣来谒,长谈久之,五时许乃辞去。漱石来,夜饭后偕漱儿、弥同共乘三轮车归去,淑荪则先已辞去,将过存雪村家也。珏人已稍好而有下利之象,仍服神曲,且看明日如何。夜十时睡。

## 8 月 16 日(癸酉　十二日)星期一

晴热而爽,已见秋意,入夜月色甚皎。晨乘车入馆。办理杂事。下午二时半出席本公司第十二届第四次董事会,通过人事委员会所拟同人房屋租赁及津贴办法及编审委员会所拟编委会章程,并讨论及于翻译作品之版税是否过廿年即不付一事,西谛主不为天下先,他家未办之前,我店似不应特提,转致刺激著作人。余力赞其说,乃无形打消。散馆后乘车径归。夜未饮。八时许,亦秀偕农祥来视珏人疾,珏人已痊,遂与长谈至九时三刻乃辞去。伊等正在盛年,竟能念及老朽,殊可感也。客去,听书至十一时始寝。

## 8月17日(甲戌　十三日)星期二

晴热,夜凉,月好。晨乘车入馆。办理杂事。上午十时出席一七一次经理室会议,决定收退稿件多起,并决致赙佩弦五亿元。饭后圣陶谈及佩弦,谓去冬曾有诗录示云:"中年便易伤哀乐,老境何当计短长。衰病常防儿辈觉,童真岂识吾生忙。室人相敬水同味,亲友时看星坠光。笔妙启予宵不寐,羡君行健尚南强。"(题为"夜不成寐,忆业雅老境一文,感而有作",按业雅湖南人,故诗末用南强。)作此时年甫五十而衰飒至此,不可不谓为耄及语谶矣,然亦足征近年心境之莫奈何耳。散馆后与润儿乘车归,少坐就里口德丰新购生啤两杯(计百万元)饮之。夜饭毕,浴身就卧,正待听书,而文权、潜儿来省,有顷芷芬、汉儿挈元镇亦至,盖先到潜家追踪而来者,俱约归省母疾,适珏人已痊,故欢然畅谈至十时许乃各辞去。余仍听书,至十一时半乃睡。甫琴眷属已自长沙来沪。

## 8月18日(乙亥　十四日)星期三

晴热,午后起云,傍晚晶莹如故,夜月好。晨乘车入馆。办理杂事。予同在江湾复旦阅试卷,竟日未至。无钱用,卖纸一令与至善。散馆归,淑侄、昌顯、昌预两外孙俱在,因共晚饭,余仍购生啤饮之,尽两杯。夜濯身偃卧(淑等入夜即归去),至十时开机听书,十一时许乃睡。《闻一多全集》已出版。

## 8月19日(丙子　十五日)星期四

晴热,午后昙,有细雨,未几仍开朗,入夜月色姣好,虽时有薄云,终不掩清晖也。晨乘车入馆。办理杂事。予同仍以阅卷未至,而邮箱取得投考练习生之函件则堆案矣。育文昨日下午去台,为料理其所营工厂事,行时未见告,今日冼人言及始知之,行动飘忽有是哉。散馆后乘车径归。傍晚仍饮生啤,又涨价二成矣。夜就浴偃卧,看陈榕门书。十时听书,十一时许入睡。

## 8 月 20 日（丁丑　十六日）星期五

昙热,下午晴,夜有月,绝风。晨乘车入馆,办理杂事。十时出席一七二次经理室会议,于当前剧变有所商讨,盖今日官方颁布所谓经济改革方案,改发金圆券,每圆合现行法币三百万元,欲以此取消生活指数,其实变相膨胀其通货。(易言之增发三倍大钞耳。)重苦操作之职工耳。本店面临此境已遭严重之考验,不得不慎重考虑及之也。予同到馆,练习生投考信乃得进行拆阅焉。彬然五十双寿承贻风肉及玉带面。散馆后乘车径归。晚仅饮生啤一杯(价仍旧)。东华以所编《国文法程》第一程(即第一册)见贶,盖龙门联合书局所印行者,余视其编制六成条贯,将来推行或能出一头地,而圣陶以为不脱传统,终无以与开明所编之《高中国文》竞胜,则未免偏见耳。夜听书至十一时半始睡。

## 8 月 21 日（戊寅　十七日）星期六

昙,午后时有雨,傍晚更甚,入夜止,旋有月。晨乘车入馆。办理杂事。写出赠送《青年丛书》之书编六通呈请教育部通令介绍采用之呈文一件,惠民偕甫琴眷属四人赴台之证明书一封。(惠民乘利公轮行,明晨八时即启碇。)后日起回复八小时工作之布告及公布编审委员会章程之布告各一纸。滋儿今日应中纺技术训练班考试,上午七时三刻即乘自由车径往西站以西之大夏大学考场,至晚六时始归。散馆后乘车径归,润儿以须受课且明晨仍须北行因属即住汉儿所。夜取瓶底高粱酒小饮。以清儿生日,举家吃面。夜听弹词,十一时半乃寝,时已月上屋顶矣。

## 8月22日(己卯　十八日)星期

拦朝大雨,淅沥竟日,夜气稍凉而湿闷增,终日未出。清早滋儿冲雨出应考,仍远适西郊大夏试场,十二时乃归。文权十时来,午饭后去。润儿午后二时归,盖滞永丰坊伺雨隙,以是延时耳。五时小饮,购怡和啤酒一瓶消纳之。(价等生啤两杯。)夜未听书,随取《阅微草堂笔记撷钞》看之,十时睡。珏人近日体又欠舒,饮食不旺而精神略萎,衰龄渐增,可惧也。

## 8月23日(庚辰　十九日　处暑)星期一

阴雨,午后晴,入夜雨,下半夜有月,近明又雨。晨乘车入馆。办理杂事,星一特忙,且为改折金圆券事订帐通告又加特忙乎? 早与润儿同过顺泰祥吃面,店司报账亦竟改喊角分,足见官方督责之严急,然以零数升进故,反加收若干凑成角分限价云,何哉,况终不能限价耶? 此等举措直堪喷饭,安用慨叹,惟有坐视群盗之自灭耳。明社定今日六时请立斋来讲金圆券问题,余以初复办事时间平加一小时已不胜坐,散馆后便乘车归,未及听。夜小饮,购王三和竹叶青三斤携归者。听书至十一时寝。

## 8月24日(辛巳　二十日)星期二

阴雨时作,傍晚有晴意。晨乘车入馆。办理杂事。上午十一时出席编审会议,报告通过章程并互推常务委员及主席。(圣陶、均正、调孚、彬然、予同为常委,调孚任主席。)订定每周四开常会,第一周四则并开全会焉。下午三时半出席一七三次经理室会议,为应付当前币制事,对薪津系数仍维现状,照率折算也。散馆后乘车径归,下车觉冷,到家小坐,仍暖酒自劳,然勉尽两盏,第三盏竟难下咽矣,即辍去,聊啜薄粥而已。入晚即睡,幸未发烧耳。卧床上仍听书至十一时后乃入睡。

## 8 月 25 日(壬午　二十一日)星期三

　　晴热,午后曾有细雨,日仍出也,夜半大雨。晨乘车入馆。办理杂事。散馆后应西谛之约,与圣陶、予同共载以赴之,有顷默存至,森玉至,潘光旦至,起潜至,陈梦家至,达君至,祖文至,最后孙瑞璜至,七时半始入坐,且饮且谈,观默存与梦家斗口致趣也,九时许乃罢,又坐谈至近十时始与予同共乘以归,圣陶则先偕祖文乘电车北归矣。到家仍得听书,知钱剑秋之《西厢》已告剪,十一时乃睡。

## 8 月 26 日(癸未　廿二日)星期四

　　晴,北风颇劲,晨夕皆凉矣。晨乘车入馆。办理杂事。布告明日以孔诞放假,将仍维津贴系数制通告各部分及各分店。散馆时滋儿来馆,随汉、漱北归,将于明晨同赴嘉兴,锴孙则本已在馆,余即携之归,明日将同游冠生园农场也。傍晚小饮。圣陶夫妇来江家晚饭,七时许便去。余以体倦九时即睡。

## 8 月 27 日(甲申　廿三日)星期五

　　晴,下午起阵,浓云四起而卒不雨,以是傍晚颇热闷。今日孔

诞休假,明社社友分两组出游,其一赴嘉兴,少壮居多,滋儿附焉;
其一仍游漕河泾冠生园农场,重温一年来之旧梦,中年以上人属
之,家属之老弱者附焉。八时半去漕泾之车自开明新村来接,洗
人、圣陶、调孚、孝先诸伉俪及彬然、韵镣诸人与诸家孩稚俱在,因
向冠生园农场径发,不半时已达园门,珏人、湜儿、锴孙、纯葆从下,
相将入,仍抵绿荫草堂,略一巡行,复返堂憩坐,有顷,予同、农祥、
亦秀、光暄别车至,近午达君夫妇始偕其眷属戚党十许人分乘两车
至,乃唤侍者备肴,达君等一席,余与洗人夫妇、予同、圣陶及洗外
孙仲之合一席,各出所携酒徐酌之以俟馀人,分曹自赴饮食部进
食,俾各适其适,安排亦良得也。讵料假日客多,而主持场事者事
先竟未为备,遂致左支右绌,几无以应馀一席。十一时半即交付单
子,直挨至三时始勉得食,而旁邻各坐之后来者俱得先饱而行,呼
问侍者,一味支吾,颇愤恚也。四时离园,购得盆竹一事、吊兰一
事,归途过曹氏墓园入览焉。曹园之名久著,余家亦多再三游者,
惟余缘悭,屡过未尝入(或以时晏或以故不纳客)。今初到,自感
新鲜。虽布置不免俗滥,而卉树蓊郁,剪裁修整,绿屏掩映,浓翠欲
滴,足征人力弥厚,气运犹长也。巡历一周而出,登车径归。傍晚
小饮,润儿以守家未出,同进夜饭。饭后滋儿亦自嘉兴归来,各感
闷热,浴身早寝。

## 8 月 28 日(乙酉　廿四日)星期六

　　晴热时昙,所谓秋郁勃也。晨乘车入馆。与珏人、润儿、湜儿、
锴孙及均正偕,将顺道送珏、湜、锴到潜儿家也。乃车行至圣母院
路油管阻塞,无法开驶,即下,唤三轮车先送珏等行,润儿别乘廿二
路公共汽车行,余与均正且走且唤三轮车,不得,竟迤逦至馆,已九

时四十分,且汗流浃背矣。到馆后办理杂事,以昨日放假积件如星
一,忙甚。育文已自台北返,今来馆,多日未至,颇清宁,今又突扰
收发,致通如大感不快。其人实鄙琐不足道,而妄自尊大,殊难为
伍,奈何?公司两日前柬请吴克刚、杨东莼、巴金、端木蕻良、王馨
迪、李健吾、郑西谛、吴朗西、钱歌川、陈岳生,属清华备肴两席,订
今日下午六时饮衍福楼,以是散馆后未即归,与洗人、圣陶、雪村、
育文、芷芬、均正、调孚、彬然、诗圣、予同留待之,至六时半客到齐,
郎西则以返京未来,乃入席。飞觞交酬,不觉多饮,九时始散,除西
谛附乘馨迪之车先行,蕻良别有他事辞去,健吾以看戏早退外,宾
主俱乘公司大车分送各归。汉儿散馆后归省珏人,及车到里门即
附乘以归去。余少坐拭体就寝,润儿始自音校受课归也。

## 8 月 29 日（丙戌　廿五日）星期

昙阴连作,时有雨意,而卒未果,闷热甚。竟日未出。看《安士
全书》,颇有所契。上午十时漱儿挈弥同来省,午裹馄饨饷之。下
午四时漱石来接,因留晚饭。余午夕皆小饮。夜饭后漱石等归去,
湜儿偕往小住也,甫送出未久,文权、濬儿及顯、预、硕三孙并其小
女佣同来,盖自公园畅游归过此小憩耳,坐有顷辞去,余亦濯身就
卧矣。残暑难逭,夜眠殊苦,汗渍枕席,转侧不寐也。

## 8 月 30 日（丁亥　廿六日）星期一

昙,下午晴,闷热难任,夜半始稍凉。晨候车不至,想又坏,立
里口守之,适道明接亦秀、龙文过,乃附乘之,顺接予同、光暄同到
馆。办理杂事。此次招考练习生今日初批举行考试,上午到五人,
下午仅到四人耳。散馆后本拟参加清华同学会追悼佩弦并顺应祖

文之招饮于中建社。余实惮热，且亦畏事，竟谢不往，附车径归。到家小坐，便尔徐酌，略见舒松，亦一佳事矣。夜饭后坐未久，濯身即卧。

## 8 月 31 日（戊子　廿七日）星期二

晴热。晨乘车入馆。办理杂事。下午三时半出席一七四次经理室会议，决定同人子女教育补助津贴标准数并决就开明新村隙地建筑新屋，备编校、出版、图书各部之用，会毕已五时半，即散馆矣。散馆后乘车径归，知滋儿送锴孙归去矣。入暮小饮。夜饭后接电话，知滋儿被留住祥经里，须明日偕湜儿同返也。润儿之同学严君自甬出，以开学尚早，小住润室，或且有多日耽阁耳。

## 9 月 1 日（己丑　廿八日）星期三

晴热。晨乘车入馆。办理杂事。亦秀以农祥日前在冠生园农场所摄之四老合影（洗人、圣陶、孝先及余）见示，甚清晰落位，深佩技术之高也。午前石少逸来馆，芷芬、振甫请渠吃饭，邀余及汉儿同往聚昌馆小酌，一时三刻返馆。出席明社干监事联席会议，于储纸价格及福利基金事均有论及，须提理事会商讨决定之。振甫以珂罗版印《平湖陈伯叙墓志铭》见贻，文为金通尹所撰，书丹者胡宛春，篆盖则陆微昭也，堪称三美并矣。散馆后乘车径归。傍晚小饮。夜八时即睡。

## 9 月 2 日（庚寅　廿九日）星期四

晴热，闷已甚。（午后气温达华氏九十三度。）下午四时起雷阵雨，甚豪而风不大，且移时即过，入晚仍感闷也。晨乘车入馆。

办理杂事。续为程会昌校《文论要诠》,明日或可全毕矣。散馆前刚主来,阻雨未得去,散馆时唤车行,余与均正、龙文、履善、守勤同挤一小车冲雨归,衣尽沾湿矣。傍晚小饮。夜饭后润儿始自音校归,幸未值雨。

## 9 月 3 日（辛卯　朔）星期五

晴热甚于前昨,昏闷殆难治事。晨乘车入馆。办理杂事。校毕《文论要诠》排样。下午三时半出席一七五次经理室会议,人事调度及看样建屋诸大端均有所决定。散馆后乘车径归。少坐便小饮,进面,入夜浴身就卧,冀苏积困而烦热袭人,不可自宁贴,爰属湜儿就里口德丰新购冰啤一瓶饮之,始得安枕也。

## 9 月 4 日（壬辰　初二日）星期六

晴热甚于熬煎,秋暑中之怪象也。晨八时乘车入馆。办理杂事。今日取薪,以用途浩穰支存纸二令赠贴之。致赗佩弦千万,送芷芬父阴寿香烛之仪千万,捐助智炎五百万,留出淑侄学杂费九千三百万,家常正供实亦无几矣。时局日非,生活日亟,如之何不忧且惧乎?戴佩华今晨自甬至,即下榻吾家,严生、继善即迁去。散馆后与润儿乘车径归。漱石、弥同（均早晨来此）、淑侄（午前来）及汉、漱两儿（则四时后来）均在,俟小饮后共进夜膳。膳后文权、潜儿来,家人聚谈,为欢弥甚,而闷热中人,余竟不胜其喧噪矣。九时都去,始得就浴偃卧,仍以冰啤压烦襟,勉强合眼,睡至十二时为雷电所醒,窗外旋闻雨声,满拟快挹新凉矣,乃淅沥时作,风雨未畅,室内气温转感增剧,挥扇不能却,至三时始渐入梦,天未明,又感热,惊觉矣。

## 9月5日（癸巳　初三日）星期

阴霾，风雨时作，亦偶露阳光，午前尚感闷湿，午后始觉凉，入夜乃有爽致。润儿晨出往祥经里汉、漱所，夜饭后始归。余则竟日未出，看完周安士《阴骘文广义》，此人邃于释典，贯穴儒书，以事说教，宜为士流所信也。晨午俱啖面，夜则饭以啤酒先之。夜九时寝，嘉源来，未之见。

## 9月6日（甲午　初四日）星期一

阴霾，偶昙，时有濛雨，夜半大雨达旦。晨乘车入馆。办理杂事。杭店副经理黄鸣祥来，洗人、雪村、予同及余邀与共饮于言茂源，二时许返馆，仍处杂事。东华来馆，谈有顷，农祥在冠生园所摄之四老合影今印出，遍赠洗、圣、晓及余。余为弄笔草一谢束，四人连署以交亦秀也。散馆后乘车径归，仍属德生在王三和打竹叶青一瓶携回，薄暮小饮焉。佩华今日住其戚家。淑侄来取学费，滋儿为陪往务本缴讫之，淑因于夜饭后乃去。夜听书至十时三刻寝。

## 9月7日（乙未　初五日）星期二

阴雨竟日夕，薄暮与夜深尤甚，其间偶住点而已，上午仍闷热，下午始见凉。晨乘车入馆。办理杂事。下午三时出席一七六次经理室会议，决定录取练习生四名，免收五六两月宿舍房租，并指定育文监督指导建屋事宜。雪村阻雨未来馆。芷芬、汉儿以父阴寿，今晚赶回苏州，下午即未到，尽室以行，即余妈亦携以往，故散馆后润儿北行住汉家为守屋，余则乘车径归。到家小坐即饮，佩华、淑侄俱在，即下榻焉。夜闲翻《三朝北盟会编》，九时即寝。

## 9 月 8 日 (丙申　初六日　白露) 星期三

拦朝风雨,道途积水没踝,午后晴,入晚又雨。晨俟车至九时
乃来,遂乘以入馆。办理杂事。午刻公司宴请台北市长游弥坚,余
因先与圣陶约沽酒相酌,遂谢来往,两人对饮,间以杂谈,亦殊有劲
也。散馆后以须出席廿九次业务常会,留待至六时始开会,又为雪
山纠缠,蔓延至八时始毕,然后就饭。余以食已过时,颇难任,未敢
多饮,草草一饭而已。九时半乘车到家,时已值雨,少坐濯身,未几
便卧。淑倕归去。

## 9 月 9 日 (丁酉　初七日) 星期四

晴凉。晨八时四十分达君车始来,附以入馆,已将九时矣。办
理杂事。午后芷芬、汉华来馆,芷一露即不见,汉则办积件,散馆同
出也。润儿连日北行,冒风雨,今日微热不支,饭后即先归。余散
馆归,润儿勉坐同食,余小饮后偕珏人、润儿散步左近,闲眺遣闷,
暮色深乃返。夜听吟联社丝竹会奏,十时许即寝。佩华已移入南
市民立女中宿舍,盖明日即须正式上课矣。

## 9 月 10 日 (戊戌　初八日) 星期五

晴,北风甚劲。晨八时四十分达君车来,乘以入馆。办理杂
事。润儿请假在家休息。下午三时半出席一七七次经理室会议,
通过新取练习生分配服务并决定退稿三件。育文赴漕河泾上海中
学授课,今日下午未到。以后逢星五将援以为例也。(有予同前例
在,似已形成特权矣。)散馆后偕汉儿同车归。傍晚小饮共饭。饭
后长谈至九时许汉儿辞归。十时听丝竹合奏,十一时寝。

## 9月11日（己亥　初九日）星期六

晴,偶有云翳。晨八时三十分乘车入馆。办理杂事。午后昌群来,散馆后与共应雪村之约,凡两席,余与子恺、无止、鞠侯、西谛、树滋、洗人、予同、昌群、芷芬、圣陶、雪村同坐,他席为仲华、翼云、仲足、君匋、彬然、又新、祖璋、诗圣、调孚、育文、华瞻、一吟等。新开陈酒,味至醇厚,不免多饮,昌群即醉卧村家,主人亦醉矣。八时半始散,余与鞠侯、西谛、育文、无止、予同共乘以归,以次送到,最后乃及余,到家即睡,沉醉矣,幸未作吐耳。

## 9月12日（庚子　初十日）星期

晴朗。晨起犹挟残醉,精神殊见苶尔,竟日未出,午后偃卧而已。傍晚微酌少进,夜饭后偕珏人及滋、湜两儿散步于附近,阅一小时乃还,文权、濬儿、硕孙俱在,因长谈至九时半始辞去。余卧听丝竹,至十时许即睡。

## 9月13日（辛丑　十一日）星期一

晴,凉爽。晨八时二十分乘车入馆。办理杂事。接西谛电话,约余并代邀洗人、雪村、子恺、达君、圣陶、予同夜饭其家。下午四时昌群来。散馆时余与昌群、圣陶同附达君车西行,先抵西谛所,达君则别有他约,未果到谛家也。良久第二车至,乃载得洗人、子恺、雪村、予同来,其先森玉已到矣。七时半始开饮,谛又约梁俊青同饮,君箴亦与焉。酒半,子恺以须赴君匋约先行,余等至九时三刻始散,乘车返家,已十时许矣,少坐便寝。

## 9 月 14 日 (壬寅　十二日) 星期二

阴,午后晴。晨乘车入馆。办理杂事。十一时许介泉来,待逾月,意其北上矣。今日乃突至,二十年阔别,一旦把晤,喜可知矣。因与圣陶、予同、晓先、洗人、雪村、芷芬共留午饮,添两菜一盆,从容谈宴,至二时乃罢饮,复谈至三时半,余出席一七八次经理室会议,圣陶别室与谈,知渠五时去,明日即乘飞机往北平云。经理室会议结果于宿舍管理不无注意也。散馆归,少坐复小饮,思欲啖馄饨,里中竟无叫卖者,乃于饮后偕珏人、润儿出散步,冀有所遇,卒未得,废然返。入夜嘉源来,余独出再找,彳亍良久,仍未得,颇恚。归后坐待至九时始买得一碗沃冷饭下之,十时寝。

## 9 月 15 日 (癸卯　十三日) 星期三

晴,东北风甚劲,据报载台又将至矣。晨八时二十分乘车入馆。办理杂事。下午三时出席十二届五次董事会听取常务报告并通过祥经里建筑新屋而已。散馆后乘车径归,略坐便尔小饮。夜饭毕偕珏人、滋儿出里散步,垂暮始归。灯下为滋儿书订婚礼帖。九时许即寝。

## 9 月 16 日 (甲辰　十四日) 星期四

晴爽。晨乘车入馆。办理杂事。静观妄人之躁动,在在逞能而触处可笑,多见其不自量矣。何意垂老乃对此伧,是不能不归咎作俑之人耳。散馆后与雪村、圣陶、彬然、予同共乘以应翼云银行公会之约。至则宾客甚多,晤张志让、高祖文、曹未风、冯仲足、金仲华、董秋斯、张明养诸人。七时许开宴,凡三席,翼云自主一席,仲足主一席,仲华主一席,余即与未风、彬然、明养、圣陶、雪村、予同、秋斯及仲华同坐,盖世界知识社以此刊复刊已三周年,特张筵为庆耳。欢饮至九时半始散,余即偕雪村、予同及仲足、秋斯共乘以西,分别送归。芷、汉为滋、佩订婚事于散馆后到余家襄办一切,即留夜饭,比余归,已先去矣。

## 9月17日(乙巳　十五日)星期五

晴,午间颇热,早晚凉,夜月尚姣,惟有微晕,殆风暴虽过,犹留余兆乎。以滋儿订婚请假家居。十时许漱石率漱儿、弥同来。十二时许雪村夫妇、圣陶夫妇、芷芬、汉儿来,润儿亦自馆偕返。潜儿先于十一时来。有顷,戴叔道夫妇偕其二姊叶夫人、外生惟精(请与文权同为介绍人者)及佩华来,嘉源、翼之、文权亦先后继至,款叙移时,于一时设筵欢饮,开所藏陈酿享亲朋,凡两席。余陪叔道、惟精坐上席,雪村、圣陶、翼之、嘉源、芷芬、文权、润、滋两儿与焉。次席则由珏人主之,叔道夫人、叶夫人、红蕉夫人、圣陶夫人、雪村夫人、漱石、潜、汉、漱三儿及佩华、崇尧与焉。酒半,起举帖及约指,交由文权、惟精分别交换,于是订婚礼成,二时半席撤。三时叔道等辞去。令道明驾车送往金门饭店,盖别有酬应也。雪村、圣陶两伉俪及芷芬、润儿继去,仍到馆视事。余在家暂休,觉甚倦矣。文权亦往青年会,翼之、嘉源均辞去。三时半汉、漱、湜陪滋、佩往艺林摄影,归时便接潜、汉两家诸孙同来。六时芷芬、润儿亦自馆归,乃重理残肴并添自制菜肴数事,又坐两席,快饮致足乐也。八时罢,再坐看群儿嬉戏。至九时漱石等始告归,仍由道明驾车送之,佩华则珏人留之小住矣。是夜始亲灯火看书,坐书巢至十一时半乃归寝。

**9 月 18 日**(丙午　十六日)**星期六**

阴霾时雨,气甚闷,殆台翼所迫而然。晨候车至八时四十分始得乘,入馆已九时矣。办理杂事。饭后与圣陶、予同往大新四楼画厅参观国立敦煌艺术研究所所办之艺术展览会,大都为藻井壁画之临摹品,有巨至数丈者,有仅盈尺者,光怪陆离,古艳夺目,尤以历代飞天及藻井图案为最生动与美丽,惜人多气热且忘携扇,竟不能久驻,匆匆巡历而出,只半小时耳。自觉可笑,彳亍返馆。散馆后乘北行车到开明新村坐漱儿家,与芷芬、汉儿、漱石、漱儿同饮,七时进夜饭,七时半就新村教室与练习生开座谈会。八时半散,复过调孚小坐,九时乃乘车径归,到家已九时二十分,幸风势已杀,雨亦霏微,途次甚觉平顺也。少坐听亚美转播沧洲黄静芬弹唱《倭袍传》,十一时始就枕。

**9 月 19 日**(丁未　十七日)**星期**

昨宵风雨,平明仍掣电,上午阴霾,午后始转晴,闷热甚,气温在华氏表八十五度以上,中秋后有此,殊难任也。珏人、润儿十时偕出,往饭于濬所,知饭后珏且往候雪村夫人也。佩华晨出省其父母,滋儿十一时出,往吊其同级友之父丧于武宣路玉皇山道院,独余未出,与湜儿、纯葆在家耳。下午一时佩华归,二时许滋儿归,同学友十一人随之来,以订婚揭布索吃糖,扰攘至三时半乃去,四时半珏人归,已晤及雪村夫人,尝与漱石同去也。六时许将小饮,润儿始自濬所归,盖盘桓一永日矣。夜饭后滋儿送佩华入校,九时乃归。以热失寐。

## 9月20日（戊申　十八日）星期一

昙闷，午后转晴，热甚，夜半有雨。晨乘车入馆。办理杂事。陈万里来馆，廿馀年不见矣，惟知其任职本省卫生处处长而已，今乃获晤，饱聆妙论，不啻又得一介泉矣。畅谈至十二时，因与圣陶、洗人、雪村、芷芬共邀过聚昌馆小饮焉。又谈至二时始别，盖须分赴各县乡间视察医药服务站也，其精果仍有加于曩昔，殊可佩。散馆后乘车径归。傍晚小饮。夜饭后看《遁窟谰言》，听黄静芬《倭袍》。十时许就寝，仍为热闷所困，殊难安眠也。

## 9月21日（己酉　十九日）星期二

初阴旋昙，偶又放晴，仍闷热，入晚乃稍凉。晨候车入馆。办理杂事。饱看此伧缪绕妄作，殊难为怀，通如因以生气，贤辉为之掩泣，诗圣从而不平。为日无多，已非一二发深，可想见其妄矣。今日宝华建筑公司之史建樵乃以不堪凌侮，愿弃承揽，闻是其气焰已薰灼达于公司大门之外，直且开之于人人矣，作俑拉马之徒，能不抚心自疚也乎？下午三时半出席一八〇次经理室会议，关于保险事此伧又妄作聪明，与坐中斗口。余端默而已，盖既有人纠之，亦无待棒喝耳。散馆后乘车径归。小坐即小饮。夜听书至十时寝。

## 9月22日（庚戌　二十日）星期三

晴，午后起阵，傍晚始雨，然未畅，闷热，殆有甚于昨日也。晨候车入馆。办理杂事。午后东莼来辞行，谓将于星六乘海平轮赴厦门就教厦大，因约星五之夕为饯行，顺为明社演讲，谈移时去。

散馆后乘车径归。已值雨,到家时里口纯葆执盖相迓,因未沾湿。抵家小坐即小饮。夜饭后嘉源见过,移时始去。余未听书,即寝。

## 9 月 23 日（辛亥　廿一日　秋分）星期四

阴霾,午前微雨,傍晚大雨,气遂大凉。晨候车入馆。办理杂事。饭后闲谈,圣陶谓余说话喜夹文言兼杂典故,聆者颇不易了然。承老友检讨,殊可感,但自幼习成,非但牢不可破,且亦不自觉其何者为文,何者为白,冲口而出,汩汩而来,竟莫名其妙也,奈之何哉! 散馆归,途中值雨,车抵里口仍由纯葆张盖迎入,而地已膏湿,双鞋俱透渗矣。少坐即小饮,甫半,漱润两儿入,盖伊等来西区看电影,自馆早退,今乃来会耳。因共夜饭,以雨故电话与汉儿,属告漱石留漱儿在家住一宵矣。饭已,潚儿冒雨至商事,即取所寄存之物去。余左臀尖前晚忽起一块,并不甚痛,昨日乃陡觉钱大且隆起,今日坐且有问题矣,或为疮疖乎,姑听之。

## 9 月 24 日（壬子　廿二日）星期五

阴,近午晴。晨候车入馆。办理杂事。下午三时半出席一八一次经理室会议。余臀疖已成,以手扪之,觉底盘有银圆大,隆起之粒有如花椒,皮肤灼热,频频抽痛,其化脓之象乎? 坐时必侧身,仅依右臂,殊吃力,颇欲早退归休,以有东莼之约,只得相熬。五时许东莼来,散馆时即召集明社青年社友听东莼讲演,历一小时散,余与雪村、予同、圣陶、彬然偕之往饮于马上侯,西谛亦至,鞠侯则屡电约之,俱未得达也。八时三刻散,圣陶、彬然乘小车送东莼北归,余则与雪村、予同、西谛共乘,先送村、谛归,然后及余,最后乃送予同云。抵家已九时许,乃倩珏人挑挤臀疖,并无多脓,即睡。

## 9月25日(癸丑 廿三日)星期六

晴,又转热。晨乘车入馆。办理杂事。汴店正式结束,改聘胡经理雨岩为经理秘书,派往杭店协助门市开幕事务,其办事员张树昌则正式调往杭店服务矣。雪村携眷将于明日乘太平轮赴台北小休,前杭筑滇分店主任、今广州水利局文牍员谢来(字杏怀,嵊县人)适过境来沪,将于今晚乘沪车取道浙赣、湘桂、粤汉三路赴穗城,余等遂约午餐于蜀腴川菜馆为之饯行,到洗人、雪山、圣陶、予同、晓先、祖璋,二时十五分始复返馆。晓先托濮文彬向求左斋购得《近代碑帖大观》正续集,照战前价折合金圆十六圆,余早庋正集而无续集,因顺便补入费八圆云。结习难忘,殊堪自笑也。明日芷、汉将有锡虞之行,属滋儿住去,代为照管,故五时许滋儿来馆,于散馆时随汉儿乘北行车往宿于祥经里。润儿仍北去受课,夜十时始归。余散馆径归。感于乱做之作风,眼见环境日非,颇为抑塞,借酒浇之,亦复何益。匆匆夜饭毕,独自策杖出门散步,一小时而返,无言就卧,殊难为怀耳。

## 9月26日(甲寅 廿四日)星期

晴。晨独出进点于巨鹿路北万兴,仍缓步归。家人见告,菜场竟无物可买,足见限价影响之大且深,谓此状而永绵者必有槁饿之一日,岂无物可买而已哉,浩叹亦何益,亦惟静待已耳。午后二时许有殷振声者持柱流函来见,长谈移时乃去,于柱流近状言之甚悉,自言盖其学生现在本市市立工业专门学校教务处任事云。傍晚小雨,余闷坐小饮,购熟切数事下之。夜九时听书,十一时乃寝,盖润儿参加音乐会,待其归来始睡耳。

## 9 月 27 日（乙卯　廿五日）星期一

晴爽。晨候车至八时四十分始来,乘以入馆,已九时矣。办理杂事。润儿以须办申请缓征壮丁事迟到,近午乃至馆而所事尚无眉目,乱命困虐如此,奈何不令人切齿耶!未了事须召滋儿代办之矣,顾汉出未归,亦殊难安排也。散馆后福特已修好,西行同人之分乘两车者仍将并行,特由纯嘉随押勘线,明日即须照此实施云。六时到家,小坐便饮。夜看《近代碑帖大观》续集,听黄静芬唱《果报录》,十时就寝。润儿仍出参加音乐会,十一时始归。

## 9 月 28 日（丙辰　廿六日）星期二

晴,午后时阴时昙。晨候车入馆,福特修竣后第一次复驶故道也。到馆办理杂事。臀疖加剧,忍至饭后竟不可坐植,立则尤觉下坠胀疼,遂以各事托诗圣请假归卧,仍由道明车送到里门口。卧后以热手巾熨贴之,觉稍松,倩珏人看之,因疖无头,不能挑,遂用通如所送红膏药贴患处,且俟变化再说。依枕偃卧时复合眼小休,亦甚闲适也。薄暮进铜盆柿一枚。傍晚仍小饮。夜卧听书,十时睡。

## 9 月 29 日（丁巳　廿七日）星期三

阴雨。未入馆。早八时半与珏人过野味香吃卤鸭面,归,值雨,履尽湿,濯足易袜换鞋然后坐,臀疖依然也。初尝丫角菱,尽二十许枚。纯葆出买肉,无着,废然归。似此情形,而谓之施政,直儿戏不如矣。偃卧看《春在堂随笔》。散馆后润儿归,告柏寒近来沪,有电话相询,惜余未能晤之也。又云辰伯诸人俱在馆候余,未值,亦感扫兴耳。偶病小休,偏有事故相寻,中心牵惹,殊难自已。

夜仍小饮,听书,换用润儿所购中心配尼西林药膏敷臀疖,且看一
宵过后有无影响。

## 9月30日(戊午　廿八日)星期四

　　阴霾。晨纯葆往菜场,良久而返,仍不得肉,恨恨而已。汉、漱
两儿晨来省珏人,伴往里对门野味香吃点心,顺送上车入馆,润儿
则先乘福特去矣。检视臀疖,仍未出头,但红势已稍退,或可藉此
药膏见功乎?续看《春在堂随笔》。午小饮。午前芷芬来省候。
饭后拂拭书巢几案及皮架诸物,多动,不免牵及臀疖,三时后感痛。
润、滋夜归,告柏寒曾来馆访余未值,深致歉叹,闻之甚抱憾矣,缘
何一悭至此乎!夜饭废饮。七时濯患处,仍不见头,换药而睡,转
侧较昨日为不便矣,何图纤芥竟尔作害如此耶?

## 10月1日(己未　廿九日)星期五

　　阴霾。晨珏人自偕滋儿上菜场,仍未购得肉,据云仅有一摊悬
肉三四块,须八时始开售,而环伺求购者已有二十许人,自揣无力
于挤,只得折回。经检之影响如此,尚复成何事体,语言道断矣。
本日起夏令时刻改正,仍行标准时,馆中办事时间改为上午八时至
下午五时。七时四十五分车过里口,润、滋乘以入馆,滋则转道仍
住汉儿家。余时起时卧,看毕《春在堂随笔》,且以其间听弹词。
午晚俱小饮。夜饭后换药臀疖,已有微头突,爰由珏人力挤之,以
出口纤细已甚,仅针末大,故脓出不爽,余又怕刺划,只得挤出少
许,脓块如绿豆大,但继以紫血,想可稍松矣,因濯净,仍按配尼西
林药膏焉。均正见过,承慰视,极感,谈良久,于馆事颇有论及,八
时始去,十时就寝。《春在堂随笔》卷亦载有无名氏《读易有得

方》,殊有意趣,亟录之:

> 艮,君子以思不出其位。此方治心,心之官则思,多思伤心,受之以艮,则随事顺应,无入而不自得矣。

> 损,君子以惩忿窒欲。此方治肝治肾,多怒伤肝,多欲伤肾,惩之窒之,则肝木不致妄动而肾水亦易滋长矣。

> 颐,君子以慎言语,节饮食。此方治肺治脾,多言伤肺,多食伤脾,慎焉节焉,可以保肺而健脾矣。

## 10 月 2 日(庚申　三十日)星期六

晴。湜儿以远足漕河泾凌晨即起,匆匆入校。润儿仍候至七时五十分始乘车入馆。余则一早便醒,觉患处仍胀,乃倩珏人再挤之,得脓血仍如昨,敷药而起,盖久睡则神昏,转感不适也。然仍不良于坐,只得踱躞小庭中,观赏花草挹露亦盎然自得耳。菜市情形当然无好转,纯葆归言并肉摊无之矣。只索大笑视之,尚何言哉。饭后看《茶香室丛钞》,尽四卷。午晚仍小饮。夜饭后换药,竟挤不出何等粘液,只索涂扎就卧。滋儿偕锴孙归省。佩华自校假归,告其弟崇尧已随其父母返甬,以医言有结核嫌疑,须休学一时也,甚念之。润儿以听马思聪提琴,夜八时许始归。持呈雪村前日台北所发信,知已安抵并告在船上发生一喜剧,亦一悲剧。盖其手表被窃,查得为一翩翩少年所为,叩悉系无锡师范学院四年肄业生,来高雄中学任训育主任兼史地教师者,名潘永鉴,籍吴县云。雪村不欲究而港口警察非逮去不可,转不得不为之具保求释耳。阅悉之馀,感喟万端,方今衣冠作贼,清昼攫金,已恬不为怪久矣,乃出身师范,膺任训育之青年而亦为此,是名教地狱矣。夫何言乎!十时睡,竟转侧难寐也。

## 10月3日①(辛酉　朔)星期

晴暖,午后阴。九时许漱石偕漱儿、弥同来,携鲜虾二斤至,为制虾圆、虾饼享余,盖北区亦难买得鲜猪肉也。余臀依然,换药两次略去脓液,据珏人言红势已退,当不致严重矣,但不能久坐,仍时时偃卧而已。续看《茶香室丛钞》,又尽五、六两卷。午前滋儿往重庆路杜六房购得酱肉一圆,稍餍枯吻耳。午后滋儿、佩华出看电影。薄暮漱石先去。入晚小饮。佩华往省其从母,顺道入校,未与共饭,饭后滋儿即偕漱儿、锴孙、弥同北归祥经里,竟日热闹又归岑寂,家下惟余夫妇暨润、湜两儿及纯葆而已。夜听书十时即睡。

## 10月4日(壬戌　初二日)星期一

晴爽。晨滋儿归省,携来芷芬所蓄橡皮打气圈垫(前为割痔所用)及漱石代买之猪肉,同时纯葆亦自菜场购得肉一圆(计斤七两),因得饱饫矣,且得圈垫配余坐,殊见舒适,否则非立则卧,无可植坐也。早中潜儿至,初未知余疾,偶来省视,知之,遂留侍共饭,饭前饬滋儿往省修妹,送钱与之,归报平安,甚慰。饭后汉、漱两儿又来省,尝奉母出购物,一切空矣,废然而返。盖硬性管制,蚀本都怕,在店家自以少售为得计而沪民敏感,一觉此象,便起抢购,在店家自亦以多买为便宜也,谁实为之,孰令致之,尚待深索而始得之耶?余家凤无趁风之行,亦无闲钱可以肆应,视此怪象,本无足动,惟应用之物不能以时购致,徒使我辈受累,则不能不归咎当事者之步趋沦陷时之踞寇,抑又加甚耳。二时许潜儿归去,汉、漱入馆,滋

---

儿亦北赴祥经里矣。续看《茶香室丛钞》,尽七至十卷。散馆时予
同偕润儿同来视余疾,因获长谈,小别数日,已多积愫矣,留之共
饮,晚饭后均正亦至,同谈至八时乃辞去。听书至十时睡。换药两
次,脓血挤出较多,大松矣。

## 10 月 5 日(癸亥　初三日)星期二

晴爽。晨八时半文权来省疾,九时去,以须赴徐汇中学授课
也。午后三时绍虞见过,亦以到开明后知余患疡乃特来慰视者,甚
可感,谈至四时三刻辞去。予同家属金才送茶叶及猪肉排骨来,盖
闻余买不到肉而特为购馈者也,遥慰老饕,其情殊挚矣。散馆后润
儿偕达君、孝先来视余,谈悉圣陶夫妇已赴杭薄游,洗人今亦去杭,
转道返上虞一行也。经理室会议殊感寥落云,因留长谈,遂共小
饮,七时半乃别去。余竟日坐卧会客、听书、换药外,仍续看《茶香
室丛钞》,尽十一至十三卷。夜十时睡。

## 10 月 6 日(甲子　初四日)星期三

晴爽,有凉感矣。晨珏人偕润儿乘公司之交通车出,将至馆候
滋儿同往开明新村漱儿家,盖今日为弥同两周岁,特邀前往吃面,
须夜饭后乃归也。午前十一时许淑侄自务本归,面色苍白,谓感寒
不任坐,早退也,问其欲饭否,坚不欲,乃属纯葆雇三轮车送之归。
十二时许浞儿归饭,余遂与纯葆、浞儿各下切面一碗代餐焉。午后
一时许芷芬、汉儿来省余,告已晤及珏人,由滋儿伴往开明新村矣。
谈有顷辞去,仍返馆治事。二时半药膏脱下,自己又看不见,只得
扭身对镜强换之,缠缚甚难服贴,遂偃卧至五时始起。看《茶香室
丛钞》,尽十四至十六卷。傍晚润、浞两儿先后归,勉坐小饮。八时

半珏人始偕滋儿返家,携新购椅子两把,计十圆,少停仍属珏人为换药乃寝。

## 10月7日(乙丑　初五日)星期四

晴凉,御重袷,犹怯单矣。晨滋儿仍往祥经里,为锴孙等补习。润依时附车入馆。时时偃卧看《茶香室丛钞》,尽第十七至十九卷。散馆时润儿北去上课,托均正携回《域外所藏清代名画》一册,盖前代翼之之友所定,向由余转交者,今遂送至我家耳,因展阅,顺以下酒。晚饭毕,西谛见过视余疾,力劝除酒,极为感激,但耽饮如余,恐终违友谏耳。谈移时辞去。八时三刻润儿归,携呈明日业务会议各部报告及育文所提两议案。好自用者,必欲强为表见,亦惟听之而已,好在余方假居缺席,正宜清心涤虑,一切不问也。夜听书至十时睡。综计患处,凡换药三次。

## 10月8日(丙寅　初六日　寒露)星期五

晴凉。晨车过我门,履善、守勤见访,承问疾,甚感,少立便行,润儿即随附入馆。钞《文渊阁书目》。偶思得室名二,其一为半碧山庄,即由“兼山阁”引申而仍涵“碧庄”之称;其二为“艮㝱读易象”,“艮,止也,时止则止,时行则行,动静不失其时,其道光明”。又易象:“兼山艮,君子以思不出其位。”余忧患饱经,转觉冥顽之可乐,因括取兼山止止之谊别署我居新营书巢,又恰处全屋之东北隅,遂以“㝱”缀之,亦《尔雅》之诠释矣,乃录存《碧庄随录》中。看毕《茶香室丛钞》廿三卷,接看《续钞》,尽一二两卷。午后潏儿挈硕孙来,带菜心肉圆一碗奉余,少坐即去。傍晚珏人登楼,绍铭告以已在拉都路顶得住屋一幢,正装修中,半月内即须迁往云。共住八载,一旦分开,珏人又不无感触难忍也。午晚俱小饮。夜饭后润儿始归,携呈诚之信、瑞卿信各一,诚老信为沈延国《王会笺证》,拟移出别印,瑞卿向不通问,近报在瑞安县任陶山区,仍不忘其母慕媪(呼为康娘娘)受珏人照拂云。夜听书至十时就卧。润儿明日夜车偕明社诸友同赴杭州,须初九晚始返,故整治应带诸物,备明晨提携入馆。换药三遍,已略好。

## 10 月 9 日(丁卯　初七日)星期六

晴,凉爽。晨九时半守宪见过,承慰疾,谈移时去。饭后至善来告其尊人圣陶伉俪已于昨晚返沪,将命馈万隆蒋腿一方视余疾,甚感之。患处仅出黄水,殆将痊可矣。但仍换药三次也。看《茶香室续钞》三至六卷。午晚仍小饮。夜饭后与珏人出散步,霓虹灯竞彩斗胜而门多下键,盖店铺俱怕抢购物资,向晚即掩市耳,管制之下乃有此畸形萧条之状,深可思矣。红蕉面告赁屋已定,行有日矣,特致拳拳,所有应办手续当洽商行之云。七时三刻滋儿挈鉴孙、漱儿挈弥同偕乘三轮车归来,言汉、润等已登车待发游杭州,伊等则趁假归省也,谈至十时半各就卧。

## 10 月 10 日(戊辰　初八日)星期

晴爽,气较昨略暖。晨佩华来,午前十时孝先夫人来,有顷亦秀来视疾,馈余牛肉及鸭,又有顷同光来,谓前日在杭遇圣陶,知余患臀疖,昨适有事来沪,爰诣余探视也,故人厚余,情谊稠叠,惟滋愧耳。坚留之饭,不许,近午同光、亦秀俱去,独孝夫人留。亦秀临行,余坚嘱今晚偕农祥来小饮,将以所藏印谱与法帖示之。饭后珏人、孝夫人、漱儿、佩华、滋儿、纯葆轮流打牌为乐,文权、潜儿全家来,一时热闹之至。昨日金才送予同柬来,谓今日为西谛伉俪结婚廿五年纪念,西俗所谓银婚也,已邀圣陶夫妇、调孚、予同往饮其家,坚属约余同去。余患处虽略瘥,今日勉不敷药,但不能平坐,如何可行,因作一柬令滋儿送西谛辞谢之,录稿于此以见心曲云:

> 谛兄箴嫂俪鉴:昨日予同兄书来,承示电约今夕预宴尊府,屈指默计,贤伉俪已值银婚,揆诸往例,闻召必趋,欣兹佳辰,尤宜速驾,乃身婴微疾,有愿莫申,规臀之患未除,植坐之能犹虚,若虋虋而来,纵无恶于形秽,果忝侍末席,实有伤夫雅观,辙令儿子滋、华报命专谢,以闻良会,坐失惭恨无已,幸有以照之,即颂白首共千秋。

滋去未久即归报,带到《明遗民画集》下册一本,盖亦翼之之友之定货也。四时半文权等一家俱去。五时,漱石至,言晨间菜场买不到肉,而来时又为官方检事辈化装游行之行列所遮断,沿途戒严逾两小时始得解,以是迟迟至此云。吁!是殆魑魅昼见,预示将监全民之脑而啖其肝者,借双十示威耳。国庆云何哉!六时圣陶夫妇、予同、调孚同车见过,招邀共赴西谛之约,情挚意厚,固可感其如行不得何,恳托致意,少选俱去,时亦秀、农祥亦至,延坐半刻即共小饮,饮后长谈看帖,均正亦至,九时乃辞去。夜饭后漱石及孝夫人去,即携同鉴孙归,盖明日校中仍须上课也,漱儿、弥同及佩华则留住焉。

## 10 月 11 日(己巳　初九日)星期一

晴爽如昨,微有风。今日公司及学校均为国庆补假,故漱、滋、湜、佩、纯葆、弥同俱于上午九时联翩出游,将税驾于沪西兆丰公园,独余夫妇留家守宅耳。看《茶香室续钞》,尽七至九卷。午后一时许芷芬见过,二时半漱等自公园归。四时芷芬辞去,五时余与滋儿出散步,阅半小时归。傍晚小饮。夜饭毕,佩华辞入校,七时半漱、滋、弥同北归祥经里,余与珏人送之上北站接送车,八时始返。九时润儿自杭归,下午二时车发,到沪后先送汉儿及锴孙归去,然后西来,以是迟迟耳。略告游踪即入浴,连日积倦,余促令早睡。十时皆就寝矣。

## 10 月 12 日 (庚午 初十日) 星期二

晴暖,午后渐阴,入夜竟雨。余患处已两日未敷药,今日即拟到馆,乃昨夜略见湿热,晨起床褥微有滋水沾污,似未能再加摩擦,以是仍未入馆,属润儿续假焉。十时珏人从女弟葆贞来,谓到沪已半月,仍为细制丝袜佣工,今日缺丝辍作,遂来望候也,留之饭,与珏人长谈至下午四时许乃辞去,纯葆送之登车。五时余杖策出散步附近一带,藉试脚力,天末云起,翳黑欲雨,遂归。甫坐定,而润儿归。少选即小饮,从容夜饭,已登楼入艮宦,续看《茶香室续钞》,尽十至十二卷。润儿详告游程,对西湖殊感留恋也。十时许各就寝。雨终宵。

## 10 月 13 日 (辛未 十一日) 星期三

阴雨,气陡寒凉。晨作两函分致予同、调孚,仍交润儿携交,未入馆。患处虽已结痂而薄如茧衣,易破,沾污里裤,似较昨转坏,淹缠至此,可厌甚矣。九时红蕉面告今日即须迁入新居,余以天雨留之,伊云趁美亚车辆有空已预属搬手,刻期集事,今改之,转多未便,故乘闲为之耳,并将所用门钥缴还珏人。本知十七日始行,故例送之糕馒,未及措辞,乃雨中往钱家塘铺中现定之,约十二时可取,届时由纯葆往引店司送来。即于二时江家来一车,去时带往,计糕馒各五十件,合金圆十圆云。相聚八年,一旦分手,不无依依,然离合本无常,亦莫奈何耳。午刻汉、漱两儿来省,及见绍铭之去,留家午饭后仍偕返馆。珏人、纯葆以江家所遗空屋尚多旧埃,并力清除,殊见辛苦,余劝之稍缓弗听也。看《茶香室续钞》十三、十四两卷,夜又尽第十五卷。午晚俱小饮。散馆后润儿归,知洗人犹未返也。夜雨连绵,子刻始住点。

## 10 月 14 日（壬申　十二日）星期四

晴凉,老人须御薄棉。患处仍旧未见变动,因未入馆,润儿独往。上午十时滋儿自祥经里归省,十一时余与之出散步,欲有所购,乃连走三处俱撞壁,即切面亦托言售完,未肯续制也,他可想矣。午饭后滋为漱儿等迁出事办讫保甲手续。据保办事处言,现各户独立无正户附户之分,以此江家报出须听自办,余无能庖代也。五时一刻,滋儿候公司交通车回祥经里,润儿以须受课,未见归。入晚余等即夜饭略饮。饭后嘉源来,移时乃去。九时润儿归。余竟日看《茶香室续钞》,尽十六至十八卷,十时就寝。

## 10 月 15 日（癸酉　十三日）星期五

晴爽。仍未入馆。清晨珏人偕纯葆如圣母院路小菜场,良久,挤不得物,仅购小蟹七只,四季豆及韭菜而已,其他海货店、南货铺则大都闭门相飨也,可恨亦复可笑。不识此死不要脸之挣扎局面究能持至何日耳。午后珏人复出,在霞飞路大华购得条子布二丈五尺,轻松持归。比拾来,尤见欣快,从可知似此局势主持家政之主妇正为难极矣。四时余独出散步,循里东诸路绕行至一小时乃归,脚力弥不如前矣,顺过金神父路稻香村,居然购得熏鱼五块,费金圆五角。比抵家未久,即见润儿归,遂共夜饭,仍小饮焉。看《茶香室续钞》,十九、二十两卷毕之。十时睡。今岁蚊多,每晚熏蚊香,殊觉苦燥,今夕暂停,乃大为蚊扰,未明即霍然起矣。

## 10 月 16 日(甲戌 十四日)星期六

晴爽如昨。晨珏人如菜场,仅购得萝葡苜蓿归。据云每下愈况,一天不如一天矣,为之奈何,相对愤愤而已。十一时滋儿归,据云错孙等下午无课,应补之程昨已了,故今早早赋归耳。遂共饭,饭后滋易衣发见腰背俱细红粒密布成带,颇类蚂蚁火疖,殊为惊讶,乃滋本身俱感神经痛兼打呃,初未觉此也。适潗儿来饭,共见之,怂恿就诊,于医取进止,因于一时许属滋入馆取杜克明诊单径赴福绥里会潗儿,俾伴往杜医所诊治。三时许,潗辞归,候滋,珏送之,有顷,不见归,余乃接候于路,直至圣母院路、蒲石路始遇珏来,遂偕返。四时湜儿乘廿二路公共汽车往馆会漱儿,同赴北四川路看电影,今夕即留宿漱家矣。五时滋儿归,备言杜医所述,此症系神经炎,发粒处俱当感痛处,且须发热也。滋复按信然,但不以发热为然,乃以寒热表测之,确有一度过热云,因配药两种,俱粉末,一干扑患处,一分顿服食。(每日三次,食前后一小时开水送。)且谓无大碍,过一二日便愈也。(诊费不计,配药价金圆四元五角矣。)闻悉为之一松,属早睡,勿过奋兴,或且即痊耳。六时小饮,便与珏人、滋儿、纯葆共饭,盖湜既北迈,润又未返也。夜饭后佩华来。九时半润儿始返,十时余乃入睡。法西斯日益猖獗,耳闻目见,胥恶状也,心绪幽愤,看书亦无心,《茶香室续钞》明置案头,竟懒得一翻也。

## 10 月 17 日（乙亥　十五日）星期

　　晴爽。晨起视滋儿热已退,痛亦减,所发出之粟粒俱有焦象矣,为之大慰。七时半余偕滋出,步往贝谛麌路聚兴馆吃羊肉,坐挤不容,侧足强立以俟,适有二人起,余等挨坐焉。隘迫不能横肱,勉安而已,可想市间一切难买,无宁就食于外之为愈,以是到处轧满也。余父子既得坐,从容啖白羊肉四碟、烤肉一碟、炖羊一卖、阳春面两碗,虽座头奇窘,而酣畅已足偿之,饱餐而后归。阅报,锦州已步济南后尘。新闻受制,纵不敢昌言,而字里行间已隐跃许久矣。太原城围亦甚紧,冀察各地烽火遍地,黩武思逞,吾不知何以自处耳。九时许漱儿挈元锴、弥同来省,告芷、汉与湜俱在天蟾舞台听马思聪演奏提琴会,来午饭也。十一时许珏人偕漱儿出购物,余亦追踪往,未之遇。路逢均正,立谈有顷,仍独归。到家少坐,珏、漱始返,乃午饮共饭,有顷,芷、汉来(湜儿归),遂与小酌同饭。润儿则一时始归饭也。今晨纯葆出买菜,以早,居然购得活鲢一尾,养之盆中,比珏出外归,欲烹之,已为两猫曳去,踪迹且无矣。物资难得如此,乃以轻心掉之,致纵失鲜鱼,殊懊恼也。(十一时纯葆尝去排队买切面,空手而归。)魔掌肆毒,坐空作祟,遂使清平世界平白捣乱,实深恨恨。无怪迩来心恶失常,虽儿女绕膝,不废酒肴,衷曲悼叹,有非言语所可形容者矣,清宁其遂无望乎? 下午二时珏人、漱儿往访红蕉夫人,汉、润则出外闲逛,元锴从之。三时许珏、漱归。四时汉等归。少选芷、汉挈锴孙归去。漱以弥同正睡,未及同行。五时半小饮,与家人团坐夜饭,饭后少息,至七时滋儿送漱、弥上北站车,归开明新村。月色甚姣,本拟与珏人偕出步赏,一以外面夜凉已深,一以百无兴趣,殊不愿多此跋涉,竟坐废,只索呼汤濯足后入艮窟默坐焉。十时就寝。

## 10 月 18 日（丙子 十六日）星期一

晴，午后阴，似有起风作冷之征。晨七时三刻强坐交通车入馆，仍携橡皮圈垫自随。洗人尚未出申，予同上午又在复旦上课未来馆，因是寥落之感极富。诗圣以所代事交还，即重整旧事，颇见忙碌，然心有所托，积日气闷稍减矣。写信复雪村、诚之，一告病痛兼答基隆来书，一言沈延国《王会笺证》既取去别谋出版，只须齐鲁大学无问题，开明则无所谓也云。午饭之顷，饭菜均尚过得去，处目下艰危之境而具此，殊见春华之本领，迨细询同人，则大不然，每日买米轧菜只能偶然遇合，不能日日必其如此也。且云已有所诉，谓排队轧买或有错失，开饭时间恐未能依时定设，以此推之，脱环境不变，可能开不出饭耳。然则危机伏矣。接刚主书，日内即须赴教昆明，岁终即归云。晴岚来访，托取台北汇款。散馆时乘车径归。淑侄在，因共夜饭，余仍小饮，饭后淑去，湜送之。时尚未及八时，归报各店都打烊（收市之谓）矣。可见空橱窗亦不愿令人多见也。官报，锦州已失守，太原城郊战愈迫。汴省府重心迁信阳、郑州，中航、央航机场人员全撤，是河淮之间难可把握征象日显矣。夜坐至十时睡。

## 10 月 19 日（丁丑 十七日）星期二

阴雨连绵，气却未较昨凉也。晨七时三刻公司车来，乘以入馆。办理杂事。午后属汉儿出办童装两事备送纯嘉、永清，以其新生子女也。二时半出席一八八次经理室会议（以病中缺一八二至八七次），决定同人基本津贴加五成，及为明社建造瓦棚作会堂并分店人事多起,渝店请购屋亦原则接受,电雪舟履勘决定之。开明新村起建编校部图书馆事早已动工,乃包工者颇偷巧减力,育文往视大噪,史寄樵恐大吃排头矣,水木作之顽梗,实非常人所能御之耳。散馆后乘车径归。适浒关乡亲走单帮者于今晨兜来猪肚腰心等件,晚间分别烹煮即以佐饮,积日迫害无意一松,乃大浮白,聊示对无耻之节约宣传来一强烈抗议也。夜饭毕,登楼听书,至十时乃睡。

## 10 月 20 日(戊寅 十八日)星期三

晨阴旋开晴,午后又阴,傍晚有雨意。七时五十分车来,乘以入馆。办理杂事。续订唐兰《文字学》中下册契约。买得罗尔纲《太平天国金石录》,正中书局出版,计实价金圆券一角七分。公隙看《茶香室续钞》,尽廿一、廿二两卷。纯嘉、诗圣、幼祥新近各添子女,因备礼物三分,分赠之。报载太原日紧,而郑州亦有事故。其他消息,苏北东台等八县全失守,夫己氏日暮途穷矣。正坐此故,沪市愈不堪,一切无从取购,竟类变相罢市,未识迁流究至何极也。洗人续自杭州过嘉兴,盘桓至晚乃返沪,今日来馆,谈次知上虞离城五里,即非县府所能控御,浙东岌岌矣。写信与敫、清,详告近状,久未作书,不觉言多,书六纸犹难尽也。散馆后乘车径归,漱儿随返,俟余小饮后夜饭,饭后与润儿同往卡尔登观电影。滋儿今日往杜克明医师处复诊,据云药末仍须敷,必宜休息,少吃激刺物,以症象虽不转恶,但并不甚轻也,因属安心调治,勿急急北行看护三孩(锴、镇、鉴)云。听书至十时就睡,润则近十时始返,知漱径行北归矣。

## 10 月 21 日(己卯　十九日)星期四

晴,晨有薄雾,颇暖。上午七时五十分车至,乘以入馆。办理杂事。编发通讯录第廿九号。报载长春整军缴械,军长曾泽生被俘。太原亦城围益紧,危在旦夕,是可知黩战之报即在眉睫,所谓管制经济崩溃亦企足可待,徒苦吾民何为哉。散馆后乘车径归。滋儿所患神经炎已就痊,明日仍饬往汉儿所教读矣。润儿北去上课,九时许始归。余薄暮小饮。夜不耐久坐,八时后即就寝。

## 10 月 22 日(庚辰　二十日)星期五

晨有薄雾,日出时东方现虹彩(晏起者无福得见之),甚丽,旋放晴,东北风颇劲。晨七时五十分乘车入馆。办理杂事。写退稿信三封。下午三时出席一八九次经理室会议。散馆归,知所托纯嘉取酒两坛及新买火油两听,均送归,殊慰。入暮小饮,今日湜儿十四岁初度,合家吃面。夜九时即睡。

## 10 月 23 日(辛巳　廿一日　霜降)星期六

晴暖还润,殆将变矣。晨七时五十分乘车入馆。办理杂事。纯嘉为公司伙食采购之米已妥,运到店,甚慰,否则同人午晚将无法开饭矣。(市上饭馆大多高贴红纸,写明"无货应市,暂停营业"字样,闭门不纳。)抢购之风波及书店,世界书局及开明等星期门市亦只得停止。散馆之后参加明社举行之持螯赏菊会,由亦秀捐酒一坛,参加者人出两圆,馀由社贴,计到洗人、予同、达君、圣陶、墨林、伯泉、彬然、芷芬、汉华、知伊、至善、韵镯、隆章、一鸣、孝俊及余,合坐一长案,中供菊花两盆,尚未放,点缀而已。余啖蟹四枚,进粥一碗,八时半始散,余与予同附达君车归,到家已九时矣。润儿住汉所未返,余十时就卧,以薄醉,酣睡至三时始醒,转觉有酒意,但未呼茶,且未作呕也。(午后程千帆来馆,余初会之,承以所著《文论要诠》题赠。)

## 10 月 24 日(壬午　廿二日)星期

上午阴,阴有细雨,下午略晴。清晨出,拟赴聚兴馆吃羊肉面,行至环龙路遇雨折回,遂未出。闻老太太来,久未至,留饭留宿,谈悉云斋近状甚佳,大副执照将领得矣。十时许漱、滋两儿及元鉴、弥同两孙归省,午后伊等往访潇儿,傍晚始返。润儿昨晨出后直至今日下午六时乃归,闻校友中纠五人,将以合奏提琴演出,故多所练习云。夜小饮。饭后为孟伯泉写婚帖。七时四十分漱石来,遂接漱、滋、鉴、弥北归。报载长春降共,郑州、包头俱撤守,然则关外脱御已定,汴省即踵鲁省之后,大部易手,察、绥亦岌岌欲堕矣。黩武逞强,犹不知悛,岂真待见棺始哭耶?看《茶香室续钞》廿三至廿五卷,毕之,接看《茶香室三钞》。十时就寝。

## 10 月 25 日(癸未　廿三日)星期一

阴雨。晨七时五十分乘车入馆。办理杂事。看《茶香室三钞》。下午伦泄泄来,又对文书处理横肆挑剔,余不耐侵陵,面折之。似此共事,吾知鲜克有终矣。散馆后参加明社大会,六时聚餐,仍由春华办,各人白饭一盆,加盖浇头而已。(每客费至一圆二角。)七时放映电影,比散归,乘车抵家,已九时矣。纯嘉赠大蟹十枚,承荫赠镇江醋一瓶,惜未归饮耳。

## 10 月 26 日 (甲申　廿四日) 星期二

　　阴雨延绵,傍晚西北风转燥入冷。晨七时五十分乘车入馆。办理杂事。下午出席一九〇次经理室会议,通过提增稿费及为明社建筑会堂等案。写信寄雪村台北。今日社会局禁肉类应市,且不许菜馆备肉类饷客,其实饭店已于数日前集体打烊,排队买肉,亦向隅已久,今日并路旁大饼油条之摊亦且绝迹,所馀惟水果店耳。似此空撑,实已暴露无能,与行不通之故,毕宣底蕴,尚行令禁肉,较滑稽小丑且远远不如矣,犹忝颜以官自居,真狗彘不若也。下午六时公司宴请大东书局各分局经理,由达君预定国际三楼丰泽楼勉得一室,设两席,余偕洗人、育文、达君、芷芬均往作主。到大东总处陈和钦、蒋石洲及全体分店经理郭荣陞等,又世界书局沈季湘、刘廷枚、汤厚生等,余与洗人主一席,馀一席由达君等主之。虽无肉类供应,居然有鸭有鱼虾,亦颇丰腴,时至今日堪称大张旗鼓之豪举矣。余本不欲参加,以努力消费示抗议,故乐于出席也。八时许散,与芷芬、育文同乘西迈,先送廷枚归然后返家,以汉儿在家,芷芬遂顺接归去也。十时睡,一切暂置矣。

## 10 月 27 日 (乙酉　廿五日) 星期三

　　阴霾,西北风紧,时见细雨,气冷,须御薄棉。晨七时五十分乘车入馆。办理杂事。以其间披览《茶香室三钞》,尽五卷。时局日紧而愚夫横执如故,市况因以愈坏,居户如市,购菜蔬者每多空篮而归,日逼日紧,吾民岂遂终默也乎? 散馆后乘车径归,少坐即小饮,夜饭后坐艮窬续看《茶香室三钞》,并前计之尽五卷矣。十时寝,未几即入睡。

## 10 月 28 日 (丙戌　廿六日) 星期四

阴,西北风紧,间以细雨,向晚展晴。晨七时五十分乘车入馆。办理杂事。刚主《清初流人开发东北史》已出版,遂加披阅,材料尚富而编述非体犹有憾也。耕莘来,谓泰县之纱厂已准备迁润,正相地规画中。西谛来,知自南京返,当地兴筑碉堡,正强征五金、水泥及木材云。从容谈次,俱愁叹相向,不图妄人乱作,影响全国一般生活竟至于如此也。散馆归,车过河南路一米店,排队照购户口米者横遮二三十家门面,草绳栏之,武装警察十馀人如牛头马面一般管束焉,好肉生疮,何至于是,真欲哭无泪矣! 到家小坐,即小饮,夜饭后入艮宦,坐看《茶香室三钞》。接柱流三日前信,告南昌近状,甚悯之。润儿如校上课,八时三刻乃归。十时余就寝。

## 10 月 29 日 (丁亥　廿七日) 星期五

阴霾,时有细雨,傍晚风紧,添冷。晨七时五十分乘车入馆。办理杂事。市况益萧条,店铺十室九空矣。余徒闻人言,未尝亲历目击之,饭后乃与圣陶闲步河南路、南京路、山西路、福州路,仍返馆,路不甚遥,景象至惨,赫赫国货公司,乃仅有空空橱窗,即香烟空壳亦无从发见也,沿途所见,无非激人愤慨者,吾恐治安问题立刻将有严重表示耳。颓然返馆,不胜杞忧。下午三时出席一九一次经理室会议,余心直口快,自谓无隐,乃人多不察,颇致诮让,因作最近小照题辞以自解,取示圣陶、孝先,彼亦首肯,录存于左,用暴近情:

　　　　中有所感,矢口直肠,知我者谓我直谅,不知我者疾我阳狂,我终不易我赤子之心,以应彼世俗之炎凉。

阅夜报,知南京方面颇有解放限价之议,而上海经管督导之酋仍固执顽持,以为抗衡,事态必致扩大,全局必致糜烂,吾为此滋惧矣。汉儿告我滋儿仍时作冷呃,颇感不安,属转令急就诊察毋怠,不识得无问题否。接士敩复书,知清儿曾腹泻,卧床两日,近已告痊云。夜十时寝。

## 10 月 30 日(戊子　廿八日)星期六

晴,不甚畅,转入阴寒。晨七时五十分乘车入馆。办理杂事。市况益恶,百物绝迹,转来抢购书籍矣,勒限之价,脱货比割肉犹痛也,推之一切,能怪匿货不卖乎?接雪村书,复告台地岌岌,外籍人士均惴惴求归。以是台中、台南之行皆为友人所劝止,子恺尤怯,画展且作罢,将席卷以渡厦门云。春台久不至,今日下午夫妇偕来,特为杭地一中学购教本六十馀册去,亦百忙中之点缀矣。纯嘉、韵镗、汉华为公司合作社驰车往周家桥、徐家汇一带采购食米,竟颗粒未获,仅在乡农处买得小菜三种(萝卜、青菜及甘兰耳)共数十斤,携回分派,余派到青菜三棵、萝卜三枝、甘兰一拳而已(价金圆一圆)。比散馆,里中有乡人持子鸡三只,均如拳大,索十五圆,余与洗人、圣陶各分其一,车中携归,如获至宝矣。车中陡挤,而圣陶夫妇因西来朝母附载焉,幸润儿北去上课,守勤移坐朱公之车,得勉坐以行。到家坐甫定,漱、滋两儿及弥同俱来省,佩华亦与同至,甚欣慰,遂共晚饭,余仍小饮焉。夜坐艮宦闲翻,十时乃寝。刚主所撰《清初流人开发东北史》早已出版,今日在馆披阅一过,材料尚可观,而叙次颇未臻完善,文字亦殊龃龉也。著述之难如此,而掉臂染指者多,宜其弥望黄茅白苇矣。

## 10 月 31 日（己丑　廿九日）星期

晴冷，有冬象矣。清晨六时三刻，与滋、湜两儿往成都南路聚兴馆挨得坐位，各啖薄粥两碗、羊肉两碟，远不逮前此余与滋往就台时之酣畅，而付价反增一倍馀，限价云何哉，徒增困难与闲气耳。童骏妄作，贻祸一至于此，可见老悖之尸居实亦日暮途穷也矣。匆匆返，颇感寒意而道旁市廛之萧索有以助此致也。九时许银富、晋元、振璜来，为余粉刷三楼及顶层亭子间，劳作一永日，直至晚七时始毕。余为具酒食，昼晚款之，临行以金圆十圆酬之，欢然而去。下午雨，出散步，购得《大晚报》、《新夜报》各一，阅悉沈阳已臻绝境，限价勒售亦以办不通而不复坚持，政院且决颁补充办法，大加修正矣。狐埋狐搰，徒见佹张，民信不立，恐终无挽回悲运之望耳。看《茶香室三钞》至第十卷止。银富等去，文权、潚儿、预、硕等来，因与文权共酌。润儿午后二时始自校归，少停即赴潚所，至是乃同来，喧攘至九时半权等始辞去，余亦就寝。夜色不佳，恐致雨，然竟稳度达明也。

## 11 月 1 日（庚寅　朔）星期一

晴，微有云翳。晨七时五十分车来，乘以入馆。办理杂事。接雪村前日所发书，于士敏在台生活刻苦状见告，并以甫琴奢靡生活强调比较，足见内心痛苦无法自掩矣。顺告怀之在台受人延誉状，师院同人奉若麟凤云。怀之为人笃实，在内地人咸以骏竖品目之，不谓万里投荒辉光发于海外，足见忠信之报虽在蛮貊不能掩蔽矣，闻之至慰。限价已撤除，各店均藉口公会议价停止营业（或暂停营业）云云，红纸揭示于紧闭之排门上公然罢市矣。

（停罢本非所许,以放弃限价听人议价,故遂得借口云尔。）惹祸招非者,能不怃然自失乎? 午前洗人以环境突变,心绪不无飘飘,颇思饮酒以浇之,乃电话询永兴昌亦开门营业否。据答生意仍做,惟顾客甚挤,不保有无坐位耳。洗人兴发,坚邀余及圣陶、芷芬于十二时径赴之,至则大门掩闭,推户入,客已挤满,惟世界书局之虞润生、刘廷枚等均在,乃设法与生人挤坐,勉强安插而已,良久有餍饫引去者始得占坐伸足焉。有顷,通如导荫良来,谓五洲已无法开饭,特到开明闯饭,知余等在彼,乃寻踪至此耳。本苦无肴而廷枚等以所购炸蟹分五枚见飨,患苦中乃有此遇,倍觉人情味之可贵矣。欢然饮啖,由茶役排班设法觅面五碗,遂得权充午饭,二时始散,仍缓步返馆。近日各店都打烊,惟书店独撑场面,今日抢购汹潮转锋及于撑场之各家,于是开明亦于下午三时即上门停业,洪流所激,莫可抵回,亦惟随之团团转耳。散馆后乘车归,圣陶夫妇附焉,以共赴红蕉邀宴,故余行前漱已前行,偕至善、至诚先往,余抵家乃与珏人、漱石联步以赴锦村,坐半小时,客乃集,因分坐两席开饮,红蕉新居甚幽倩,布置都雅,殊可佩。九时许始散,文权、潽华乘三轮车先行,二漱则乘圣陶所属之接迎车北归,余乃与珏人徒步以返,坐憩至十时许就寝。润儿初移三楼,踥蹀作声,颇难安睡也。

## 11 月 2 日 (辛卯　初二日) 星期二

　　晴,时阴,颇有作雪意。晨七时五十三分乘车入馆。办理杂事。未入馆前,叶惟精家派人来告,谓佩华家有长途电话自甬来,叔道继室以肠胃疾暴卒(食蟹与柿致斯疾疢),属为转告佩华云。因滋儿在祥经里,无人往报,遂开明地址仍属原人往民立女中径行通知。到馆时电话召滋来告之,故属即往晤佩华,代为告假促之返甬奔丧。午后得佩华电话,谓已购得船票,今晚即乘轮返甬矣。其人中秋良晤如在目前,不图转眼月馀遂成永诀,人生朝露,不暇悲人已,讵不痛哉!写信复雪村、敩、清,详告此间近状。下午三时出席一九二次经理室会议。散馆后乘车径归,少坐即小饮。夜饭后儿辈搬房间,余则默坐艮宧,宴息而已。午饭后曾与洗人、予同、诗圣、芷芬、汉儿出阅市,沉寂更甚于一昨,盖议价未定,咸不愿再蹈前辙,任人攘去也。独石路上之衣庄及四马路之书店仍开门营业耳。(书业六家先决加售一倍半,想不出三日仍当重行调整,其他各业可想。)据闻菜场各物俱有,惟价涨四五倍不等,管管放放,应有此紊乱之象,三数日后自然大定也。十时许就寝。

## 11 月 3 日(壬辰　初三日)星期三

晴。晨七时五十分乘车入馆。办理杂事。耕莘来,知泰县终非可守之地,已将华泰纱厂指迁镇江矣。午刻家中以下元祀先,命滋儿留家主持之,下午三时伊即北赴汉所也。市场以限价开放,故百物骈罗,而价格腾踊,通常四倍至七八倍不等,竟有乱窜至十倍者(卷烟加五倍),但议价之物仍深匿不出,售此者大都打烊焉。写信寄宁波戴叔道唁其丧妻,兼问佩华安抵否?报载沈阳已撤守,宁沪俱有和谣,翁文灏、王云五去位为必然之事,而徐蚌之间大感威胁,徐州最高军事机关已撤退,是不数日间将有剧变矣,不识茹而不吐者亦肯漂亮放手以轻减百姓涂炭否耳。看《茶香室三钞》,止十二卷。散馆后乘车径归,少坐即小饮。润儿出赴歌唱会于北京路之湖社,九时半乃返。十时就寝。

## 11 月 4 日（癸巳　初四日）星期四

　　晴。晨七时五十分出乘车入馆。见里口茂林伙食公司所陈羽毛、水族倍物于曩昔。何三数日间充乏相判，至于霄壤若此耶！足见人为管制无法得其平，而控送失调却骤放，奔骧腾起五六倍，则吾民一时难追，益感痛苦矣。在馆办理杂事。下午二时出席编审会全会，版筑公又忘形乱道，致举坐失欢。明社五周纪念发布短文，又为石、版两公所包办，不但丑表十大功劳，而措辞之间俨然以领导者自居，吾诚不知何以狂妄至此耳。报载美国大选已揭晓，杜威落选，杜鲁门得连任，世界局势或且缓和，一般好战政客军人必将大挫气焰乎？徐州附近战云已紧。北平机场已撤去，所有军舰、民航俱改在天津起落。翁文灏内阁已塌台，继任未着势，尤岌岌。抢购仍剧，物价上升尤速，下午三时、四时之间即涨起一倍云（据金才报告）。散馆后乘车径归，少坐便饮。夜饭后与珏人出散步，购得橘子十六枚（俱小者），出价金圆两圆也。润儿北去上课，夜饭于汉所，九时三刻乃归。今日润儿生日，余早晚俱吃面，午间润约汉、漱往五芳斋亦吃面，虽徇俗，吾终觉大饶趣味也。看《茶香室三钞》，止于十五卷。夜十时寝。

## 11 月 5 日（甲午　初五日）星期五

　　晴。晨七时五十四分车来，附以入馆。办理杂事。局势益紧，蚌埠周边共军已结集十二纵队，旦夕危急云。（参见港沪各报纸。）然则南京虎踞之势已见动摇矣。物价朝夕不同，虽店铺多开而争购仍剧，冠生园饼干又须排队候买云。盛传煤源已竭，水电恐断，起码货之火油灯又出现同人购备者众，余亦从兴属金才买两具,计价四圆四角,又命汉儿购虾米一斤,价二十圆,平均计算跃起六七倍矣。有人传言王云五最近于蒋渠返宁时迎前丑表功,谓币制改革虽失败,竟收获金条美钞若干云云,渠正肝火动转,谓干得好事为我贾怨,直捆其颊,以是辞职不到部耳。所传实否不敢必,而号为贤达乘势攫官者之下场,宜其有此也。降身辱志,本非所语,于若辈殊不足惜,因以见渠失控御,日暮途穷,则窘态毕见矣。下午三时出席一九三次经理室会议。散馆后乘车径归。入晚小饮。夜看《茶香室三钞》,止于十七卷之半,十时就卧。

## 11月6日(乙未　初六日)星期六

晴,午后风作,遂起云翳。晨七时五十分乘车入馆。办理杂事。市面又突变,价高而物匮,上下午有相差至三倍者,纸烟尤贵,米绝无,文权已断米,屡来恳托,因属纯嘉设法转求友人得之,假二百三十圆(仅许一石),约今晚送去,未识必到否耳。石林壮夫口是心非,每致人呕气,而巧为设辞,媚少侮老,所谓钓取群众也。报载情形至紧,翁、王虽忝颜挨打,而南京气数已尽,傅、白、张(治中)俱集议中,但传傅、阎、张、胡(宗南)曾联名向蒋有建议,则局势可知,且南京人士公然提出停战,一切有待政治协商云云,益见无法抑制焉。蚌埠昨已戒严,风鹤频传,或且拱手以奉,是闿奥洞辟,岂其列炮浦口始得保卫金陵乎?散馆后乘车径归,润儿以受课及明社五周年纪念事北去住新村,未与余偕返也。入晚小饮,心绪益恶,拂意逆耳事偏多,至为难堪,纵奋力自抑,不免暴躁也。道始夫人夜饭后来,与珏人谈移时乃去。滋儿归,遂以甲长送来换发之空白国民身份证全副令填写,俾应后日总清查户口时调换用。烦苛滋扰,吾不知何乐而必与民为敌也。十时寝。

## 11 月 7 日（丙申　初七日　立冬）星期

阴霾。清晨独往聚兴馆吃羊肉面，质量俱减于上星期而价则涨上三倍矣，怏然而返。道购《新闻报》阅之，虽极事掩饰，而终不能蔽其窘，高呼美援何为哉？彼岸遥望，洞若观火，岂不知毒赋剥敛之下其政府尚得示信于民乎？八时三刻滋儿送珏人、湜儿、纯葆上北站接送车，俾往汉、漱所饭，同赴横滨桥戏剧学校看话剧（即该校学生演出之《欲魔》）。盖明社成立五周年纪念，特假其地举行祝典耳。余以守家未能行，且亦无此心情看人纵送控弄也。十时许佩华自甬来，备告其母治丧状，并致其父谢唁意，以校课不宜久旷故，即随其姑母回沪云。午饭后润儿为明社饬驾摆司，遍接同人家属往会堂，佩华遂偕之去，家中惟余及滋儿父子两人耳。看《茶香室三钞》，止于十九卷。阅《新夜报》，物价泛滥不可制，白米每石已达三百五十圆，鲜肉每斤十二圆，香烟每包四圆，仍不易买到。徐州、蚌埠分被包抄，俱将合围。南阳亦撤守，是淮域首尾均告脱御矣。乃政府犹将颁发文告，重申"戡乱"决心云。徒逞意气，不惜残民行见，涂炭自及耳，愚不可及如此乎？《新夜报》又载西欧冷战且有缓和，或竟结束之望，而上海偏有中美协议国际化之谣，是欲别造纠纷预为要人菟裘之地乎？六时珏人、润、湜两儿、佩华、纯葆归，公司摆司由会堂接送者，以绕路故迟返，如径达早归半小时矣，因即举火煮饭（如不归饭，余与滋儿将调炒米粉充饥，不复举火矣），共坐饮啖焉。虽处乱世竟得团叙为饮宴，诚过幸矣。夜饭后听书至十时后乃寝。

## 11 月 8 日（丁酉　初八日）星期一

晴冷，午后时有云翳，且有风。晨七时五十分乘车入馆。办理杂事。市价激增,朝晚不同,今日与前日较,无不倍蓰者,米价尤剧,千圆石米,且无处得购也。徐蚌战耗甚不佳,下午盛传徐州失守,而渠仍顽梗昌言,决心死打。上海美舰保护说复喧腾,足见渠与美勾之一斑。沪地抢米潮蜂起,治安且岌岌难保矣。有心人莫不忧,惶群不逞,藉以活跃,当前局面殊难久维耳。余住之卢湾区十月份户口配米尚未取到,今日布告可以领购面粉,纯葆午饭后即往列队,挤至垂黑,军警勒散行列,依然垂橐而归。此何等景象,奈何不恚愤无地乎?散馆归(今日以须候查户口早放半小时),纯葆犹未返。润儿往踪欲唤归,乃军警呵禁不得前,竟未之见。返报有千馀人列队,即近亦难以觅到也。六时始见雪兴归,即近亦难能觅到也。六时始见扫兴归,即共进餐。大家胸次物梗,茹辛莫吐,草草图饱而已。七时警报大作,交通遂断。家人坐待查户口,竟不得睡。余属珏人就卧,且俟不得已时再叫起。待至十时许,甲长陈兰九偕一临时由上海中学拉来当差之学生,业俱胸悬"清查员"白布票签,以次核对填就之新证,即取出印章盖于照片之左侧,随将旧证及户口索引卡收去。为时未及二十分,珏人竟亦未起应点也。送伊等出即分头就卧。所谓清查者如是,而必装点渲染大声以色临吾人,是亦途穷日暮之征,然而一般人受此苟扰实已苦极矣。睡至三时始闻解除警报,清查之举遂毕。可见他处苛扰必不能如余家邻右一带之叨幸焉。

## 11 月 9 日 (戊戌　初九日) 星期二

　　晴,午后北风甚紧,傍晚遂阴。晨七时五十分乘车入馆。办理杂事。上午十时出席一九四次经理室会议,芷芬于薪给发付事有所建白,然嫌空洞,恐未必能遂行耳。下午二时出席卅一次业务常会,讨论中心当然为薪给事,徒以人言庞杂("民主"也者应有之义),毫无结果,其实空洞高论,只能欺一般人,初难得老成人之首肯也。五时散馆,不得要领而罢,明日将开经理室会议续论之。经、业两会俱提前举行,曷故?以徐盈自北来石版,诸公欲欢迎来此演讲,未及接洽,遽布告明社社友于午后五时到堂听讲,不得已,乃提改原定会议时间以迁就之,余实不堪此咄咄之迫,散馆即归,不趁此热闹矣,润儿亦以体气不胜随余返。小坐即饮,纯葆又出干面粉,未得即归,润儿往接,始于六时半偕归,居然买得三十斤,亦一松气之快举矣。报载太原阎锡山已降共,徐蚌益危,上海市况益恶,米粮尤缺,抢米之风更炽,警察无法维持,京沪、沪杭两路员工且以要求发米一石不遂,今日十时已停驶云。似此紧张情形,大言不惭之流,其何以久持否乎?

## 11 月 10 日(己亥　初十日)星期三

　　阴有风,似有酿雪之意。晨七时五十分乘车入馆。办理杂事。物价较昨又涨一倍。两路已复工(人发百圆,米两斗),自来水工潮亦事先弭平,得未断水,然而情状岌岌矣。徐蚌兵事益紧,战焰南延,沿津浦路已及明光,沿运河已抵淮阴,势锐莫挫,金陵其可安坐乎?下午二时出席一九五次经理室会议,邀人事委员及明社前总干事王知伊(以其提薪给紧急案故)列席,专谈如何兼顾公司及同人,议定十一月份暂照九月系数加四倍发给,俟局面好转时再作合理调整云。致觉见访,谈寺中近日苦况,一切均受时局影响,移时仍归法藏寺去,余与圣陶、孝先不禁黯然焉。午前贵筑华问渠来,洗人及余偕之往永兴昌小饮,啖打卤面及火烧果腹。(如此亦须八十馀金圆。)亦秀约余夫妇明晚过饭其家,兼约听曲,已允之。

散馆时芷芬、汉华随余归,小饮共饭,饭后伊等往访其外生吴述明一行,即径归去。夜看《茶香室三钞》,止廿三卷。九时半即寝。

## 11 月 11 日(庚子　十一日)星期四

晴冷。晨七时五十分乘车入馆。办理杂事。谣言特盛,有谓徐蚌已失,南京骚动,京沪车未到者,有见外埠转来之兵招摇过市前赴北站者。配给米面仍缺供,而警备司令部突宣布自本日起戒严,晚十一时至翌晨五时断绝全市交通云,以是人心惶惶,大有不可终日之概矣。敏逊今日在金门饭店嫁女,洗人、圣陶、芷芬等均往道贺,余以乏人驻守,只得留馆(各送贺仪十圆)。四时许渠等返馆,谓曾参观复兴公园之菊花展览会,种类尚不乏名色云。五时散馆,与洗人、圣陶、墨林、汉儿共应亦秀之约,车过里口,汉先入迎珏人,同乘以往,至倪家已入晚矣。达君夫妇及芳娟之姊亦来会,七时聚饮,季祥陪余等坐,既而传芷、伯攸及攸妹咸集,于是笙笛交奏,农祥、亦秀、传芷、汉儿及攸妹等引吭选歌,凡听《茶叙》、《折柳》、《阳关》、《刺虎》、《游园》诸折,满室融融,几不知今日何世矣。余又以其间与季祥纵论书画篆刻,愁苦氛围里得此片晌安乐,真希有利益也。九时散,乘车归,润儿亦方自校中返家也。十时许就寝。今日本为珏人生日,意外际此盛会,酒食笙歌纷陈罗列,当亦为老运之佳卜耳。

## 11 月 12 日(辛丑　十二日)星期五

晴冷,初御驼绒袍。今日以中山诞辰休假,晨独出闲步,初至同孚路四茹春,竟尝一闭门羹,徜徉至圣母院路北万兴,仍开市,乃入啖肉面一晚,汤包五件,出价至九圆五角云,币值之惨跌直远不如伪廷之储备券矣。归途购《申报》、《大公报》各一份（价共一圆），返家披阅，军事无大变化，向南威胁依然紧张，而经济改革又经新财长徐堪之献功，重施新戏法，发行金圆及人民持有金银等条例俱加修正，金银、银圆、美钞之比值均视初行金圆券时大加倍率，金银、美钞不禁，人民持有银元且得流通使用矣。据公布之兑换率，黄金每两一千圆，白银每两十五圆，银币每圆十圆，美钞每圆二十圆，然则前之勒令收兑者岂非骗夺乎？王春哲之死真成莫明其妙之千古奇狱矣。如此背信无耻之流，犹拥政府之号，人民亦太可欺，又何民国"民主、民有、民享"等等云云哉。九时许晋元来，为余粉刷楼下复间，以仅一人故，直至夜八时始罢，余留与共午晚饭，暖酒享之，并以十圆为车资焉。漱、滋两儿挈锴、鉴、弥同于十时后归来，吴得厚偕焉。有顷，文权、濬儿来，漱等往游公园，余与权、濬闲谈，近午辞去，漱等归饭，饭后伴珏人打牌为乐。晓先下午三时来，芷芬、汉儿及镇孙四时来，盘桓至晚，共饭后偕去，惟漱及弥同留。佩华校中伙食发生问题，今起放假三天，候商办法，暂主余家。夜十时睡。润儿竟日在外，垂暮始归。

## 11 月 13 日（壬寅　十三日）星期六

晴，气温如昨，午后略暖。晨七时五十分乘车入馆。办理杂事。市况渐复而价大跳，何止公布之五倍。（大约食物二十倍至四十倍，其他各物则均在十倍以上。）设银根稍宽，则此象且莫能保也。接聿修书，知致觉已返苏，或且久住不出，询余究出何因，即据日前所得于晤谈之顷者详告之，诚感难过也。下午二时三刻补开一九六次经理室会议，雪山以版税事又致噜苏，其人轧小过甚，真一孔之见耳。会中决定撤废贵阳分店改为代办分店，余为分别收退稿件事。报载陇海东段共军得手，连云港亦解放，津浦车浦口北上只通滁县矣，美且决定撤退军事顾问团云。夜报载陈布雷于今晨八时以心脏病死，在蒋渠尤失智囊，打击亦殊不小也。散馆时漱儿仍随余归，润则北去受课，即住永丰坊。入晚小饮。夜饭后看《茶香室三钞》，止于廿七卷。道始夫人来，与珏人长谈久之。漱石则晨来暮去，俱乘道明所驾车。十时余就寝。

## 11 月 14 日（癸卯　十四日）星期

阴，午前后偶晴。沪受戒严影响，新闻自被统制，晨晚报纸俱无消息可窥，惟徐州四围甚紧，保定亦突转紧急，而顾维钧高呼美援速来耳。看《茶香室三钞》，止于廿九卷，全部了毕矣。此钞随览随摘，略加考订，约分门类排次之，虽饾饤襞绩而示人以读书之方，老辈风流致足称尚，岂止开卷有益、沾沾自喜而已哉。午刻孝先夫妇来，约往兰心戏院看话剧，盖君谋之妇吴茵主演《金玉满堂》也。饭后，余与珏人挈湜儿偕之去，坐花楼第四排之东偏，俯视不逮，平视稍逊矣。戏凡四幕，极紧凑，吴茵体已入戏，始终无懈可击，盛名实不虚传矣。四时三刻散出，仍返余家，入夜小饮共饭，七时三刻孝夫妇乃偕漱儿、弥同、元鉴同乘北站接客车归去，滋儿仍留家未行。十时余寝。

## 11 月 15 日（甲辰　十五日）星期一

晴冷（驼绒袍嫌单矣），遍感冬象矣。晨七时五十分乘车入馆。办理杂事。下午二时出席第十届第七次董事会，决定撤消贵阳分店，改由群智书店接办代办分店。赵景福来送手卷象针，属为前裱手卷引首所用骨签换缀之。其人诚笃可佩，不失为苏裱工中

之端人也。大局消息沉闷依旧,惟知宁沪官眷纷纷逃地,惊扰之状
甚于前此军阀败亡之时耳。市面百物骈罗,较限价时何啻天壤,米
店亦且标价列货矣,但价昂十馀倍,只愁无钞可以购求也。沪市府
宣布生活指数为"八一九"限价基数之八.一倍,其实真际物价决
不止此,而当前之工商业已不胜担负矣。吾知纠纷重沓,将不可擘
理焉。散馆后乘车径归,小坐便饮,六时半晚饭。饭后看西谛送来
之《蕴辉斋唐宋元明清画集》(翼之友戴公望所定),低徊欣赏,十
时乃寝。佩华晨入校,未识校中伙食究加至何度也。滋儿与余等
偕入馆,即转车返祥经里。圆圆煤球今送来(本言停送,今忽出
此)四担,每担六十四圆,较上月增出二十馀倍云。商人刁侩,价贱
则靳之,昂则拥塞之,惟恐不售,诚可憎也。

## 11 月 16 日(乙巳　十六日)星期二

　　晴冷。晨七时五十分乘车入馆。办理杂事。报载徐州以东黄
伯韬兵团被消灭,宿州附近激战,徐蚌之间联络全断,苏北姜堰血
战。美国声言公民出国参加别国军队,工作即失去保护资格(对陈
纳德重组飞虎队助战言),并饬令美侨立即撤退。(此两事明明表
示不复支持蒋渠。)情势甚紧而承德(热河省会)且公告撤退云。
下午二时出席一九七次经理室会议,对当前局势有所讨论,南昌分
店预备结束,纸型之复出者尽量飞运北平,书价一律照"八一九"
时值改售八倍。四时散会,接南京分店密函,请示时关紧急,作何
处置云云,是金陵非复当年气概矣,用之蒋渠之运,未必能出本年
耳。燮荣来访,告其妹佩霞将于二十日在苏订婚,并属转告汉、潄。
五时散馆,乘车径归。少坐即小饮。夜饭后坐艮宦遥听弹词,至十
时寝。陈布雷之死,《新闻报》云有遗嘱,是非猝病,实自裁也。今

日报载已收挽联,有其师张阆声(宗祥)联云:"蹈东海即亡昔闻其说,秉中书之笔我惜此才。"其意若蓄而露,明明证其自杀而惜其所事非人耳。作书致雪村,附台店号信去。

## 11 月 17 日(丙午　十七日)星期三

晴冷。晨七时五十分乘车入馆。办理杂事。经函分致京、洪各省,指示属相机步步为营,勿遽言撤退也。沪报只登中央社息,徐州两翼乃大捷,美联社昨夜所得广播则彭城已早取去矣。其他传说布雷以劝和受辱自杀,刘不同以主张和平被扣南京,且以事急大捕良民焉。总之,日沉虞渊,已无可挽,所见者惟有倒行逆施耳。京店有便人来,带到昌群所题书巢图卷,并附一函,盖中秋后所托,屈指已届两月矣。(如时局不剧变,恐尚未必即来。)披读一过,洒然至乐也。惜久稽未报为歉无涯耳,明当书谢之。宽正、大沂见过,谈移时去。散馆后始附公司车归,润则北去上课矣。入晚小饮。夜九时寝。润十时始归。

## 11 月 18 日(丁未　十八日)星期四

晴较昨稍和,气且还润矣。晨七时五十分乘车入馆。办理杂事。报载徐蚌战局混沌,宿州确已易手云。金陵骚动不安之状迄未停息耳。写信复谢昌群,并致达轩慰问近状,劝其于必要时送眷返沪暂住村家。济华来谒,知勖初近况,虽偏废犹能扶床强行也,略慰。同人向极安定,近以发薪有问题(骤减十之七),颇呈惶惶之象,愁米愁柴,无由稳坐工作矣。发米或调整已面临考验之境,而当局犹一味持重(其实拖也),吾惧不能克保永安耳。一木难可支厦,徒叹空自结郁已,奈何奈何! 散馆后乘车径归。润儿仍北去

上课，九时三刻乃归。余到家即小饮，闷损殊甚，匆匆食已，入艮寉
偃息，十时始归寝。闻道始将出狱，深为渠家庆之。

## 11 月 19 日（戊申　十九日）星期五

晴和。晨七时五十分车来，附以入馆。办理杂事。战事仍无
打开之望，呼吁美援，极惨酷。陈布雷遗书发布，确为自杀，对蒋实
已尽史鱼之直。所惜滥交匪人，终至莫能自拔耳。孝先为此与余
争，其实伊真不能了解中国传统之士大夫也。下午二时出席一九
八次经理室会议，于最近编审会议所提之建议原则接受，而薪给办
法亦有所决定，即系数仍如常计算，基津暂支六十圆、米五斗，即发
实物，如无，亦照买价照付，惟底薪有折减，五十圆以下八折，五十
一圆至百圆四折，一百一圆至二百圆三折，二百一圆至八一二折，
如局势再下当再紧缩，如明年春销好转即应补还折扣，视补还时系
数照算并付之云。达君在硖石已购妥尖米，属纯嘉持现钞于明日
前往成交，是眼前粮食可以无虑矣。散馆后与润同车归来，小坐即
饮。佩华挈其妹来，甫能行步与说话，已为无母之人，至惨也。余
睹此，为减饮膳焉。夜饭后坐艮寉，与润儿谈，十时乃各就寝。

## 11 月 20 日（己酉　二十日）星期六

凌晨浓雾，早中开，竟日朗晴。七时五十分乘车入馆。办理杂
事。育文函辞襄理，吾知终必出此也，洗人留之，或辞薪（或半
薪），听其所至，不了了之耳。（此等手法，洗人优为。）接雪村、达
轩复书，村一时未必返，轩则以南京局势暂定不拟送眷云。午饭
毕，余与洗人、雪山、芷芬出阅市，巡历国货公司货，较抢购时自已
增多，价则至少三倍，惟景象凄惨，殊无交易也。十一月份起，底薪

减折办法已公布,余目前所得仅四成不足也。米已由纯嘉往硖石购取,如一切顺利,月内当可取到五斗米耳。粉刷房屋帐已结付,计廿七圆八角云。战局益转,而南宿迁袁浦见紧,苏北形势日急矣。据云,国军竟使用毒气,较抗日酷烈十倍,然竟难挽颓运也。柱流书来,汇款十圆,托代购书。散馆时乘车径归。润儿以上课故,北住祥经里,滋儿则夜饭后归来。余到家少坐即小饮,夜饭后坐艮宧读画,九时四十分寝。滋、佩、湜、纯聚玩,十时后乃息。

## 11 月 21 日(庚戌　廿一日)星期

晴朗和融。晨看报,知军事仍紧,而美国尚不愿悍然宣言剌戟他国,以是外交取巧亦未必能踌躇满志耳。午刻家人合力制饺子代饭,甚隽美。饭后珏人、滋、佩、纯等打牌为戏,余则于四时前独出散步,历三刻乃返。文权、潜儿、预、硕两孙来,珏等牌犹未了也。谈次知道始明后日即可出狱归家矣,大为引慰,然则柱流当亦可援例释返耳。五时半权等辞去,少选,余等亦开饭矣。小饮,仍啖饺。润儿五时返,即出就兰心听音乐,七时复归云。西谛来谈,知大局甚紧,麦克阿瑟自日本来沪,于中国当前局势必有影响云,八时许去。余久不听书,今乃续听之,十时始寝。

## 11 月 22 日(辛亥　廿二日　小雪)星期一

晴,初润还暖,恐将致雨矣。晨七时五十分乘车入馆。办理杂事。珏人晨十时偕滋儿北去,以今日为鉴孙生日,特邀前往吃面也。阅报知徐蚌之间事态甚紧,初未能即解也。南京深盼美国有所表示,然仍不痛不痒耳。下午二时出席编审委员会临时全体会议,于赶编小教事有所涉论,惟高论蜂起,难即成实焉。其中尤以初生之犊妄自高抬为大堪虞虑耳。一切失常,吾又何从措议乎? 散馆后余受芷、汉之邀,乘大车北去,即属润儿先归,俾守家。盖家中只纯葆一人(佩华、湜儿俱到校),湜儿又须夜归,不能不有一人赶返主持也。六时许开饭,余与芷芬及墨林、漱石、云英称量小饮,珏、濬(携小同先在)则不任饮,且谈且酌,少选即进面,八时三刻余与珏人、濬儿、硕孙同乘以归(由阿二驾车),到家尚不晏,入坐艮窆,至十时乃寝。承荫续弦出申,同人十一人公送台灯一具、建漆烟具一套,余与润儿与焉。(各摊九圆。)

## 11 月 23 日(壬子　廿三日)星期二

阴润,下午转北风,有开爽望,入夜终雨,气特还暖。晨乘车入馆。办理杂事。接刚主云大来书,知在五华书院兼教,明年一月即须归沪云。芷芬接士敔函,颇有建议欲来述职。下午三时开一九九次经理室会议时提出之,决定电召来晤。芷、汉等又将远行,珏人、漱儿又起悲感心绪,大为扰扰已。散馆后乘车径归,润儿又北住祥经里,与汉等有约谈也。六时许西谛、予同先后至,盖应约小饮也。少坐便饮,长谈至九时一刻乃辞去。十时就寝,珏人以汉、漱近状为怀,梦魇数四,余唤醒之,实亦无以慰之也,悲欢离合本无常,只索强作达观耳。

## 11 月 24 日(癸丑　廿四日)星期三

阴雨。晨七时五十分车来,乘以入馆。办理杂事。复柱流信,并寄代购两书。黄鸣祥来沪,少坐便去。芷、汉午后返苏,贺其姊丈之父寿,须明晚或后早来。接昌群廿二日书,知已送眷返里山外家,匆匆过沪,未及把晤云。复雪村十八来书,告此间近状。战讯甚紧,碾庄兵团被吃,鄂中随、枣又大挫,津浦路北上车仅通滁州,有机电亦只通张八岭矣。散馆后润儿仍北去上课,余独附公司车归。少坐便饮,六时许即进夜饭。饭后嘉源来谈,移时乃去。接滋儿今晨所发信,以芷等北行,伊事又将落空,禀请早为留意云云。此儿求好太切,不欲后人,余深为了解,然际此杌陧之会,一时何从措手乎,诚一棘手之事也。九时润儿归。十时余寝息,展转不能成寐,夜深始睡。

## 11 月 25 日（甲寅　廿五日）星期四

阴森,午后时见雨。晨七时五十五分车来乘以入馆。办理杂事。达轩书与承荫,知京局紧,决移眷来沪。陶孙书来,亦以时局紧张、业务难展,亟请入告,因与洗人等商洽复电允之。予同接瑞安来电,其嗣父病危,属速返,以是心绪不宁,午后二时即归去。散馆后与润儿同车归。佩华以校中教职员总请假,饭堂当然不开饭,遂于下午出校来止余家,故与同晚饭,余仍小饮。饭后独坐艮宦闲翻,润来请谈至十时乃寝。

## 11 月 26 日（乙卯　廿六日）星期五

阴,时有细雨,夜雨有声。晨七时五十分乘车入馆。办理杂事。接廿二日士敩信,复告近状。午后芷、汉自苏返,仍来馆,知故里情况艰苦且甚于沪上也,散馆后余邀之同归,适浒关童氏表侄姊弟三人至,因共饮,夜饭毕,余与芷芬长谈,以日间洗人、予同俱接雪村书,力主留育文,且自愿奋勇单身赴燕也。余谓村能自去至好至贴,第恐徒呼,不能遂行耳。芷、汉本意赴北,由是不能无怼,余为剖陈利害以晓之。默庵以虎阜山北麓吴分楚胜坊托芷芬见询,余为检《吴县志》及李根源《吴郡西山访古记》解答之。予同接家电,知其嗣父已于本晨逝世,以是方寸历乱,大费周章矣。浒关乡亲本负米来沪求售,乃到此后市价大跌,无法脱手,遂踵余家谋解决。余拮据正甚,无法接受,适汉儿来,因共购对分之。(价石米四百二十元,各取五斗,勉以应责。)九时三刻芷、汉辞归,携米同去,余亦安排乡亲就卧然后归寝。

## 11 月 27 日（丙辰　廿七日）星期六

　昙,午后向晴。晨七时五十分乘车入馆。办理杂事。十时出席二百次经理室会议,事关全盘经济而无完案可记,当前艰难殊不轻松也。接士敔电,今日首途来沪,然则三日后必可相见矣。散馆后润儿以北去受课仍住汉所,漱儿则随余同归。至家滋儿、佩华(昨日北去住在漱儿所,今日来)、锴孙、弥同已先在,遂欢然同饭,余仍小饮,浒关乡亲已告归矣。午前道始、君毅两夫人来访珏人,知道始已于昨日下午五时出来,暂住新新旅社云。积年讼累一旦得脱,深为额手矣。夜饭后坐艮窀闲翻,九时后听书,十时寝。调孚夫人前日五十大寿,今交滋儿携归豚蹄一事、面四匣云,以余夫妇未往吃面也。

## 11 月 28 日（丁巳　廿八日）星期

　晴寒,大有严冬景象矣。午前余家力作杵面包饺,珏人亲上街买肉买菜,欣然领导,近来所未有也。卓午小饮,与珏人、漱、滋、湜三儿、佩华、纯葆、元锴、弥同共啖饺子,至乐也。饭后润儿归,即煮饺代饭焉。二时润奉珏人车往新仙林听书,余则与滋儿出散步。甫至里口,适致觉偕其女来访,因折回长谈。渠关心战事将及沪,余为力辟慰安之,移时辞去,余仍与滋儿出,徜徉于毕勋路、复兴路、雷米路一带,即折归,到门,知文权、潜儿及昌预、昌硕俱在,爰与纵谈,知道始住新新,宾客如云,皆附炎者,余转觉非福,颇不愿往访之。近晚,漱石来,有顷权等去。掌灯后余小饮,夜饭后漱石挈元锴去,滋儿送之上车云。看夜报知战事仍南向,重心在灵璧、蚌埠地区,孙科居然挺身组阁,宋美龄飞美效秦庭之哭云。孙昌言开放内河航权,许外国船舶直航腹地,宋又出国呼援,桴鼓之应,明明出卖祖国以求苟延耳,其肉尚足食乎! 听书至十时就寝。连晚儿辈在家不无晏眠,影响及余,颇欠睡也。

## 11 月 29 日(戊午　廿九日)星期一

晴寒。晨七时五十分乘车入馆。办理杂事。陶孙昨晚抵杭,今午来沪,知前日由洪起程,是与达先同日成行也,以是推之,明后日达先亦必可晤及耳。接达轩信,知已将妻小送回绍兴。接雪村信,知将眷乘中兴轮内渡,月初可到沪矣。战事消息早受封锁,然事实难掩,灵璧已失,蚌埠吃紧,而宁沪两地守将易人,殆将掀起恐怖,以钤制人民也。散馆归,与圣陶同车,彼往红蕉家,余则径返。入夜小饮,夜饭后浒关乡亲复至,凡大小六人,一时煮饭设铺,大见扰扰,难怪珏人为头眩心烦矣。西谛过谈,移时去。十时寝。

## 11 月 30 日(己未　三十日)星期二

晴寒。晨七时五十五分乘车入馆。办理杂事。吕叔湘、宋易来馆,午刻约之并陶孙共饭于聚昌馆,洗人、雪山、圣陶、芷芬、调孚及余同往。自限价以还百日矣,余尚初次上饭馆,真城市野人也,至堪自笑。下午三时出席二〇一次经理室会议。宋易明日入馆,接编《开明少年》。(叶至善专编小学教科书。)叔湘亦将于明年一月来馆任编辑云。时事无可记,一言蔽之,恐慌而已。散馆后乘车径归。入夜先尽乡亲食后乃与家人共饭,仍小饮焉。八时许,均正偕宋易来谈,移时始去,余亦就睡。佩华自校来,转到其父叔道手函,复余前书慰唁者。

## 12 月 1 日(庚申　朔)星期三

晴,较前昨略暖。今日起办事时间改为八时半至下午四时半,故迟出半小时。乘车到馆。办理杂事。达先昨晚到沪,今晨来馆相晤,知途行四日,尚安顺,清华、建昌俱好也。弥同出痧子,午间达先、汉华偕归霞飞坊,接珏人同往开明新村省视之。午后梓生、君立来谈,时局确紧甚,南京岌岌,正作移避准备云。散馆后应芷、汉之邀,与达君、予同北去,六时就饮于芷所,到洗人、雪山、达君、诗圣、陶孙、彬然、予同、达先及余并芷、汉十一人,叙谈颇畅,珏人则在漱华家晚饭。八时余夫妇及予同附达君车送归,到家未及九时也。知乡亲已归去,滋儿方在家与润、湜守家也。十时就寝。

## 12 月 2 日(辛酉　初二日)星期四

阴旋晴。晨八时十五分乘车入馆。办理杂事。外间消息至,惶惶迁徙他往者颇多,盖皆疑心生暗鬼,中有所不足者耳,否则久困虐政,万方一概,何处是桃源耶。报载宿蚌之间激战甚烈,蚌埠已入网络中,前哨已越三界,直逼张八岭、滁州云。沿江自九江以下,七百里江面俱封锁,北岸任何港口均不得拢靠船筏。下午七时后江面且禁断航行矣。南朝陈后主之局已成,所叹并无吴明彻其人耳。王洁云弥同病势已减,滋儿北去后亦无电话来,想无大碍矣。达先今又到家省候珏人，代达清儿之意，欲得杜熬蟹油云，珏人即为购致五蟹，亲剥治之，备熬油焉。散馆后润儿北去上课，余乘车径归，达先则以台湾船到，躬往码头接雪村夫妇也。写信寄达轩，询昌群诸人近状。入晚小饮。夜饭后坐艮宦看金息侯《四朝佚闻》一册毕之。九时润儿归。十时余寝。

## 12月3日（壬戌　初三日）星期五

晴和。晨八时二十分乘车入馆。办理杂事。雪村昨日下午五时到沪，眷属全返，仍乘太平轮，今日来馆相晤，畅谈台湾近状。午后二时出席二〇二次经理室会议，决定撤退洪店并派士骏赴香港处理存纸云。时局日亟，此间已呈动摇之象，迁避者日多，当局已征巨轮五十艘集中宁沪待命，从可知矣。以是货运大阻，民间搬动亦大难耳。散馆后应洗人之召，与达君偕乘北行，顺视弥同痧子已出齐，将渐回矣，为之大慰。五时许赴洗人宴，到雪村、陶孙、达君、墨林、调孚、诗圣、芷芬、士骏及余十人，谈至八时始散，余偕雪村、士骏乘车南归，先过村所赏画，九时三刻始偕士骏归。又谈至十时三刻许乃各就睡。珏人煮素菜一器，买定胜糕十副，令润儿持往法藏寺馈致觉父女，余为作书朕之。致觉寄迹僧宇，落寞殊甚，古人温情何可听缺，屡属为此牵事不果，今始得行也。

## 12月4日（癸亥　初四日）星期六

晴和。晨八时廿五分乘车入馆。办理杂事。力子在沪，洗人、雪村往访长谈，归言政局事秘，莫得而详，惟事态甚严紧，一切看军事为转移耳。报载徐州、淮阴俱撤空，是铁路线及运河水道之前卫俱洞然无蔽矣，此后发展更迅，江宁孤拱尚堪支撑乎？昨晚自沪驶甫之江亚轮甫出吴淞口未久,即在里铜沙附近锅炉爆炸,全船沉没,漂散下沉失踪者达千数百人。(全船载二千馀人,获救者不逮七八百人。)中有怵于战祸全家浮海避乡之甬人甚众,亦近日时局中之惨劫也,闻之不怡累日。圣陶两日未到馆,暂住红蕉所,侍其太夫人云。建功午前来馆,觉农午后来馆,匆谈即行,咸有紧张之色。散馆后润儿北去上课,即住祥经里。士敦亦以应墨林之招,今日不来宿。夜色初上,余即小饮,以俟滋儿之归,乃迟至晚饭既毕始见来,遂重温饭羹以食之,询悉自汉所出,沿途阻车,电车中竟滞至一小时许也。七时后坐艮宧阅画,九时听书,十时濯足就寝。

## 12 月 5 日(甲子　初五日)星期

　　凌晨启明晶莹,朝露颇丽,以为必得畅晴,乃日未出而濛雨便作,竟日绵绵,有类秋霖,仅午后一献昼而已。阅报知江淮局势一如前昨,殆暂成胶着之状云。午前均正来谈,谓达君约往饭,询余同去否,余以惮雨远出,谢之。闻老太太来此,留之小住,饭后与家人等打牌,余遂坐艮宧整书帙。抵暮芷、汉、镇、鉴来,谓在大富贵贺姜东生结婚,与圣陶夫妇同车来此,圣等在夏宅,伊等乘便来省耳。有顷辞去,仍与圣等北归。入晚小饮,夜饭后过均正听哈尔滨广播,李德全对西北军旧将领演讲,晓以大义,动以利害,而归报一以老百姓之久待解倒悬,为祈请严肃有力,诚可称叹也。八时半归,九时即寝,以日间整书,略事筋骨,入夜便觉股酸腰强,举步亦不自然耳。甚矣吾衰也,奈之何哉!

## 12 月 6 日(乙丑　初六日)星期一

　　阴润,时有细雨。晨八时廿五分偕珏人、润、滋两儿乘公司车到馆，珏、滋转乘小车往漱儿所省视弥同疾。余在馆办理杂事。午后二时许珏人自新村南来，仍乘小车，濬儿偕焉。盖自漱儿所共饭后同出也，余因与之俱赴雪村所，珏、濬访候雪村夫人，余则约村同往法藏寺访致觉。坐有顷，四人同出，濬先归，余与雪村、珏人共乘以赴吉安路，余与村公下车入法藏寺，珏则驱车径归矣。余等入寺登三楼径造觉所，讵致觉甫出寺，往访其表兄沈柏寒。（柏寒适于午前来馆见访，约过日来余家畅谈，匆匆即去。年衰耳聋，大非昔比矣，为之呆想不止。）未晤，仅见幼希，谈移时约后日午后再往详谈，兴辞出寺，阿二已候于门，乃乘之返村所，讷妇及淑荪须往杜克明处求诊，留车待用，余遂步返馆中，时已三时许矣。达轩自京来晤言之，顷知京中近状混乱，镇江以下各站抢乘火车已无秩序，岌岌之势，终难自戢矣。芷芬晤开封世界书局分局之某君，新从汴来，据云秩序如常，并无不安，种种之传说恐系宣传耳。余衡量实状，彼此均不免夸张，而彼善于此则事实也。今晚本约士敭来饭，以晓先邀请，遂改明日散馆后即与润儿径归。车接闻老太太北去，帮漱儿照料弥同，明日漱儿或可到馆销假也。入晚小饮，夜饭后坐艮宧闲翻并补写书根若干。十时就寝，士敭来宿，由润儿招呼之。

**12 月 7 日**（丙寅　初七日　大雪）**星期二**

晴，时昙。晨与润儿乘车入馆。士敭则十一时许始出，径造其家。办理杂事。陶孙今日下午行，准备乘明晨一时特别快车返南昌，着手结束，此行意绪殊欠佳，而当局不无冷漠待之，颇为不平。下午二时三刻出席二〇三次经理室会议，达轩、士敭俱列席，于人位调配有所决定，独于派人北行一节毫无结论，显有挠谋矣。散馆后乘车径归，与芷芬、士敭、漱华偕，汉、润则已先返，滋亦饭后即归,余等抵家未久,即团坐饮啖,濬儿亦至,惟文权以值班未克来,为缺典耳。今日家宴,绝无外客,甚乐。饭后笑谈至八时许,芷芬、士敩、汉、漱、滋等同乘北返开明新村,濬儿附车送归。九时听书,十时就睡。

## 12 月 8 日(丁卯　初八日)**星期三**

晴,旦暮昙,颇见暖润,似酿雪也。晨八时廿分乘车入馆。办理杂事。下午二时偕雪村复往法藏寺,与致觉、幼希晤谈,约为开明编译英文辞典,已及具体说法,大氐可望成功也。三时半赶回公司,出席卅二次业务常会,谈人事委员会所拟给假办法,破费磋议,至五时半散,仅及其半,留待下次再商。(本次起政在办事时间内举行,免供夜饭也。)散出,余与芷芬、士敩附达君车行,过斜桥弄下,即应文权之招,至则珏人及汉、漱、润三儿俱在,因共啖饮,极欢,八时半乃各归,敩、芷、汉、漱北去,余及珏人、润儿南行,缓步以返,犹及听杨仁麟弹唱《白蛇传》也。十时就寝。

## 12 月 9 日(戊辰　初九日)**星期四**

阴霾竟日,颇暖。晨八时廿分乘车入馆。办理杂事。写信寄致觉,附《辞典》目录去备采作参考之需。十二时公司宴请吴研因夫妇于外滩水上饭店之挹江楼,洗人、雪村、达君、调孚、孝先、达轩、达先、圣陶及余往与焉,凭栏望黄埔东与南,俱当正流,轮帆交织,风物绝胜,吃火锅涮羊,佐以白干酒,殊佳,二时始散,仍乘车返馆。少坐收拾一切,即偕圣陶乘廿二路公共汽车回霞飞坊,盖昨函约柏寒来余家畅谈也,到家坐甫定,柏寒即至,三人久阔契谈,倍见亲切,各剖别绪,无所不话,直至五时三刻沈家派车来接始握别,圣陶亦往江家朝母矣。入晚余仍小饮。润儿以北去上课,今夜即住汉所。湜儿前晚有微热,昨今两日俱卧床,未克入校,大约重感冒,且看今晚退热否也。八时听书,九时半即扭息电播就寝,家下人少,殊感岑寂。

## 12 月 10 日(己巳　初十日)星期五

昙。晨八时廿五分乘车入馆。办理杂事。达轩今晨早车返宁。时事仍紧,迁避益众,但亦有到香港、台湾之后因不胜负担而逃归上海者,殊可发噱也。下午二时列席编审常会,报告与致觉、幼希接洽编撰英文辞典经过。三时出席二〇四次经理室会议,于人事稿件俱有若干决定,并根据业务常会之决议票选傅彬然、唐锡光、顾均正、金韵锵、徐调孚五人于非常时期出席经理室扩大会议云。散馆后与润儿乘车径归。入晚即小饮,夜饭后坐艮宦闲翻。湜儿晨尚有热,比余晚归,则已霍然矣,为得畅解大便,故至慰。九时三刻寝,未听书,以专播滑稽会串伶票合唱耸听勒捐,殊厌之也。

## 12 月 11 日(庚午　十一日)星期六

昙,终阴,有晚霞。晨八时廿九分乘车入馆,办理杂事。编发通讯录卅四号。湜儿强起入学,余为补假三日,作书抵其师韩陵枫。接西谛杭州来信(昨为其家转寄杭州),知陶俑说明已开始写,此行颇可味也。颉刚来谈,七日方自兰州飞回,在彼整半年,两处讲学,殊为辛苦。士敩今日行,先到杭州,再谋去长沙之通车,芷芬、承荫送至车站,初拟乘钱塘号去杭,乃此车误点,二时许犹未到站,遂改乘四时所开之快车,居然得坐,但正值乱离之时,能否顺利去湘,殊壐念虑耳。散馆后润儿北去受课,仍住汉所,余归时滋儿及佩华俱已归,因共晚饭且持螯小饮焉。饭后偕珏人、滋、佩出散步,移时乃归。伊等入坐打牌,余则坐艮宧闲翻,近十时牌局散,余亦归寝。

## 12 月 12 日（辛未　十二日）星期

阴霾竟日,仅午前一现阳光,傍晚细雨如尘。上午十时美明派人来,为三楼装置日光灯,顺修水喉开关扑落等,十一时半始去,当犒酒资五圆。十时半余看报已讫,出散步,并不甚远,已觉乏力,即归。午小饮。饭后假寐片晌,三时欲再出散步,而天欲雨未果行。四时西谛来,谓今晨甫自行杭返,因与长谈,留之小饮,直谈至七时半乃辞去,畅极矣。珏人与滋、佩、纯等打牌,午晚饭后俱入局。润儿下午四时半乃归,夜练习提琴,十一时始寝。余受其影响,为之减睡。

## 12 月 13 日（壬申　十三日）星期一

昙,午后偶晴,抵暮有霞。晨八时佩华赴校,越二十分,余与润、滋两儿乘车入馆,滋即转道到汉家。在馆办理杂事,以星一故,例件倍增,下午三时始就绪。时事益紧,南京以北六十英里处又为共军切断铁路线,永城夏邑之大圈及宿县西南之小圈俱加紧被歼,宝应、高邮一带亦极紧,是京北水陆两路俱火烧眉睫矣。上海谣言虽多,人心转定,盖逃难云云非所语于今日也。散馆后与润儿乘车径归,少坐便饮。夜饭后移腾艮宧坐案,以昼间取光有不便,特矫转之耳。重为布署,殊费时费力焉,十时始寝。

## 12 月 14 日（癸酉　十四日）星期二

晴,风起转冷。晨八时廿六分乘车入馆。办理杂事。时事仍混沌,北平清华园已落炮弹,西苑机场已撤退,南口早入共军手,苏北两淮早失,今又撤守宝应,是两泰江仪俱岌岌矣。买玉版笺十九张,裁其三四,属由达君转求张阆声写字。午间纯嘉以所猎获之野兔属春华烹成十器,遍享同人,余因与洗人、圣陶、达君、芷芬沽酒三斤共下之。下午二时出席第一次经理室扩大会议,于北去发展挺身驻平事,雪村颇露窘态,盖先为大言以阻人,今乃衡势以图遁,宜其进退维谷耳。四时始散,终无所结论也。散馆后与润儿乘车径归。入晚小饮。夜七时许道始见过,纵谈别后情绪,颇于人间炎凉致其慨叹,犹不免怼心问人,吾恐其尚未能悔祸也,微规之,九时辞去,余亦就寝。日来精神欠舒,困于境局,久坐颇感腰酸耳。

## 12月15日(甲戌　十五日)星期三

晴冷。晨八时廿二分车来,乘以入馆。办理杂事。芷、汉转告士敩在杭所发信,知途中辛苦殊甚,转洪车票甚难得,虽已购到十四日票,不识能否成行耳。且俟续报再说。前为西谛家转杭之信已退回,适下午二时开十二届八次董事会,西谛来馆即面交之。此次董会,村即假以为用,谓时局日紧,北行可暂缓,于是规避之说得圆,阻人之谋获遂,转窘为快,大得其所,无如共事者皆烛其隐,难乎免于清议耳。报载北平突变,近郊机场俱失,易手似在旦夕,以是宁沪和谣又炽,物价因而狂泻云。散馆后乘车径归,入晚便饮。夜坐艮宦看书,十时乃睡。

## 12月16日(乙亥　十六日)星期四

晴朗,夜月尤皎。晨八时廿分乘车入馆。办理杂事。平津状况仍紧,而津浦南段共军忽突变战略,分东西两路他调,下午报道,今晨十时李宗仁宅有重要集议,张群、张治中、邵力子等均参与,以是市场谣言且谓蒋已离开云,足觇人心之向背矣。散馆后与雪村、洗人、予同、达君同赴西谛之约,看画纵谈,达夫人亦与焉。六时半开饮,八时半散,仍乘道明所驾车各归。九时听书,十时睡。

## 12 月 17 日(丙子　十七日)星期五

晴暖,早润,午后燥。晨八时廿五分乘车入馆,办理杂事。北平外围俱放弃,是显然敛兵入城者变化所届,莫测底心矣。南京和谣又趋幻灭,且闻明日蒋复有宣言重申云。下午二时三刻出席二○五次经理室会议,于北进派人临时脱逃诸节村、芷几至决裂,余愤列席诸人之依违颇不直,若辈慑于法西斯,甘心安位之无聊也。予同嗣父逝世,今日同人汇集赙仪共致之,凡二千一百八十六圆(余致百圆),由余写帖面致之。湖帆之次子述欧明日结婚,余与圣陶合送五十圆,饬金才送去。散馆后余与润儿乘车径归。湜儿在里口守候,即附以往开明新村应漱儿之约也。入晚小饮。夜饭后润出听音乐,余坐艮宧闲翻自遣,于当前大小环境殊苦不能自摆也,岂关联太切,益感严重乎?润儿于十时返,余竟失寐,枕上听鸡鸣,微窥曙色,又若"一·二八"闸北之前夕矣。

## 12 月 18 日(丁丑　十八日)星期六

晴暖甚(达华氏六十八度),反常也。晨八时廿五分乘车入馆。办理杂事。闻昨夜雪村往洗人所辩卸破坏北行之责,适与芷芬遇,又斗口,竟致拍案肆骂云云,亦太失态矣。有顷,洗人出字条示余,谓村顷授之,属即召开临时董事会,大抵欲惩芷芬以泄愤耳,经予同、达君之劝,稍俟再谈,否则明日即须召开也,似此轻举妄动,后果未必好看,我诚不知其何以执着如此,隙末凶终,其真不能免夫?孟伯泉廿五日结婚,余与予同合送百圆为贺。接昨夜十时长沙电,知士敫已到。冀野自宁来寄顿妻小,顺访开明,余晤之,知南京混乱万分也。散馆时,芷、汉随余归。润则北去受课。入晚与芷芬小饮长谈,当以昨夜经过备陈之,余谓以理相折,无所于让,惟宜随时自勒,不必作过分之行也云。八时半芷、汉去,九时润返,十时余就寝。

## 12 月 19 日(戊寅 十九日)星期

雾罩烟笼,竟日不见日光,入夜竟雨,闷甚。上午十时许曾出散步,以路滑即回。午后假寐,二时许文权、潜儿、预、硕两孙偕来,盘桓至夜饭后,九时半乃归去。滋、湜两儿及佩华则于午后自漱所归。润儿早出午归,到校习艺也。余近以风火牙痛牵动神经,一昨以来尤感不舒,今夜就枕,左头偏痛甚剧,并耳根亦难于着枕也。

## 12 月 20 日(己卯 二十日)星期一

烟笼尽日,午后曾一显晴。晨八时廿分乘车入馆。办理杂事,以星一故特忙。雪村未到,据闻昨日召雪山、诗圣、雨岩等到其家午饮后尽量骂人,几于无人不骂,声言欲与芷芬一拼云云。是其耄及失态,发挥殆近疯狂乎?午后达君招觉农来,属与予同往访村,不知所言为何,岂调和其间强挽僵局乎?抑别有所图,治丝而益棼之乎?余不敢妄度人,然熟察世态,容有是非失衡但求无伤一己之利害之事实耳。午后维文来,知已辞去招商局,在苏闲住,偶来上海见访云。芝九清晨见过,适余将出,因共载以到馆,与圣陶、晓先长谈,十时后乃辞去,谓本日即须返苏也。时事日紧,盱眙、天长俱失,黄维竟被俘云。散馆后与润儿同乘径归。入晚小饮。滋儿以明日家中祀冬至,留未赴汉所,因得共与夜饭,佩华则早晨即入校矣。润儿有友来访,十时始辞出。余就眠已十一时,牙床、耳根、左头部俱痛,半因天气,半亦基于近日之刺戟耳。

## 12 月 21 日(庚辰　廿一日)星期二

阴霾。晨八时廿五分乘车入馆。办理杂事。孙科组阁有成功说,其对记者谈话谓将求取"光荣的和平"云,但阁员究为何人,尚仅传说而已。至各地情形,天津转紧,苏北高邮失守,上海通山区则竟发见饥军攫食,影响治安矣。村、芷间裂痕益深,今日冼人特约觉农及店内各董事及调乎,并邀村、芷同往功德林午饭,藉以协谈,兼图解释,村坚拒未往,余等以既定座,仍与觉农等按时与会,谈次无甚结果,徒感意气之足以偾事而已。散馆后遄返家中,设筵席祀先,盖明日冬至,俗于今晚吃冬至夜饭也,文权、濬儿、芷芬、汉儿均至,夜饭后谈笑至九时半始各辞归。余亦卧听弹词唱片,至十时许乃睡。

## 12 月 22 日(辛巳　廿二日　冬至)星期三

阴雨。晨八时二十分乘车入馆。办理杂事。雪村仍未来,达君往看之,仍无结果,似与芷芬不两立者,诚不识其居心何若也。下午二时出席第二次经理室扩大会议,于当前事局亦无能打开也。午以冬至与冼、圣、芷唤酒添菜以度之。滋儿晨随余车出,即转赴汉所。时事无大变化,一面和平姿态十足,一面孙阁拉人成功,虽军情万变,然局势明朗,吾恐尚有待也,总之一拖再拖,苦我老百姓耳。散馆后乘车径归。入晚小饮。夜饭后坐艮宧闲翻,牙痛甚,未至十时即寝。

## 12 月 23 日 (壬午　廿三日) 星期四

　　阴,较昨为冷,偶见细雨,或转寒之兆乎? 晨八时廿八分车来,乘以入馆。办理杂事。午后放车接致觉、幼希来,拟谈编译《牛津简明辞典》事,比返,幼希未至,致觉独来,一切洽妥,惟报酬一端俟其与幼希商得同意后再定耳。三时半唤车送之归。鞠侯廿七在宁波嫁女,余与洗人、雪村、西谛、予同合送贺仪二百圆。冀野来,承以最近所印足本《中兴鼓吹》见赠。今晚本约西谛、予同来我家小饮,藉谈近事,以谛适有他约,而予同又以精神欠佳告,遂罢。散馆后乘车径归,润儿则北去上课。入晚小饮,啖饺子十六枚代饭。七时半润儿归。夜坐艮宦纳闷,九时许即寝。

## 12 月 24 日 (癸未　廿四日) 星期五

　　阴霾,偶见雪花,傍晚雨,入夜更甚。晨八时廿六分车来,乘以入馆。办理杂事。午十二时赴功德林出席雪村召开之临时董事会,力子适在沪,季华遂邀之同来,全场气氛为之大宽,全体董监除沛霖、允臧、五良、荫良外俱到。饭后开会,村历述经过,似在求直,经觉农、西谛、彬然等先后发言,形势转入公司应如何计划开展之问题,结果大为和缓,然匿怨相处之局已成,恐终不免溃决耳。四时散会,仍返馆。散馆归,致觉先在,候我长谈译词典稿费之基数,伊与幼希意希望每面得八圆云,余自当转提经会决定之,留之饭,不肯。入暮润儿送之登车。六时予同来,七时西谛来,盖昨日之约今始克践,因获畅谈委曲一切,前因后果大为剖白矣。酒后又纵谈时事,近十时乃辞去,余亦就卧。

## 12 月 25 日（甲申　廿五日）星期六

阴，偶有细雨。晨八时廿分乘车入馆。办理杂事。西谛、昌群来访，余与洗人、圣陶、予同沽酒买肴留饮焉，欢谈至二时半始别去。同事孟伯泉今日下午在广东路复兴园结婚，洗人、雪山被延证婚，同人多往道贺者，余当面道喜，未往礼堂也。翼云柬约于明晚过饮其家，今日又亲来面邀，开明同人之被约者达二十许人，亦近顷罕逢之盛举矣。六时伯泉假馆中设席作喜筵，凡十二桌，余与雪村、予同、圣陶、彬然、均正、调孚、宋易及村孙胜抗与孙明心同座，饮颇多，七时五十分散，与润儿乘福特车归。少休便寝。

## 12 月 26 日（乙酉　廿六日）星期

阴，午后绵雨。竟日未出，无聊甚。入夜六时道明车来，接往大南门共赴翼云之约，翼云新居颇好，余尚初往，今日到客俱开明同人，凡两席，彬然、调孚、芷芬、知伊、祖璋、墨林、至善、至美、文彬及柳无垢、毛之芬同坐，余则与洗人、雪村、党农、予同、西谛、均正、翼云、仲足、圣陶共席，馨酒一中坛，各有醉意矣。席后复谈至九时半始分乘三车送各人归。余到家已将十时矣。

## 12 月 27 日（丙戌　廿七日）星期一

阴霾，下午向晴，气转寒。晨八时廿分乘车入馆。办理杂事。《新闻报》公载张家口撤退，共方电台宣布宁方之战犯名单等消息。（王云五及张嘉森、曾琦均明明揭在战犯之列，是各党及无党均破产也。）新阁虽嘴硬，实不能掩其内虚矣。下午芷芬拉予同往雪村所，为公式之道歉，结果如何未之知，想不致恶化耳。散馆后以车坏待修,附达君车归,适以他事耽延,六时始克返家。小饮,夜饭后嘉源来,八时许乃去,知渠现事将遭解散,以是不甚高兴云。夜看不息译、陈海量著《可许则许》一小册,于佛言因果报应之理殊见透彻也。十时就寝。

## 12 月 28 日（丁亥　廿八日）星期二

阴,午后展晴。晨八时卅六分达君车来,即附以入馆。办理杂事。下午二时卅分出席第三次扩大经理室会议,于南昌分店改为代办分店事决派人往洽再决,其他约编词典及收复稿件事亦有所决定。散馆归,芷、汉俱来,因共小饮,谈近事殊有可笑者。士敫自穗飞来,告南去接洽经过状,会毕即返其家,未及畅谈也。夜润儿有客来谈,十时始去,余为此故,坐艮宧候之,及去,已过余平常睡时,遂致失眠,枕上听数时计,直至三时后乃入睡。

## 12 月 29 日（戊子　廿九日）星期三

晴,午后转阴,时见雨。晨八时十五分车来,乘以入馆。办理杂事。致觉、幼希合译《牛津简明辞典》事已定妥,出具聘约矣。圣陶、彬然有图南意,余谓如无牵掣,值得一行,吾终觉伊等对人殊不能尽情,人之对之亦不免大有寥廓之感耳。阎锡山、胡宗南均应召到宁,傅作义亦有南行说,卢汉已抵宁,似有大规模军事会议,咬牙硬拼象。下午消息,陈诚代魏道明主台而别希以秦德纯主鲁,是强拼益露,特不知襄樊、武汉军情之急有甚于下江,又何以善其后耳!或者外强中干,故作严态乎?散馆后乘车径归,淑侄在,珏人则与潗儿往大陆书场听书矣,有顷珏归,乃布肴小饮,夜饭后淑侄辞归,余即闷坐艮宧衡虑大局,恐开明处此大时代中,同舟无能共济也。九时三十八分归寝。

## 12 月 30 日 (己丑　朔) 星期四

　　阴雨终日,气湿难任。晨八时二十分达君车来,附以入馆。办理杂事。编发通讯录第卅六号。十时与达君车过雪村,同载以赴洗人之约,圣陶、彬然、予同别乘先往,雪山、芷芬、士敩则留祥经里未出,于是围坐详谈,圣、彬决去港,洪店善后决派芷偕敩往办之,其他编译营业诸事,亦有所论定。十一时三刻毕,村、予、达先行,余及圣、芷、敩即留洗所饮,别由圣、芷供菜肴焉。二时许彬然、雪山来,乃分乘两车复返福州路馆中,年终事忙,未免多所琐屑耳。时局依旧混沌,《字林西报》又大布和谣,是其推测所及必致此,盖非此实无由寻得出路也。散馆时以候达君车迟半小时行,润则与汉、漱、敩先行,同赴国泰看《战地钟声》电影矣。到家小坐,即小饮,夜饭后坐艮宧记日记兼闲翻焉。七时四十分士敩及汉、漱、润三儿自国泰归,别具饭食之。有顷,调孚、芷芬自功德林驾车来告,六家同行聚议,明日起书价改售廿二倍(又涨起百分之五十馀)云,闲谈久之,至九时许接敩等雨中去,敩返村所,芷、调、汉、漱则径归开明新村也。十时余就寝。

## 12 月 31 日 (庚寅　初二日) 星期五

　　阴雨。晨八时廿分乘达君车入馆。办理杂事。幼希为辞典事来洽谈,得要领而去。布告明日卅八年元旦放假,今晚六时公司请同人吃年夜饭。下午三时出席二○六次经理室会议,商决同人薪给晋级及酌情恢复折扣前之底薪等。书籍售价今起调整为限价时廿二倍。六时就馆吃年夜饭,余与洗人、雪村、雪山、达君、亦秀、承

德、士敩及村孙胜利同席,其余同人分坐九席。凡列十席,布满二
楼矣。席间有摸彩、二胡、笙、平剧、昆剧、射虎等馀兴,余亦制灯谜
六条助兴焉,九时许始毕,乘车各归。到家后与润儿谈时事,十时
后始寝。